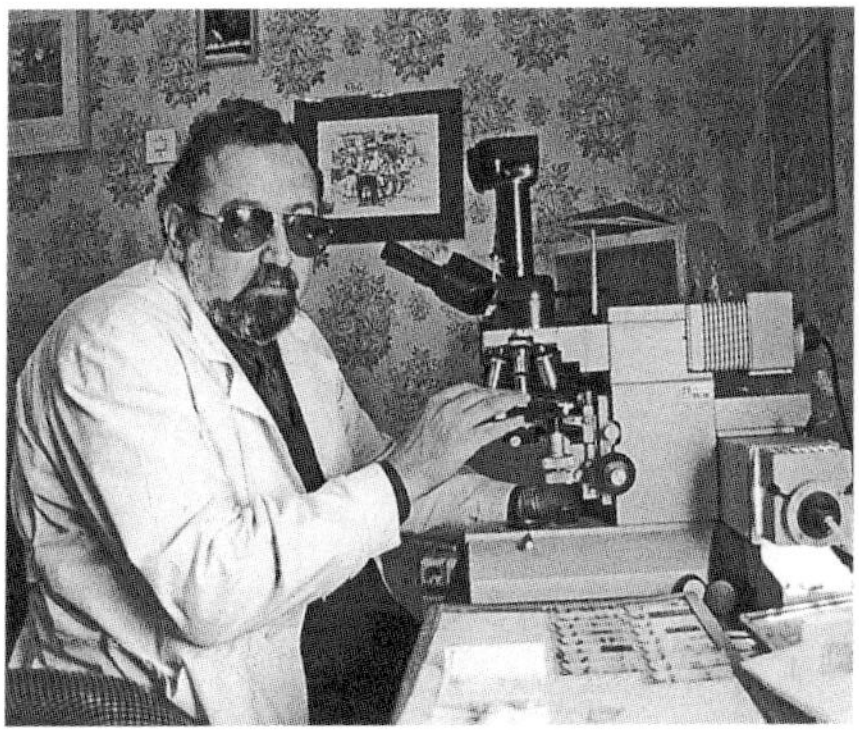

1979年のスヴェルドロフスクにおける炭疽大発生事件で犠牲者の解剖を担当した二人の地元病理医、
レフ・グリンベルグ(左)とファイナ・アブラモヴァ(右)[本書の著者、デイヴィッド・E・ホフマン/以下「著者」]

大発生事件の起きたチカロフスキー地区[著者]

病原体の遺伝子工学研究に従事していた聡明な少壮研究者、
セルゲイ・ポポフと妻のタイシア。
1982年コルツォヴォで［セルゲイ・ポポフ］

「ベクター」所長の
レフ・サンダフチエフ。
かれは兵器用人工ウイルスの
開発を推進していた
［アンディ・ウェーバー］

「オボレンスク」でトラブルメーカーと見なされていたイーゴリ・ドマラドスキー。
かれは病原体の遺伝子構造を改変しようと試みた［著者］

ヴィタリー・カターエフ（左の眼鏡をかけた人物）は、本業は航空・ロケット分野の設計者だったが、
1974年からモスクワの中央委員会で働くようになった。
ソ連崩壊にいたる年月、かれは詳細なノートを付けており、
兵器システムやカギとなる決定にかんする技術情報もそれに書き込んでいた。
写真はカターエフがメーデーの祝賀行事に参加したときのもの。日付は不明
［孫娘のクセニア・コストロヴァ提供］

1990年代のカターエフ
［クセニア・コストロヴァ］

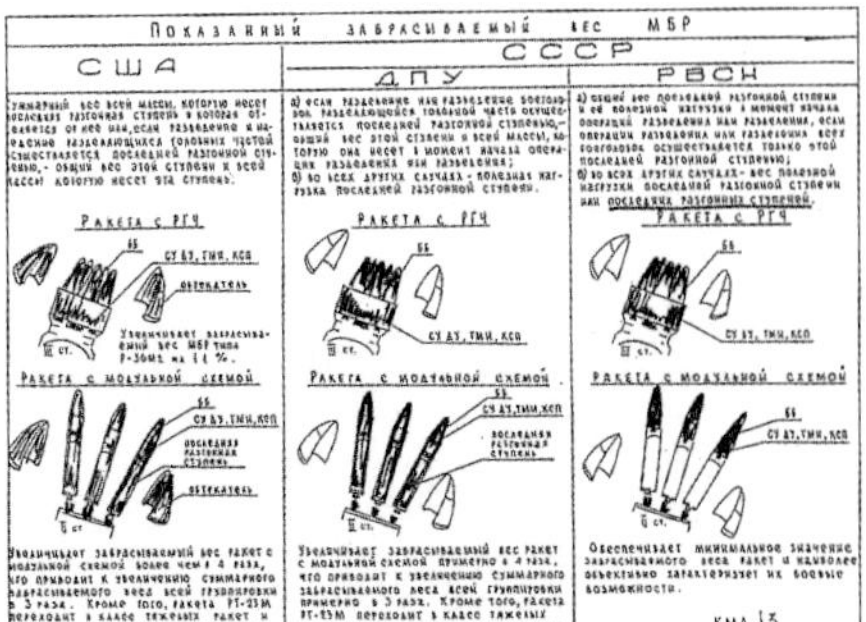

モジュラー式ミサイルにかんするカターエフのメモ
［フーヴァー研究所］

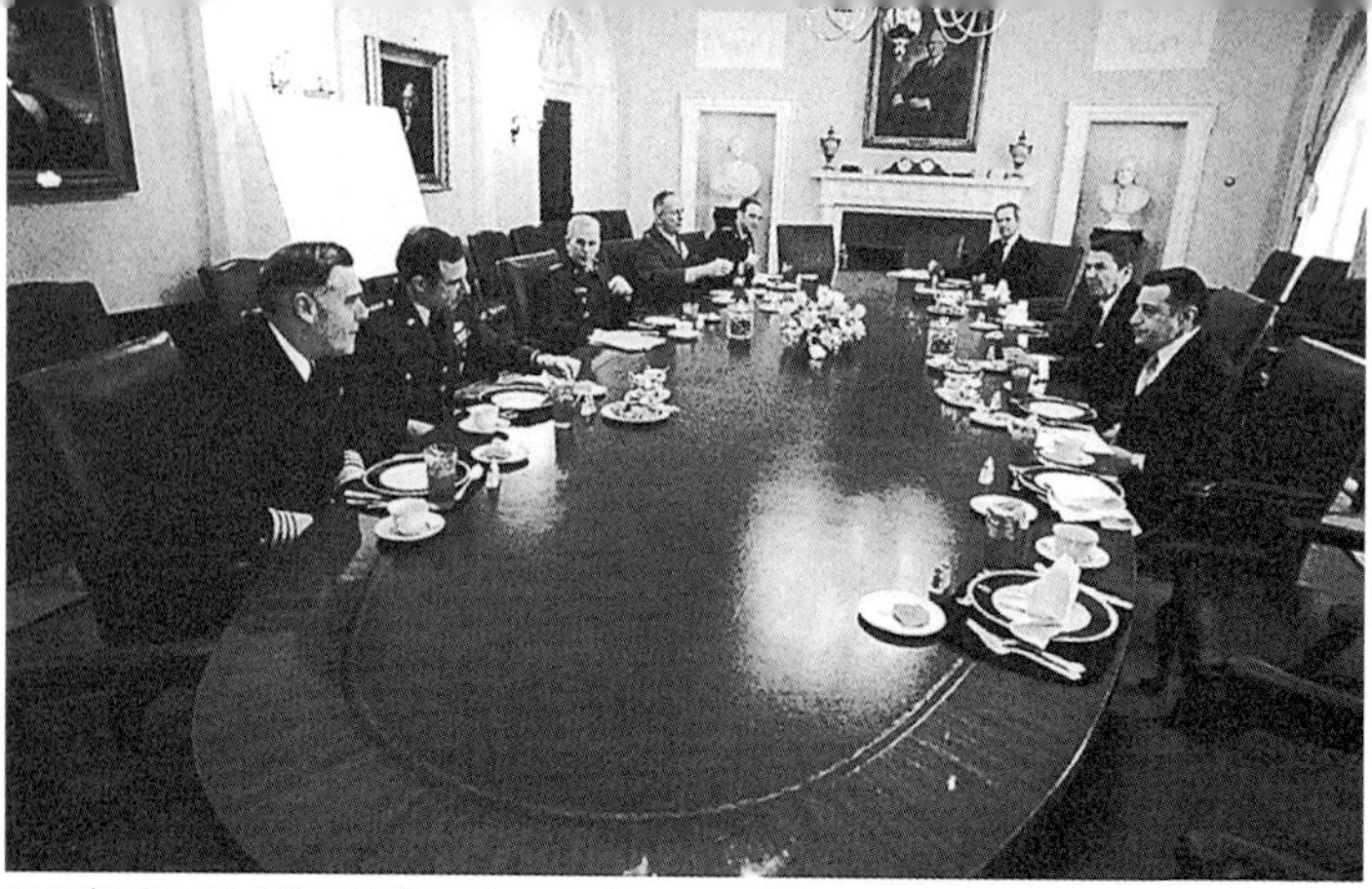

1983年2月11日、ミサイル防衛というコンセプトについて議論する
ロナルド・レーガン大統領と統合参謀本部の幹部たち。
大統領はその夜の日記に「われわれが欲するのはわが国民を守ることであり、
かれらに復讐することではないと世界に告げたら、どうなるだろう……」と書いている
［ロナルド・レーガン図書館］

1983年3月23日のテレビ演説で、レーガンは「SDI（戦略防衛構想）」という将来計画を明らかにした
［Ray Lustig/ワシントン・ポスト紙］

1986年4月のチェルノブイリ原発事故は、ソ連の指導者、ミハイル・ゴルバチョフにとって転機となった
［ロイター］

ソ連軍の参謀総長、
セルゲイ・アフロメーエフ元帥は、
軍拡競争に待ったをかけようとする
ゴルバチョフの取り組みにかんし、
カギとなる役割を演じた
［RIAノーボスチ通信］

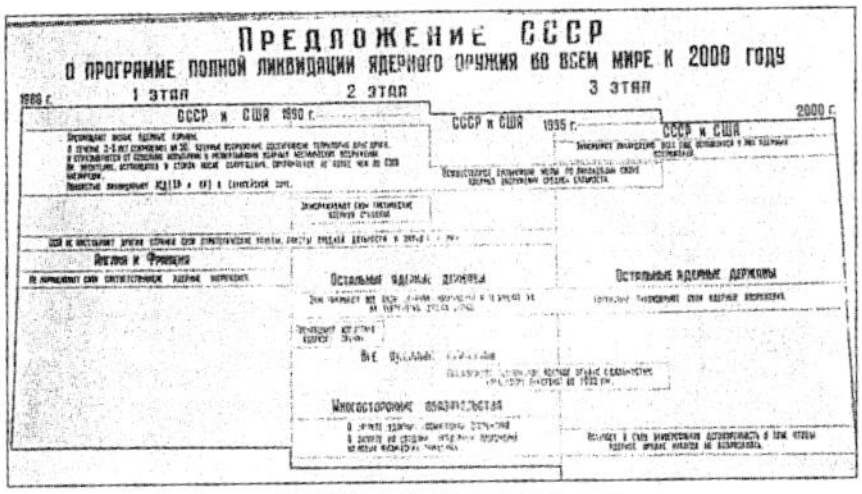

西暦2000年までに核兵器を全廃させるという、
ゴルバチョフの1986年提案の概要を伝えた告知文。
この文面をまとめた中心的人物はアフロメーエフだったことが
その後明らかとなっている［フーヴァー研究所］

1986年10月11、12の両日に開かれた「レイキャヴィク首脳会談」において、ゴルバチョフとレーガンは、核削減の合意にむけ、冷戦期のいかなる米ソ指導者よりも近づいた［ロナルド・レーガン図書館］

米ソ首脳は結局、合意に至らなかったけれど、それはレーガンがかれの夢見る「ミサイル防衛」について、実験室レベルの研究に留めるべきでないと主張したためである［ロナルド・レーガン図書館］

ソ連の物理学者、エフゲニー・ヴェリホフ(右)は、常識に囚われない自由な発想の持ち主で、ソ連軍の秘密の壁に風穴を開けた。写真は1986年7月、セミパラチンスク核実験場に近い場所で、環境団体「NRDC(天然資源防衛協議会)のトーマス・B・コクランといるところ[RIAノーボスチ]

ソ連の巡洋艦「スラヴァ」。

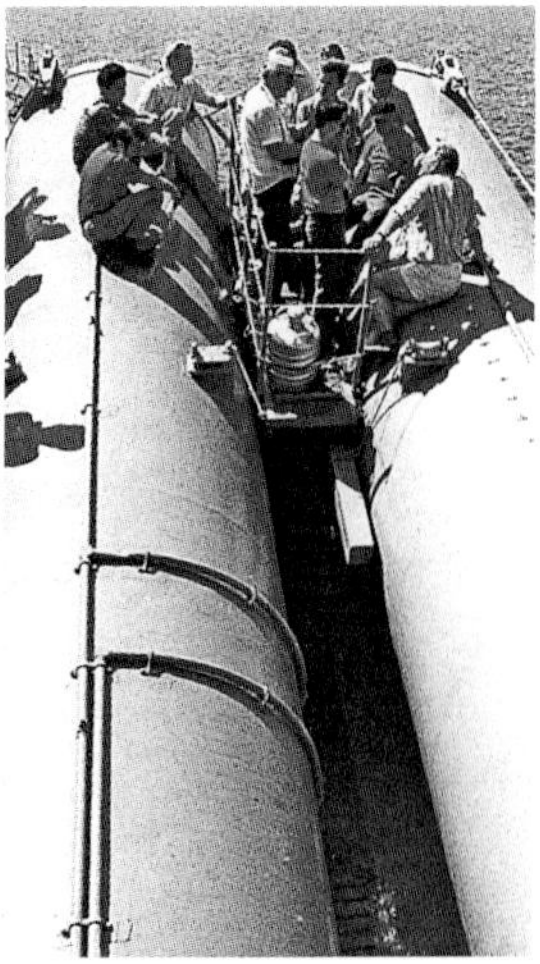

ヴェリホフとコクランは1989年7月、ヤルタ沖の「スラヴァ」艦上で、核弾頭の存在を検証できるかどうか、米ソ合同の前例のない実験をおこなった[トーマス・B・コクラン]

ソ連における自由主義的改革の実現をねがう
アナトリー・チェルニャーエフ。
かれは1986年、ゴルバチョフの顧問として
外交問題を総攬し、
1991年までその側近の地位に留まった
[スヴェトラーナ・サヴランスカヤ博士から提供。
国家安全保障アーカイヴ(ワシントン)]

ソ連の戦略ロケット軍と参謀本部で
30年の軍歴をつんだヴァレリー・ヤリニチ。
かれは「死者の手」の改良版である、
半自動式ミサイル発射システム、
通称「陣地外辺部」の実現に寄与した
[ヴァレリー・ヤリニチ]

死神の報復——レーガンとゴルバチョフの軍拡競争◆上

カバー図版:Sygma/Getty Images
アメリカの「核の三本柱」の一翼をになう「B52」戦略爆撃機は、現代化改修を続けたことで、1950年代の就役以来、
いまだ第一線で活躍し、その一部は2040年まで就役することになっている。写真は同機のコクピット。

わが両親、
ハワードとベヴァリーのホフマン夫妻に捧ぐ

「人類は、科学のおかげで病いを克服し、さらには生命力の根源的理解を期待できる地点まで到達した。
人類はまた、原子を壊し、従来は太陽のような恒星にのみ可能だったエネルギーを解放するところまで来ている。
だが、われわれは、その原子エネルギーを人殺しの道具に使っており、
そして今や、病気にかんする知見の数々も、兵器に仕立て上げられようとしているのである」

セオドア・ローズベリー

『平和か、しからずんば疫病か――生物戦、および如何にしてそれを回避するか』(一九四九年)

死神の報復――レーガンとゴルバチョフの軍拡競争◆上

目次

下巻——目次

アメリカ
ベーリング海峡
大韓航空007便のルート
(1983年9月)
海
ベーリング海
東シベリア海
シェムヤ島
ラプテフ海
RC-135の
飛行ルート
カムチャツカ半島
太平洋
オホーツク海
サハリン島
国連邦(1980年代前後)
レナ川
クラスノ
ヤルスク・
レーダー
アムール川
大韓航空
007便撃墜
ラスノヤルスク
ジマ
アンガラ川
バイカル湖
イルクーツク
ウラジオストク
日本
モンゴル
北朝鮮
中国
負の遺産
核兵器
核廃棄物
生物兵器
ミサイル発射器
早期警戒・
司令所

ホットスポット一覧
大西洋
北
イギリス
北海
オランダ
デンマーク
ノルウェー
スウェーデン
西ドイツ
東ドイツ
チェコスロヴァキア
ポーランド
バルト海
フィンランド
ヘルシンキ
バレンツ海
原子炉および核廃棄物が海洋投棄された大体の位置
カラ海
レニングラード
オネガ湖
ラドガ湖
マティアス・ルストの飛行（1987年）
ウラル山脈
オビ川
ルーマニア
チェルノブイリ
オボレンスク
キエフ
モスクワ
セルプホフ-15
キーロフ
ソヴィエト社会主義
ウクライナ
アルザマス-16
ヴォルガ川
ペルミ
グロット
クリミア半島
ドニエプル川
ニジニー・タギル
スヴェルドロフスク：
1979年の炭疽菌流出事件の現場
ヤルタ
ヴォルガ川
チェリャビンスク-70
黒海
プリヴォルノエ
カプスチン・ヤル
チェリャビンスク
オビ川
フォロス：
1991年のクーデターでゴルバチョフはここに軟禁された
スタヴロポリ
ウラル川
ノヴォシビルスク
「外辺部」システム発射実験（1984年）
ステプノゴルスク
イルティシ川
コルツォ
カザフスタン
トルコ
カスピ海
パヴロダル
アラル海
セミパラチンスク
シリア
チュラタム
ウスト＝カメノゴルスク
サリー・シャガン
ヴォズロジデニヤ島
シルダリア
バルハシ湖
イラク
アルマ・アタ
イラン
サウジアラビア
アフガニスタン
パキスタン

プロローグ

1 謎の伝染病

「患者のなかに、死にかけている者はおるか？」

一九七九年四月四日水曜日、受話器を手にしたマルガリータ・イリエンコに、ヤコフ・クリプニツァーがいきなりそう訊いた。イリエンコ女史は当時、ソ連のウラル山中にある工業都市スヴェルドロフスクの「第二四病院」――ベッド数一〇〇床の中規模病院――で内科部長の職にあった。彼女の病院は、より大型の医療施設「第二〇病院」に対ししばしば症例について相談しており、クリプニツァーはそこの統括診療部長だった。じつはクリプニツァーはすでにこの時点で、一見すると重度の肺炎と思しき患者の死亡例を二件確認していたのである。「二人ともそちらから送られてきた患者なのだが」。いいえ、そうした例は把握しておりませんと彼女は答えた。翌日、クリプニツァーがふたたび電話をかけてきた。かれの口調はいっそう執拗だった。「患者のなかで死にかけている者は、まだ出ていないのか」と。「第二〇病院」では、肺炎に似た症状の患者がさらに何人か亡くなっていたからだ。「今日、肺炎で死にかけている人間ですか？」と、彼女はいぶかるような口調で答えた。「そうしたケースは極めて稀ですし」

だがほどなくして、イリエンコの病院でも患者が死に始めたのである。かれらは救急車や自家用車で病院に運びこまれ、高熱を発したり、頭痛を訴えたり、咳をしたり、嘔吐、悪寒、胸部の痛みを訴えたりした。おぼつかない足取りで廊下をすすむ者、車輪付きの担架に横たわる者もいた。一方、「第二〇病院」の入院担当で、四月五日から六日にかけて夜勤当直をつとめたローザ・ガジエヴァ女史は言う。「応急手当を受け、気分が回復した一部の患者は帰宅しようとしました。でもかれらはその後、路上で発見されました。途中で意識を失ったのです」と。ガジエヴァは当時、ひとりの患者にマウス・トゥー・マウスの人工呼吸を試みたが、その患者は死んでしまったという。「その晩は四人亡くなりました。夜が明けるのが待ち遠しくて仕方なかった。わたしはガタガタ震えていました」

四月六日の朝、イリエンコ女史は「第二〇病院」に駆けつけた。バッグをオフィスに放りこむと、白衣を着込み、病棟へと向かった。ある患者は彼女を見上げ、両眼を見開き、そして死んだ。「死体と、いまだ生きている人々がいっしょに横たわっていた。これは悪夢かしらと私は思った。何かが、ひどくどうしようもないほど間違っていると」

死は犠牲者に次々と襲いかかった。すでに緊急事態が発令されました――と、彼女はその地区の公衆衛生委員会に報告した。すると指示が下りてきて、すべての患者をその感染症病棟に受け入れるべく、現在、「第四〇病院」が鋭意準備中だという。〝感染症〟という言葉がたちまち広がり、関係者を怯えさせた。病院の一部スタッフは出勤を拒否し、また別のスタッフは家族に病気をうつすことを恐れて退勤を拒んだ。その後、防護服を着込んだ殺菌消毒チームが「第二〇病院」に到着した。かれらは標準的な塩素系の消毒液を散布したが、その光景はいかにも禍々しく、「見たものはみな、精神の動揺に見舞われた」とイリエンコ女史は当時をふり返る[1]。

スヴェルドロフスク州の州都スヴェルドロフスク（現エカテリンブルグ）は当時、人口が一二〇万人に達するソ連邦でも十番目に大きな都市で、関連する諸機関が密集する軍需産業の一大拠点だった。銃器や火砲、製鉄やさまざまな工業分野、さらにはソ連でも最もすぐれた機械工学系の学校がいくつか置かれていたが、それは「第二次世界大戦」やその後の期間、スターリンが街の近代化を強力に押し進めた結果だった。一九七六年以降、同州を切り盛りしていたのは、若くて野心的な共産党第一書記で、その名をボリス・エリツィンといった。

「第二〇病院」と「第二四病院」はいずれもスヴェルドロフスク市の南郊に建ち、地形はその辺りから市中心部にむけて下り坂になっている。どの道も両脇には、小さな木造の戸建て住宅と高い塀が並んでいたが、しばらく行くと、風景は一変。五階建ての殺風景なプレハブマンションと商店、学校などで構成された区画へといたる。イリエンコ女史が勤務する「第二四病院」のあるチカロフスキー地区には、陶器工場もあって、大きな高窓のあるその洞窟のような建物では、日々数百人が交代勤務で働いていた。

そこから北北西に一マイルと離れていない場所には、陸軍の混成基地「第三二区」があった。二個戦車師団が駐屯し、大きな居住施設を備えた基地である。さらにその隣には、外部から閉ざされた、軍の微生物関連複合施設「第一九区」があった。「第一九区」は研究所本体と、炭疽菌をふくむ致死性の病原体の開発・試験センターで構成され、ソ連国防省の「第一五総局」によって運営されていた。一九七九年四月二日月曜日は、朝から夕方近くまで、「第一九区」から陶器工場の方角に、絶えず風が吹いていた。(2)

「第一九区」の内部では、二四時間三交代制で、炭疽菌にかんする実験と製造・封入がおこなわれていた。炭疽菌は発酵槽のなかで培養され、液体の培地から分離・乾燥させられたあと、空中散布に適した細かな粉状へと加工された。その作業はきわめて危険性が高く、ここで働く職員は、予防接種を定期的に受けていた。

炭疽菌（Bacillus anthracis）はしばしば死につながる感染を引き起こす細菌で、その胞子（芽胞）は皮膚や消化器、呼吸器をとおして体内に入り込む。いったん発芽すると、毒素を放出し、その毒素を放置しておくと、死にいたることがある。この病気はロシアでは「シベリア潰瘍」とも呼ばれている。皮膚の傷がもとで発症した場合、そこに黒い腫れ物ができるからである。炭疽という病気は自然環境下では、この病気をもった動物――土壌から胞子を取りこんだ草を食べたウシ、ヤギ、ヒツジなど――との接触によって広がるケースが最も一般的である。皮膚だけでなく、体内への侵入経路が複数個あるため、人間にとっても危険な病気である。胞子を肺に吸いこんだ人も、適切な治療を受けないと、命を落とす恐れがあった。炭疽菌はわずか一グラムでも、その中にふくまれる胞子は一兆個に達する。しかも胞子は無色無臭なうえ、安定性がきわめて高い。五〇年以上も休眠状態を続けることさえあった。こうした〝すぐれた特性〟が〝評価〟され、炭疽菌は生物兵器にうってつけの細菌とされていた。ある推計によると、五〇グラムの炭疽菌の胞子を人口五〇万人の都市の風上から幅二キロメートルで散布すると、一二万五〇〇〇人が感染し、うち九万五〇〇〇人が死亡するという(3)。

実際のところ、「第一九区」で何が起きたのか、その正確なところは、今日にいたるまで良く分かっていない。フィルターを交換した際、きっちり嵌まっていなかったため、炭疽菌の胞子が空中に広がったのだという説もある(4)。

まずは南方の村々で、ヒツジやウシが死に始めた。田園地帯にはこれまでも炭疽菌がずっと存在していたが、こんな事態はめったにあるものではない。時を同じくして、人間たちも体調不良に見舞われた。病院への収容が最初に確認されたのは四月四日水曜日で、これはイリエンコ女史がクリプニツァーから電話をもらった日でもある。「いささか奇妙だったのは、亡くなったのがすべて男性ばかりで、女性は多くなく、子供はただの一人もいなかったことです」と彼女は言う[5]。イリエンコは患者の名前、年齢、住所、想定されうる死因などを記録し始めたが、いま何が起きているのか、そして何が原因なのかについて、まったく見当がつかなかった。

　四月十日、状況はよりいっそう深刻になった。「スヴェルドロフスク医学校」の教員生活を終え、すでに引退生活に入っていた病理医のファイナ・アブラモヴァ女史のもとに、「第四〇病院」から呼び出しがかかった。週末に亡くなった三七歳の男性を解剖してほしいとの依頼である。この男性は予備役兵で、戦車師団が置かれた「第三二区」での勤務を終え、付近の村にある自宅へ戻ったあと、さしたる理由もないまま、いきなり体調を崩したのだという。アブラモヴァは、旺盛なプロ意識の持ち主だったけれど、今回の症例には困惑を覚えた。その男性はインフルエンザや肺炎をうかがわせるような兆候をいっさい示していなかった。とりあえず解剖してみると、リンパ節や肺に出血痕があった。彼女はまた、脳内出血にも気がついた。いわゆる「枢機卿の帽子[6]」で、脳をぐるりと取り囲むような特徴的なリングが確認できた。

「こうした諸症状を引き起こす別の病気の可能性を、私たちは考えはじめた」と彼女は言う。「文献にあたり、すべての症例が合致するものを探していくと、どうやら炭疽が原因のように思われた」

　アブラモヴァ女史はその晩、とあるレセプションに出席した。愛弟子のレフ・グリンベルグも来ていた。若い病理医で、分厚い眼鏡をかけ、髪は黒く、ヒゲを生やしている。そのレセプションで一緒にダンスを踊ったとき、アブラモヴァはかれに小声でささやいた。とある男性をきょう解剖したのだけれど、症例からすると、どうやら死因は炭疽らしいのよと。それを聞いた瞬間、グリンベルグは仰天した。「なんでまたスヴェルドロフスクみたいなところで炭疽にかかったりするんですかと、思わず聞きかえしてしまった」とかれは当時をふり返る。

翌日、グリンベルグは自分の目で現物を確認しに行った。すると、それならイリエンコ先生の病院に行ってみなさいと言われた。「まさに修羅場でした」とグリンベルグは言う。「そこには三人の女性がいて、しかもまったく同じ病変が確認できました。肺にもリンパ節にも激しい出血があり、リンパ節の組織からはいまだ出血が続いていていました」。解剖をおこないつつ、アブラモヴァ女史は標本とデータの保存に留意した。

伝染病の大流行という知らせがついにモスクワまで届いた。四月十一日遅くには、モスクワの「ボトキン病院」内に設けられた中央大学院大学の感染病部主任、ウラジーミル・ニキフォロフがスヴェルドロフスクまでやってきた。ソ連保健省のピョートル・ブルガソフ次官も到着したが、同次官は一九五〇年代に「第一九区」で働いた経験を持っていた。翌四月十二日午後二時、ニキフォロフ主任は今回の一件に係わったすべての医師たちを集め、それぞれが目にしたこと、解剖の経緯などについて事情聴取をおこなった。最後に発言したアブラモヴァ女史が言った。これは炭疽ですよと。

ニキフォロフ主任は、その生涯を炭疽研究にささげた、優雅な物腰の高名な科学者だったが、私もあなたと同意見ですとその場で明言した。さらにこの病気は人から人へと感染することはありませんと言って、医師たちを安心させた。ならば、こいつは一体どこからやってきたのだろう。すると、ブルガソフ次官がいきなり宣言した。発生源はスヴェルドロフスクから一六キロメートル離れたとある村であると。それが事実かどうかは誰も知らなかったが、もはや公然と口をきくものはいなかった。みな半信半疑だったけれど、原因不明のまま放置することはさらなる恐怖を招きやすいから。

かくして問題の村、チカロフスキーの近隣住民に対し、汚染源を探しだせとの下知がとんだ。さらに広範囲にわたる予防接種計画が立ち上げられ、イリエンコ女史のメモによると、これに続く数日間にじつに四万二〇六五人が接種を受けたという。四月十八日という日付の入った、新聞紙大のパンフレットが配布され、そこには商店以外で肉を購入しないこと、炭疽がもたらす諸症状（まずは頭痛、発熱、悪寒、咳、その後に腹痛と高熱がつづく）に注意すること、許可なく動物を処理しないこと等々の警告が並んでいた[7]。地元消防団によって建物や樹木が水洗いされ、野良犬が警官によって射殺され、未舗装の道路にはアスファルトが敷かれた。

イリエンコ女史は四月二十日、メモ帳にこう書きこんでいる。「三五八人発病、四五人死亡。第四〇病院に二一四人」。別段だれも、記録をやめろと彼女に言わなかったので、イリエンコ女史は記録を続け、それらを自宅に保管した。彼女が勤務する「第二四病院」で亡くなった四五人は、物語の一部にすぎず、炭疽禍による死者は合計すると六〇人を超えていた。

風が絶え間なく吹いていたため、「第一九区」の南にある陶器工場一帯に胞子が流れていった。主任技師のヴラドレン・クラーエフは、同工場の従業員二一八〇人のあいだに〝大流行〟が始まったとき、その場にいた。かれは当時をふり返る。工場には外気をとりこむ換気装置があって、かまどに空気を送りこむとともに、労働者のための換気もおこなっていた。最初の数週間に、およそ一八人の労働者が死亡した。危機的状況は、当初見込み（当時の教科書には、炭疽の潜伏期は二ないし七日間とあった）よりはるかに長い七週間もつづいた[8]。

若い病理医、グリンベルグの記憶によると、モスクワ「ボトキン病院」のニキフォロフ主任は、死者全員の解剖を実施するという、いささか異常な決定をおこなった。胞子が飛び散る恐れがあるため、解剖は政府の規制により禁止されていたからだ。というわけで、グリンベルグ、アブラモヴァの両病理医は、何日も超過勤務をこなす傍ら、メモを取り始めた。かれらはカードに要点を記入し、また公式報告を作成するさいは、カーボン紙を挟んでその写しを手元に残した。別段、「監督するものはいなかった」とアブラモヴァは言う。地区保健部門の責任者がやってきて、「この件については他言無用、電話をするときも話題にしてはならぬ」と通告しただけだったそうだ。

グリンベルグとアブラモヴァは四二体の解剖を終えた。どれも肺とリンパ節がやられていた。炭疽菌の吸入が疑われたが、確証は得られなかったとグリンベルグは言う。「どうしてかは分からないけれど、ぼくらはともかく、この件についてあまり話をしなかった。正直いって、ぼくらはひどく疲れていたし、きつい仕事で、そのときの気分は、例えばぼくの場合、戦地勤務をこなしているみたいだった。食べるのも他人まかせで、食事は彼らが運んできた。第四〇病院の中心部までね。それから大量の塩素があった。消毒は毎日おこなわれた。そしてシフトが明けると、ぼくらは路面電車で帰宅したんだけれど、他の乗客はぼくらから慌てて距離をおいた。塩素臭がたまらないからね。でもって、たしか十日目、およそ第二週目が終わりかけたころ、ぼくらはこう考えるようになった。やはりこれらの関連資料は保存すべきだと。きちんと残して、のちの研究材料にすべきであると」

グリンベルグはさらにカメラマンの友人を説得し、そうした行為は禁止されていたが、東ドイツ製のスライド用フィルムを使って、解剖の様子を密かにカラー撮影してもらった。アブラモヴァも、各組織の試料をそっと保管した。

五月になって、危機が終息すると、ニキフォロフ主任は当該病院で作業に参加した全員を集めて、今回の炭疽禍は汚染肉が原因だったと、いきなり宣言した。だが、かれはアブラモヴァ女史に対しひそかに調査の継続を命じた。つまりニキフォロフは面従腹背を演じたのである。公の場において、かれは国の責任者、公式仮説の擁護者だった。だが彼はまた、担当病理医に私的なメッセージも送っていた。証拠を隠し、きちんと保管しろと。ニキフォロフはその後、心臓発作で亡くなった。「彼は真

実を知っていたと、ぼくらは確信している」とグリンベルグは言った。(9)

だが、ソ連邦の人々、そして外部世界の人々にとって、真相はいまだ闇の中だった。

2 核戦争の不寝番

一九八三年九月二十六日午後七時、スタニフラフ・ペトロフ中佐はシフト勤務の交替にあわせて、モスクワ南郊の最高機密の軍事施設「セルプホフ-15」に到着した。そこは衛星からの信号をもとに敵ミサイルの襲来に備える早期警戒センターだった。ペトロフは私服を脱ぐと、宇宙軍部隊が着用する、柔らかい素材でできた軍服に着替えた。つづく一時間、ペトロフとかれの部隊を構成する一二人の特技兵は、シフト明けの要員たちに現状について質問を浴びせた。それが済むと、一二人の部下は二列に並び、勤務を開始しますとペトロフに告げた。かくして一二時間にわたる当直の開始である。(10)

ペトロフ中佐はアーム付きの回転椅子に腰をおろした。指揮官専用のその椅子からは、ウインドウ越しに早期警戒センターのメインフロアを見渡すことができた。かれの前には各司令部への直通電話と電子監視装置がならんでいた。一方、メインフロアの特技兵とその操作盤の対面にある壁には、巨大な地図があって、その中央部には北極が鎮座していた。北極の向こう側には、ちょうど宇宙からの視線のように、上下逆さまに描かれたカナダとアメリカ合衆国が並び、北極のこちら側には、ソ連邦の広大な大地が広がっていた。つまり核ミサイルが発射されたとき、それらが飛来するルートが描かれているわけである。地図にはアメリカの〈ミニットマン〉ミサイルの発射基地が示されていた。各基地にはそれぞれ核弾頭を搭載した一〇〇〇基の大陸間弾道ミサイルが控えていて、有事の際は、それらが北極上空を越え、三五分でソ連まで到達することをペトロフは知っていた。メインフロアで操作盤を見つめる一二人の男たちはただひとつの任務に従事していた。すなわち、監視衛星によって発射の場所を確認し、ソ連邦の指導者たちに、どう対処すべきか考える一〇分間の、もしくは一二分間の時間的余裕を与えること――それに尽きたのである。

四四歳のペトロフはじつに二六年間の軍歴を誇り、いまや戦闘アルゴリズム部門の副部長まで昇進していたが、兵士というより、本来は技術者であった。プログラムを書く（しばしば英語ベースのコンピューター言語を用いて）といった論理的作業が好きだった。大部分の仕事日は、こんな指揮官用の椅子ではなく、近くの建物内のデスクにむかってアナリストとして、突然の不具合に対処したり、ソフトウエアの微調整に従事したりしていた。ただ、実戦感覚を鈍らせぬように、月に二度、この監視任務をこなさなければならなかった。

一一年前、ペトロフが初めてここに来たとき、早期警戒センターは真新しく、機器類はいまだ木箱に入り、どの部屋もがらんとしていた。しかしいま、ここは各種装置類が密集する中枢センターに変貌していた。地球をまわる七基の衛星が、通常はそれぞれ六時間、アメリカのミサイル施設を監視できる場所につく。各衛星は長さ六フィート（約一・八メートル）、周囲五フィート（約一・五メートル）の円筒形をしており、司令センターにデータを途切れることなく送っていた[11]。センターの頭脳は「M-10」と呼ばれるソ連に現存する最高のスーパー・コンピューターで、常時、データを分析し、ミサイル攻撃の兆候はないかと目を光らせていた。

この衛星システムの正式名称は「オコ（眼）」だったが、ペトロフにとって個々の宇宙機は、ただ連番――「一番」から「九番」――にすぎなかった。その夜は「五番」が軌道上の最も高い地点、地球からおよそ一万九八八三マイル（約三万二〇〇〇キロメートル）の地点まで到達しようとしていた。各衛星は赤外線センサーを用いて、地球の端から端まで宇宙からスキャンをおこない、ミサイル発射の兆候がないかどうかを確認する。漆黒の闇を背景に、衛星たちはロケット・エンジンの発する熱源を探知するのだが、地球と宇宙の闇が境を接する最も遠方の目標にきちんとピントを合わせるためには、ちょっとした微妙なコツが必要だった。全九基のうち、「五番」は最も精度が高い衛星だったが、作業そのものはその日の時間帯によって、より複雑になった。今回の勤務シフト中、同衛星が監視している敵のミサイル施設は、昼間から日没にかけての時間帯をすぎていく。夕暮れ時はしばしば物がぼやけ、膜がかかったような感じになるため、衛星とコンピューターを混乱させることがままあった。操作員たちはそうした困難さを熟知しているため、注意して作業にあたっていた。

通常、各衛星は一五ないし二〇個の目標を担当している。得られたデータについては「セルプホフ―15」基地のコンピューターが、ロケットの噴射炎などすでに判明している特徴をもとにチェックをおこなった。ミサイルでないことが分かれば、コンピューターはその目標を除外し、新たな目標の検討に入る。コンピューターはこうして、宇宙からのデータを常時判断している。衛星はまた、光学望遠鏡も備えており、それで地球全体を見ている。こちらはバックアップ・システムだ。これのおかげで地上にいる監視員は、ミサイル攻撃をその目で確認することも可能だったが、こちらの画像はぼやけているため、望遠鏡を専門とする要員は、真っ暗な部屋に二時間こもって、まずは目を慣らすところから始めなければならない。

その夜、「五番」衛星はいつもより多くのデータを処理しており、通常の「一五ないし二〇個」ではなく、三〇個を超える目標のデータをコンピューターに送りこんでいた。監視対象が増やされたのは、この衛星の精度が高いからである。アメリカのミサイル基地をモニターできる位置に来たとき、「五番」衛星の軌道はちょうど遠地点に近づきつつあったので、じっくり見てやろうということだ。

午後十時、ペトロフは紅茶を飲むため小休止をとった。

ペトロフも部下たちも、数多くの発射実験を見てきた。ロシア北部のプレセツクでソ連がおこなった実験はもとより、カリフォルニア州の「ヴァンデンバーグ空軍基地」やフロリダ州の「ケープ・カナヴェラル」からの発射も体験済みだった。上昇するロケットの明るい噴射炎は、衛星によりたちまち探知された。実験が失敗に終わるケースも、何度か目撃していた。

彼らはこの早期警報センターで、追いまくられるような日々をずっと送ってきた。なにしろこの衛星システムは、十分な準備もないまま、一九八二年末に供用開始となったからだ。ペトロフたちは当時こう言われた。これはソヴィエト国家にとって重要なプロジェクトであり、ゆえにその能力不足を心配してはならない。不足はいずれ穴埋めされるだろうし、問題点は修復できるはずであり、よって今は、これで行くのであると。幹部たちがどうしてそれほど急ぐのか、ペトロフは知っていた。アメリカ合衆国とソ連邦は当時、わが国はいつでも撃つ用意があるからなと、核ミサイルで互いを脅かしあっていたのである。ふたつの超大国は、およそ一万八四〇〇発の核弾頭を、地上のサイロに収めたミサイルや、海中深くに隠した潜水艦や、常時飛行する爆撃機に積みこんで、互いに狙いを定めていた。さらにより小型の(すなわち〝戦術〟)核兵器が、冷戦の主戦場たるヨーロッパ正面の国境線沿いに展開していた。敵から核攻撃を受ければ、報復のための決定を分単位で下さなければならず、それゆえ両超大国は、事前警戒のためのリード・タイムを少しでも得ようと必死の努力を続けていた。地球は丸いため、地上配備のレーダー基地だけでは、地平線のかなたから飛んでくるミサイルを探知したときは、もはや七分ないし一〇分の時間的余裕しかなくなってしまう。だが、早期警戒衛星を上げれば、ミサイルの発射はもっと早い段階で探知できる。アメリカはすでに、ソ連のミサイル基地を上空から監視できる衛星を配備していた。ソ連としても早急に追いつかなければならない。かくして「セルプホフ-15」基地が建設され、自前の衛星が打ち上げられたのである。

ひとつの恐怖が、ソ連を統治する老人たちの心をとらえていた。その彼らを束ねるのが、病弱で偏執狂の元ＫＧＢ議長にして、一九八三年秋に最高会議幹部会議長に就任したユーリー・アンドロポフ共産党書記長であった。かれは腎臓の機能低下に悩んでいた。恐怖というのはほかでもない。アメリカにいきなり襲われ、クレムリンを離れる暇もなく、モスクワにいる指導部全体が消滅してしまうような事態だった。奇襲攻撃でリーダーを根こそぎにされたら、どれほどの報復措置を用意していようと、役には立たない。だからこそ、ペトロフの任務は絶対的に重要なのである。監視衛星、アンテナ、コンピューター、望遠鏡、地図、そして作戦センター。これこそまさに、核戦争時代の不寝番なのである。

説明としては分からなくもなかったが、超大国が互いにドンパチを始めるという展開が、ペトロフにはいまひとつ信じられなかった。結果はいずれにしろ人類絶滅なのだから。かれはソ連の指導者を大げさで身勝手だと思っていたし、腹の底では党のボスたちを軽蔑の目で見ていた。かれらが口にする敵国アメリカにたいする大仰な言い回しも真面目に受け止めてはいなかった。だが、この数カ月の騒ぎは、さすがに無視できなかった。ロナルド・レーガン米大統領が三月に、ソ連を「悪の帝国」と呼んだのである。しかも、ペトロフが作戦センターの夜勤につく数週間前には、ソ連防空軍が極東で韓国の民間航空機を撃墜し、二六九人が犠牲となっていた。

かれはプロの技術屋を自任しており、これまで困難な課題をみごと克服してきたことに、強い誇りを持っていた。与えられた任務の困難さが半端でないことは分かっていた。なにしろこのシステムは、誤作動がまったく許されないからだ。かれのチームはミスの可能性を潰すため、必死の努力を続けてきた。かれらはシステムがきちんと動くよう懸命に努力していた。それでも、機器類はいまだに問題を起こしていた。地球の運命を左右する決定をくだすシステムが、動作不良によってその足を引っ張られていたのである。一九七二年から七九年にかけてのテスト段階で、計一三基の衛星が打ち上げられたが、一〇〇日を超えても動いていた衛星は七基にすぎなかった[12]。アメリカのミサイル基地を監視するのに十分な数を常時飛ばしておくため、衛星を次々と打ち上げなければならなかった。上げた衛星が地上にデータを送ってこなくなることもしばしばだった。

午前零時十五分、ペトロフはギョッとした。部屋の天井付近には薄い電光掲示板があった。そんなものがあることに、ふだんは誰も気づかないのだが、そのパネルがいきなり光り、赤い文字で「発射」と表示されたのだ。

サイレンのうなるような声が響きだした。北極が描かれた巨大地図の上に、明かりがともった。アメリカのミサイル基地のひとつがある場所だ。全員の目が地図に釘付けとなった。電子パネルはミサイルの発射を告げていた。「確率高し」という文字がおどる。これまでに一度もなかった事態である。メインフロアでそれぞれ画面にむかう操作員たちは、それぞれの椅子から飛び上がった。全員がふり向いて、ガラスの向こうにいるはずのペトロフを見上げた。なにしろ彼は、この当直チームの指揮官だったから。ペトロフが立ち上がったので、部下たちは隊長のすがたを確認できた。すぐさま指示を与えていく。いったい何が起きているのか、ペトロフにも分からなかったけれど。まずは席につき、システムを点検するよう命じた。現実なのか、ちょっとした不具合なのか、ともかく見極めなければならない。完全なチェックをおこなうには十分間が必要だったが、これが本物の攻撃なら、十分なんて時間はかけていられない。偵察衛星はいまも安定を保っているか。コンピューターは円滑に機能しているか。

部下があたふたと確認作業をおこなっている間、ペトロフは目の前にならぶモニター画面を点検した。そこには光学望遠鏡からのデータも含まれていた。もし本物のミサイルならば、そのうち望遠鏡で確認できるはずだ。そいつはどこへ向かっているのか。どんな弾道を描いているのか。だが、〝そいつ〝は影も形も見えなかった。真っ暗な部屋で任務にあたる要員たちも望遠鏡を見ていたが、何も発見できなかった。コンピューターの操作員は、ハードコピーを吐きだすプリンターの数字をチェックした。ペトロフもモニター上のデータをなめるように点検した。単なる技術上のエラーにすぎないのだろうか。

システムの不具合でないとしたら、他にどんな可能性があるだろう。もしたった一発のミサイルが、何かの事故か、あるいは無許可の発射により飛来してくるのだとしたら、どうすればいいのだ。そんな可能性はあり得ない——とペトロフは結論づけた。数々のロック機構、予防措置のすべてを彼は知っており、一人の人間が単独でそんなことをやれるはずはなかった。二人の士官が陰謀をめぐらし、ミサイルを発射する可能性も薄いように思われた。核戦争はこんなふうには始まらない。何年も何年も訓練をつんできたが、いつだって口開けは大規模攻撃からだった。ペトロフはもう一度、自分自身に言い聞かせた。核戦争はこんなふうには始まらない！

かれは片手でマイクロフォンを握っていた。メインフロアへの内線システムにつながるマイクである。もう一方の手で、かれは上官たちにつながる電話器を手に取った。上官たちは早期警戒システムの全体を総覧しており、そこにはここことは独立した別のレーダーも含まれていた。ともかく自分自身の結論を早急にまとめなければならない。直属の上官は、ここで何が起きているか知りたがっているはずだから。ここのチェックはいまだ終了していなかったけれど、それを待っている余裕はなかった。早口のきびきびした口調で、ペトロフは当直の将校に言った。「報告します。これは誤報です」

確信はなかった。ただ、彼の直感がそう告げていた。

「了解した」とその将校は応じた。ペトロフは一気に力が抜けた。その将校は理由を尋ねなかった。ただ、電話器は依然、かれの手のなかにあり、当直の将校も依然として電話口にいた。すると二分後、ペトロフはまたも衝撃を受けた。

電光掲示板が光った。第二のミサイルが発射されたのだ！　次いで第三の、第四の、第五のミサイルが。いまやシステムは処理能力の限界を超えていた。追加の信号が、新たな警報を発していく。パネルには、新しい赤い文字が走る。「ミサイル攻撃」と。さらに軍の上級、さらにその上級へと電子警報が自動的にあがっていく。ペトロフは恐怖のどん底に叩き落とされたような気分だった。両脚が麻痺したように震える。考えるんだ、もっと早く考えるんだ。

ミサイル攻撃――と判断する権限は、参謀本部の幹部が握っていることをペトロフは承知していた。理論的には、警報が事実と確認されしだい、報復の指示がそこから各方面に発せられるはずだった。ソ連側のミサイルを準備し、標的の位置情報を入力し、サイロのハッチを開ける。ソ連の政治指導者たちにも警報が発せられる。判断をくだす時間はわずか数分しかない。

サイレンがうなる。赤いサインが光る。

ペトロフは覚悟を決めた。このシステムは過去に不具合を起こしたことを彼は知っていた。ミサイルは望遠鏡によって目視されなかった。衛星は正しい位置にいた。レーダーが何かを捉えるにはまだおそらく早いだろうが、接近してくる敵ミサイルをレーダー基地は確認していなかった。

ペトロフは当直将校に再度告げた。これは誤報ですと。

このメッセージは、指揮命令系統を上へ上へとのぼっていった。

章末注

（1）マルガリータ・イヴァノヴナ・イリエンコ・インタビュー（一九九八年十一月三十日）。ローザ・ガジエヴァの発言は、月刊科学歴史雑誌「ロージナ

（祖国）」」第五号／一九九〇年十月二十四日におけるセルゲイ・パルフェノフの引用による。

（2）Matthew Meselson, Jeanne Guilemin, Martin Hugh-Jones, Alexander Langmuir, Ilona Popova, Alexis Shelokov, Olga Yampolskaya, "The Sverdlovsk Anthrax Outbreak of 1979," *Science*, 1994, vol. 266, pp. 1202–1208; Jeanne Guillemin, *Anthrax: The Investigation of a Deadly Outbreak*（Berkeley: University of California Press, 1999）; Ken Alibek, with Stephen Handelman, *Biohazard: The Chilling True Story of the Largest Covert Biological Weapons Program in the World — Told from Inside by the Man Who Ran It*（New York: Random House, 1999）, Ch. 7. ケン・アリベック、山本光伸訳『バイオハザード』（二見書房／一九九九年）。その後、二〇〇一年、『生物兵器——なぜ造ってしまったのか?』と改題して、二見文庫に収録。以後、『生物兵器』（二見文庫）と略称し、こちらを底本とする。当該箇所は、「第七章　スヴェルドロフスク事故」。

（3）Theodore J. Cieslak and Edward M. Eitzen Jr., "Clinical and Epidemiologic Principles of Anthrax," in *Emerging Infectious Diseases*, vol. 5, no. 4, July-Aug. 1999, p. 552.

（4）事故はフィルターの交換ミスで起きたとアリベックは聞かされたが、この説明は確認されていない。Alibek, pp. 73–74.『生物兵器』（二見文庫）一二三〜一三二頁。菌の放出は三月三十日金曜日だったと、アリベックは述べているが、当時の風向きからすると、四月二日月曜日だった可能性のほうが高い。本人にその点を質問すると、月曜日というのもありえると、かれは答えている。

（5）子供の患者がゼロだったのは、屋内や学校にいたせいか、あるいは成人に比べ、免疫系の反応に違いがあったり、身長のせいで空中に漂う炭疽菌の影響を受けにくかったせいかもしれない。

（6）レフ・M・グリンベルグ／ファイナ・A・アブラモヴァ・インタビュー（一九九八年十一月三十日）。アブラモヴァ女史の発言は、ロージナ誌でも確認できる。

（7）Guillemin, p. 14

（8）ヴラドレン・クラーエフ・インタビュー（一九九八年十一月）。その後、潜伏期はもっと長期にわたる可能性があることが判明した。

（9）大流行がつづく数カ月間、ＫＧＢは「第四〇病院」の捜索にあたった。アブラモヴァ女史は問題のサンプルを、無印のまま棚の上のほうに隠し、ＫＧＢはそれに気づかなかった。

（10）ペトロフに対するインタビューは一九九九年一月、二〇〇六年一月二十二日、二〇〇七年五月二十九日におこなわれた。

（11）Pavel Podvig, "History and the Current Status of the Russian Early Warning System," *Science and Global Security*, October 2002, pp. 21–60

（12）Podvig, p. 31.

はしがき

本書は、人々の物語である。大統領や科学者、技術者や外交官、兵士やスパイ、学者や政治家などなど、その立場はそれぞれに違えど、かれらはみな、軍拡競争という名の、スピードを増しつつある機関車にブレーキをかけようとして、それぞれの立場から奮闘努力を重ねた。かれらは戦争の惨禍に対するおのが恐怖ゆえに、はたまた自国民にのしかかる膨大な国防費の負担ゆえに、兵器の設計者、管理者という個人の枠を超え、恐怖の均衡から距離をおいた人々である。

ドラマの中心にいたのは二人の主要人物である。いずれもロマンチストであり、革命家だった。二人は高まる危険を察知し、既存の秩序に挑戦した。ソ連邦の最後の指導者、ミハイル・ゴルバチョフは、困難に直面する自国を救わんと、武力の使用を拒み、「グラスノスチ（情報公開）」と「新思考」外交の擁護者として行動した。第四〇代合衆国大統領のロナルド・レーガンは、そのコミュニケーション能力を存分に活かし、資本主義とアメリカの工夫の才が必ずや勝利するという揺るぎなき信仰のもと、理想の唱道者となった。かれは核兵器を完全かつ永遠に、過去の遺物にすることを夢見た。

かれらは決してひとりではなかった。想像力と決断力、狡猾さと道義心をそなえた多くの人々が暴走を抑えようと危険のなかで努力した。本書の目的は、「冷戦」の軍拡競争と、それが残した負の遺産を人々がいかに鎮めたかを、双方の側から語ることにある。まさに一方的勝利だったと言わんばかりのアメリカの勝ち名乗りに、ソ連の内奥で実際には何が、なぜ起きたのかを隠蔽しようとするモスクワの秘密主義と意図的情報操作が重なって、歴史の輪郭があいまいになるケースが、従来あまりにも多かった。だが、新たな証拠が揃うにつれて、疾風怒濤のゴルバチョフ時代にクレムリンの閉じられた扉の背後でどのようなことが繰り広げられていたのか、その熟慮のありようが、今やよりくっきりと見えるようになってきた。そうした同時代の資料、すなわち交わされた議論、重ねられた会議、やりとりされた文書類や電話の対話のなかで、ゴルバチョフは巧みに立ち回り、相手を言いくるめ、強力な兵力のもと塹壕戦を演じようとする軍産複合体と対峙し、過激なまでの方針転換に着手したことが見て取れる。ゴルバチョフはミサイル・システム全体を放棄し、ソ連を地球規模の対立構造から脱却させ、軍事支出とヨーロッパ方面の実働部隊を削減し、さらには構想の担い手や技術者たちがかれのデスクに広げてみせた超弩級のミサイル防衛システム、すなわちソ連版「スター・ウォーズ」の青写真を手に取ると、それをデスクの一番下のひきだしに葬ったのである。新たな証拠資料、とくにさまざまな日記や同時代の公文書は、ゴルバチョフとレーガンが互いをどんな目で見ていたかを明らかにしている。好敵手へのそうした見方があったからこそ、二人はそれぞれの国の内部抗争やイデオロギー、山なす相互不信と格闘し、多年にわたる対立関係から、世界をまがいなりにも救い出すことができたのである。

核兵器は時代を画する圧倒的脅威ではあったけれど、大規模な殺傷能力をもつ恐怖の兵器はこれ以外にも、フラスコや発酵槽のなかで育まれていた。一九七五年から九一年にかけて、ソ連邦はひそかに、世界最大の生物兵器プログラムを構築していた。ソ連の科学者は遺伝子工学を活用し、病気をまたたく間に蔓延できる、数々の病原体を生みだした。いったん命令が下れば、ソ連の工場長たちは何百万人もの人間を罹患させ、死に至らしめることのできる細菌をトン単位で製造できる準備を整えていた。本書では、およそ外聞の悪い――ロシア人はいまだその全容を明らかにしていない――雑草の如き企てがいかにして始まり、かつ繁茂していったかも探求するつもりである。

「冷戦」の終結について書かれた本は、一九八九年十一月に「ベルリンの壁」が崩れた場面や、一九九一年十二月にクレムリンからソ連国旗が引き下ろされたシーンで終わりを告げることが多い。だが本書は、その先まで進んでみたいと思う。まずは双方の緊張関係がそのピークに達した一九八〇年代初めからスタートし、レーガンとゴルバチョフの手になる刮目すべき出来事がつづいた時代を通りぬけ、崩壊したソ連邦が、時代に抗おうとする抗争へと転じた様を描いたあと、結果的に残された置き土産のような核・生物兵器のもたらす危険性について触れていきたい。

口開けは一九八三年。東西の対立と憤怒の念がうずまいた、いわゆる「戦争恐怖症《ウォースケア》」の時代である。だが、これを理解するためには、それに先立つ嵐の前触れのような数十年、意志と意志がぶつかり合い、互いが核抑止をかかげて対決姿勢を取っていた時代を、まずは見ておく必要があろう。アメリカ合衆国とソヴィエト社会主義共和国連邦が「冷戦」を演じた一九四七年から九一年にかけて、核兵器は実戦において一度も使用されることはなかった。というか、双方はミサイルや潜水艦、戦略爆撃機に数千発の核兵器を配備することで、互いに恐怖の均衡をつくりだしていたのである。数十年にわたる数々の改良により、核兵器は途方もない破壊力をそなえ、これまで以上に素速い投射手段、命中精度の向上、敵の攻撃からの脆弱性回避がはかられ、危険性はよりいっそう増していた。

初期の核戦略をになった専門家のひとり、バーナード・ブロディの言葉を借りれば、原子爆弾は「究極の兵器」であり、それゆえ戦争の形態を永遠に変えてしまったのである[1]。この新型爆弾は、まず最初に軍人ではなく一般人が命をおとす可能性を大幅に引き上げた。一九八三年のとある研究において、ハーヴァード大学教授六人からなるグループはこう述べている。「核兵器は史上初めて、一国が敗北し、もしくはその軍隊が破壊される前に、その国家そのものを破壊する可能性を提供した」のである。そして核戦争は間違いなく、歴史上のいかなる戦争よりも短期間で片がついてしまうのだ。ほんの数時間で終わってしまうかもしれない。指導者たちがおのが決断を考えなおしたり、やはり止めようと心変わりをする前に、すでにして始まっている可能性があった。警報がたんなる機器の誤動作だったと分かっても、その時はもう、数百万の人々に死がもたらされている恐れさえあったのだ。(2)

「冷戦」が始まったばかりのころ、アメリカは都市と産業基盤をねらった途方もなく強力な一撃を見舞うぞと言って、ソ連を脅していた。アメリカの最初の核兵器は、重量が一発数千ポンドで、鈍重な戦略爆撃機――目標地点に到達するまでに数時間を要した――に積まれていた。だがそれから半世紀がたつと、核弾頭はミサイルに搭載されるようになり、ほんの三〇分程度で大洋を越えると、目標まで到達できた。まさに隔世の感である。アメリカ海軍の戦略システムズ計画部長、G・P・ナノス少将は一九九七年に言っている。〈トライデント〉潜水艦の全長（五六〇フィート／一七〇メートル）を半径とする円をまずは描いてみよう。同艦に積まれた〈トライデントII　D5〉ミサイルは、四〇〇〇海里（約七四〇〇キロメートル）離れた地点にあるその円内に、核弾頭を精確にたたき込むことができるのであると。(3)

だが、破壊力と恐るべき精度を実現したことは、いつの日かそのミサイルの発射ボタンを押す立場になりかねない人間のあいだに、深刻な不安感をかきたてた。

アメリカで核戦争の実施にかんするマスター・プランが最初に作られたのは一九六〇年、ドワイト・アイゼンハワー大統領の任期が終わろうとしている頃だった。この「SIOP（単一統合作戦計画)」の想定規模は、途方もなく大きかった。適切な警告時間を与えたうえで、合衆国とその同盟国は、持てる戦略兵器の全体、およそ三五〇〇発の核弾頭を、ソ連と中国、およびその衛星国に発射するというのだから。アイゼンハワーは一九六〇年十一月三日から五日にかけて、科学顧問のジョージ・B・キスティアコウスキーを、ネブラスカ州オマハ近郊のオファット空軍基地にある「SAC(戦略空軍総司令部)」に派遣し、この新攻撃計画を吟味させた。戻ってきたキスティアコウスキーは報告した。あれは「不必要かつ胸が悪くなるほど過剰殺戮《オーヴァーキル》」な計画でしたと。アイゼンハワーはかれの海軍補佐官、E・P・〈ピート〉・オーランド大佐にその時感じた本音をもらしている。あの推計値――対象とする標的があまり多く、しかも外れたときの用心のため各目標に複数個の爆弾をたたき込むことになっていた――には「心底ゾッとしたよ」と[4]。

心の動揺に見舞われたという点では、ジョン・F・ケネディ大統領も大差なかった。一九六一年九月十四日、戦争計画についてブリーフィングを受けたあと、ケネディはディーン・ラスク国務長官に漏らしている。「しかもわれわれは、それでも自分を人間だと言っているのだ[5]」と。

ケネディとその国防長官、ロバート・S・マクナマラは、大規模報復というアイゼンハワー時代の考えに落ち着かないものを感じた。ソ連との緊張がまず高まったのはベルリン、次いでキューバだったように、戦場は分散化し、対立関係は複雑の度を増しており、たった一回の途方もない規模の核攻撃という脅しは、もはや時代に合わないと彼らは感じていた。一九六二年の春から夏にかけて新たな戦争計画が策定され、核攻撃をおこなうさい、もっと柔軟性と選択の余地を大統領に与えるものに修正された。予備部隊を取っておくとか、人口密集地や工業地帯は避けるとか、一部の国は標的から外すとか。一九六二年十月のキューバ危機直前に発効したこの新計画において、最もカギとなる変更点は、ソ連の攻撃兵器や軍事施設だけをもっぱら標的にし、都市や産業基盤はあえて狙わないという点にあった。この方針は〝カウンターフォース（武力破砕攻撃）〟と呼ばれた。双方が撃鉄を起こした拳銃で互いに狙いをつけている状況下で、相手の手から拳銃だけを弾きとばそうとする努力、それが〝カウンターフォース〟だというわけだ。[6] 都市ではなくミサイル自体に狙いをつけることは、なるほどより人道的に思われたが、〝カウンターフォース〟はまた、はるかに厄介な問題をいくつか生起させた。たとえば、全面無差別ではなく、限定的な核攻撃が可能になると、核を使いたいという誘惑がよりいっそう強まるかもしれない。しかも〝カウンターフォース〟という選択肢はその性質上、先んじて実施される、つまり撃たれる前に撃つわけだから、それは先制攻撃になるのではないか——というわけだ。それでも以後数十年、「カウンターフォース」というコンセプトは、ある日突然、青天の霹靂のごとき第一撃がありうるという恐怖をつねにかかえ込みつつ、続いていくことになる。

ケネディはせめて都市だけは外したいと願った。だが、マクナマラはしだいに悟るようになった。ソ連のすべての兵器を狙い撃ちにしたければ、きわめて費用のかかる新たな軍拡競争に着手しない限り、それは不可能だと。しかもそうした東西の〝エスカレーション（段階的拡大）〟には終わりがやってこないのだ。最終的に、マクナマラは彼のいうところの「確証破壊」戦略へと軸足を移していく。だが、それを実現するにはソ連の人口の二〇ないし二五パーセント、産業基盤の五〇パーセントを消滅させるに足るだけの兵器づくりが必要とされた。マクナマラは〈ミニットマン〉ミサイルに一〇〇〇基という上限を設けた。部下のアナリストたちがそう結論づけたからである。「〈ミニットマン〉ミサイルを一〇〇〇基、ポラリス原潜を四一隻、戦略爆撃機を約五〇〇機で打ち止めにする一番の理由は、それ以上はコストに見合わないからです」と彼らは言った。[7] ソ連も同時にその上限を目指し、そこで軍拡競争を止めることをマクナマラは期待した。マクナマラに批判的なある人物が、この「確証破壊」の頭に「相互」を付けた。「ミューチュアル・アシュアード・デストラクション（相互確証破壊)」の誕生である。まさに狂気の産物であることが一目瞭然な「MAD」という頭字語で、この概念はいまや有名である。かくて多くのアメリカ人にとって、米ソが同等の脆弱性をかかえ、かつ相互に報復しあえるという構図が成立し、それは「冷戦」という時代を規定する基本的な考え方となった。[8]

このような経緯で、世界規模の千日手に嵌まってしまったアメリカとソ連邦だったが、両国はそれぞれ国としてのルーツを異にし、極端に違う歴史、地理、文化、経験を何世紀も重ねてきた。しかも猜疑心というヴェール越しに相手を眺めるため、両超大国はしばしば相手の意図や行動を誤って判断した。そのうえ双方がそれぞれに欺瞞作戦を展開したため、危険はいや増すばかりである。ハーヴァード大学の教授連が一九八三年にこんな感想を述べている。「アメリカはソ連の行動を予測できない。ソ連内部で何が起きているか、得られる情報があまりに少ないからだ。ソ連もアメリカの行動を予測できない。情報があまりに多すぎるからだ」と。

ほんの初期の、しかし極めて特徴的な実例が、いわゆる「ミサイル・ギャップ」である。ソ連は一九五七年八月二十六日、大陸間弾道ミサイルの本格実験をおこなったと発表し、さらに十月四日、世界最初の人工衛星「スプートニク」の打ち上げも成功させた。以後四年間、ニキータ・フルシチョフ首相はこう主張して、西側をミスリードし続けた。ソ連はいまやミサイルを「ソーセージのように」生み出しており、そうした超大型ミサイルは「連続生産」、「大量生産」されていると。この立ち後れ、すなわち「ミサイル・ギャップ」に、ジョン・F・ケネディは一九六〇年の大統領選挙中、警鐘を鳴らしたけれど、じつはそんな実態は存在しなかった。[9] フルシチョフは自らの弱さを押し隠すため、ブラフをかけただけなのだ。

一九六二年十月の「キューバ危機」では、惨事をかろうじて回避することができた。このとき、フルシチョフは核兵器とミサイルをこの島国に配備しようと途方もないギャンブルを仕かけてきた。米ソの睨みあいがそれ以上進まなかったのは、ケネディとフルシチョフがいずれも自己抑制をきかせたからである。だがしかし、フルシチョフが兵器の撤去を済ませ、さらに一九六四年に失脚したあとも、「キューバ危機」はソ連の指導者の心のなかに、アメリカの後手に回ることへの恐怖という形で、長く居座りつづけるのである。結果、一九六〇年代半ばに始まった、ソ連のミサイル生産は右肩上がりの急成長を遂げ、年間数百基が生産されるようになるのである。

ソ連はアメリカとはまったく異なるプリズムを通して、世界を見ていた。それゆえ彼らは、核兵器とは、破壊力こそ大きいものの、鈍刀のような報復手段であると見なしていた。いったん攻撃を受けたら、圧倒的な力をもって敵に罰を与えるための兵器であると。多くの発言や文書類から、「冷戦」当初の数十年間、ソ連はアメリカで珍重された限定的核使用という選択肢を採用していなかったことが分かる。たとえ一発でも核が使われたら、あとはいわゆる「段階的拡大《エスカレーション》」にすぐさま移行する、ゆえに全面核戦争に備えなければならない――というロジックだ。[10] 相互に脆弱性をかかえれば、米ソ関係は安定にいたるというアメリカ流の発想に、かれらは重きを置いていなかった。むしろ彼らが恐れたのは、両超大国が必死になって覇を競いあい、結果、そうした攻防に持てる資源を注ぎ込むような事態だった。だが、ソ連がついにアメリカとほぼ同等のレベルに達した一九七〇年代初め、そうした固定観念に変化の兆しが現れだした。それまでのように、先制的な第一撃で脅しをかけるかわりに、かれらは「確証破壊」、すなわち報復のための第二撃を重視する姿勢へと転換したのである。かれらはまた、アメリカとの戦略兵器制限交渉に初めて踏みきり、かくて時代は「デタント（緊張緩和）」へと向かっていく。[11]

じつはソ連の軍備拡張は、影響力こそ大きいものの人目に付きにくい内部勢力、すなわち軍需産業の幹部たちによって推進されていた。レオニード・ブレジネフの政権は、年老いて機能不全に陥った取り巻きグループの集団的総意によって運営されてきたが、一九七〇年代半ばに、ブレジネフ当人が健康を害したことにより、指導力の発揮はもはや難しくなっていた。この権力の空白を、産業部門の管理職が埋めたのである。かれらはどのような兵器を生産するかといった問題にまで大きな影響力を持ち、一部の案件については、発言権が軍を上回ることさえあった。中でも衝撃的なのは、次世代の大陸間弾道ミサイルをめぐる激しい内部対立が頂点に達したときの一例である。一九六九年七月、苛立つブレジネフがヤルタに近い休暇村の別荘で、軍とミサイル設計局のトップを集めて会合をもった時のこと。戦いは、最も高名な二人の設計者、ミハイル・ヤンゲルとウラジーミル・チェロメイの一騎打ちという形で展開された。ヤンゲルは、一基あたり核弾頭を四発搭載し、新たに建設される対核兵器強化型サイロに収納することを前提とする〈SS-17〉ミサイルを推奨し、これこそが敵の第一撃への報復を確実にするベストの選択だと主張した。ただ、このミサイルはきわめて高額だった。一方の雄たるチェロメイは、既存のサイロ用にかれが設計したより旧式の〈SS-11〉ミサイルの性能向上を当初は提案していた。従来型のサイロはなるほど、敵の核攻撃に対し十分な強度がないけれど、より安価により多くの弾頭を軍に提供することができ、敵の先制攻撃を抑止する手段としては完璧であるというわけだ。ところがヤルタ会議のさい、チェロメイは方針を変更し、新型の〈SS-19〉ミサイルを提案するのである。搭載する弾頭は一基あたり六発とされた。ただ、〈SS-19〉もまた、工費のバカ高い強化型サイロが新規に必要だという。ソ連科学アカデミーを率い、ブレジネフの信任篤いムスティスラフ・ケルディシュがこの論争の行司役として、選定委員会の長に任命された。ところがヤルタでは、この行司役までが論争に参戦してしまうのだ。どんなミサイルを製造するか、その点ばかりに熱心だが、わが国はどんな戦略方針を採用するのか、それさえ決めかねているではないかと、そもそも論を展開し、かれは現状を嘆いてみせた。第一撃を重視し、それを誇示して敵を脅すのか、それとも力を蓄え、その後の報復に重きを置くのか、いったいどちらの方針で行くのかというわけだ。結局、ケルディシュは設計者同士の強いライバル心をきちんと裁けなかった。そこで当面、〈SS-11〉改良案、〈SS-17〉開発案、〈SS-19〉開発案の三案同時採択という、膨大な経費を必要とする裁定がくだり、それはソ連財政の崩壊の遠因にもなっていく[12]。

一九七〇年代、アメリカは〈ミニットマンⅢ〉ミサイルの配備を開始していた。従来のたった一発ではなく、一基に三発の核弾頭を積めるミサイルである。この新機構は、「マルティプル・インディペンデントリー＝ターゲティッド・リ＝エントリー・ヴィアクル（多弾頭各個目標再突入弾）の頭文字をとって、「MIRV（マーヴ）」と呼ばれていた。このタイプのミサイルは、三個の弾頭をそれぞれ別個の標的に誘導できるため、兵器としての威力が一気に増大するという特徴を備えていた。だがしかし、ソ連はこの技術に対抗し、さらには凌駕し、一九七〇年代半ばには新世代の地上発射式ミサイルの配備を開始する。そのうちのひとつ、〈SS-18〉ミサイルは、アメリカ製ミサイルに比べ、七倍から八倍の搭載能力を持っていた。実際、ある時点では、この巨大ミサイルに対し、一基あたり三八発の弾頭を搭載するという案が、しかも複数個存在したほどである。

使用する兵器が増大するにつれ、アメリカの戦争計画もよりいっそう複雑なものになっていった。リチャード・ニクソンは就任一週間後の一九六九年一月二十七日、合衆国の新大統領として、対ソ核戦争にそなえた軍の計画の説明を受けるため、国防総省に赴いた。意味不明な頭字語のとびかう業界らしく、この全体計画は〝サイオプ〟と呼ばれていた。「シングル・インテグレーテッド・オペレーショナル・プラン（単一統合作戦計画）」の頭文字を取ったものだそうで、「SIOP」と表記された。計画の実態を初めて「聞かされたニクソンは、べつに感銘は受けなかった」ようだと、当時ニクソンの国家安全保障問題担当補佐官で、のちに国務長官になるヘンリー・キッシンジャーはふり返っている。核戦争の場合、大統領には三つの選択肢が与えられますとニクソンは言われた。「アルファ（A）」は、最も緊急性の高い軍事目標を攻撃せよ――です。「ベータ（B）」は、二番目に重要な軍事目標を指定します。そして「チャーリー（C）」ですが、これは産業基盤と都市への攻撃を意味します。もし仮に、大統領閣下が「アルファ」と「ベータ」で行くと決断されたら、都市部は攻撃を免れます。三つ全部なら、全面核戦争というわけですと。だが、実際に緊急事態が発生したら、ニクソンは頭がぼうっとするほど複雑な選択肢を示されたことだろう。なにしろABCの下には、五種類の攻撃オプションがそれぞれ付いており、細かく選ぶと、九〇種類をちょっと欠けるほど、多くのバリエーションがあったからだ。その中でこれぞと思う方法を選ぶことは、そう容易ではない[13]。一九六九年五月十一日、ニクソンは今度は「国家安全保障緊急時空中指揮所」なるものを実体験した。要するに、通信機器を満載した〈ボーイング707〉旅客機のことで、乗るや否や、そのまま核戦争演習へと突入した。大統領首席補佐官のH・R・ハルデマンがその日記に書いている。「身の毛もよだつような経験だった。演習のあいだ、情報担当、作戦担当の人間が次から次へと戦況報告をおこなううえに、リアリティを出すため、説明が中断されるなど、不測の事態が折々挟まれるのだ」。ハルデマンはさらにこう続ける。ニクソンは「わが方の核能力や、攻撃した場合の結果について数多くの質問を発した。何百万人もの人間の死がひどく軽く扱われていることに、困惑を覚えていることは明らかだった」と[14]。

ソ連の指導者とて、これと同等の恐怖に平静でいられるはずがなかった。一九七二年、ソ連参謀本部は指導者たちにとある研究結果を示した。アメリカが先制攻撃を仕かけてきたとの想定のもと、その後の核戦争について述べたものである。軍はその兵力を一〇〇〇〇分の一まで減らす。八〇〇〇〇万人の市民が命を落とす。ソ連の産業基盤の八五パーセントが灰燼に帰する。その場に居合わせたアドリアン・ダニレヴィチ将軍によると、この報告を聞いたブレジネフとアレクセイ・コスイギン首相は見るからに怯えていたという。その後、大陸間弾道ミサイルにダミー弾頭を搭載して、発射実験を三回おこなうことが計画された。演習開始の合図はブレジネフがおこなうことになっており、決められた瞬間に国家の最高指導者がおんみずから、ボタンを押すことが期待された。ブレジネフの傍らにはアンドレイ・グレチコ国防相が立っており、ダニレヴィチ将軍はそのグレチコの脇に控えていた。「ボタンを押す瞬間がやってくると」とダニレヴィチは当時をふり返る。「ブレジネフは目に見えて動揺し、顔面蒼白、手が震え、この行動が現実世界にいかなる結果ももたらさない点を何度もくり返しグレチコに確認した」と。ブレジネフはグレチコのほうを向くと、こう言った。「これが単なる演習だと、貴官は確約できるか？」[15]

核兵器の圧倒的な破壊力を認識し、ニクソンは一九六九年にひとつの決断をした。アメリカは生物兵器を放棄すると。一九七二年、ソ連とアメリカをふくむ七〇以上の国々が、生物兵器の開発と生産、およびその投入手段を禁じる、四ページにわたる国際合意文書、「生物兵器禁止条約（BWC）」〔正式名称は「細菌兵器（生物兵器）及び毒素兵器の開発、生産及び貯蔵の禁止並びに廃棄に関する条約」〕に調印した。同条約は一九七五年に発効した。だがしかし、ソ連邦はみずからも署名した条約の脱法行為にたちまち着手した。民間企業を隠れ蓑に、ソ連の細菌戦能力をひそかに拡大する秘密計画が立案され、ブレジネフはこれを承認した。ソ連の生物戦計画は、軍拡競争の目に見えない影の領域で、さらなる発展を続けることになる。

「生物兵器禁止条約」はまさに東西間の「デタント（緊張緩和）」がピークに達した時代に生まれた。新たな国際的合意と相互理解という枠組みによってソ連をくるみ、いわゆる「冷戦」を管理可能な、より脅威度の低いものに変える――というのがニクソンの目指したところである。そうした「デタント」の精華と呼ぶべきものが、「ＳＡＬＴ　Ｉ（第一次戦略兵器制限条約）」だった。一九七二年五月二十六日、ニクソンとブレジネフはモスクワで同条約の関連文書に調印した。なかでも最も重要な部分は「ＡＢＭ（弾道弾迎撃ミサイル）条約」で、これにより、恐ろしいほど経費のかかる〝ミサイル防衛〟――敵ミサイルをミサイルで撃ち落とす構想――をめぐる軍拡競争は、事実上終わりを告げるはずだった。[16]だが〝攻撃〟側のミサイル、すなわち第一撃をになう長射程のミサイルには歯止めはなく、その大きさと破壊力はその後も増大し、その結果、「ＳＡＬＴ　Ｉ」をその場しのぎの弥縫策に堕してしまうのである。「ＡＢＭ条約」は米ソ双方の、地上発射式および潜水艦発射式核兵器に使われる〝ローンチャー（発射器）〟こそ凍結したものの、ミサイルもしくは弾頭の具体的数量については明示されていなかった。「ＳＡＬＴ　Ｉ」と「デタント」における議論の中核をなしたのは、個々のミサイルや発射器が米ソ同等の水準にあるかどうかは、戦略バランス全体と比べた場合、さほど重要ではなく、おおむね同等であれば事足りるという考え方だった。もし仮に、アメリカ側が、新たなミサイルの製造サイクルを停止させれば、この条約の依ってきたった理屈にもとづき、ソ連側も当然、その動きを止めるはずだから。キッシンジャーは言った。「そしてアメリカが国家として自らに問うべき質問のひとつは、戦略的優位性とは果たしてなんぞやということである。戦略的優位性において、政治上、軍事上、作戦上重要なのは、数的な水準なのか。それとも、それにより何が実現されるかなのか」[17]と。

「デタント」は一九七〇年代末、動揺に見舞われる。ソ連が戦略的優位を獲得しつつあると西側が恐れたことがその原因のひとつである。アメリカでは国防政策に携わる保守派と、タカ派の戦略専門家からなる小グループが、ソ連の意図と行動に対して警鐘を鳴らすようになった。シカゴ大学のアルバート・ウォールステッターは一連の寄稿によって、インテリジェンス・コミュニティ〔CIA、DIAなど米政府傘下の情報機関の総称〕を批判し、かれらはソ連の軍事支出と兵器の性能向上を過小評価してきたのではないかと疑問の声をあげた。この影響は大きかった。さらに一世代にわたって米政府の「賢人」の一人と遇され、「SALT Ⅰ」の兵器管理交渉にみずから当たったポール・ニッツェ元海軍長官が「フォーリン・アフェアーズ誌」一九七六年一月号に寄稿し、ソ連は核兵器の均衡状態、すなわち米ソが本質的に等価な能力をもつことでは満足せずに、「単に数のうえだけでなく、理論上戦争に勝てる能力を得ようと、核の優位を今後も追求し続けるだろう」と警告を発したのである。(18)

ソ連はアメリカに対する優位性を確保し、核戦争を戦い抜いて勝利をかちとろうと準備中だ——というこれら一連の主張は、実証そのものは不可能だったけれど、ヴェトナム戦争と「ウォーターゲート事件」後の深い疑念にとらわれていたアメリカ社会において一定の足場を築くことに成功した。一九七六年、CIAはソ連の意図を探るため、前代未聞のコンペを実施した。CIA内部のアナリストと外部識者からなる二つの評価チームに対して同じ課題を与え、利用可能な情報を総動員して、その分析能力を競わせたのである。内部の面々は「チームA」と呼ばれ、外部の面々は「チームB」と呼ばれた。「チームB」を率いるのはハーヴァード大学の歴史学科教授、リチャード・パイプスで、長年にわたりソ連型共産主義を激しく批判してきた人物である。それ以外のメンバーも、ソ連が軍事的優位を追求しているとこれまで警告しつづけてきた「デタント」批判派から選抜された。そして十一月に作業は終了した。ソ連の意図にかんする「チームB」の報告は、一刀両断のソ連非難だった。モスクワは優位性を獲得しようとのめり込んでおり、CIAはそれを甚だしく過小評価している。ソ連の指導者たちは「核の戦略的安定性、相互確証破壊、十分性戦略などといった言葉ではなく、効果的な核戦争遂行能力といった言葉で、状況を考えているのだ」とかれらは主張した。[19]

一方、「チームA」の報告は、耳目を驚かすような言い回しとはおよそ無縁だった。ソ連はあるいは核戦争を戦う能力や優位性を達成したいという願望を持っているかもしれないが、それは現実的ではなく、実際的目標でもない――というのが結論だった。作業はかくて終了。CIAが年一回発表している総合情報評価は、結局、「チームA」の見方に沿った内容となった。ソ連は「アメリカの将来的行動や、あるいはアメリカとの関連における自国の将来的能力にかんし、確信を持てずにいる」というわけだ。だが、米国務省の情報部門を率いる高官は、より慎重な見方をした。「ソ連の指導者は〝戦争に勝利する〟とか〝戦争に生き残る〟といった姿勢をまずは重視し、予見しうる将来における実際的目標や、理性によって特徴づけられる成果にかんし、それほど重きを置いていないのだ」とかれは言っている。[20]

「チームB」の面々が並べたてた論点の多くは後年、いささか過大評価であったことが明らかとなる。ソ連製ミサイルの精度、兵器近代化のテンポにかんする見積もりは大げさすぎた。ただ、かれらが下した諸々の結論は、当時の人の耳に不気味な予兆として響き、それは「デタント」の棺桶にさらなる釘を打ちこむ結果へとつながった。一九七七年七月、パイプスが「コメンタリー誌」に寄稿した論文のタイトルは「なぜソ連邦は核戦争を戦いそれに勝利できると考えるのか」だった。「チームB」の検討作業が終わった直後、ニッツェ、パイプス、その他の面々は啓蒙集団「いまそこにある《プレゼント・デインジャー》危機委員会」を立ち上げるとともに、ソ連の軍備増強にかんしアメリカ国民に警告を発する啓蒙活動を開始した。同委員会の理事会には、カリフォルニア州の元知事、ロナルド・レーガンも名を連ねていた。かれはすでに大統領選出馬の意向を示しており、社会各層や経済界、国防分野の保守派たちをその支持基盤としていた。同委員会は一九七七年から七九年にかけて「SALT Ⅱ（第二次戦略兵器制限条約）」に反対する運動を展開し、その後、米ソの交渉が本格化すると、ソ連の〈SS‐18〉ミサイル一基だけで、どれほどの都市が破壊できるかを示した地図を配布するようになる。[21]

健康状態の思わしくないブレジネフを中心とするソ連指導部はこの時期、新世代の中距離ミサイル〈SS‐20 ピオネール〉をヨーロッパに配備するという、まずい一手を打ってしまう。そんなことをすれば、アメリカとその同盟国のあいだに危惧の念が広がるはずなのに、ソ連指導部はそんな事態を想像すらしていなかった。だが、「NATO（北大西洋条約機構）」はソ連側に交渉を要求するとともに、これに対抗するため、〈パーシングⅡ〉ミサイルと地上発射式の巡航ミサイルをヨーロッパに展開した。新たな軍拡競争が始まろうとしていた。それなのに、モスクワの指導者たちは一九七九年十二月、アフガン侵攻という更なる悪手を打ってしまうのだ。ブレジネフを相手に「SALT Ⅱ」をまとめたジミー・カーター大統領はこれを受けて、当時上院の批准手続きに入っていた同条約を撤回、かくして「デタント」の命脈はここに尽きるのである。

一九八〇年の夏、二期目をねらうカーター大統領はレーガンからの挑戦を受けていた。しかも、モスクワとの緊張は悪化の一途をたどっていた。そんな折り、かれは核戦争にかんする二つの秘密指令を承認した。六月三十日署名の「大統領令第五八号」は、核攻撃から大統領およびその他政府指導者を守るため数十億ドル相当の対策を求めていた。一方、七月二十五日に署名し即日発効となった「大統領令第五九号」は、いざ核戦争となった場合、大統領がその裁量で選択できる標的リストを修正・拡充するものだった。新たな計画は、軍事目標や戦争を支援する産業基盤だけでなく、ソ連の政治指導部の攻撃にも焦点を当てるものであり、紛争の長期化だけでなく、限定的核攻撃も視野に入れた内容だった。カーターはさらに、核の応酬が始まったら、大統領がリアル・タイムで軍事目標を選択できるように、通信設備を更新し、衛星システムを改善することも命じた。国防総省のある高官は、「大統領令第五九号」は、具体的事例を突きつけて、それによりソ連の指導者を脅かすことをも考慮にいれて策定されたと語っている。今やあなた方自身が、アメリカの核の十字線に捕捉されているのですよ——というわけだ(22)。

一九八二年までに、米ソ両国が保有する戦略核兵器の威力は、ヒロシマ型原爆にして、およそ一〇〇万発分に到達した。これほどの核兵器をかかえているのに、ソ連の指導者たちはおめおめと寝首を掻かれ、反撃のチャンスを逸することを恐れていた。そこで彼らは、報復攻撃を確実におこなえる一種の保証システムを考えた。同システムは「死者の手《デッド・ハンド》」と呼ばれた〔生き残った生者の運命を死者が依然として支配する過去の桎梏のこと。ちなみに本書の原題、“THE DEAD HAND”はここから来ている〕。かくして、全面自動化がはかられ、コンピューターだけでも発射命令を出せる仕組みが構築されかけた。だがそこで、ソ連指導部は待てよと考え直し、システムに一部修正が加えられた。その結果、地上配備型のすべてのミサイルを発射する判断は、深深度に設けられた球形のコンクリート製地下壕に生き残った少人数の当直士官が下すかたちに改められた。同システムは一九八四年十一月、全面的なテストにかけられ、その数カ月後、供用が開始された。超大国間の相互不信が最高潮に達した時期ではあったが、ついに対立するライバルの一方は、「人類絶滅マシーン」まで造りあげてしまったのである。

本書は関係者へのインタビュー、回想録、日記、ニュース記事、公文書館の資料をもとにしている。なかでも限りない価値がある情報源は、ソ連共産党中央委員会国防部の内部文書コレクションである。本書で初めて明かされる数々の文書類は、ゴルバチョフ時代におけるソ連の要路の人々の決定と発想法に新たな光を当てている。それらの資料は、ゴルバチョフがいかにして将軍や軍産複合体と対峙したか、そしてソ連がいかにして細菌兵器計画を隠蔽したかを伝えている。これらの文書類は、航空・ロケット技術者の訓練を受けたヴィタリー・カターエフが集めたものである。カターエフは一九七四年、ウクライナのドニエプロペトロフスクにあったミサイル複合施設《コンビナート》から異動となり、クレムリンの政策決定の中枢である中央委員会のスタッフになった。かれはほぼ二〇年間そこに籍を置き、部内回覧用の定期刊行物に細々した出来事を几帳面に記録するとともに、その情報の原本ともいうべき書類の束を別途保管しておいた。カターエフはミサイル本体や設計者、政治的指導者を直に知っていた。本書で登場するその他多くの人々と同様、カターエフはその実体験から、この軍拡競争がもはや極端な水ぶくれ状態に陥っていると理解していた。

ソ連が一九九一年に崩壊すると、新たな予想外の脅威がほとんど直後に発生した。粗末な貨物列車が東欧や中央アジアから核弾頭をロシアまでガタゴト運んできたり、高濃縮ウランやプルトニウムが護衛もつかない倉庫に何トンも放置されたり、細菌学者や核爆弾の設計者が生活に困窮したり。そんな時期にも必死に踏みとどまって、危機を回避すべく奮闘した個人についても、本書は触れていく。ただ、かれらの成功はごく限られたものだったが。こんにちでも、文明を破壊できる「冷戦」の負の遺産は依然としてわれわれと共にある。それらはわれわれの時代の「死者の手」であり、それを造りだした人間が死んだあとも長い間、この地球を脅かしつづける死の装置なのである。

章末注

(1) Bernard Brodie, ed., *The Absolute Weapon: Atomic Power and the World Order* (New York: Harcourt Brace and Co., 1946)

（2）Albert Carnesale, Paul Doty, Stanley Hoffmann, Samuel P. Huntington, Joseph S. Nye Jr., and Scott D. Sagan, *Living with Nuclear Weapons*（New York: Bantam Books, 1983）, pp. 31–32

（3）Admiral G. P. Nanos, "Strategic Systems Update," *Submarine Review*, April 1997, pp. 12–17. ナノス提督はこの論文で、別の提督の発言を引用しつつも、秘密措置に引っかからぬ程度にだが、妥当な数字であると確認している。"The Capabilities of Trident Against Russian Silo-based Missiles: Implications for START III and Beyond," George N. Lewis, Theodore A. Postol, Massachusetts Institute of Technology, Feb. 2–6, 1998 を参照。

（4）David Alan Rosenberg, "The Origins of Overkill, Nuclear Weapons and American Strategy, 1945–1960," in *Strategy and Nuclear Deterrence*, Princeton University Press, 1984, pp. 113–181. William Burr, ed., "The Creation of SIOP-62: More Evidence on the Origins of Overkill," EBB No. 130, doc. 23 "Note by the Secretaries to the Joint Chiefs of Staff on Strategic Target Planning," Jan. 27, 1961 も参照。

（5）McGeorge Bundy, *Danger and Survival: Choices About the Bomb in the First Fifty Years*（New York: Random House, 1988）, p. 354.

（6）"History of the Joint Strategic Target Planning Staff: Preparation of SIOP-63," January 1964. "New Evidence on the Orgins of Overkill," TNSA EBB No. 236, doc. 2. マクナマラが六月十六日、ミシガン大学の卒業式でおこなった演説も参照。衛星情報の改善により、アメリカ側がソ連のミサイル発射基地、潜水艦の利用港、防空基地、その他軍事施設にかんする最初の包括的な地図をすでに獲得しているという事実により、マクナマラが影響を受けていた可能性もある。Desmond Ball and Jeffery Richelson, eds., *Strategic Nuclear Targeting*（Ithaca: Cornell University Press, 1986）, p. 65. Also see Alfred Goldberg, "A Brief Survey of the Evolution of Ideas about Counterforce," Rand Corp., Memorandum RM-5431-PR, October 1957, rev. March 1981, p. 9. DNSA, No. NH00041.

（7）Alain C. Enthoven and K. Wayne Smith, *How Much Is Enough?: Shaping the Defense Program, 1961–1969*（New York: Harper & Row, 1971）, rev. ed.（Santa Monica: RAND Corp., 2005）, pp. 67 and 207.

（8）「MAD」という頭字語は、「相互確証破壊」という概念がいかに愚かであるかを示すため、ハドソン研究所のドナルド・G・ブレナンが考案したものである。ブレナンはミサイル防衛システムの提唱者で、共倒れを回避する方策を探していた。"Strategic Alternatives," *New York Times*, May 24, 1971, p. 31, and May 25, 1971, p. 39 参照。

（9）Arnold L. Horelick and Myron Rush, "Deception in Soviet Strategic Missile Claims, 1957–1962," RAND Corp., May 1963. DNSA NH00762.

（10）これの例外がヨーロッパである。ヨーロッパなら、戦術核兵器による攻撃が開戦当初に可能であるとソ連は知っており、それゆえ先制核攻撃を計画していた。Vojtech Mastny and Malcolm Byrne, eds., *A Cardboard Castle: An Inside History of the Warsaw Pact, 1955–1991* (Budapest: Central European University Press, 2005), pp. 406–412 を参照。

（11）John Hines, Ellis M. Mishulovich, John F. Shull, *Soviet Intentions 1965–1985*, BDM Federal Inc., for Office of Secretary of Defense, Sept. 22, 1995, Vol. I, *An Analytical Comparison of U.S.-Soviet Assessments During the Gold War* は、ソ連関係者に対するインタビューを元に、ソ連式の発想を手際よくまとめている。Aleksander Savelyev and Nikolay Detinov, *The Big Five: Arms Control Decision-making in the Soviet Union* (Westport, Conn.: Praeger, 1995), pp. 1–13 も参照。

（12）このコンペの最終結果は、サイロは強化式、基本方針は報復能力重視と、ケルディシュの望んだ方向で決まった。Hines, Vol. II, p. 85; Savelyev, pp. 18–19; Vitaly Katayev, unpublished memoir, *Some Facts from History and Geometry*, author's possession〔著者の私物である、カターエフの未公開の回想録〕、および著者によるパーヴェル・ポドヴィグへの照会（二〇〇九年三月二十七日）に依る。また、Podvig, ed., *Russian Strategic Nuclear Forces* (Cambridge: MIT Press, 2001) も参照。

（13）この計画は依然として「カウンターフォース」という考えを内包していた。ソ連軍部隊を対象とする「タスク・アルファ」には兵器全体の五八パーセントを用いることになっていた。都市や産業基盤を標的とする「タスク・チャーリー」に対してはこれとは対照的に、およそ一一パーセントの武器しか当てられていなかった。"The Nixon Administration, the SIOP, and the Search for Limited Nuclear Options, 1969–1974," TNSA EBB No. 173, doc. 3 を参照。

（14）キッシンジャーのニクソン評ついては、TNSA EBB 173, doc. 22 と、H.R. Haldeman, *The Haldeman Diaries* (New York: G. P. Putnam's Sons, 1994), p. 55 を参照。キッシンジャーは、大規模攻撃という脅しだけでは

信頼性が十分でないと主張し、限定的核戦争を可能にする選択肢をもうけることに熱心だった。一九七四年一月十七日、ニクソンは「NSDM（国家安全保障決定覚書）二四二号」に署名した。この最高機密の指令は、限定核攻撃の〝広範な〟選択肢を模索するよう指示した、キッシンジャーの強い働きかけの産物である。TNSA EBB 173 and Burr, "The Nixon Administration, the 'Horror Strategy,' and the Search for Limited Nuclear Options, 1969–1972," *Journal of Cold War Studies*, vol. 7, no. 3, Summer 2005, pp. 34–78 参照。

（15）Hines, vol. II, p. 27.

（16）〝ミサイル防衛〟の関連施設は、発射装置一〇〇基を擁する基地を最大二カ所に制限すべし――と、同条約は米ソ双方に対し求めている。さらにこの数字は一九七四年、一カ所に減らされた。アメリカはノース・ダコタ州のミサイル基地周辺に当該施設を設けた。ソ連はモスクワ周辺に設けた。

（17）Lawrence Freedman, *The Evolution of Nuclear Strategy* (New York: St. Matin's Press, 1981), p. 363. キッシンジャーの記者会見は一九七四年七月三日におこなわれた。

（18）Nitze, "Assuring Strategic Stability in an Era of Détente," *Foreign Affairs*, January 1976, vol. 54, no. 2.

（19）ジョン・ハインズは「チームA＝チームB実験」が下した主要な結論についてソ連側関係者に尋ねてみた。優位性の獲得を目指しているという点はその通りだが、アメリカ側の評価は、ソ連側の意図について、その侵略性を過大視しているというのがソ連側の反応だった。Hines, pp. 68–71.「チームB」の報告にかんしては以下を参照した。"Intelligence Community Experiment in Competitive Analysis: Soviet Strategic Objectives, An Alternative View: Report of Team 'B'," December 1976, DNSA SE00501. パイプスはのちに「チームB」の結論は、ロシアの歴史とその固定観念に対するより深い洞察をもとにしているのだと主張した。Richard Pipes, *VIXI: Memoirs of a Non-Belonger* (New Haven: Yale University Press, 2003), p. 137.「チームA」の報告にかんしては以下を参照。"Soviet Forces for Strategic Nuclear Conflict through the Mid-1980s," NIE 11-3/8-76, Dec. 21, 1976, Vol. 1, Key Judgments and Summary, p. 3. 以下もあわせ参照した。Anne Hessing Cahn, *Killing Détente* (University Park: Pennsylvania State University Press, 1998); and Cahn, "Team B: The Trillion Dollar Experiment," *Bulletin of the Atomic Scientists*, April

1993, vol. 49, no. 3, pp. 22–27.「チームB」の見立て違いを示す例としては、以下を参照。Raymond L. Garthoff, "Estimating Soviet Military Intentions and Capabilities," Ch. 5 in Gerald K. Haines and Robert E. Leggett, eds., *Watching the Bear: Essays on CIA's Analysis of the Soviet Union*（Washington, D.C.: Center for the Study of Intelligence, Central Intelligence Agency, 2003）. 一九七〇年代末から八〇年代初めにかけて、多くのタカ派は、アメリカの地上配備式ミサイルがもつ「脆弱性の窓」について警鐘を鳴らした。ニッツェ、パイプス、最終的にはレーガンが、数のうえで勝るソ連のミサイルは、アメリカがかかえる一〇〇〇基の〈ミニットマン〉ミサイル部隊、五四基の〈タイタン〉ミサイル部隊を一掃できると主張した。だが、〈SS–18〉ミサイルは、アメリカ側が考えるより精度が低かった。例えば、一九七八年の「NIE 11–3/8–78」の推計によると、ソ連がアメリカのサイロを先制攻撃した場合、ミサイルの弾頭一発をサイロ一カ所にたたきこむ「一対一」なら、アメリカの地上配備ミサイルのうち、およそ六〇〇基前後しか生き残れず、「二対一」なら、残存するのはおよそ四〇〇基弱だという。ところが、カターエフの飛行実験データを用いて、パーヴェル・ポドヴィグが計算したところによると、アメリカが当時サイロに収納していたミサイル一〇五四基のうち、「一対一」なら八九〇基、「二対一」でも八〇〇基は残存するという結果になった。Podvig, "The Window of Vulnerability that Wasn't: Soviet Military Buildup in the 1970s," *International Security*, Vol. 3, No. 1, Summer 2008. 当時、CIA長官だったブッシュは、このあと議会で二つのチームが下した結論について証言している。「一、ICBMの精度推計がチームAの結論通りなら、一九八〇年頃まで〈ミニットマン〉の深刻な脅威にはならないことが示唆される。二、チームBの結論通りなら、そうした脅威はかなり早期に現実化する恐れがある」と。"DCI Congressional Briefing," January 1977, Anne Cahn collection, TNSAを参照。作業終了後、「チームA」はこう指摘した。ソ連は理論および研究施設の機器類の品質、さらにはミサイルの精度向上に必要な誘導装置等々の精密機械を大量生産する能力において、アメリカに大きく水をあけられていると。"Summary of Intelligence Community ('A Team') Briefing to PFIAB on Soviet ICBM Accuracy," Cahn collection, TNSA参照。この文書に日付の記載はないが、ブリーフィングがおこなわれたのは一九七六年十二月だった。米ソの専門家は、ミサイル・サイトの脆弱性を判断する際、核爆発の衝撃波にかんして異なる推計値を用いている——とハインズは指摘する。Hines, p. 70. ミサイルの精度は「CEP（半数必中界）」——弾頭の半数が落下する円の半径をしめす「平均誤差半径」——で測定されるが、ソ連が「MIRV（多弾頭各個目標再突入弾）」を搭載した最初のミサイルの配備を開始した一九七四年時点における、米情報部門のコンセンサスは、ソ連製ミサイルのCEPはせいぜい四七〇メートル程度というものだった。「チームB」はこの推計に異をとなえ、ソ連製ミサイルはより精度の高い（CEPがより小さい）ものになる可能性があると示唆した。だが、ソ連側の飛行実験データによると、各ミサイルのCEPは、第一世代にあたる〈SS-18〉ミサイルが七〇〇メートル、〈SS-17〉も七〇〇メートル、〈SS-19〉は六五〇メートルだったという。ただ、一九八〇年代に登場した次世代のミサイルは、精度面で向上をみせている。なお著者の記述は、スタンフォード大学「フーヴァー研究所」所収の「カターエフ・アーカイヴ」をもとにパーヴェル・ポドヴィグがおこなった調査研究に依拠している。

(20) Soviet Forces for Strategic Nuclear Conflict Through the Mid-1980s, NIE 11-3/8-76, Dec. 21, 1976, Vol. 1, Key Judgments and Summary, p. 3.

(21) イェール大学の法学教授、ユージン・V・ロストウが同委員会の座長役をつとめた。レーガン政権が誕生すると、最終的に同委員会のメンバーから数十人《ダズンズ》が政権入りした。その中にニッツェやパイプスもふくまれていた。Charles Tyroller II, ed., *Alerting America: The Papers of the Committee on the Present Danger*（Washington: Pergamon-Brassey's, 1984）.

(22) 一九七七年一月二十八日におこなわれた、有事における大統領の待避をシミュレートした演習のさい、ブレジンスキーは現行の指揮命令系統には脆弱な部分があると懸念するようになった。Brzezinski, *Power and Principle: Memoirs of the National Security Advisor, 1977–1981*（New York: Farrar, Straus, & Giroux, 1983）, pp. 14-15. そこでブレジンスキーは、当時ホワイトハウスの国家安全保障会議（NSC）のスタッフだったウィリアム・E・オドム中将に対し、核兵器の指揮命令系統を調査するよう依頼した。研究の結果、システムにはやはり脆弱な部分があることが判明した。この研究を受けて、二件の大統領令が出された。オドム・インタビュー（二〇〇六年二月三日）。Odom, "The Origins and Design of

Presidential Decisión-59: A Memoir," in Henry D. Sokolski, ed., *Getting Mad: Nuclear Mutual Assured Destruction, Its Origins and Practice* (Carlisle, Pa.: U.S. Army War College, 2004). ソ連指導部の標的化については以下を参照。Hines, vol. 2, p. 118. 米国防総省内部のシンクタンク「総合評価局」のアンドルー・W・マーシャル局長はハインズに対し、こう語っている。「PD-59〔大統領指令五九号〕は、核兵器の応酬には一切逃げ場がないことをソ連指導部に分からせ、それによって抑止効果を高めんがために作成された。ソ連で政策決定の権限をもつ人間たちに、戦争および核の使用の危険性を明確に示し、かつその被害が自分の身に及ぶことを認識させることが目的だった」と。

第1部

第1章 危地にて

一九七九年七月三十一日、ロナルド・レーガンはコロラド州はシャイアン山の地下深くに建設された「NORAD（北米防空総司令部）」に入っていった。一組の二五トン爆風防止用扉を抜けると、その背後には四エーカー半（約一万八二一〇平方メートル）の空間が広がり、そこには区割りされた様々なスペースやトンネルが所狭しと並び、さらにそのぐるりを厚さ二〇〇〇フィート（約六〇〇メートル）の花崗岩がくるみ、核爆弾の脅威から施設全体を守っていた。内部にある一五点の構造物は、全部で一三一九個ある巨大なバネ――一個当たりの重さはおよそ一〇〇〇ポンド（約四五四キログラム）――に渡された炭素鋼板の上に建てられており、それによって衝撃を吸収する仕組みになっていた。一九六〇年代初期に建設されたこの複合施設は、敵の核攻撃を監視する衛星／レーダー・システムのいわば中枢神経の役割を担っていた。(1)

レーガンは一九七六年の大統領選挙において共和党候補の地位を目指したものの、ジェラルド・フォードに敗れてしまい、現在は次なる選挙で捲土重来をきすべく、鋭意準備中だった。その一環として今回、かれは核兵器について専門家の説明を受けようと、ロサンゼルスから飛んできたのだ。レーガン選対の政策顧問をつとめるマーティン・アンダーソンが同行し、さらにはハリウッド時代からレーガンと付き合いの深い脚本家兼プロデューサーのダグラス・マローもいっしょだった。あの施設は是非とも見ておくべきだと言ったのはこのマローである。(2) 一行はシャイアン山の外辺部、その北側に設けられた正門から長さ三分の一マイル(約五〇〇余メートル)のトンネルへとまずは入ったが、大した感銘は受けなかったとアンダーソンは当時をふり返る。ところが、いったん地下に潜り、巨大な爆風防止扉の前に立つと、この施設が途方もない規模を備えていることが肌で感じられた。米ソの核能力にかんする説明をひととおり受けたあと、一行は指揮管制センターを見せられた。そこには北アメリカの巨大な電子地図が広がっていた。アンダーソンは司令官のジェームズ・ヒル大将に質問した。もしソ連の〈SS-18〉ミサイルがこのセンターからほんの数百ヤードのところに命中したら、一体どうなりますかと。ソ連は〈SS-18〉の配備を終え、その改良型もすでに飛行試験に入っていた。「われわれは一気に吹き飛びます」とヒル将軍は答えたと、アンダーソンは語る。将軍との「やりとりはさらに続いた。では、もし仮にですが、ソ連がアメリカの一都市にむけ核ミサイルを一発だけ撃ったとします。そのとき、本当のところ、何が起きるのですかと、私は迫ってみた」

ヒル将軍は答えた。「われわれは発射直後にそのミサイルを探知できますが、核爆弾がその都市にむけて落ちてきて、政府関係者が警報を発したくても、残された時間は一〇分ないし一五分程度でしょう。われわれにできることは、それがすべてです。われわれをそれを阻止できません」

ロサンゼルスに戻る機内で、レーガンは暗い表情をし、考え込んでいた。「ソ連のミサイルに対する防衛手段を、わがアメリカが持っていないなんて、いまだ信じられない様子だった」とアンダーソンは言う。レーガンはゆっくりと首をふり、そしてこう言った。「つまり、われわれはあれほどの資金を投入し、あれほどの装備を保有し、しかもわれわれを目がけて飛んでくる核ミサイルを一発もふせぐ手段がないというわけだな」と。空の旅が終わるころ、レーガンは核攻撃に対峙したとき、合衆国大統領が直面するであろうジレンマに思いをはせていた。「われわれが持っている唯一の選択肢は」とレーガンは言った。「そのボタンを押すか、あるいは何もしないか、どちらか一つしかないのだ。しかも、どちらもとんでもない話である。われわれは、核ミサイルに対抗しうる、何らかの自衛手段を持たなければならない[3]」

ロナルド・レーガンは根っからの反共主義者で、こと防衛問題にかんしては、強硬論一点張りだった。たとえば一九七九年の夏、かれはシンジケート経由で全米に流れたラジオ演説のなかで、新たな「SALT Ⅱ（第二次戦略兵器制限条約）」に異を唱え、この条約はソ連を利するだけだと述べている[4]。次の大統領選挙にむけたキャンペーンがいよいよ始まると、選挙参謀たちはレーガンのそうしたスタンスにいささか不安を覚えるようになった。核兵器や戦争について大っぴらに語ると、有権者を怯えさせ、かえって逆効果になりかねないからだ。シャイアン山の視察から数週間がたった八月初め、アンダーソンが書いたメモでも、そうしたリスクにかんし、注意喚起がなされている。この時点で、レーガン選対にはパートタイムの防衛・外交問題の専門家が数人いる程度で、常勤の政策顧問はアンダーソンだけだった。アンダーソンはスタンフォード大学「フーヴァー研究所」に籍をおく保守系の経済学者で、現在は休暇をとって選挙戦に参加しており、すでに経済問題やエネルギー問題について選挙用の政策メモを書いていた。さらに今回、計一〇ページからなる第三の政策メモ「外交政策と国家安全保障」を作成するにあたり、かれはどうすれば有権者に過度の警戒心を起こさせることなく、核戦略について語れるか、話の持って行き方にあれこれ工夫をこらしていた。

だが、レーガンには信念があった。政治家たるもの、特に国防問題にかんしては、強い責任感をもって当たらなければならないと。さはさりながら、レーガンがこの方面に十分な経験を持たないことへの不安感が国民側にはあって、ヘタをするとこの人物はアメリカを再び「ヴェトナム・タイプ」の対外戦争に巻き込んでしまうのではという懸念が現に存在する――というのがアンダーソンの基本認識だった。「いまや状況は大きく変わったのだ」とレーガンは続ける。ソ連の軍事力増強によって、この問題は「合衆国にとって正にいまそこにある危機と受け止められるようになったのだ」と。なるほど一理あるけれど、やはりレーガンにこのテーマを真正面から論じさせてはならないなと、アンダーソンは注意を怠らなかった。「極端に攻撃的なスタンスは、むしろ反発を買う」結果となるので、現下の国民的気分を奇貨としつつも、有権者に恐怖心を与えないやり方を別途講じる必要があるとアンダーソンは考えていた。

「国防問題」と書かれた見出しの下に、アンダーソンは選挙キャンペーンのための三つの選択肢をざっと書いてみた。まずは現状維持策である。「SALT Ⅱ」に信頼をおき、「ソ連の懐柔につとめ、歩み寄りの姿勢を続け」……こんなもの、「危険きわまる愚策」でしかない、却下だ！　次なる選択肢は、「ソ連の軍拡に対抗する」である。だが、そうなると、国防予算の急激な上昇を覚悟しなければならず……第二の選択肢にも「難がある」ことは、アンダーソンにも分かっていた。軍拡と聞いた瞬間、有権者が支持を取りやめるリスクもあった。「アメリカが保有するミサイルの攻撃能力を大幅に高めるという案は、特にその政策がレーガンの口からでた場合、政治面で感情的反発を招くおそれがあった」からだ。そこでアンダーソンは第三の道をレーガンに提案した。〝防衛的なミサイル・システム〟の配備を国民に訴えるのがベストの選択ですと。ミサイルをもってミサイルを制するという〝ミサイル防衛〟は、一九七二年の「ＡＢＭ（弾道弾迎撃ミサイル）条約」によって禁止されていることは、アンダーソンとて百も承知だったが、「おそらくこのコンセプトは、今や再考の時期を迎えているのだ」と判断した。少なくともミサイル防衛は、たんなる核の報復や敵への復讐心よりも「アメリカ国民に対しはるかにずっとアピールするはずです」とアンダーソンは力説した。[5]

ただ、その後の一年三カ月、選挙戦が本格化するなかにあっても、レーガンは「第三の政策メモ」が推奨するミサイル防衛について一向に語ろうとしなかった。なるほど、この問題はあまりに微妙な内容をふくんでいた。それでも、ミサイル防衛というテーマは、共和党全体の選挙綱領にも取り上げられていたのである。だが、レーガン自身は遊説で触れることさえなく、外交政策にかんする主要演説の中でも、この問題には一切言及しなかった。

じつはレーガンは、核兵器について極めて過激な考えを持っていた。彼はなんと、核の全廃を夢見ていたのである。共倒れの危険性を逆に利用し、その恐怖心に立脚する「MAD」こと「相互確証破壊」という概念に、レーガンは心中、強い忌避感をいだいていた。[6]レーガンはまた、危機が突然やってきて、自分が大統領として核兵器にからむ決断をすると考えただけで、背筋がゾッとした。聖書にある「ハルマゲドン（世界の終末）」を信じていたので、核の大爆発がこの地上に終焉をもたらすことに心穏やかではいられなかったのだ。一九八一年、イスラエル空軍がイラクの原子炉を爆撃した「バビロン作戦」の当日、[7]レーガンは日記に書いている。「ハルマゲドンはいまや間近に迫った。自分は心の底からそれを信じている」と。レーガンはデスクの抽斗に、これまで感銘をうけたフレーズを書き写した情報カードの束を秘蔵していた。その一枚には、アイゼンハワー大統領が一九五三年に国連でおこなった「平和のための原子力」演説の一節が抜き書きされていた。合衆国は「戦慄すべき原子のジレンマ」を解消するため、力を貸す所存である。「人類のこの奇蹟の発明が、その死にではなく、その生に捧げられるよう」アメリカは持てる「情熱と理性をかたむけて」取り組んでいく——とそこにはあった。[8]

そうした世界観だけでなく、かれの心の中核にある信念や、これまでのさまざまな実体験が、レーガンという人間の発想法を形づくっていた。一九四〇年の映画「飛行中の殺人《マーダー・イン・ジ・エア》〔日本未公開で邦題はなし〕」において、かれは主役のシークレット・サーヴィス捜査官、ブラス・バンクロフト役を演じた。レーガンは劇中、敵スパイの動きを阻止し、飛行機をも撃墜できる極秘の殺人光線照射装置を守りぬくため、必死に奮闘する。[9] もちろん空想物語ではあるけれど、レーガンは様々な問題をテクノロジーで解決するアメリカ流のやり方に信仰に近い感情を持っていた。「進歩こそ、わが社のもっとも重要な製品です」というキャッチ・フレーズとともに、かれは多年にわたり、GE（ゼネラル・エレクトリック）社の製品を売りまくった経歴を持っていた。レーガンはまた、法律家にして「SAG（映画俳優組合）」の創設者でもある友人、ローレンス・W・バイレンソンの本にも、強い影響を受けていた。第一、ソ連がそもそも条約を愚直に守るとは思っていなかった。国家というものは、そうすることがみずからの利益に叶っている間だけ、条約に従うものなのだ——とバイレンソンの本にもあるではないか。[10] その一方で、「映画俳優ギルド」における実体験から、レーガンはみずからの交渉能力に頼むところがあった。もし仮に、ソ連の指導者と、建前ではなく、人間同士の本音のつきあいができる機会が巡ってきたら、この私なら、きっと彼らを説得できるはずだという自信をレーガンは持っていた。

レーガンの頭のなかでは、こうした諸々の精神的傾向が、別段互いに矛盾することなく、無理なく平和共存していた。まったく異なる多くの考えを同時にかかえ、必要に応じてそれを推進したり、手控えることを、かれは難なくおこなうことができた。レーガンは一歩も退かない筋金入りのイデオローグと一般には見られていたが、かれのこうした臨機応変、融通無碍な対人能力は、それでは説明がつかない。道路状況に応じて、車のギアを随時シフトさせることにどこか似ており、その柔軟性こそがまさにロナルド・レーガンという人間の真骨頂だった。ゆえに、一九八〇年の大統領選挙に臨んだ際、レーガンが持っていた状況認識は、アメリカは核兵器を搭載できるミサイル、爆撃機、潜水艦の刷新をふくむ、大規模軍拡を必要としている――というものだった。核廃絶という彼自身の内なる想いが明らかにされることはなかった。他人に想いを伝える卓越した言語能力から、レーガンは「グレート・コミュニケーター」と言われたけれど、核爆弾のない世界という自分自身の夢について、公に口外することはついぞなかった。選挙参謀たちは、レーガンが内々の場で核廃絶について語り始めると、どう対処してよいのか分からず、みな戸惑った。「核兵器の膨大な山を減らそうという彼の考えに、正面切って異を唱える選挙スタッフは一人もいなかった」とアンダーソンは当時をふりかえる。「ただ、元スタッフの一員としてこれを認めることには内心忸怩たるものがあるのだが、どのスタッフも核廃絶が実現するなんて毛ほども信じていなかった。だからレーガンが内々の場で、彼のもつ夢のこと、われわれはいつの日か、すべての核ミサイルから解放された世界に暮らすようになるかもしれないと語りはじめると、なんというか、われわれはただ、笑みを浮かべるだけだったのだ」

一九八〇年のレーガンは、大きな政治的リスクをかかえることなく演説をおこなえる――というもっぱら戦術的理由から、主に二つのテーマを取り上げた。すなわち、「SALT Ⅱ」への反対と、ソ連が軍事的優位に立とうと必死になっているという警告である(11)。ソ連はアメリカの「脆弱性の窓」を狙って、それを突こうとしているのだと、ニッツェ、ウォールステッター、パイプスといった保守系論者の考えに沿った主張をおこなった。一九八〇年八月十八日にシカゴでおこなわれた「海外戦争復員兵協会」年次総会において、外交政策にかんする演説をおこなった際は、クレムリンの指導者は「戦争など望んでいない。かれらが望んでいるのは世界」だけだというニッツェの言葉を引用し、わたしも同意見だと語った。さらにレーガンはこう付け加えた。「そうした理由から、かれらは戦略核計画に多大の軍事的努力を傾注している。いまや核バランスはわが国に不利な方向に傾きつつあり、現政権が道筋をつけたコースをこのまま漫然とたどるなら、そうした傾向はさらに続くであろう。ソ連は平和と、そして勝利を望んでいる。われわれはその事実を、そしてそれがもたらす意味を理解しなければならない。かれらは軍事的優位性を追求しているのであって、このままなら、双方が衝突したとき、われわれの手元には、服従もしくは紛争という、受け入れ難い選択肢しか、残らないだろう(12)」

その滑らかな声、小首を傾げたような決めポーズ、笑うとしわだらけになる顔、昔風の保守的な仕立ての背広、アメリカが文句なく世界の指導者だった一九五〇年代への懐かしさをかもしだす佇まい。それらを総動員して、レーガンは人々が目的に邁進し、限りなく楽観的だった時代の空気を発散してみせた。しかもそれを、アメリカ人が深刻な自己懐疑に捕らわれていた時代にやってのけたのである。一九七九年十一月四日、レーガンが大統領選への出馬を公式表明する九日前、イラン人学生がテヘランのアメリカ大使館を占拠し、アメリカ人を人質に取った。翌十二月には、ソ連がアフガニスタンに侵攻した。アメリカの有権者はヴェトナム戦争、ウォーターゲート事件、極度のインフレとエネルギー不足によって疲れ切っていた。現職のカーター大統領からは、犠牲と規律が必要だという話を聞かされたが、レーガン候補はこれとは対照的に抜けるような青空を見せ、あの溢れんばかりの時代がもうじきアメリカ人の生活に戻ってくると感じさせたのである(13)。

この楽観主義は、ソ連と競争を演じるというレーガンの野心のすべてを貫くものだった。共産主義と社会主義は、最後は道を譲り、「民主主義《アメリカン・ウエイ》」が勝利をかちとるだろうとレーガンは信じていた。不幸なことではあるけれど、ソ連は永久にグローバル・パワーであり続けると誰もがみな考えていた頃、レーガンだけは、現状をひっくり返すため、情け容赦ない競争を仕掛ける構想を着々と練っていた。「資本主義の偉大でダイナミックな成果が、共産主義との戦いでわれわれに強力な武器を与えてくれた。その名はマネーだ」とレーガンは後年ふりかえっている。「ロシアは決して軍拡競争で勝てない。われわれは永遠にかれらより多くの資金を使えるからだ(14)」。一九八〇年選挙の演説の中で、レーガンはこう宣言した。わたしは「われわれのシステムの偉大さ、アメリカの理想の強さを、実例によって示した」のだ。そして彼はこう付け加えた。

実を言えば、われわれはロシアの人々、歴史が残した渦のなかで身動きが取れなくなっているあの人々が、自由と尊厳のなかで暮らす、そんな姿をこそ、いちばん見たいのである。レーニン＝マルクス流の哲学が最も見誤ったもの、それは「時代の波」である。現在のソ連はすべてが初期段階にある。自由な積極性が発揮されるべき場面で強制力がふるわれ、法が登場すべき場面で威圧がもちいられ、貿易に取り組むべき場面で軍が出張り、個々人が自分で判断すべき場面で帝国建設にはげみ、多くのものの犠牲のうえに、選ばれた少数者だけが贅沢な暮らしをする。どれもこれも、封建主義の時代以降、われわれが絶えて目にしなかった光景である。

ソ連の体制は全般に立ち後れ、締め付けばかりが目立つとするレーガンの言い分には、なかなか穿ったところがあるけれど、そうした主張には矛盾した面もなくはなかった。いまだ「初期段階」にあり、しかも内部が腐っているソ連邦がなんでまた、軍事的脅威になりうるのか。国内で国民に行列をつくらせているソ連邦がなんでまた、海外で地球規模の軍拡競争を続けることができるのか。当時の多くの識者が示した答えは、国家のさまざまな資源を、まずは軍がいちばんに押さえ、結果、国家の残りの部門の犠牲のうえに、国防部門だけが肥え太り続けることができるのだ——というものだった。なるほど、それは事実だった。ソ連邦はそうした超軍事化の果てに、国家の物的、人的資源から相当部分を吸い上げていた。ただ、多くの実例がしめすように、内部の腐敗はまた、軍事力をも損なっていた。ソ連の戦争遂行能力は、レーガンがあらゆる分野に垣間見えるとする弱点の数々によって、その足下から崩れつつあったのだ。その積年の勘定書がついにソ連邦に回ってきたのだとレーガンは言う。なるほど確かに、あらゆる細部にまで目を配った判断ではないけれど、レーガンはどうやらソ連邦の実態をきわめて巧みに理解していたようだ。あの体制は全体としてバランスが悪く、揺さぶりに脆いところがあると。

ソ連の指導者はカーターという大統領を信用していなかったが、レーガンに対して抱くのは怒りの感情と、さらには得体の知れない恐怖心だった。大統領就任後、最初の記者会見で、レーガンはこういう質問を受けた。クレムリンは今後も「冷戦の継続につながる恐れのある世界支配に邁進する」つもりでしょうか、それとも「状況しだいでは、デタント（緊張緩和）に転換する可能性があるとお考えでしょうか」と。デタントはすでに「ソ連が自国の目的追求のみに用いる一方通行」状態になり果てている――というのがレーガンの答えだった。ソ連の指導者は「なに隠すことなく公然と宣言している。自分たちの大義を推進することこそが唯一まっとうな道徳的態度であると。それを実現するためなら、あらゆる犯罪をおかし、ウソをつき、だます権利をも留保するつもりであり、しかもそれは道徳的であり、不道徳ではないのだ。一方、われわれはそれとは別種の価値基準にもとづいて動いている。かれらと何かをやるときは、たとえ〝デタント〟であっても、そのことを常に念頭に置いておくべきだと私は考える」

モスクワでは、高齢の国家指導者たちが、かれらが一九七〇年代末に獲得したと感じているあらゆる戦略的〝平衡《パリティ》〟の大半を今後も維持したいと考えていた。元駐米大使のアナトリー・ドブルイニンが当時をこうふり返っている。「かれらは、あらゆる革命的レトリックを駆使して、変化を憎悪した」とドブルイニンは言う。クレムリンの主たちは、政治的協力など問題外と考えていたが、ある種の軍事的デタントは欲していた。だが、デタントの時代はとうに終わっていた。レーガンがデタントそのものを信じなかったから。「いまふり返ると、その時点まで、私にとって、カーター政権期ほどひどい時代は想像できなかった」とドブルイニンは言う。「だがほどなく、レーガンがわれわれに突きつけてきたイデオロギーと宣伝工作は、それよりはるかに悪辣かつ脅迫的であることが明らかとなった」[15]

とはいえ、レーガンにとって、就任一年目における最大の課題はソ連問題ではなかった。かれは減税を実施し、予算を削減し、しかもアメリカ軍の再軍備をおこなうという案を連邦議会にのませるべく一意専心したのである。ソ連との交渉を本気ですすめるには、アメリカはまず、軍の増強を実際にやってみせる必要があると信じていたからだ。レーガンはカーター政権が中止させた〈B－1〉爆撃機の製造を再開させ、新たな地上配備式〈MX〉ミサイルを収納する基地づくりに励み、命中精度と射程を向上させた新型の潜水艦発射式〈トライデントⅡ　D－5〉弾道ミサイルを世に送りだした。レーガンはまた、ソ連を仮想敵国とした、より攻撃的なアメリカ海空軍の演習をひそかに承認した。CIA長官に就任したウィリアム・ケイシーはソ連国内の撹乱を企図した秘密作戦を全世界規模で増大させた。ただ、レーガンは両超大国間の外交交渉の進展は急がなかった。かれはソ連の指導者に会いもしなければ、話もしなかった。

一九八一年三月三十日、レーガンはワシントンのヒルトン・ホテルの外でジョン・ヒンクリー・ジュニアという男に撃たれた。この暗殺未遂事件を生き延びたあと、レーガンは沈思黙考し、どうすれば軍拡競争を終わらせられるかと真剣に考え始めるようになる。「おそらく死を垣間見たことで、わたしは神が与えてくれた残りの人生に最善を尽くし、核戦争の脅威を減らすため、自分にできることはすべてやらねばならないと感じたのだろう。わたしが命を拾ったことには、おそらく何らかの理由があるはずだから」とレーガンは後年ふり返っている。退院後の最初の週に、かれは黄色の法律用箋にむかい、ブレジネフに宛てた私信を、手書きでしたためた。いまだ快癒せず、パジャマにバスローブという出で立ちだったが、レーガンは四月十三日に会議を開き、補佐官たちにその手紙を見せた。国務省はその文面に難色を示し、メッセージが明確に伝わるかたちに書き直した。レーガンはこの修正版が気に入らず、最終的にブレジネフは二通の手紙を受け取ることになった。一通は大統領の公式書簡、もう一通はレーガンの肉筆による〝親書〟だった[16]。当時レーガンの首席補佐官だったジェームズ・A・ベイカー三世は、その私信はいわば「レーガン101（初級講座）」とでも呼ぶべき内容だったという。そのなかでレーガン先生がご高説を垂れていたわけだが、「言わんとするところは、ソ連は経済的にも、政治的にも、国際関係の面でも間違っているので、合衆国がそれを正してあげましょう。おそらくブレジネフ君はこうしたことをまったく知らず、聞いたこともないでしょうが、知れば正気にかえるはずですからと、大統領は思っているようだった」[17]。ブレジネフは「毎度の論争的言葉遣いで、米ソの国柄の違いを強調する」返事を寄越したが、そこでは個人どうしの親密な結びつきを演出するような努力は一切なされていなかったと、ドブルイニンは当時をふり返っている。レーガン自身もそう回顧している。「ブレジネフから、とりつく島もない返事」をもらった[18]よと。

一九八一年七月十九日にオタワで開かれた先進国サミットのさい、フランソワ・ミッテラン仏大統領が私的な場で、レーガンに驚くべきニュースを伝えた。じつはフランスはモスクワの某所に内通者――フランス政府はかれに「フェアウェル」というコードネームを付けていた――を確保しているのだが、その男が今回、なかなかの重大情報をもたらしたというのだ。「フェアウェル」ことウラジーミル・ヴェトロフ大佐は技術将校だった。かれは西側の最新高度技術を発見・違法入手することを専門とするKGBの「T局」が収集した情報について、その価値をしかるべく評価する仕事に携わっていた。そうした情報窃盗にかかわるKGBの特殊部門は「ラインX」と呼ばれており、西側を支援したいと考えるヴェトロフは、この活動にかんするKGBの秘密文書四〇〇〇点を密かに写真に撮っていた。ミッテランがそっと耳打ちした問題の資料は翌八月、ジョージ・H・W・ブッシュ副大統領のもとに届けられ、そのままCIAに引き渡された。

その文書は「一大旋風をまき起こした」と語るトーマス・C・リードは、かつて国防総省に勤務し、その後レーガン政権のもとで国家安全保障会議のスタッフに転じた経歴の持ち主である。「そのファイルは赤裸々なんてものじゃなかった。ソ連の情報機関がアメリカとその他西側の研究所、工場、政府機関の内奥まで浸透していることを余すことなく伝えていたのだ[19]」

ヴェトロフは西側にあるKGBの計一〇支局に詰める「ラインX」の関係者、その数二〇〇人余りの名前を暴露していた。「その資料を読むと、わたしの最大の悪夢が現実のものとなったことが分かった」とホワイトハウスの関係者、ガス・ワイスは言う。「一九七〇年以来、ラインXは数千件の文書や試作品を獲得しており、これほどの量からみて、ソ連の軍・民間部門は大規模に、西側、特に合衆国の研究をみずからの研究の糧としていたと思われる。われわれの科学が、かれらの国防を支えていたのだ[20]」

レーガンは「ラインX」の要員をかき集め、追放処分にする案ではなく、対ソ経済戦争に「フェアウェル文書」を活用する秘密計画のほうを承認した。一定期間を過ぎたあとで問題が表面化するようなタイプの技術を、「ラインX」の要員に密かに流すというのが作戦の骨子だった。発案者はワイスで、彼がケイシーに働きかけ、レーガンの承認を得たのだ。CIAはアメリカ産業界と協力し、KGBが獲得を目指している技術製品に若干の改造を施したうえで、かれらの手に渡るようにした。そうした「一部改変を加えたコンピューター・チップがソ連の軍事施設に送られたり、欠陥のあるタービンがソ連のガス・パイプラインに装備されたりし、結果、複数の化学工場やトラック工場の生産が阻害されることになった」とワイスは語る。「国防総省はステルス航空機や宇宙防衛システム、戦術航空機などに絡む、いかにももっともらしいウソ情報も流すようになった」

なかでも石油・天然ガス関連の装備は、ソ連が最もほしがる技術だった。ソ連はヨーロッパ向けの新たな大規模パイプラインのため、バルブやコンプレッサー、一時保管施設を自動運転する最新の制御システムを必要としていた。だが、パイプライン技術がアメリカで買えなくなると、KGBはとあるカナダ企業からそれを入手した。ヴェトロフからの情報をもとに、CIAはカナダが売った制御ソフトに、一定期間をすぎたあと誤動作を起こすよう工作を施しておいた。それはポンプのスピードやバルブのセッティングを改変し、パイプラインの継ぎ目や溶接部分に、耐えられないほどの高圧がかかるよう命令するソフトだった。そしてある日、ソ連のパイプラインで爆発が発生したのである。「その規模たるや、非核兵器としては類を見ないもので、それによって発生した火炎は、宇宙空間からも観察できた」とリードは当時をふり返る。火の勢いがあまりに激しいため、アメリカ政府のなかにその日、懸念の声があがったほどである。すると国家安全保障会議に「ガス・ワイスがやってきてNSCのスタッフに、心配はいらないと請け合った」とリードは言う。あの爆発はレーガンの対決姿勢から生まれた最初の果実だからと。

ソ連指導部は心穏やかではいられなかった。極東の海軍基地司令官との連絡に用いる最高機密の軍事通信線のひとつが、なんとアメリカ側に盗聴されていると、一九八一年のある時期気づいたからである。オホーツク海の海底ケーブルを狙ったその盗聴装置は「アイヴィー・ベルズ」という作戦のもと、アメリカの潜水艦が設置したものだった。ソ連側はアメリカの偵察潜水艦「シーウルフ」が偶然、そのケーブルの真上で潜航したとき、警戒心をいだくべきだった。あるいはすでに一九八〇年、米国家安全保障局（NSA）に勤めるロナルド・ペルトンがソ連側に「アイヴィー・ベルズ」関連の情報をカネで売ったときに気づいておくべきだった。[21] やがて盗聴されていると知ったソ連は、回収船を派遣して、問題の極秘装置を発見、海底から引きあげた。誰の仕業か、疑問の余地はなかった。その装置の内部には「合衆国政府所有物」と書かれていたのだから。[22]

一九八一年五月、ブレジネフはモスクワで開かれたKGBの主要会議の席上、秘密演説をおこない、レーガンの諸政策を非難した。よりいっそう劇的な演説をおこなったのはKGB議長のユーリー・アンドロポフで、アメリカの新政権は核戦争の準備を活発におこなっていると公言した。いまやアメリカによる核の第一撃の可能性が実際に存在し、ソ連のスパイ活動の最優先課題はアメリカ及びNATO（北大西洋条約機構）から核の脅威にかんする情報を収集することにあるとアンドロポフは強調した。KGB並びにGRU（参謀本部情報総局／ソ連軍の情報機関）は今後、情報収集のための新たなプログラムを全世界規模で推進することが確認された。この活動には「**Raketno-Yadernoe-Napadenie**（核ミサイル攻撃）」の頭文字をとって「RYAN」という秘匿名が付けられた。ソ連に対する第一撃を準備する西側の軍隊の動きを監視する任務はGRUが担当し、アメリカとその他NATO加盟国による攻撃決定について、その兆候を探り、事前警告を発する任務はKGBが担うことになった。KGBの海外駐在員に対する最初の指示は一九八一年十一月に出た。[23]

大統領に就任してから、レーガンは財布も現金も運転免許証も携帯しなくなった。「ポケットのなかにある〝キー〟といえば、われわれの知っているこの世界の大半を全滅させる際に用いる秘密コードだけだった」とかれはその回想録に書いている。かれはプラスチックでコーティングされた一枚の小さなカードをコートに入れており、そこには「国防総省に向けわたしが発するコードの一覧が書かれていた。間違いなくわたしが合衆国大統領であり、わが国の核兵器を発射する指令を出しているのだと確認するための措置だった」。緊急時のさい、レーガンはどのタイプの核攻撃で応じるか、選択しなければならなかった。「だが、すべてはものすごい短時間で進行するため、そうした危機的状況でどれほどの計画、もしくは理性が働きうるものかと首を傾げたものだ」とかれは言う。「ロシア人は時に、核ミサイルを積んだ潜水艦を東海岸沖に配備していることがあり、六分ないし八分もあれば、わがホワイトハウスを、放射線を発する瓦礫の山に変えることができた。レーダー・スコープに映るその光の点にどのように対処すべきか、ハルマゲドンをこの手で解き放つその決断をたった〝六分間〟で下さなければならんのだ！　そんな短い時間に、理性なんて発揮できる人間がいるのかね」

一九八二年初め、レーガンは自分に与えられた選択肢をより詳細に検討し、落ち着かない気分を味わった。就任後一年、リチャード・アレン国家安全保障問題担当補佐官が辞任したため、レーガンは信頼できる友人、ウィリアム・P・クラークを後任にすえた。クラークはカリフォルニア州知事時代、レーガン・チームを束ね、その後、同州最高裁で判事をつとめた人物である。レーガンとクラークは馬を駆って、カリフォルニアの丘陵地帯を走り回る趣味を共有していた。クラークはダークスーツに、やたら値段のはる黒い手作りのカウボーイ・ブーツという出で立ちでホワイトハウス内を闊歩し、異彩を放っていた。クラークは一九八一年に国務副長官をつとめた経験はあるものの、それを除くと、国家安全保障にかかわった経験はほとんどなかった。とはいえ、最も重要なのは、かれがレーガンに信頼され、大統領の政治的、社会的保守主義と、その強烈な反共主義を共有している点だったのだが。

国家安全保障問題担当の補佐官になったとき、クラークはトーマス・C・リードを連れて、ホワイトハウス入りした。リードはかつて、カリフォルニア州の「ローレンス・リヴァモア国立研究所」で核兵器の設計に携わったことがあった。かれは州都サクラメントで知事一期目のレーガンに仕えたことがあり、一九七〇年の再選キャンペーンも取り仕切っていた。リードはまた、ワシントンで働いた経験もあり、一九七三年には国防総省の通信・指揮統制システム部長として、核関連の通信システムの近代化に従事した。その後、かれはジェラルド・フォード大統領時代に空軍長官をつとめている。おかげでリードは「NORAD（北米防空総司令部）」やその他軍事基地と国防総省の作戦室をつなぐ地球規模の軍事通信システムがいかに機能するかを熟知していた。

そんな経歴の持ち主だったから、ホワイトハウス入りした時、リードは困惑を覚えた。まるで島流しにあったような気分だった。なにしろ大統領府のネットワークは、種々雑多な電話機、無線機、穴蔵のような小部屋の集合体で、しかも大半はアイゼンハワー時代以来の骨董品ばかりなのだ。核攻撃のさい、大統領をきちんと待避させられるよう、現行システムの点検を始めたリードは、警戒心をいっそう募らせた。これでは大統領がホワイトハウスを出て、ヘリコプターに乗りこむ前に、核ミサイルが到達してしまう恐れさえあった。大統領の指揮・統制にかかわるシステムの更新は、すでにカーター時代の一九八〇年に要請されており、それを担当するグループも発足していた。リードはすぐさま同グループの長にみずから就任したが、カーター前大統領の指令は巨大な官僚組織のなかで隘路に嵌まりこんでおり、しかも国防総省はやたら腰が重かった。[24] リードは言う。「こんなシステムでは、攻撃から数分以内に、この国はリーダー不在になってしまう」ことだけは分かったと。

この時期、モスクワとワシントンのあいだで緊張が高まっていった背景には、それぞれの国家の指導層が真っ先にやられるという恐怖が、一定程度の役割を果たしていた。兵器技術の長足な進歩により、一瞬の攻撃によって、どちらか一方が数分で一掃されてしまう恐れが出てきたのだ。アメリカ側が特に懸念をいだいたのは、米東海岸の沖合か、もしくは北極海から浮上するソ連の潜水艦だった。一方、ソ連側はヨーロッパに配備されたアメリカのミサイルがクレムリンに到達するような事態を懸念した。一九八二年の初夏、国防総省は一二五ページにのぼる防衛五カ年計画を政府部内に配布したが、この計画はアメリカ軍に対して核の延長戦をたたかい、ソ連指導部の〝摘出〟を実現するよう求めていた。アメリカ軍は、ソ連（およびその同盟国）の軍事・政治的権力構造全体を、機能不全に陥れる必要がある——と同文書は主張していた(25)。

ソ連がとりわけ不安視したのは、NATOが一九八三年の対西ドイツ配備を準備をしている〈パーシングⅡ〉中距離ミサイルだった。同ミサイルにはそこまでの射程距離はないとアメリカ側は主張していたが、きっとモスクワまで届くに違いないとクレムリン側は恐れていた。

一九八二年二月、リードはこう言われた。恒例の高度核兵器演習が今年もむこう数週間にわたっておこなわれることになったと。今回の演習目的の目玉は国防総省内に設けられた作戦室「国家軍事指揮センター」の能力を試すことにあった。「核攻撃だ！」との第一報をシャイアン山から受けた同センターは、この国家的危機に対し、大統領と国防長官を支援することになっていた。いい機会なので、レーガンを演習に参加させ、すでに時代遅れとなったシステムの更新を迫ろうと、リードは考えた。二月二十七日、リード、クラーク、その他数名のホワイトハウス・スタッフが、レーガンに来たる演習の概要を説明した。危機の際、大統領はいかにして情報を得るのか、大統領個人の身はいかにして守られるのか、大統領はいかにして各部隊にメッセージを送るのかと。「核をめぐる米ソの確執・衝突が、どのような形で始まる可能性があるのか、われわれは具体的に述べていった」とリードはふり返る。「それに対応する場合、時間的余裕がどれだけあるのか、そして大統領が用いることのできる兵力はどれとどれとどれなのかと」

「アイヴィー・リーグ」というコードネームを持った公式演習は一九八二年三月一日月曜日、ホワイトハウスの「戦況室」で始まった(26)。国務長官の経験をもつウィリアム・P・ロジャーズが大統領役を演じた。代役をたてる理由は、本物の大統領がうっかり〝実力〟を発揮して、有事の際にいかなる反応を示すか露見するのを防ぐためだった。演習は脅威にかんするブリーフィングから始まったと、リードはふり返る。「情報担当官がソ連側の部隊配置について説明していると、警報システムがミサイル発射の事実と、それがもたらす衝撃にかんするシミュレーションを開始した。一分また一分と時間が飛ぶように過ぎていく。人で混雑した地下室にかかるスクリーン上の〝仮想の〟アメリカ地図に、赤い点がぽつぽつと現われはじめる。最初のいくつかの赤い点により、ワシントンは消滅した。それ以降は、アメリカの中央部、大平原上空のどこかを飛ぶ空中指揮所に司令部を移して、ブリーフィングは続行されることになっていた」

「大統領がコーヒーを一口飲む前に、地図は赤い海へと変わっていった」とリードは言う。「アメリカのすべての中心都市、軍事基地がすがたを消した。あまりの衝撃に、大統領が信じられない思いを味わっていると、そこにソ連空軍、ならびに地上発射式のミサイル基地から第二波がこちらに向かっているとの知らせが入る。つづく三十分ほどの間に、さらに多くの赤い点が生き残った者たちを壊滅にし、スクリーンは全面真っ赤。赤い海にはもはやほとんど穴がなくなった」

〝大統領〟役のロジャーズがテーブルの上座にすわり、レーガン自身はその隣に腰をおろしていた。ロジャーズは計画に従って、どう対応すべきか、どのような選択肢が可能か、あとどれくらい時間が残っているかといった質問を発した。レーガンは破壊の嵐に不意打ちをくらい、コーヒーのマグカップをただ握りしめていた。[27]「一時間もしないうちに、レーガン大統領はアメリカ合衆国が消滅するさまを目にしたわけだ」と言ったあと、リードはこう付け加えた。「その三月の月曜日、ロナルド・レーガンは、ソ連によるアメリカへの核攻撃がいかなるものかを、間違いなく正確に理解したはずである」

その晩、レーガンとかれの補佐官、国防総省の高官数名は再度「戦況室」に集まった。代役ではないので、大統領たるレーガンには核戦争の秘密シナリオ——「SIOP（単一統合作戦計画）」——にかんする全面的かつ入念なブリーフィングがおこなわれた。有事のさい、レーガンが一つひとつ正確に踏まなければならない手順についての説明だった。一九八〇年の選挙が終わった直後に、レーガンはその概要について初めて知らされたが、リードによると、その時はこれがどんなものか、かれはよく分かっていなかったという。いざ核戦争となった時、アメリカ側が対抗しておこなう「SIOP」の内容は「その前段階としてソ連側から受けたものに勝るとも劣らぬ、ゾッとする内容だった」とリードは言う。「自分がただ、首を軽く縦にふるだけで、ロシア帝国のすべての栄光、ウクライナの農民のすべての希望と夢、カザフスタンのすべての入植地が消滅するのだ。アメリカ市民に対して、害になることなど、これまでただの一度もしたことのない幾千幾万もの女こどもが、カリカリに焼き尽くされるのだ」

クラークとリードだけが出席した第三の会議で、大統領はすべての手順のリハーサルに臨んだ。戦争計画にあるオプションのどれかを選択し、常時ポケットに入れているカードから認証コードを入力する。それで演習はすべて終了である。だが、「レーガンの心のなかでは、終わるどころの騒ぎではなかったろう」とリードは言う。なにしろ「この演習は、かれが実際やらざるを得ない事そのものだったから。そしてこの演習を実際経験したことにより、レーガンはあの赤い点をなんとか回避しようと、全身全霊で取り組むことになるのだ」

一九八二年初め、レーガンはソ連邦をその内部から突き崩す過激な計画をスタートさせた。長年にわたる「冷戦」の歴史のなかでも、ソ連国内の緊張関係を利用して、体制の転覆を企てたり、劇的変化をもたらそうとした米政権は皆無である。[28] 二月五日、レーガンはアメリカの国家安全保障が本来めざすべき目標と、「冷戦」そのものにかんする研究を命じた。これらは過去の政権に例を見ないアプローチだった。「デタント」、「封じ込め」、「相互確証破壊」といった概念はもはや「時代遅れ」だとレーガンは断じた。「冷戦はもはや、太陽が昇り沈むような不可避の現象、永久不変の前提条件と見なすべきではない」と。[29] 当時、それは無謀きわまる考え方だった。冷戦史を専門とするイェール大学教授、ジョン・ルイス・ギャディスはふり返る。レーガンが就任したとき、ソ連邦は揺るぎない存在に思われた。「ソ連経済が破綻に近づいていること、アフガニスタンがモスクワにとっての〝ヴェトナム〟になること、ポーランドにおける自主管理労組『連帯』の誕生は東欧における共産主義終焉の前兆現象だったこと、そしてソヴィエト社会主義共和国連邦がたった一〇年ほどで姿を消すことなど、当時は自明のことではなかったのだ[30]」

この新研究はひとつの機密指令「国家安全保障決定指示第三二号」の作成へといたり、その骨子はリード自身が執筆した。「合衆国国家安全保障戦略」と題された完成版にも、長年にわたる冷戦期の封じ込め政策は相変わらず盛り込まれていたけれど、レーガンが打ち出した新指令はそれだけに留まらない内容をもち、新たな、より野心的な目標を掲げていた。ソ連に圧力をかけ「その経済的立ち後れを厳しく突き、長期的にはソ連とその同盟国内にある自由化傾向や民族主義的傾向を助長していく」というものだった。ソ連経済にかんするブリーフィングのあと、レーガンは日記に書いている。「ソ連経済はおそろしくひどい状況にあり、もしわれわれが彼らを破綻に追い込めることができたなら、かれらは〃アンクル〃に救いを求めるか、さもなくば飢えるしかないだろう」[31]と。

レーガンのこの指令がきわめて微妙な内容を含んでいることは、クラークがその文書化の際に示した細心の手順によっても窺うことができる。レーガンは一九八二年五月四日の夕方、精読するため、この指令の草稿を自宅に持ちかえった。五月五日午前九時三十分、レーガンはリード、クラーク立ち会いのもと、同指令にサインをおこなったが、内容があまりに過激なので、クラークはこの文書を、ホワイトハウスのファイル保管・配布システムに五月二十日まで上げなかったほどである。政権内の誰かが干渉してくることを恐れての措置だったことは明らかであろう[32]。

レーガンは就任当初からソ連に対して対決姿勢を取っていた。その嘘やごまかしに対する初期の言挙げからしてそうだったし、ソ連の再軍備計画に対する非難がそうだったし、アフガニスタンや中米で展開したＣＩＡの秘密工作もそうだった。今回の新指令により、その勢いはよりいっそう加速化し、ソ連への対決姿勢はもはやアメリカの公式政策と化した。

五月九日、レーガンは母校「ユリーカ大学」の卒業式のあいさつ——この年はじつに彼自身の卒業五〇周年に当たっていた——の中で、核管理問題について言及した。巧みな言葉づかいで、レーガンは核戦争の恐怖について語り、こんな「究極の悪夢は決して起こさせない」と後輩たちに誓った。かれはまた、このあいさつの場を借りて、大統領就任後初の大きな提案をおこなった。途方もない威力とスピードをもつ弾道ミサイルをふくむ、長距離核兵器の軍備管理をおこなおうではないかと。かれは弾道ミサイルに搭載された弾頭の数を米ソ双方とも、「同じ水準、同じ上限値《シーリング》を保ちつつ、少なくとも現行水準の三分の一程度まで引き下げる」ことを提案し、また「地上発射式ミサイルの弾頭は、全弾頭数の半分未満に抑え」ようではないかと訴えた。ちょっと聞くと、公平な提案のように響くけれど、実際はそうではなかった。ソ連の核弾頭はかなりの部分が地上発射式のミサイルに搭載されているのに対し、アメリカの核兵器は潜水艦と爆撃機の搭載分が主力なのだ。レーガンはしばしば、そうした細部に目が行き届かない癖があり、この提案から一年近くが経ったあと、自分はソ連の戦略核が地上発射式ミサイルに集中しているという事実を理解していなかったと告白している。それゆえ、ユリーカ演説はむしろ、パフォーマンスをもっぱら重視し、政権運営の細部は人任せにするレーガンの「良きにはからえ」スタイルを示す格好の事例と見るべきであろう(33)。

ブレジネフは書簡をもってこれに応じ、「ユリーカ大学」における提案については「アメリカ側の意図の真剣度に対しては懸念、さらには疑念すら抱きかねない」と言ってきた。

ブレジネフの手紙を読みながら、レーガンは余白部分にメモを書いた。「かれはきっと冗談を言っているに違いない」と。

レーガン提案はアメリカ側よりソ連側の兵器を大幅に削減するものであり、一方的であると異を唱えているところでは、「だってそっちのほうが多く持ってるんだから」とレーガンは記している。

書簡の末尾に、レーガンは総評を加えた。「まったく笑わせてくれるぜ(34)」

西ヨーロッパの反核運動が刺戟となって、一九八二年には全米でも核凍結運動が勢いを増していった。アメリカの教会、大学、地方議会はレーガンの核軍拡に抗議するデモを組織した。六月十二日、国連本部から「セントラル・パーク」に向けておこなわれた平和行進には、七五万人もの人々が参加した。ジョナサン・シェルが書いた警世の書『地球の運命』〔斎田一路／西俣総平共訳（朝日新聞社）〕は、核兵器が人類の生存を脅かしていると主張し、その廃止を要求、一大ベスト・セラーとなっていた。アメリカのカトリックの司教たちは「戦争と平和にかんする牧会書簡」を起草し、核軍拡への恐怖を表明した。六月初めにヨーロッパを訪問したレーガンは、核の六連発銃を引き抜いて、人類終末の日を招来したくてうずうずしている〝伊達カウボーイ〟扱いされ、心中穏やかではなかった。かれはのちにふり返っている。「わたしには人類の終末をもてあそぶ気など金輪際ないことを示したかったのだが」と。そう言いつつも、レーガンは今回の訪欧もチャンスと捉え、モスクワとの対決姿勢をよりいっそう強める気満々だったのだが。出発の数日前、日記に書いている。いろいろな人から助言をもらった。ソ連にそうムキにならず、同盟国を不安がらせないようにと。「わたしは最後に言ってやった。h※※1〔一部伏せ字〕と。これはわれわれにとって好機なのだ。ソ連を現実世界に引っ張り出し、われわれと対決させ、……そして破綻させてやるのだ[35]」

　レーガンによる最も内密の、しかし大胆な一手のひとつは六月七日に打たれた。かれはヴァチカンの図書館で教皇ヨハネ・パウロ二世と五〇分にわたり会見した。二人ともその前年、暗殺の試みから生還していた。両者の対話は、教皇がお生まれになったポーランドをめぐってもっぱら展開した。ソ連に支援された現政権は戒厳令をしき、自主管理労組「連帯」を非合法化していた。ジャーナリストのカール・バーンスタインは一九九二年にこう報じている。レーガンと教皇は、地下の「連帯」を支援することで合意し、何トンもの情報機器がポーランド国内に密かに持ち込まれた。すなわちファクス・マシーン、印刷機、無線機、電話機、短波ラジオ、ヴィデオ・カメラ、コピー機、テレックス、パソコン、ワープロ等々だ。同国を鉄拳支配するヴォイチェフ・ヤルゼルスキ将軍の政権を揺さぶることが目的で、実質的にそれはクレムリンへの直接的挑戦だった[36]。教皇の公式伝記作家、ジョージ・ワイゲルはこうふり返る。レーガンとヨハネ・パウロ二世は「共産主義とはたんに経済学的に間違っているだけでなく、道徳的にも悪であると信じていた。そして二人とも、共産主義者の挑戦に応じる自由な人々の能力に信頼を置いていた。共産主義との競争において、たんなる和解ではなく、勝利が可能であると確信していた」と。教皇猊下はのちにこうおっしゃられたと、ワイゲルは言っている。

ヴァチカンはアメリカがポーランドで展開した秘密作戦から距離を置いていたが、情報提供の面では緊密な協力関係にあったと。ワイゲルはそのあと、教皇の言葉を引用した。レーガンはそうした政策を決断したけれど、「わたしの立場はひとりの牧者、ローマの司教のもの、道徳と社会秩序と人権の諸原則を間違いなくふくむ福音に対して責任を負うもののそれであり……聖座は、たとえそれがわが生地に係わるものであれ、なお道徳的原則により導かれるのである」[37]と。

ローマ教皇と対面した翌日、レーガンはロンドンに飛び、イギリス国会議事堂の上院側にある「ロイヤル・ギャラリー」で、その政策を公にし、聴衆たちに「自由のための十字軍」に参加するよう呼びかけた。レーガンの演説は全体主義はいずれ終わりを告げ、個人の努力は集団主義に必ずや勝利するとの楽観的展望に満ちていた。レーガンはまた、核戦争を憎む気持ちを改めて表明した。だが当時、この所信表明はそれほどの称賛を受けなかった。イギリスは依然、「フォークランド紛争」のさなかにあり、新聞の見出しも紛争がらみのものばかりで、レーガンがこれまでおこなった最も重要な演説のひとつだったにもかかわらず、しかるべき注目を浴びなかったからである。

レーガン演説の最も大胆な部分は、ソ連の共産主義は必ず終わると断言してみせた下りである。「そう簡単に目にするわけではないけれど」と言いつつ、レーガンはこう言い切った。「しかし、われわれはまさに、時代の画期に生きているのだと信じている」と。

皮肉な話だが、カール・マルクスはやはり正しかったのだ。われわれはいま、巨大な革命的危機を目撃している。経済的秩序の要求が、政治的秩序のそれと直接的に衝突している危機である。しかし、危機が生じているのは、自由で、非マルクス主義の西側ではなく、マルクス＝レーニン主義の故地、ソ連邦なのだ。

その市民にたいする自由と人間的尊厳を否定することで、歴史の潮流にあえて逆らっているのはソ連邦である。ソ連邦はまた、深い経済的困難の渦中にある。ソ連邦のGDP成長率は一九五〇年代から一貫して低下し、いまやかつての半分未満である。そうした失政のおよぼす範囲は、驚くほど多岐にわたっている。人口の五分の一が農業に従事する国が、自国民の口をまかなえず……過度に中央統制され、奨励策などほとんど、あるいは一顧だにされないなかにあって、ソ連邦の体制は、毎年毎年、その最良の人的、物的資源を、破壊の道具づくりに湯水のように投入しているのである。

レーガンは次のような予想で演説を締めくくった。「自由と民主主義の前進は、マルクス=レーニン主義を、歴史の灰の山に置き去りにする」だろう。「かつてその他の専制体制、自由を圧殺し、人々の自己表現に銃口をむけた専制体制がみな置き去りにされたように」

二日後、ベルリンを短期訪問したレーガンは、「ベルリンの壁」の生気のない開口部「チェックポイント・チャーリー」に向かった。レーガンがリムジンを降りて、左右両方向に広がる高さ一三フィート(約四メートル)の、灰色のあばた面をした壁に目を走らせると、衛兵所につめる東ドイツの監視員たちがレーガンを見返した。その壁の印象について、レーガンはこう言った。「背後に控える思想同様、じつに醜悪だった[38]」と。

六月二十五日、レーガンはアル・ヘイグの後任として、ベクテル社の会長、ジョージ・シュルツを新国務長官に招請した。当時ヨーロッパにいたシュルツは、レーガンとの初顔合わせのため帰国する機内で、世界情勢についてつらつらと考えたと、ふり返っている。

「両超大国の関係は当時、たんに悪いというものではなかった」とシュルツは回顧する。「関係そのものがほとんど存在しなかったのだ」(39)

その同じころ、「NSC(国家安全保障会議)」のスタッフであるトーマス・リードは、これまで以上に懸念を募らせていた。核の有事のさい、大統領による指揮・統制をどう実現するか、その点をとことん考えた計画がどこにもないことに、はたと気づいたからである。あえて公然と指摘するものはいなかったけれど、アメリカは戦略兵器の近代化に何億ドルもの資金を注ぎ込みながら、その部隊にどうやって命令を伝達するか、しかるべき手段を欠いていたのである。この事実をある政府関係者は「指揮命令系統の最も脆弱な部分」(40)と呼んだくらいである。しかもレーガン当人は、アメリカが核戦争の脅威にさらされているとき、自分ひとりがヘリコプターで逃げることを嫌がっていた。「わたしはこのオフィスに留まりたいのだ」とかれはリードに言った。「ヘリコプターに乗るのはジョージの仕事だ」と、ブッシュ副大統領の名前まであげた。

一九八二年六月十九日、リードはレーガンの承認を得て、新たな取り組みに着手した。(41)結果、ひとつの計画がまとまった。アメリカが攻撃された時、真に保持すべきは大統領個人ではなく、制度としての大統領職であるとの大前提がまずは置かれた。九月十四日、レーガンは最高機密の「国家指導部存続」指令に署名した。(42)ヘリコプターにわらわらと移動するかわりに、大統領自身はホワイトハウスの執務室にでんと留まり、判断を下したり、報復もしくは交渉を命じることになる。一方、まさかの時、大統領職を引き継ぐ可能性のある高官たちは、遠方の安全な場所にすがたを隠すことになった。こうした取り組み全体は「政府の継続性」と呼ばれ、やがて大規模な秘密政府プログラムへと発展する。この計画に従い、後継者候補にはそれぞれ「世界最大のラップトップ・コンピューター」が与えられ、本物の大統領が殺されたときは、そのパソコン経由で統治を継続する形になったとリードは言う。「基本的には、ううむ、なにやら騒がしいな……姿を消すことにしよう、それでおしまいだ。地下室に降りていくこともない。通信手段とともにその場から離れ、政府のその他部門との連絡が維持できていれば、生き残ったその人物が次の大統領というわけだ」。まさにリードが言うように、「われわれが心血を注いだのは、大統領個人ではなく、その機能を生き延びさせることだった」のだ。

「第二次世界大戦」のあと、首都ワシントンの郊外に、巨大な地下施設が建設された。ひとつはワシントンから約一一〇キロメートル離れたヴァージニア州はブルー・リッジ山脈にあるウェザー山に設けられ、もうひとつはペンシルヴェニア、メリーランド両州にまたがる大統領山荘「キャンプ・デイヴィッド」の北方約一〇キロメートルにあるレイヴン・ロック山に造られた。いずれも戦争になったら軍の指揮所として機能できるようになっていた。だが有事のさい、大統領当人がそうした地下施設までたどり着く時間は残っていないかもしれないと、レーガン政権の計画立案者たちは腹を決めた。そこで彼らは、ワシントンから合衆国周辺の安全な場所に、三つのチームを別々に派遣するバックアップ計画を考案した。作家のジェイムズ・マンによると、それらのチームはわれこそはアメリカの新大統領であると宣言し、そのうえで国家の指揮権を復活させる手筈になっていた。こうしておけば、ソ連が仮にひとつのチームに核兵器を命中させても、次のチームがすでにスタンバイしている形になる。「それは教科書のような抽象的プランではなく、きわめて具体的で、徹底的で、細部を作りこんだ計画をもとに実施されるはずだった」とマンは言う。ワシントンをいったん離れると、そのチームは通常、数日間の演習に入る。レーガン政権の閣僚から一名、後継〝大統領〟をつとめる可能性のあるメンバーが毎回それに参加した。いままさに核戦争が迫りつつあるという想定なので、その混乱を見込みつつ、過度のストレスにさらされながら、参加者はともかく急ぐようにと促された。ただ、この計画自体はじつは超法規的で、合衆国憲法をも超越していた。大統領の具体的後継プロセスについて、憲法にも連邦法にも、該当する記載がないからだとマンは指摘する。「政府の継続性」を確保するこの計画を二十四時間、つねに機能させておくため、秘密の政府機関「ナショナル・プログラム・オフィス（国家計画室）」は毎年数億ドルの予算を使っていたと。(43)

一九八二年十一月十一日、レーガンは午前三時三十分に起こされた。モスクワでブレジネフが死去したとのこと。二日後、かれは弔問のためソ連大使館を訪れ、次のような言葉を記帳した。「ブレジネフ最高会議幹部会議長のご家族とソ連邦の国民にたいし、お悔やみのことばを述べたいと思います。両国の国民がこの惑星でともに平和に暮らすことを願ってやみません。ロナルド・レーガン」。モスクワでは、ユーリー・アンドロポフが昇進し、ブレジネフの後継者になった。アンドロポフが最初に口にした言葉は、ソ連指導部の暗い気分を反映するものだった。「われわれはよく分かっている」とアンドロポフは言った。「帝国主義者にそれを乞うても、平和は獲得できない。平和はソ連軍の無敵の戦力に依拠してのみ、維持できるのである(44)」

レーガンが一九八〇年に「脆弱性の窓」について警鐘を鳴らしたとき、懸念すべき脅威の大半は、ソ連の地上発射式のミサイル、特に新世代に属する〈SS-17〉、〈SS-18〉および〈SS-19〉だった。一九八二年までに、ソ連のミサイル部隊は、発射器《ロンチャー》にして一四〇〇基、弾頭数では五〇〇〇発を超えるまでに成長していた。対するアメリカのミサイル部隊は、発射器一〇四七基、弾頭数はおよそ二一五〇発だった(45)。核の先制攻撃に対する恐怖は非常に強かった。ソ連が保有するミサイルのほんの一部を使っただけで、アメリカ側のミサイルは、いまだサイロに入っている状態で、ほぼ一掃できたから。フォード大統領、カーター大統領がこれまでやってきたように、レーガンもソ連の軍拡になんとか追いつこうと懸命の努力を続け、一九八二年には新世代の大型大陸間弾道ミサイル――開発名称は「ミサイル・エクスペリメンタル（実験ミサイル）」、通称「ＭＸ」ミサイル――を開発した。総重量一〇〇トンの〈ＭＸ〉は、従来の〈ミニットマンⅢ〉に比べて精度が三倍も高く、一基で一〇発の弾頭を積むこともでき、しかもその一〇発がそれぞれ別々の目標を狙うことができた。もし仮に、当初計画に従って、このミサイルが二〇〇基きっちり配備されていたら、ソ連側は自国のサイロに二〇〇〇発の核弾頭が飛んでくることを覚悟せざるを得なかった。〈ＭＸ〉の配備により、「脆弱性の窓」をめぐる懸念はここに解消されるはずだった。

ところが、〈ＭＸ〉ミサイルは政治的反対に遭ってしまうのだ。特にソ連の第一撃による脆弱性を回避するため、発射基地にほどこす強化策が複雑すぎると問題になった。レーガンは、一見すると巨大な競馬場を思わせるカーター案をまずは廃棄した。レーガン政権はそのうえで三つの異なる案の優劣を検討し、一九八二年に「デンス・パック（密集群）」案を採択した。ワイオミング州南西部に長さ一四マイル（約二二・五キロメートル）、幅一・五マイル（約二・四キロメートル）の帯状に配置した超高強度型のサイロを建設し、そこに〈ＭＸ〉ミサイル一〇〇基を収納する計画だった。「デンス・パック」の背後にあるのは、飛来するソ連のミサイルに〝兄弟殺し〟をさせるというアイデアだった。互いの距離があまりに密なため、爆発の衝撃は相殺され、結果、〈ＭＸ〉部隊の大半は被害を免れるというわけだ。政治的な支持を取り付けようと、レーガンは一九八二年十一月二十二日、テレビの全国放送で〈ＭＸ〉を売り込むとともに、同ミサイルに〈ピースキーパー（平和の擁護者）〉という新しい名前まで与えた。軍拡競争が制御不能に陥るのではと、国民は恐怖心を募らせていた。そのことは、レーガンとて分かっていた。「アメリカ人は恐怖に駆られているのだ。それは言うなれば、未知への恐怖であり、もっともな話である」と当人も言っている。十二月七日、米下院はレーガンの訴えを退け、〈ＭＸ〉の関連予算を否決した。さらに翌日、上院で証言にたった統合参謀本部議長、ジョン・Ｗ・ヴェッシー・ジュニア陸軍大将が、今度は「デンス・パック」式基地案に反対を表明するという新たな展開まで出来した。〈ＭＸ〉は頭痛の種と化しており、米軍指導部は政治的理由で計画が動かなくなることを憂慮したのだ。[46]核戦略の三本柱――アメリカの抑止力の背骨ともいうべき陸海空の組み合わせ――のうち、地上発射式ミサイルを生き残らせるため、軍の指導者が提示した解答こそ〈ＭＸ〉だったはずなのだが。海軍作戦部長のジェームズ・Ｄ・ワトキンズ提督などはその夏、アメリカは危険な袋小路、かれの言うところの「戦略的な死の谷」に向かいつつあると結論づけたくらいである。[47]この当時、「国家安全保障会議」のスポークスマンをつとめていたロバート・シムズ退役海軍大佐は、統合参謀本部のお歴々の考えをこう忖度する。「こいつはおそらく、連邦議会がそれでも認めてくれそうな最後のミサイルになるだろう。彼らはみな、憤懣やる方ない思いだった。ＭＸが承認されるかどうか確実ではなかったけれど、ＭＸ後はいかなるミサイルも承認されないと分かっていたから。だからこそ、『ＭＸのその先を見据える必要があるのだ』とかれらは言っていた[48]」

　そうした政治的暗礁に乗りあげたような状況のなかで、レーガンはやがて地平線の彼方に目を向けるようになる。そして、事態はまったく予想外の方向に転がりだすのである。それは古い想像力と新たな現実主義が合体し、そこにアメリカの技術力に対するレーガンの信頼感が加味され、さらにＳＦタッチまでが彩りを添えるような新展開だった。一九八二年の最後の数カ月から翌八三年初めにかけて、レーガンは途方もない夢物語にのめり込んでいった。地球の上空にアメリカをぐるりと覆う巨大な楯を構築すれば、弾道ミサイルから国民を守れるし、核兵器を「無力で時代遅れ」なものに変えることさえ可能であると。そんな〝ミサイル防衛〟システムは、これまで一度たりと建設されたことはなかった。それは実体のほとんどない、枯尾花のような構想だった。ところが、このアイデアは以後長年にわたりソ連側の心を捉え、悩ましつづけるのである。レーガンという人間を理解するには、まずこの夢の因ってきたった源を理解することが重要であろう。

少年時代のレーガンは小説を浴びるように読みまくった。その中には『火星のプリンセス』のようなエドガー・ライス・バローズの手になるSFも含まれていた。都市全体を覆うピカピカのドーム、難攻不落の城壁といったイメージにあふれた空想科学小説だ。思春期に入るころには、かれは戦争を忌み嫌うようになっていた。一九三一年、ユリーカ大学にかよう二〇歳のとき、レーガンは戦闘の苦しみを描いた短編を書いている。『キルド・イン・アクション（任務中戦死）』という題の一編で、「第一次世界大戦」の塹壕戦を舞台にしたものだ。[49] レーガンは広島と長崎に投下された原爆の威力に愕然とした。一九四五年には左翼の聴衆を前に、ノーマン・コーウィンの詩『ウラン235に時計をセットしろ』を朗読している。「ゆきから怒りに沸きたつ空」の不気味さを描いた詩である。[50]

レーガンはそうした詩的モチーフに、かれが一九五〇年代、六〇年代の演説会で磨きあげた反共思想を加味した。とある著名な演説のなかで、かれはソ連の経済システムを崩壊へと追いやるひとつの戦略について、その概略を述べている。六〇年代初めのことで、フルシチョフとケネディがそれぞれ政権の座についていた時代だ。ケネディと「民主・共和両党のリベラル・エスタブリッシュメント」が「ソ連との宥和政策」を追求していると、レーガンは当時、憤っていた。

「その背景にある理論は次のようなものである」とレーガンは言った。「クレムリンの男たちはいずれ、教条的共産主義は間違っていると気づくようになる。ロシアの人々は毎食、鍋に鶏肉が入っていることを望むようになり、そこで彼らは、退廃的な資本主義制度の一部を援用して、もっと多くの鶏肉を生産しようと決める。なにしろそれまで鍋すら満足に供給できなかったのだから。奇妙なことに、われわれ退廃的な資本主義国の側もこの間、新たな発見にいたる。ごく少数の自由に制限を加えることにはなるけれど、知的エリートが政府運営に存分に腕をふるえるようにすることは可能であると。なにしろ、かれらエリートは、国民にとって何がベストであるかはっきり知っているのだから。そして将来の幸福なある日、イワンとヤンキーのジョーは、以心伝心、古びたミサイルをめぐる交渉を片付け、かくて冷戦は過去のものとなり……」

レーガンは唾棄するような口調で言った。「こんにちのわが国の外交政策は、爆弾への恐怖によって動機づけられ、また共産主義はいずれ成熟し、わが国のやり方がより優れているとおそらく認識するはずとの〝仮説〟に基づいている」と。だが、レーガンは「宥和政策」や「和解」ではなく、ソ連との永遠の競争を欲した。

「たとえアメリカ式やり方が最善だとわれわれが心の底から信じていても、われわれが彼らの経済を崩壊させ、その違いをはっきりと見せつけてやらなかったら、ロシア人がそうした事実を認め、その立場を修正する可能性が高まるものだろうか」とレーガンは問いかけた。「不人情に聞こえるかもしれないが、むしろ自分の口さえ満足に養えない奴隷の主人の肩に、衛星国を喰わせる苦労をすべて背負わせるべきではないだろうか」(51)

レーガンはしばしば、極右新聞「ヒューマン・イヴェンツ」やその他の情報源から記事を破りとって、ポケットに収め、のちの演説のネタ元にした。ジャーナリストたちが好んで指摘するように、レーガンはよく事実関係の取り違いをやった。ただ、かれの細部にたいする不注意はともかくとして、そこにはひとつの一貫した手法が見て取れる。レーガンという人間は主流派、過激派の別なく、異質な要素をふくむ数々のアイデアを借用し、それを一緒くたにして提示するのである。

かれが唱えるミサイル防衛についてもまた、それが言えた。一九七九年の「NORAD（北米防空総司令部）」訪問が、まずはこのアイデアにふたたび火を着けた。ダニエル・O・グレアムとの出会いも刺戟となった。かつて「DIA（国防情報部）」を率いた退役陸軍中将で、「いまそこにある危機委員会」のメンバーでもあった。グレアムは「ハイ・フロンティア」として知られる研究グループを立ち上げた。グループの代表は、元陸軍次官で、林業企業「チャンピオン・インターナショナル・コーポレーション」を引退した元CEO（最高経営責任者）、カール・R・ベンデッツェンがつとめることになった。そして、レーガン周辺の友人からなる「キッチン・キャビネット」の中でも、特に裕福な面々がこのグループの活動を支援したり、研究のための資金提供をおこなった。レーガンは一九八二年一月八日、ベンデッツェンほか二名の同グループ・メンバーとホワイトハウスで九〇分間会見した。そのさい、ベンデッツェンは大統領に簡単なリポートを手渡した。ソ連はすでに軍の攻撃能力でアメリカを凌駕していると主張し、戦略防衛のための努力を大車輪で開始すべきであると奮起を促す内容だった[52]。

するとそこへ、今度はエドワード・テラー博士が対策を急ぐようにと言ってきた。「ローレンス・リヴァモア研究所」を創設した理論物理学者で、水爆開発でカギとなる役割を演じた人物でもある。カリフォルニア州知事時代の一九六七年十一月、レーガンは同研究所を訪問し、ミサイル防衛について二時間ほどレクチャーを受けたことがあった。テラーは一九三〇年代、ファシズムを逃れてアメリカへやってきたハンガリー人で、飛行中の弾道ミサイルを撃ち落とせる兵器の開発を長年夢見ていた。レーガンが研究所を訪問した当時、ジョンソン政権はすでにきわめて限定的なミサイル防衛システム、通称「センテニアル」の開発計画を発表していた。その後、ニクソンが「セイフガード」と呼ばれる、より大型のシステムの開発に方針転換した。それはノース・ダコタ州に配備された〈ミニットマン〉ミサイル一五〇基をまもるための、二層からなる防衛網だった。「セイフガード」は一九七六年にお役ご免となった。ソ連のミサイル部隊で「MIRV（多弾頭）」化が進んだため、有事に飛来する弾頭の数が一気に増加し、「セイフガード」の能力では対処しきれなくなったからだ。

それでもめげず、テラーは飛来するミサイルを空中で撃ち落とす兵器という長年の夢を育みつづけた。核兵器はいまや「第三世代」へと一大飛躍を遂げようとしているとテラーは主張した。原爆が第一世代、水爆が第二世代。そして「第三世代」とは核をエネルギー源にするX線レーザー兵器で、これを宇宙に展開すれば、敵弾道ミサイルの破壊が可能になるのだとテラーは力説した。

テラーは一九八二年九月十四日、大統領執務室でレーガンと三〇分ほど面会した。当時、テラー博士は御年七四歳。かれはレーガンとまずは握手を交わした。「大統領閣下《ミスター・プレジデント》」とかれは言った。「第三世代、第三世代ですぞ」と。レーガンは一瞬戸惑った。これからテラー家の先祖代々、一族郎党の話を聞かされるのかといった風だった。[53] だが、テラーは早速、X線レーザー、かれのいう「エクスカリバー」にかんする構想の説明を始めた。効果的なミサイル防衛は、「相互確証破壊」の上を行き、かわりに「確証生存」をもたらすのだとテラーは言った。アメリカのミサイル迎撃システムは本当のところ機能するのですかと、レーガンはテラーに尋ねた。「機能することを示す格好の証拠があります」とテラーは答えた。ただ、当人の回想録によると、テラー自身はこの会見は不首尾に終わったという感触を持ったらしい。「国家安全保障会議」のスタッフは、「非常に多くの質問を浴びせ、難癖をつけたため、わたしはすっかり意気消沈してしまった[54]」とあるからだ。ところが、レーガン本人は真剣に耳を傾けていたのである。「彼はわくわくするようなアイデアを推奨した」とレーガンはその夜、日記に書いている。「この場合、核の出番は、レーザー光線との絡みだけである。そのレーザーを用いて、地球のはるか上空で敵ミサイルを迎撃・破壊する点を除けば、このシステムは非破壊的である」

と。テラーは外宇宙で核爆発を引き起こす点についても言及していたのだが、レーガン当人はそうしたコンセプトを総体的に把握していなかった可能性もある。[55]

一九八二年十二月二十二日午前十一時、統合参謀本部のお歴々がレーガンと面会するため、ホワイトハウスの閣議室に隊列をつくって入ってきた。〈MX〉問題が政治的暗礁に乗り上げている事態は、かれら将領の肩にも重くのしかかっていた。アンダーソンによると、会議の終わり近くになって、レーガンが軍幹部に質問した。「攻撃に全面依拠して核攻撃を阻止するやり方から距離をおき、比較的信頼性の高い防衛方面に移行するという考えはどうだろうか」と。アンダーソンによると、お歴々が国防総省へ戻っていったあと、そのうちの一人から国家安全保障問題担当補佐官のクラークに電話がかかってきて、こう訊いたそうだ。「さっきのは、ミサイル防衛を真剣に検討しろとの指示だったのか？」

アンダーソンによると、クラークは「そうだ」と答えたそうだ。[56]

その後間もない一九八三年一月三日、レーガンは超党派の委員会を創設すると発表した。戦略兵器プログラム全体を評価し、現行の地上発射式ミサイルの配備状況に替わりうる新たな選択肢を提供することが同委員会の目的とされた。政治的千日手から抜け出すための試みだった。[57]

米海軍のトップ、海軍作戦部長のジェイムズ・D・ワトキンズ提督もこの数週間、大統領のご下問に応えるべく独自の探求をおこなっていた。ただ、歴史家のドナルド・R・ボーコムによると、ワトキンズ提督は、現行の戦略部隊の構造を改めるような具体的提案はおこなわず、攻撃的な核抑止の代替手段を示唆する用意もなかったという。[58]それでもワトキンズたち四軍のお歴々は、近々もう一度会いたいという正式通知をレーガンから受け取っていたし、かれらの方も、現在の政治的袋小路から抜けだす方策を探していたのは事実である。

一九八三年一月二十日、ワトキンズ提督は、補佐官からなる幹部連とランチをともにした。そこにはテラーの姿もあり、かれは核爆発をエネルギー源とするX線レーザーへの期待を語った。ワトキンズによると、テラーはこの考えにひどく興奮し、むこう二〇年で準備が整うと予言した。宇宙空間で核爆発をおこなうシステムには賛成しかねたが、ワトキンズは海軍の幕僚たちに、短い五分ほどのプレゼンのための準備作業に入るよう指示した。「MXをめぐる論争から足を洗えるような、戦略防衛にかんするなんらかのビジョン」が欲しいと言って。二月五日、ワトキンズ提督はヴェッシー統合参謀本部議長のオフィスで、陸・空・海兵隊の相方に対し、例のプレゼンをおこなった。すると驚いたことに、相方の各軍トップたちはこれに賛意を示すではないか。二進《にっち》も三進《さっち》もいかない議会対策にみなうんざりしていたのだ。そこでヴェッシー統参議長が、では、この提案を大統領閣下にあげることにすると述べると、全員が同意した。

二月十一日、レーガンとの面会日は、肌寒く、雪が降っていた。道路状況はひどく、統合参謀本部の面々はみな、ホワイトハウスまで四輪駆動車に乗らなければならなかった。統参議長と四軍のトップ、すなわちアメリカ軍の軍令をつかさどる五人の将官は、テーブルの片側にすわり、一方、向かい側に腰かけるレーガンの脇は、キャスパー・ワインバーガー国防長官とホワイトハウスの国家安全保障問題担当次席補佐官ロバート・C・マクファーレンが固めていた。民主党下院議員の息子であるマクファーレンは、海兵隊将校の軍歴をもち、ニクソン＝フォード政権時代にホワイトハウス詰めを経験したことから、軍事と内政がからむ問題にはひどく神経質だった。マクファーレンは、どう見ても政治的行き止まりにしか思えない状況のなかで、神経をすりつぶしながら過ごしたこの数ヵ月間のことをあれこれ思い出していた。核の凍結を求める運動は大衆に受けがよく、議会は〈MX〉問題で漂流し、ソ連が地上発射式ミサイルの増産に励むなか、アメリカはまさに棒立ちの状態だった。この難局を乗り切るには、ミサイル防衛のようなハイテクがらみの突破口が必要だと、マクファーレンも考えはじめていた。その一月、かれはワトキンズと密かにランチをともにした。[59]

五人の将領たちはミサイル防衛にかんし妙に熱かったけれど、軍政のトップ、ワインバーガー国防長官は冷めていた。ただ、会議の冒頭で五人を改めて紹介するとき、ワインバーガーはレーガンにこう言った。「わたしは彼らの意見に賛成しませんが、最後まで耳を傾けるべきだと思います」と。

これを受けて、ヴェッシー統参議長が、議会の投票によって引き起こされた、陸海空の「核の三本柱」をめぐる諸問題について、軍側のプレゼンテーションを開始した。ところがプレゼンの最後に、ヴェッシーはいきなりこう提案した。いまこそ戦略防衛に新たな目を向けるべきでありますと。「われわれは現在、戦いの場を海や空から動かし」と、ヴェッシーが当時読み上げたブリーフィング・ペーパーには書かれている。「その結果、（a）先制攻撃の可能性で相手を脅かすか、さもなければ（b）ソ連の第一撃を受動的に吸収するしかないという、極端に危険な状況に置かれています。しかしいま、われわれはその中間点を発見しました」。それは「より道徳的で、したがってアメリカ国民にとってはるかに好ましく……」。そのあと説明をおこなったワトキンズも、ヴェッシー議長を強く支持した。

マクファーレンが口を挟み、さらに念押しをした。「大統領閣下、この点はきわめて、きわめて重要です」と。かれはさらに付け加えた。「この三七年間、われわれは生き残った部隊が、核の反撃をおこなうという脅しをもとにした、攻撃的観点の抑止力に依存してきました。なぜなら、それ以外の代替手段がなかったからです。しかしいま、史上初めて、われわれはここに、それを防衛することで敵の攻撃を挫くことができ、時の経過とともに、核兵器への依存を軽減できる可能性をもった新たな方法を耳にしたのです」

「諸君は全員、同じ想いなのか？」とレーガンは訊いた。かれが米軍のトップ五人に一人ひとり質問すると、全員がその通りでありますと応えた。五人の将領は別に、ミサイル防衛をいますぐ何とかしろと言っているわけではなかった。かれら全員が現在議会で直面している政治的障碍を考えると、状況ははるかに厳しいと見たほうがいいですよと言っているにすぎなかった。ところがそこで、ワトキンズ提督が修辞疑問文のような問いかけを発した。それこそまさに、レーガンがかねてより考えてきた理想、いままさに聞きたかった言葉だった。「敵への復讐に供するよりも、わが国民を守るようなシステムをもし開発できるのなら、これに勝ることがありましょうや」

「そうなんだよ！」とレーガンがわが意を得たりといった感じで言った。「その言葉、忘れるなよ！」

その夜、レーガンは日記に、この会議のことを興奮気味に記している。さまざまなやりとりの中から現れたのは「すばらしいアイデアだった。これまで全世界の核兵器をめぐる政策は、報復一本槍だった。だがしかし、例えばわれわれが全世界に向けて、われわれは彼らに復讐するのではなく、わが国民を守りたいだけなのだと言ったら、どうなるだろう。核兵器を時代遅れの産物にできる防衛的な兵器をつくりだす研究開発に取り組んでいくと言ったら、どうなるだろう。これを実現するため、わが義勇軍に率先参加せよと、わたしは科学界に呼びかけるつもりである」(60)

翌日、一九八三年二月十二日土曜日、首都ワシントンは一世紀に数回あるかどうかという最大級の豪雪に降りこめられた。レーガンはシュルツとその妻、オビー・シュルツ夫人をホワイトハウスの格式ばらない夕食へと招待していた。元々話し好きなうえ、気が置けない集まりだったため、レーガンは私に対し「胸襟を開き」、おのが信じるところ、自分がやりたいと願うことを話してくれたと、シュルツはふり返る。レーガンはシュルツに、自分は「相互確証破壊」が大嫌いなんだと言った。統合参謀本部の面々との金曜日の会合は、心の平安を与えてくれるものだったとも言った。「より安全で、より人道にかなったやり方で、核兵器からわれわれを守ることができるなら、これに優ることはないだろうと、大統領は感じていた」と。そこでシュルツは応じた。「おそらく方法はあり、ならば、われわれはそれを見つけるよう試みるべきでしょう」と。ただ、シュルツは当時、理解していなかったが、レーガンはその構想に〝いますぐ〟取りかかるつもりだったのである。

レーガンはまた、自分の交渉能力も試してみたいと考えていた。だが、モスクワとの軍備管理交渉は現在、暗礁に乗り上げていた。レーガンは日記に書いている。「そうとも、ソ連と交渉をやるつもりだし、それは叶うだろう……」と。レーガンは「共産主義国の要人と長時間の会談をおこなったことがこれまで一度もなかった」とシュルツは言う。「そして私は、かれがそうした機会を楽しむだろうと感じていた」。雪解けの触媒になるのではと考え、シュルツは次の火曜日にホワイトハウスで会いたいのだがと、ソ連のドブルイニン駐米大使に打診した。周囲から反対の声もあがったけれど、レーガンは同意した。

シュルツとは毎回決まってその時間なので、ドブルイニンは約束どおり午後五時に国務省にすがたを見せた。するとシュルツは、じつはサプライズがあるのだよ、うちの大統領との接見だと言った。二人は見咎められないように、国務省の地下駐車場を抜けると、通常は公式のゲストには用いない、ホワイトハウスの東門から中に入り、そのままレーガン家の居住スペースへと上がった。かれらはコーヒーを飲みながら、二時間近く密度の濃い話し合いをおこなった。「時に鼻と鼻がふれあうほどだった」とレーガンは書いている。[61] じつに様々な問題が取り上げられた。ソ連は世界征服を追求しているとレーガンがしつこく言いつのると、ドブルイニンは「われわれは別段、反資本主義の世界的十字軍など唱えていませんが」と応じた。レーガンは、ほぼ五年前、アメリカ大使館に保護を求めたペンテコステ派〔アメリカで生まれたキリスト教原理主義に近い宗派〕のグループに海外移住の許可を与えるよう迫った。「この要求が通っても、クレムリンを悩ませたり〝勝ち名乗りをあげたり〟はしないからと、レーガンは約束した。ドブルイニンはこれを軽く受け流した。「ソ連指導部にとって、レーガンの要求は恐ろしく奇妙で、疑念さえ抱かせるほどだった」とドブルイニンは当時をふり返っている。「すでにほぼ三年、大統領をやっていて、ソ連大使との初の会談で、実際に提起した唯一具体的提案が、ペンテコステ派だとは。まるでソ米間で、それが最も重要な案件であるかのように」。だが、「国家安全保障会議」のソ連問題専門家、ジャック・F・マトロック・ジュニアは後年、ペンテコステ派問題は「レーガンの頭のなかでは、まさに試金石だったのだ」と述べている。

「ロナルド・レーガンは、苦境のなかにある個人の運命について強い関心をいだく人間なのだ」とマトロックは言った。「かれは持てる権力のすべてを投じて、そうした人々を助けたいと願うのだ。かれがソ連指導部に対して厳しい判断をくだす根本には、他のいかなる要素をも超えるものが存在した。それは彼があれほど頻繁に話題にするイデオロギーではなくて、ソ連の指導者がその国民を扱うやり方へのレーガン流の想いなのだ[62]」

ロンドンのコンノート通りにイギリス情報部門がかかえる連絡用隠れ家があった。その地下駐車場に一九八三年初め、昼食時ともなると、ひとりの男が車で頻繁にかよってくるようになった。男は外交官用のナンバープレートを隠すため、ビニール・シートで車を覆うと、階段を上がってきた。男の名はオレグ・ゴルディエフスキーといい、KGBのロンドン支局に勤務する二等情報員だった。同時にかれは、イギリスの情報員でもあり、長年イギリス側と共同作業を続けてきた。この関係は一九七〇年代、ゴルディエフスキーがデンマークで勤務していた時代に始まった。感情的で、思い切りがよく、ソ連邦の体制を現実的な目でみているゴルディエフスキーは、共産主義に徐々に幻滅をいだき、西側を愛するようになった。幻滅と愛情、「いずれの感情も途方もなく深かった」とかれは当時をふり返る。「なにしろ私が生活し、働くのは全体主義世界と西側の境界なので、双方に目がいき、その両者の対比につねに怒りをかき立てられたから」

「全体主義世界は、各種の偏見のせいで目が見えず、憎悪に毒され、ウソに惑わされている。全体主義世界は醜いが、美しいふりをしている。愚かでなんの展望もないが、それでもまだ、人類の残りの部分のため、未来につづく道の先頭を歩んでおり、われらこそ、まさに先駆者と呼ぶにふさわしいと主張していた。この化け物を倒すためなら、わたしはあらゆることを喜んでやるつもりだった」とかれは言う。

帰国して、モスクワ勤務をこなしていた一九七八年から八二年にかけては、対英協力を一時見合わせていたものの、一九八二年にロンドン勤務を仰せつかると、イギリス側との関係は復活した。ゴルディエフスキーとの接点役をつめる情報員は男女二名で、ジャックとジョーンと言った。当初かれらは月に一度、面会するはずだったが、ゴルディエフスキーがかかえる情報はかなり多く、面会の頻度はいまや週一回になっていた。最初はかれのため、たっぷりのランチが用意されたが、その後、面会時間を短縮するため、ゴルディエフスキーの方から言って、サンドイッチと缶ビール一個にしてもらった。ゴルディエフスキーは「フィーリックス」という偽名で呼ばれていた(63)。

ゴルディエフスキーによると、イギリス側は政治問題について熱心に質問したという。ソ連指導部はレーガンについて「ある種の深刻な認識」をかかえている――。ゴルディエフスキーは一九八三年初め頃になると、そう告げるようになった。イギリス側要員は大抵の場合、そうしたコメントに感情を動かすことはなかった、とかれはふり返る。ただ坐り、はぎ取り式のノートにペンを走らせているだけだった。質問もみじかくて単純なものだった。ところがある日、二人の担当官が警戒心を露わにした。ゴルディエフスキーが言ったことに衝撃を受けたのだ。モスクワのKGB第一総局長からロンドン支局宛てに、核戦争の準備をうかがわせる兆候を監視せよという指示が送られてきたのだ。例の「RYAN」――核の第一撃の可能性について情報を収集するため、アンドロポフが一九八一年に始めた世界規模の諜報活動――が一九八三年初め、ついに本格稼働したのである。

ゴルディエフスキーは言う。当時のイギリスは「アメリカで優勢な核戦力バランス論、均衡が取れていれば、とりあえず平和は保たれるという思い込みのもとにいた」と。一方、「ソ連の統治マシーン、政治局や中央委員会、国防省」が憂慮するのは「紛争の文脈とは関係なしの、突然の核攻撃にさらされるような事態だった。それはアメリカ側のあらゆる核理論に背く発想法で、イギリス側についても事情は同様だった」

どうも自分の言うことを信じてもらえないようだ――そう判断したゴルディエフスキーはこう約束した。「ではリスクを取りましょう。その文書をポケットに忍ばせ、このような面会の場に持ち込み、コピーも取らせますから」と。ほどなくして、ゴルディエフスキーは計一三ページの本文と、この情報収集をいかに進めるべきか詳述した表紙からなる〝秘密文書〟をかれらのもとに持参した。ゴルディエフスキーはのちにふり返っている。主任担当官のジャックはその文書に「驚き、ほとんど信じられない」様子だった。「〝中央〟の要求があまりにぶっ飛んだ内容で、現実世界から遊離していたからね」

二月十七日、「最高機密」というマークのついた文書が、「レジデント」と通称される在ロンドンの

KGB支局長のもとに届いた。アルカディ・グーク支局長はしきりと自慢話はぶつものの、能力的には見劣りのする人間で、しかもひどい酒飲みだった。この文書の重要度ランクがどれほど高いかは、各支局長に本人名義で送られ、「当人のみ閲覧可能」と記され、特別ファイルのなかに保管せよと指示されていることからも明らかだった。文書のタイトルは「ソ連邦への核ミサイル攻撃にかんするNATO準備状況をあばくための恒久的作戦指令」となにやら禍々しかった。

「グークに宛てたこの二月指令は、まるでブラック・ユーモアのような文言を期せずして含む内容で、〝中央〟の西側社会全般、特にイギリスへの理解が恐ろしいほどズレていることを端なくも示していた」とゴルディエフスキーはふり返る。たとえば、イギリスが核戦争を準備している「重要な兆候」はおそらく献血センターにおける「血液購入量の増加と購入価格の上昇」によって見て取れると、グークは指示されていた。それゆえ、血液価格に変動があれば、いかなるものでも直ちに報告せよというわけだ。イギリスにおいて〝献血〟者に代金が支払われることは金輪際ないのだが、KGBは気づいていないようだった。同様に本部は、「イギリスの支配階層をしめる貴族と資本家について、およそ奇っ怪な、陰謀論めいたイメージ」を抱いていた。「イギリス社会を支配しているのは彼らだと信じているのだ」。そこでグークはこう命じられていた。核戦争のさいは、この手の人間に事前警告が行くはずだから、教会と銀行家の動向に対し、監視の目を光らせろと。

二月指令が現場に求める作業量は膨大で、どのページもあれをやれ、これもやれと要求ばかりだった。ロンドン支局は政府や軍事施設を車が何台出入りするか、そこの建物のうち、いくつの窓に照明が灯っているかを定点観測し、変動があれば報告することが期待された。また政府高官とその家族の疎開ルート、疎開先、疎開方法を特定し、かれらが自宅をでる準備に入ったことをモニターする手法を考案しなければならなかった。(64)

ソ連が西側の戦争準備の兆候に注目しているころ、レーガンはちょうど、かつてイギリス議会でやったように、自分がソ連式システムをどう見ているか、遠慮会釈なく語っていこうと決意していた。その一方で、かれは核凍結運動の広がりに懸念もいだいていた。一九八三年三月初め、レーガンは日記に書いている。「今後は国民にこちら側の言い分を伝えるつもりである。ソ連にかんする政府の報告の一部について秘密措置の解除もおこなう。そうすれば、国民は若干の身震いするような事実に気づくだろう。われわれは未だに、危険なほどソ連の後塵を拝し、しかもますます引き離されていると」。その回想録によると、ナンシー・レーガン夫人が当時こう説得したそうだ。あなたの「やたら熱い物言いは避けたほうがいいわよ」と。だが、わたしは断ったとレーガンは書いている。[65]

三月八日、レーガンは福音派聖職者のグループに対して演説をおこなうためフロリダ州オーランドに飛んだ。演説のなかで、レーガンはソ連を「現代世界における悪の中心」と形容し、聖職者たちに核凍結の動きに同調しないよう促した。「みなさんが核凍結について議論するさいは」とレーガンは言った。「プライドという名の誘惑に自覚的であって欲しいと思います。すなわち、不注意にも自らを一段高見にある存在と宣言し、どちらの側も同等に問題があるとレッテルを貼り、歴史的事実、そして悪の帝国がもつ侵略的衝動を無視して、軍拡競争をたんなる巨大な誤解と呼び、そうすることで正邪、善悪のあいだの闘争からみずから降りてしまいたいと考えるような誘惑です」

ここに出てきた「悪の帝国」というフレーズこそ、レーガンのソ連観をまさに体現する言葉だった。かれは後年、あれはわざとじゃないと言っている。「『悪の帝国』演説やそれに類するフレーズは、底意をもってあらかじめ準備しておいたものではないと。ただ、わたしはソ連に対し、きみらの手口はお見通しだよと、ひとこと言っておきたかっただけなのだ」と。[66]

すぐる二月の会合のさい、統合参謀本部の面々がミサイル防衛について揃って支持を表明したことに勇気づけられて、レーガンはこの考えを正式発表しようと決意した。〈MX〉問題にかんし、かれが任命した委員たちが四月に報告書を提出する予定だったが、レーガンはスタッフに発破をかけて、同委員会の検討作業が終わらぬうちに、ミサイル防衛関連の発表をおこなおうと考えた。三月二十三日、テレビの全国向け放送で、ちょうど国防予算にかんする演説をおこなうので、それに組み込むことにした。そうした性急なやり方に、一〇〇パーセントの賛成はできなかったけれど、マクファーレンはそれでも、戦略防衛にむけた研究努力を加速化するという一項を、テレビ演説の草稿に加えた。三月十九日、マクファーレンは最初の演説草稿を書き上げた。それは攻撃主体の兵力に依拠するという数十年にわたるアメリカのドクトリンから大きく舵を切る内容だった。レーガン大統領は最後の瞬間まで、議会にも、同盟国にも、閣僚たちにも相談しなかった。別口の報告書作成に依然追われている委員会の面々にも一言もなかった。この構想に異を唱えそうな勢力からは、演説内容を秘匿するというのがレーガンの基本方針だったとマクファーレンは言う[67]。

　この新構想は、公式の政策形成過程のほぼ外側で、練り上げられた。レーガンはほんの数週間前、ブレジネフ死去後のソ連問題全般にかんする新たな大統領令にサインをしたばかりだった。それは計九ページからなる文書で、軍事、政治、経済にかんする主要問題を網羅した、ある種の指針といえた。だが、アメリカが展開する政策の基礎ともいうべきこの主要文書に、ミサイル防衛にかんする文言はただの一語も出てこない[68]。また、この時点までに、レーガンは議会に対して国防予算にかんする四件の要求を出していたけれど、いずれもミサイル防衛を優先課題とはしていない[69]。統合参謀本部のお歴々は仰天した。レーガンがこんなにも早く行動にでるとは予想だにしなかったから[70]。シュルツ国務長官は、レーガンのテレビ演説の二日前にようやくこの提案について聞かされ、その成否に強い疑念をいだいた[71]。この構想に反対だったワインバーガー国防長官に対しては、最後の最後、しかもヨーロッパを訪問している最中に連絡がいった。レーガンの補佐官の何人かは、演説の当日にようやく耳打ちされた。レーガン日記を見ると、三月二十一日にシュルツが異を唱えたあと、レーガンは戦略防衛にかんする部分を書き直している。翌日、レーガンは演説の他の部分にも手を入れた。「変更点の大半は、官僚的文言をふつうの話し言葉に改めるだけだったが[72]」。三月二十三日の、「まさにぎりぎりの土壇場まで」手を入れていたとレーガンは言う。当日は他の政府関係者とともに、テラー博士もゲストとして招かれていた。かれはホワイトハウスの「イースト・ルーム」で折りたたみ椅子に腰かけつつ、問題のテレビ演説に立ち会った。レーガン自身はその間、大統領執務室にあって、カメラに向かっていた。

演説のなかで、レーガンは「脆弱性の窓」について再度言及した。ソ連は「わが国のほぼすべてのミサイルを地上で十分破壊できるだけの精確かつ強力な核兵器を持っています」とレーガンはまずは言った。核の抑止は機能してきました……これまでのところは。ソ連との交渉は今後も続けていきますと、その点も約束した。だがそのあとで、わたしはここで、新たな方法を提案したいと思いますとレーガンは本題に入った。

かれが演説原稿の推敲時にみずから手書きした文言――それは海軍作戦部長のワトキンズ提督が会議中に語り、いまだ耳にのこる言葉でもあった――を、レーガンは公の場で初めて口にし、こう問いかけた「敵への復讐よりも、まずはわが国民の命を守ることのほうが重要なのではないでしょうか」と。この数カ月間、わたしと補佐官たち、統合参謀本部の将領たちは「攻撃的な報復のみに頼って、わが国の安全を守るという未来像からいかに脱却すべきか、その必要性をめぐって検討を重ねてきました」と。そしてこう付け加えた。「そうした議論を重ねるなかで、わたしはよりいっそう、深く確信するようになったのです。相手側の生存を脅かすことで、他国やその国民と取引するのではなく、それを超えるような高みを、人間精神は、目指せるにちがいないと[73]」

「希望をもたらす未来像、それにかける想いを、みなさんにも分かち合ってほしいのです。それこそが、わたしがいま打ちださんとするプログラムです。恐るべきソ連製ミサイルの脅威に、防衛的な手段で対抗する計画です。わが国の偉大な産業基盤を発展させ、われわれが今日享受するこの生活の質を与えてくれたテクノロジーの力、まさにその力にこそ目を向けましょう」

レーガンは聴衆にこう語りかけた。「アメリカ側の報復能力によって、ソ連にその攻撃を思いとどまらせるのではなく、相手側の戦略弾道ミサイルが、わが国や同盟国の領土に到達する前に迎撃し、破壊できると承知していること――自由な人々が安心のなかで暮らすうえで、これにまさることがあるでしょうか」と。そしてレーガンは「わが国の科学界」にこの計画に参加するよう訴えた。「われわれに核兵器をもたらした彼らなら、その偉大な才能を人類の大義、世界平和のために振り向け、その核兵器を無力で時代遅れなものに変える手段をわれわれに与えてくれるはずです」と。

レーガンは決然とした口調で言った。「重要な最初のステップ、われわれの究極の目標、戦略核ミサイルがもたらす脅威の排除を達成する手始めとして、長期的な研究・開発計画の方向性をさだめる包括的で賢明なる努力」をおこなうよう、わたしはすでに指示しましたと。そして最後にこう言って、演説を終えた。「同胞たるアメリカ人のみなさん、われわれはいま、人類の歴史の方向を転換する可能性をもった取り組みをスタートさせました。今後、さまざまなリスクがあるでしょうし、結果を得るまでには時間もかかるでしょう。だがしかし、われわれなら出来るとわたしは信じています。ありがとう。おやすみなさい。そしてみなさんに、神の御恵みのあらんことを」

レーガンの言った新たな技術、その将来展望は、言葉以上のものではなかった。かれはわずか二十九分間、テレビで話しただけである。ミサイル防衛をめぐって、かれが述べたことは、何ひとつ存在していなかったし、かれの政権のだれひとり、この件について公式の場で提案したものはいなかったし、これほど野心的なシステムを実際つくれるかどうかは、はなはだ疑わしくもあった。ただ、演技としては見事に成立していた。「わたしは楽観的な予想はいっさい口にしなかった。二〇年かそれ以上の時間がかかるかもしれないが、やるべきだと言っただけである」とレーガンは演説後、日記に書いている。「いい気分だ」

章末注

（1）*www.cheyennemountain.af.mil* 参照。

（2）モローはその後、「NASA」も見ておくべきだと推奨した。Kiron K. Skinner, Annelise Anderson and Martin Anderson, eds., *Reagan: A Life in Letters* (New York: Free Press, 2003), p. 107.

（3）Martin Anderson, *Revolution: The Reagan Legacy* (New York: Harcourt Brace Jovanovich, 1988), pp. 80–83.

（4）Reagan radio address, May 29, 1979, "Miscellaneaous I," reproduced in *Reagan in His Own Hand: The Writings of Ronald Reagan That Reveal His Revolutionary Vision for America*, Kiron K. Skinner, Annelise Anderson, Martin Anderson, eds. (New York: Free Press, 2001), p. 104. この条約は六月十八日ウィーンで、カーターとブレジネフによって調印された。

（5）Draft copy, "Policy Memorandum No. 3", August 1979. ここで引用した政策メモの草稿は著者の私物である。一九七二年の「ABM条約」で、ミサイル防衛に制限を課したニクソン大統領の決定に対し、レーガンが当初何年にもわたり異を唱えていたことをアンダーソンは知っていた。「わが国は、なんの見返りも得ることなしに交渉を妥結させてしまった」とレーガンは言った。"Defense IV," Sept. 11, 1979, *Reagan in His Own Hand* 参照。アンダーソン・イン

タビュー（二〇〇八年九月十日）

（6）その回想録――『わがアメリカンドリーム――レーガン回想録』尾崎浩訳（読売新聞社）――のなかで、レーガンは書いている。「人類にとって、その生存とわれらが惑星の存続をたもつこと以上に大切なことはない。だが、この四十年、核兵器は、世界を恐怖の影のもとに置きつづけてきた。われわれとソ連との交渉、すなわち彼らとアメリカとの交渉は、〝相互確証破壊〟として知られる政策に基づいている。頭文字をとって〝ＭＡＤ〟と呼ばれるが、まさに文字どおり狂気の政策である。わたしがこれまで耳にしたなかでも最も常軌を逸した考えである。簡単にいえば、相手方を消滅させるに十分な核兵器を互いに備えていれば、仮に一方が攻撃を仕かけても、後手に回った側も、相手を数分後に絶滅できる爆弾をいまだ手元に残しているというのだから。つまり、ボタンを押せば、その先には滅亡しかないというわけだ」。Ronald Reagan, *An American Life*（New York: Simon & Schuster, 1990）, p. 13.

（7）Ronald Reagan, *The Reagan Diaries*（New York: Harper Collins, 2007）, June 7, 1981.

（8）Martin Anderson, presentation, Oct. 11, 2006, Hoover Institution, Stanford University, "Implications of the Reykjavik Summit on Its Twentieth Anniversary." および著者による照会（二〇〇八年九月十日）。

（9）Tony Thomas, *The Films of Ronald Reagan*（Secaucus, N.J.: Citadel Press, 1980）, pp. 98–99.

（10）Laurence W. Beilenson, *The Treaty Trap: A History of the Performance of Political Treaties by the United States and European Nations*（Washington, D.C.: Public Affairs Press, 1969）, pp. 212, 219–221.

（11）わたし（著者）は当時、ナイト＝リッダー紙の記者として、この時の選挙戦を取材していたが、レーガン自身から核廃絶論者のような考えを聞いたことは一度もない。ただ、かれのこうした考えはもっと早くから表明されていた。たとえば、以下を参照。Reagan's 1963 speech text, "Are Liberals Really Liberal?" in *Reagan in His Own Hand*, and Reagan's address to the 1976 Republican National Convention, Anderson, pp. 69–71.

（12）Reagan, "Peace: Restoring the Margin of Safety," address to the Veterans of Foreign Wars Convetion, Chicago, August 18, 1980.

（13）David Hoffman, "Reagan's Lure Is His Optimism," *Detroit Free Press*, Summer 1980.

（14）Reagan, *An American Life*, p. 267.

（15）Anatoly Dobrynin, *In Confidence: Moscow's Ambassador to America's Six Cold War Presidents*（New York: Times Books, 1995）, p. 484.

（16）Lou Cannon, *Ronald Reagan: The Role of a Lifetime*（New York: Simon & Schuster, 1991）, pp. 299–301. 四月二十三日のレーガン日記には、かれが「草稿《スクリプト》」と呼んでいる手書き書簡の下書きが収録されている。ほんの短い手紙である。その回想録、*An American Life*, pp. 272–273 に収録されている手紙はより長文で、国務省やその他の手が入っていると思われる。

（17）James A. Baker III, "*Work Hard, Study... And Keep Out of Politics!*"（New York: G. P. Putnam's Sons, 2006）, p. 163.

（18）Reagan, *An American Life*, p. 273.

（19）Thomas C. Reed, *At the Abyss: An Insider's History of the Cold War*（New York: Ballantine Books, 2004）, pp. 266–270.

（20）Gus Weiss, "The Farewell Dossier," *Studies in Intelligence*, Center for the Study of Intelligence, Central Intelligence Agency, vol. 39, no. 5, 1996.

（21）ペルトンは一九八〇年一月十五日、ソ連側と接触するや否や、みずから進んでこの計画の情報提供を開始し、十月にかれらから二万ドルを受け取った。ペルトンは一九八三年にも一万五〇〇〇ドルを受け取っている。かれは一九八五年に逮捕され、一九八六年にスパイ行為によって有罪となった。*United States of America v. Ronald William Pelton*, Indictment, U.S. District Court for the District of Maryland, Dec. 20, 1985, case no. HM-850621 参照。

（22）Sherry Sontag and Christopher Drew, *Blind Man's Bluff: The Untold Story of American Submarine Espionage*（New York: Public Affairs, 1998）, p. 230『潜水艦諜報戦』シェリー・ソンタグ、アネット・ローレンス・ドルー、クリストファー・ドルー、平賀秀明訳（新潮OH!文庫）

（23）Christopher Andrew and Oleg Gordievsky, *KGB: The Inside Story*（New York: HarperCollins, 1990）, p. 583.

（24）トーマス・C・リードに対する著者の照会（二〇〇六年十一月二十一日）

（25）Richard Halloran, "Pentagon Draws Up First Strategy for Fighting a Long Nuclear War," *New York Times*, May 30, 1982, p. 1.

（26）Charles Mohr, "Preserving U.S. Command After Nuclear Attack," *New York Times*, June 28, 1982, p. 18.

（27）トーマス・C・リード・インタビュー（二〇〇四

年十二月四日）

（28）John Lewis Gaddis, *Strategies of Containment: A Critical Appraisal of American National Security Policy During the Cold War*, rev.ed.（Oxford: Oxford University Press, 2005）, p. 354.

（29）Reed, p. 236.

（30）Gaddis, p. 354.

（31）Reagan diary, March 26, 1982.

（32）「NSDD32（国家安全保障決定指示第三二号）」の日付は一九八二年五月二十日である。ところが、次の大統領指令、すなわち「NSDD33」は時系列的には、それより早い五月十四日の日付が付されている。リードによると、それはレーガンが新たな対ソ・アプローチを説明する演説の予定日、五月二十一日の前日に、クラークがこの文書を配布システムにアップしたためだという。

（33）この発言が問題になったことはレーガン本人も認めている。ただ、「なぜアメリカ側がじっと動かず、ソ連との対話を始めたのか。その理由をめぐって、一部の記者は安易な説明をおこなったけれど、この問題がいかに複雑であるかを理解すべきである」とかれは日記に書いている。Reagan diary, April 21, 1982.

（34）Reagan, *An American Life*, p. 553. Dobrynin, pp. 502–503も参照。一九八一年十一月、レーガンはヨーロッパ戦域の中距離ミサイル部隊をめぐって、これとは別の軍備管理提案をおこなっている。レーガン流の「ゼロ・オプション」で、もしソ連が〈ピオネール〉ミサイルを撤去するなら、アメリカ側も〈パーシングⅡ〉と〈GLCM（地上発射式巡航ミサイル）〉の配備を差し控えるという内容だった。当時それは一方的譲歩に見えたけれど、中距離核の全廃を定めた一九八七年条約のための雛形になる提案だったことが、後日立証された。

（35）Reagan diary, May 24, 1982.

（36）Carl Bernstein, "The Holy Alliance," *Time* magazine, Feb. 24, 1992, pp. 28–35.

（37）George Weigel, *Witness to Hope: The Biography of Pope John Paul II*（New York: HarperCollins, 1991）, p. 441, and note 13, p. 905.

（38）Steven R. Weisman, "Reagan, in Berlin, Bids Soviet Work for a Safe Europe," *New York Times*, June 12, 1982, p. 1; and Edmund Morris, *Dutch: A Memoir of Ronald Reagan*（New York: Random House, 1999）, p. 461.

（39）George Shultz. *Turmoil and Triumph: My Years as*

Secretary of State（New York: Charles Scribner's Sons, 1993）, p. 5.

（40）この評価は一九七九年、ウィリアム・J・ペリー国防次官（研究・工学担当）が下院軍事委員会のためにおこなったもの。Strategic *Command, Control and Communications: Alternative Approaches for Modernization*, Congressional Budget Office, October 1981も参照。

（41）リードに対する著者の照会（二〇〇六年十一月二十一日）

（42）NSDD 55. *http://www.fas.org/irp/offdocs/nsdd/index.html.*

（43）James Mann, *Rise of the Vulcans: The History of Bush's War Cabinet*（New York: Viking, 2004）, Ch. 9.

（44）Reagan diary, Nov. 13, 1982. Dobrynin, pp. 511–512.

（45）"Report of the President's Commission on Strategic Forces," April 1983, p. 4.

（46）十二月、連邦議会は基地問題が解決するまで予算を減額することを可決したが、ミサイル関連予算を丸々削除することはまではしなかった。

（47）Donald R. Baucom, *The Origins of SDI: 1944–1983*（Lawrence, Kansas: University Press of Kansas）, p. 184. ボーコムは米SDI局の専属歴史官。

（48）ロバート・シムズ・インタビュー（一九八五年二月二十六日）

（49）Skinner, pp. 430–432. この短編の日付は一九三一年五月七日である。

（50）Anderson, Hoover presentation.

（51）手書きメモには、この演説は「一九六二年ごろに書かれた」とあるが、文書館員は一九六三年だった可能性があると考えている。Skinner, pp. 438–442参照。

（52）この場に同席したのはベンデッツェンと、いわゆる「キッチン・キャビネット」に所属する二人、すなわち当時ヴァチカン市国駐在アメリカ大使だったウィリアム・A・ウィルソンとジョゼフ・クアーズである。"Daily Diary of President Ronald Reagan," Jan. 8, 1992, RRPL〔ロナルド・レーガン大統領図書館〕。グレアムは除外されていた。Baucom, Ch. 7参照。一九八二年初めのこのホワイトハウス会議の直後、同グループは戦術をめぐって分裂し始めた。ベンデッツェンは人目につかぬ形で活動することを望んだが、グレアムはこの計画を公開することを決断し、宇宙空間のプラットフォームと、既存のもしくはほどなく利用可能となる技術をいかに用いるかを縷々解説した、計一七五ページの研究書「*High*

Frontier: A New National Strategy」を出版した。またグレアムが核兵器を用いない防衛方法を考えていたのに対し、物理学者のエドワード・テラーは、核エネルギーを利用したレーザー兵器を採用する案を推奨した。このことも戦術をめぐる対立点となった。ボーコムによると、その年の残りの期間、ベンデツェンは引き続き、かれの一月八日付けメモに沿った行動をホワイトハウスに取らせようとしたという。ホワイトハウスの科学関連委員会もまた、このアイデアを検討中だった。その年の末、ベンデツェンは活動をより活発化させ、レーガンの一般教書演説に戦略防衛構想を盛り込むよう提案。その素案を起草して、ホワイトハウスに送りつけることまでした。Baucom, pp. 169–170. また、ウィリアム・J・ブロードの以下の著作もこの時期の経緯を伝えている。William J. Broad, *Teller's War: The Top Secret Story Behind the Star Wars Deception*（New York: Simon & Schuster, 1992）, pp. 114–115.

（53）Broad, p. 118. この場に居合わせたホワイトハウス関係者、レイ・ポラックの発言を引用して、ブロードはこう述べている。

（54）Edward Teller with Judith Shoolery, *Memoirs: A Twentieth-Century Journey in Science and Politics*（Cambridge: Perseus Publishing, 2001）, p. 530.

（55）Reagan diary, Sept. 14, 1982. このとき、テラーは「核爆発のエネルギーを利用して駆動する」レーザー兵器という構想を語った。ただ、一九八〇年代後半になると、テラーは核を用いない手法を支持するようになる。Teller, pp. 528, 535–536.

（56）マーティン・アンダーソンの前掲書九七ページと、当人に対するインタビュー（二〇〇八年十一月十日）。また、"The Schedule of President Ronald Reagan," Wednesday, Dec. 22, 1982, courtesy Annelise and Martin Anderson も参照した。

（57）ブレント・スコウクロフトが議長をつとめる同委員会は一九八三年四月六日、以下のような勧告をおこなった。アメリカは今後、〈MX〉ミサイル一〇〇基を〈ミニットマン〉用の既存サイロに収納するとともに、長期的には弾頭数が一発のみの、より小さな新世代ミサイルの製造に移行すべきであると。同委員会はまた、いわゆる「脆弱性の窓」は、〈デンス・パック〉やあるいはサイロ防衛用のＡＢＭ（弾道弾迎撃ミサイル）にかかる多額の経費を正当化するほど深刻ではないと認定した。最終的に、連邦議会は一九八五年五月、〈MX〉ミサイル五〇基の配備を承認した。

（58）ボーコムの詳細な記述に加えて、以下の資料を参照した。Cannon, pp. 327–333; Hedrick Smith, *The Power Games*（New York: Random House, 1988）, pp. 596–616; Frances Fitzgerald, *Way Out There in the Blue: Reagan, Star Wars and the End of the Cold War*（New York: Simon & Schuster, 2000）, Ch. 5; Morris, p. 471; Robert C. McFarlane, with Zofia Smardz, *Special Trust*（New York: Cadell & Davies, 1994）, pp. 229–230; and Frederick H. Hartmann, *Naval Renaissance: The U.S. Navy in the 1980s*（Annapolis: Naval Institute Press, 1990）, Ch. 14.

（59）McFarlane, pp. 226–229.

（60）Reagan diary, Feb. 11, 1983.

（61）Reagan diary, Feb. 15, 1983.

（62）Jack F. Matlock Jr., *Reagan and Gorbachev: How the Cold War Ended*（New York: Random House, 2004）, p. 55. Shultz, p. 165.

（63）ゴルディエフスキー・インタビュー（二〇〇五年八月二十九日）と以下の著書を参考にした。Oleg Gordievsky, *Next Stop Execution: The Autobiography of Oleg Gordievsky*（London: Macmillan, 1995）.

（64）Andrew and Gordievsky, p. 589.

（65）Reagan, *An American Life*, p. 570.

（66）Reagan, *An American Life*, p. 569.

（67）マクファーレンはレーガンに対し、議会と同盟国には相談しておくべきだと二度警告したが、レーガンはこの助言を却下した。*Special Trust*, pp. 230–231.

（68）"U.S. Relations with the USSR," NSDD 75, Jan. 17, 1983。この国家安全保障決定指示は、かつて「チームB」を率いたハーヴァード大学教授のパイプスが、ホワイトハウスの国家安全保障会議スタッフとして起草したもの。その回想録のなかでパイプスは、ソ連の政権内部に変化を引き起こすことがその目的だったと書いている。レイモンド・L・ガーソフによると、これは一種の妥協案で、「この指示の主たる推進力は……現実的および地政学的なものだった」という。Garthoff, *The Great Transition*（Washington, D.C.: Brookings Institution, 1994）, p. 33.

（69）シュルツ宛ての二〇〇四年二月十九日付けの手紙のなかで、マクファーレンは当時をふり返り、レーガンは就任以来、「少なくとも四予算年度」のあいだ、戦略防衛には優先的地位を一度も与えなかったと述べている。なお、手紙の文面はマクファーレンから提供された。

（70）Cannon, p. 331.

（71）シュルツは果たしてこの技術に現実性があるのか

どうか、また統合参謀本部の面々にそのための専門知識があるのかどうかを疑っていたため、レーガンに対し、この提案は「わが国の戦略ドクトリンにおけるまさに革命ですな」と告げた。Shultz, p. 250.

(72) Reagan diary, March 22, 1983.

(73) Address by the president to the nation, March 23, 1983.

第2章 ウォーゲーム

レーガンのテレビ演説に対して、ソ連共産党書記長ユーリー・アンドロポフはその四日後、激しい非難を浴びせた。かれらはソ連にむけた先制攻撃を準備中であり、レーガンは「核戦争に勝てる最良の方法を探らんと、新たな計画を練っている」と断じた。ただ、アンドロポフが最も恐れたのは、レーガンの雲をつかむような将来構想ではなく、〈パーシングⅡ〉ミサイルのほうだった。クレムリンはこのミサイルがモスクワまで六分で到達すると考えており、その欧州配備が目前に迫っていた。このミサイルの配備を境に、われわれは守勢に回るとソ連側は感じていた。

ブレジネフ政権下の一九七〇年代末から、ソ連は〈ピオネール〉ミサイル——西側でいう〈ＳＳ－20〉——の展開に着手し、いまや二四三基が西ヨーロッパに照準を合わせ、また一〇八基がアジアを狙っていた。〈ピオネール〉は最大射程三一〇〇マイル（約五〇〇〇キロメートル）で、パリやロンドンには十分届いたが、分類上は大陸間弾道ミサイルより小型の中距離ミサイルに位置づけられていた。ロシアの歴史家、ドミトリー・ヴォルコゴノフは言う。〈ピオネール〉には「天文学的な資金が投入された」が、「近視眼的な戦略家たちのせいで、ソ連のノドを掻き切れるナイフを振るう口実を、アメリカ側に与える」[1]結果となってしまったと。〈ピオネール〉の配備を受けて、「ＮＡＴＯ（北大西洋条約機構）」は一九七九年、〈パーシングII〉（弾頭数は一基当たり一発）一〇八基と、地上発射式の巡航ミサイル四六四基をヨーロッパに配備することを決定した。その射程内にはソ連本土も入るため、アメリカはこれを梃子に、交渉の糸口を探ろうとした。レーガンは一九八一年、中距離ミサイルというカテゴリーそのものの全廃を提案してきたが、ソ連側が拒否したため、交渉は行き詰まっていた[2]。

〈パーシングII〉の配備が迫る一九八三年（十二月の西ドイツ搬入が予想された）になると、アンドロポフはこのミサイルにいよいよ神経を尖らせるようになった。その速度と精度がとりわけ脅威とされた。スピードは音速の八倍近く——時速六〇〇〇マイル（約九六〇〇キロメートル）強——に達し、また極めて精巧な誘導装置を備えていたから。さらに地上発射式の巡航ミサイルがこれに加わるのだ。レーダー波の下をかいくぐるように低空侵入してくる同ミサイルは、まさにソ連側が恐れていた、国家指導部の首を一気に薙ぎ払うための兵器といえた。〈パーシングII〉への恐怖があまりに強いため、モスクワの弾道ミサイル迎撃システムの開発者たちは、〈パーシングII〉を捕捉・破壊できるよう現行システムの一部改変を要求されたほどである[3]。

レーガンをホスト役に、米ヴァージニア州ウィリアムズバーグで先進国首脳会談が開かれると、アンドロポフは終了日当日の五月三十一日に政治局会議を催した。アメリカの中距離ミサイル配備には、サミットの場でも内々に異論が上がったものの、西側指導者はそれでも結束を乱さず、ソ連に対して軍備管理交渉に「建設的に関与」するよう求める共同声明を発表したからである。

この声明は政治局の面々をいたく刺戟した。会議の議事録を見ると、高齢者の多いソ連指導部は〈パーシングII〉と地上発射式巡航ミサイルをいかにして阻止すべきか、その議論に忙殺されたようだ。一方、ミサイル防衛にかんするレーガンの演説や、かれがいだく壮大な夢については、いかなる言及もなされていない。まあ、さしあたってソ連側に何か目新しい具体策があるわけでもなく、政治局員たちの口ぶりはどこか覚束なかった。例えば、ドミトリー・ウスチノフ国防相はこう主張している。「われわれがこれまで防衛に関してやってきたすべてを今後も続けるべきである。われわれが計画したすべてのミサイルを配備すべきであり、すべての航空機はわれわれが構想したとおりの場所に展開すべきである」と。[4]

〈パーシングⅡ〉を恐れるアンドロポフの不安心理が元となり、核攻撃の兆候を常時監視せよという指示がKGBに降りてきた。ゴルディエフスキーがその二月、イギリス側にリークした極秘指令の付属文書に書かれていたように、攻撃の可能性が分かるのが早ければ早いほど、クレムリンは報復準備の貴重な時間を稼げるからだ。その指令書にはこうあった。「例えば、アメリカ大陸の一部から戦略ミサイルが発射されたことに気づき、その飛行コースを決定するのに必要な時間を差し引いた場合、実際の反応に供せる時間はほぼ二〇分前後である。FRG〔ドイツ連邦共和国／西ドイツ〕に〈パーシングⅡ〉ミサイルが配備されたあとは、この時間はさらに短縮され、ソ連国内のより内陸にある標的でも、その到達時間は四分ないし六分と計算される」としたうえで、同指令はさらにこう付け加えている。「よってRYAN〔ソ連が展開している西側の第一撃に対する監視作戦〕脅威の探求問題は、可及的速やかに解消されなければならない」[5]

ゴルディエフスキーによると、在ロンドンのKGB要員は〈パーシングⅡ〉ミサイルへの反対を煽る宣伝工作をよりいっそう強化せよと、モスクワから矢の催促を受けていたという。「われわれは大使館付き陸軍武官との朝の会合で、非常に何度も議論した」とかれはふり返る。「その武官は言った。『それらはイギリスからモスクワまで八分で飛んでくるんだぞ！　しかも地下壕まで貫通できるんだぞ』と。これとは別に督促電報も頻繁に送られてきた。『反対運動を展開しろ！　反対運動を展開しろ！　接触している相手を総動員して、パーシングにも巡航ミサイルにも反対するキャンペーンを立ち上げるのだ！』といった具合だ。かれらの不安はきわめて大きかった」と。要するに、クレムリンの指導者は「自分たちが真っ先に死ぬことを悟り、しかも死にたくなかったのだよ[6]」

　攻撃の可能性をさぐるソ連の諜報活動は東ドイツにも広がった。KGBはマルクス・ヴォルフが指揮する東ドイツ情報部にこの作戦の大きな部分を割り振った。一九八〇年代初めまでに、とヴォルフはその回想録に書いている。「アメリカの再軍備計画と攻撃的なレーガン政権の登場により、われわれの相方であるソ連情報機関は、核攻撃を受けるかもしれないという妄想にとらわれ出した……」と。ヴォルフの情報部は「そうした奇襲攻撃にかんする西側のすべての計画を暴くよう命じられた。それゆえ、われわれはこの仕事をこなすための特別チーム、戦況センター、緊急指揮所までつくった。情報部員たちは軍事訓練を受けたり、有事即応訓練に参加したりした。大半の情報関係者と同様、わたしはこの手のウォーゲームは負担ばかり大きく、時間の無駄だと気づいていたけれど、ウォーゲーム関連の命令は、上から降りてくるその他の命令と同様、公然と議論できない仕組みになっていた」。一九八三年、東ドイツは五年間の工期をへて、「プロジェクト17／5001」を完成した。それはベルリン郊外のプレンデン村付近に構築された地下壕で、核戦争のさいには国家指導部を収容することになっていた。ちょっとした町ほどの大きさの密閉空間で、核攻撃を受けたあとも二週間にわたり、四〇〇〇人の人間をそこで保護することが可能だった[7]。

　アンドロポフはかれが権力の座にあった一年三カ月のうち、その半分の時間を病院で過ごした。一九八三年二月に、アンドロポフの容体は著しく悪化した。「かれは生涯を通じて腎臓のトラブルに悩まされつづけてきたが、いまやかれの腎臓は完全に機能しなくなっていた」とヴォルコゴノフは書いている[8]。クレムリンの医師、エフゲニー・チャゾフはふり返る。アンドロポフの腎臓は両方ともダメになっていた。担当の医師たちは、人工腎臓を用いる決断をした。とあるモスクワ市内の病院に一週間に二度、そのための処置をおこなう特別病棟が設けられた。[9] アンドロポフは歩行にも困難を覚えるようになっていた。その年の夏、アンドロポフの同輩たちは「レーニン廟」にエレベーターを設置した。かれが高さ一一・五フィート（およそ三・五メートル）の階段をのぼる負担に耐えなくても良いようにとの配慮からだった。

五月三十一日の政治局会議で、アンドロポフはレーガンと西側に対して、より強力な宣伝活動を展開するよう要求した。「われわれは、レーガン政権とそれを支える西ヨーロッパ諸国の軍国主義的活動に対して、より鮮明かつ広範に、反対の意志を示さなければならない」とかれは言った。アンドロポフはまた、そうした宣伝活動は、経済戦線において「ソ連国民の積極性を促す」はずであると示唆した。だが、そうした運動にはマイナス面もあった。

「当然ながら」とアンドロポフは言った。「われわれは国民に戦争への恐怖を与えてはならない」と。

西ヨーロッパ方面から核攻撃を受けるかもしれないというアンドロポフの妄想が激しくなった前年の秋以降、太平洋側でも新たな脅威をうかがわせる不吉な兆候が現れだしていた。極東のソ連沖合で、アメリカ海軍が大規模なウォーゲーム――やたらリアルで挑発的だった――を実施したのである。一九八二年九月末、「エンタープライズ」、「ミッドウェー」というアメリカの二隻の空母が、ソ連太平洋艦隊の主要基地があるペトロパブロフスク＝カムチャツキーの沖合、距離にして三〇〇マイル（約四八三キロメートル）の線内を突っ切ったのだ。ペトロパブロフスク＝カムチャツキーはソ連極東の港湾のなかでも、外海に直接出て行ける唯一の港であり、弾道ミサイルを搭載する「デルタ級」原子力潜水艦が母港としていた。同基地は人口がまばらなカムチャッカ半島の先端部分に位置していた。アメリカ艦隊は同半島をかすめるように航行したあと、千島列島——うち四つの島は、第二次世界大戦以来、ソ連が保持しているが、日本側は領有権を主張している——に沿って一路南下し、十月三日、日本海に入った。「エンタープライズ」のR・J・ケリー艦長の記録によると、この演習中、同空母はソ連の大規模な航空・水上・水中偵察の的となったという(10)。さらにその秋、「エンタープライズ」がたまたまインド洋を航行していると、ソ連の空母「キエフ」と遭遇するという椿事が起きた。ケリー艦長はそこで「この水上艦部隊を使って長距離攻撃の演習めいたもの」をおこなおうと考えた。「エンタープライズ」は艦載機を数機送りこみ、ソ連空母に対する模擬攻撃をおこなわせた。ある海軍情報士官によると、それらの艦載機は「キエフに向けて数百カイリ」飛行し、「キエフとの接触《コンタクト》および目視《ヴィジュアル・コンタクト》による確認を済ませて、戻ってきた(11)」という。

全長一一二三フィート(約三四〇メートル)の「エンタープライズ」は、このウォーゲームのあいだ、一〇隻あまりの随伴艦とともども、「フォックストロット戦闘団」として行動した。空母本体は戦闘団の中央部を占め、空には爆撃機と空中給油機を飛ばし、また水中には潜水艦を従えていた。かれらは密かに電子情報を収集しており、ソ連の部隊がどのような反応を示すかチェックしつつ、ソ連側の通信状況やレーダーの動きをモニターしていた。この演習は、ジョン・レーマン米海軍長官が唱える「前方展開戦略」を反映したもので、ソ連本土により近い海域でソ連側と対峙することを目的にしていた。この戦略の要諦は「ソ連のすべての周辺海域で脅威を与え、ソ連を常時、不安状態に置くことにある」とレーマンは言う。レーマンは当時、「六〇〇隻艦隊構想」を唱え、米海軍の増強を推進していた。その中には一五個の空母戦闘団もふくまれており、海軍はレーガン軍拡における最大級の受益者となった(12)。

レーガンはまた、ソ連に対する心理戦も密かに承認していた。アメリカは探知も挑戦も受けることなく、その空母戦闘団をソ連の機密性の高い軍事・産業施設の近くまで展開できるのだ――と見せつけることが何より重要だった。太平洋の場合、米軍部隊はソ連が聖域と考える海域に急接近し、どのような反応を示すかを観察した。ある情報担当官が言うように、かれらはイワンの鼻を明かしてやりたいと願っていた(13)。

レーガンの「戦略防衛」演説から数週間がたったころ、アメリカは圧力をさらに一段と強めた。一九八三年の四月と五月に、アメリカ太平洋艦隊は北太平洋、カムチャツカ半島の沖合で「第二次世界大戦」以来最大の演習をおこなったのだ。この「FLEETEX 83-1」というコードネームの大規模演習には、三個空母戦闘団をふくむ艦艇四〇隻が参加した。三月二十六日に日本を出航した空母「エンタープライズ」は四日後、同「ミッドウェー」と合流した。両空母は津軽海峡を抜けると、ともに北上し、四月九日、さらに同「コーラル・シー」と合流した。三隻の米空母は約二週間にわたり、太平洋北西海域を反時計回りに一舐めしてみせた。「エンタープライズ」が二十四時間にわたる航空作戦を実施したため、ソ連側はこれに対応して、レーダーを向けたり、迎撃機を緊急発進させざるを得なかった。今回の演習は、対空・対潜作戦のリハーサルが目的であることは明らかだった。全面衝突のさい、アメリカは三個空母戦闘団を使って、他の部隊をいかに支援できるかを誇示してみせたわけだ。ワトキンズ海軍作戦部長はのちに連邦議会に対し、この種の演習はアメリカが威嚇に屈しないことをソ連側に思い知らせることを目的につくられていると証言している。「前方展開、部隊の迅速配備、各艦艇の攻撃性を特徴とする積極防衛は、われわれが保有する最大の抑止力であるとの感触を持っています」とワトキンズは一九八四年、上院軍事委員会で述べている。「そして、ソ連側はそのことを現に理解していています。こうしたコンセプトによって、われわれは彼らの注意を引きつけ……彼我の違いを見せつけることができるのです。カムチャツカは守るに難い半島であります。そこにいたる鉄道はありません。補給は航空輸送が頼りです。ソ連にとって極めて重要な地点でありながら、かれらはそこに生息するカケスのように無防備であり、しかもかれらはそうした事実を知っているのです[14]」

四月四日、アメリカは見事、イワンの鼻を明かしてやった。ジャーナリストで作家のセイモア・M・ハーシュによると、ソ連側が監視対象にしている電子機器類をすべて切ったあと、「ミッドウェー」が単艦、密かに他の空母から離れたという。「ミッドウェー」はそのまま千島列島にむけて全速力で南下したが、ソ連側はその動きを追尾できなかった。ただ、この作戦中、「ミッドウェー」と「エンタープライズ」を発艦した海軍機、少なくとも六機からなる集団が、カムチャツカ半島と日本列島のあいだに広がる千島列島内のゼリョニー島上空を横切り、ソ連国境を侵犯するという事件を起こしてしまう。この件についてハーシュ記者は「攻撃的な艦隊演習、ならびに、上級士官が秘密裏の機動、奇襲的活動を求めたことにより発生した、目には余るけれど、ほぼ避け得ないミスだった」としている。アメリカ海軍はその後、国務省に対し、あの上空通過は偶発的な事故だったと告げている。ただ、この一件よりももっと大規模かつ攻撃的な「ミッドウェー」の機動については、明らかにレーマン長官の意図に沿った戦略の一部であろう。ソ連側は四月六日、在モスクワのアメリカ大使館に対し、公式の抗議をおこなっている[15]。

その米軍機がソ連の領空を通過したとき、熟練パイロットのゲンナジー・オシポーヴィチはサハリン島のソコルにある航空基地に勤務していた。サハリンは細長い半島状の火山島で、オホーツク海を挟んでカムチャツカ半島の対面に位置し、南北方向に伸びている。オシポーヴィチは表情の乏しい男で、豊かな髪の毛は黒だが、白髪が筋状に走っており、副連隊長の職にあった。過去十三年間、かれは〈スホーイ15〉迎撃機を飛ばしてきた。スピードは速いが燃料を大量消費する双発の戦闘機で、攻撃してくる敵爆撃機を阻止することを目的に一九六〇年代に設計された機体である。音速の二倍まで出せたが、その場合はそう長くは飛んでいられなかった。補助燃料も積んでいたけれど、それにも限りがあった。しかもパイロットはいったん離陸したら、地上の管制官の指示に従って、機体を言われたとおり精確に飛ばさなければならなかった。すぐさま緊急発進し、侵入者を阻止する――かれらの仕事はそれに尽きた。個人の判断や工夫の入る余地はほとんどなかった。[16]

一九八三年の春、ソ連のパイロットたちは、アメリカとの神経戦で消耗していた。ソ連の国境付近を忙しなく動き回るスパイ機の追跡やその対応に四六時中追われていたからだ。そうした迎撃任務のため、オシポーヴィチはすでに一〇〇〇回を超える出撃をこなしていた。不運なことに、その四月に起きた、米海軍の〈F-14〉戦闘機によるゼリョニー島の上空通過は、完全な不意打ちだった。オシポーヴィチによると、アメリカ機は霧が島全体をくるんだ時に、一五分間の侵入をやってのけた。この国境侵犯事件により、ソ連のパイロットたちは面倒な立場に置かれた。調査委員会が組織され、どこが問題だったかが検証された。「この事件後」とオシポーヴィチはふり返る。「委員会の面々が連隊までやってきて、きついお叱りを受けた。実際、非難ごうごうだった」。お歴々が立ち去ったあと、連隊長がパイロットたちにこう告げた。千島列島上空で空中戦となったら、帰投するだけの燃料はもはや残っていないだろうから、緊急脱出で島のどこかに降りて、命だけでもなんとか拾えと。そのストレスたるや大変なものだった。「数週間、われわれは腕を鳴らしてその時を待った」とオシポーヴィチは言う。つづく数カ月間、緊張のあまり体調を崩すものまで出た。オシポーヴィチ自身、ストレスがあまりにひどいため、休暇を取るよう促されたほどである。

空母三隻からなる戦闘団が演習を終えた四月末、「エンタープライズ」はサンフランシスコ湾にむけて作戦海域を離脱していった。出港後三〇日が経過しており、同空母にとって単独のものとしては、その年最長の任務となった。今回の演習に対するソ連側の反応を検討したアメリカ海軍は、首を傾げた。ソ連の防空監視は密だったが、洋上偵察は「ほぼ皆無だった」と、ケリーがとある報告で指摘しているくらいである。別の指揮官もふり返る。なるほど今回の演習は特異な形態――空母三隻を投入した演習はこの数十年で唯一――のものだったが、「ソ連側の反応は穏やかなものだった」。様子見のため、〈ベア〉と〈バジャー〉を一日交替で送ってくるぐらいだ。「いちばんの敵は天候だと全員が考えていた」と同艦長は言う。霧とか低温とか強風とか視界不良とか。

だが、演習が終わったあと、ソ連側はアメリカ側の動向について、はるかに多くの情報を得ていた。「エンタープライズ」はこの年すでに、五万七〇〇〇件のメッセージを送信する一方、二四万三〇〇〇件を超えるメッセージを受信していた。電子信号のやりとりは、海軍の指揮命令システムの要《かなめ》である。ところが、その国家機密にかかわるメッセージ内容が、通信室内で勤務するジェリー・ウィットワースによって密かに持ち出されていたのである。ウィットワースは四四歳のベテラン通信下士官で、ひょろ長い体軀、ヒゲ面の男だ。かれは二〇年余りにわたって海軍勤務をこなしてきた。じつに一九七六年以来、かれはソ連のスパイとして働き、ベテランの海軍准尉、ジョン・ウォーカーが率いる秘密グループに所属していた。ウィットワースは年に二回から四回、ウォーカーと会って、小型の〈ミノックス〉カメラで撮影した未現像のフィルムを二五本から五〇本手渡していた。写真に撮られた資料には、「冷戦」時代の最高機密に属するもの――例えば、米海軍が全世界規模でやりとりする電子通信を解読するさい用いる特殊キーだとか――が含まれていた。ソ連はこうして長年にわたり、米海軍の通信文を読んでいたのである[17]。

哨戒任務のさい、ウィットワースはこれとは別に、艦隊演習にかんする電文の写しも失敬した。さらに自分が実際見聞きした事柄も、テープ・レコーダーに吹き込んでおいた。「われわれはＩＯ〔インド洋〕にいる間、ロシア側と数多くのゲームを楽しんだ」と彼はある夜、口述している。「ロシアの空母がいた。キエフだ……なので、われわれは彼女相手に多くのゲームをプレイした。そして今、われわれは日本・韓国海域に上がってきて、ロシア人から毎日、監視されている。毎日だ。あらゆるところからメッセージが入ってくる。おかげでうちの飛行作戦さえ邪魔されるほどだ。これには空の悪魔もイライラさ。大笑いだろう、これが実態なんだ……」[18]。「エンタープライズ」が一九八三年四月二十八日、カリフォルニア州アラミダの母港に戻ったとき、ウィットワースは、例の〈F-14〉の上空通過をふくむ今回の演習における作戦・戦術のほぼすべてを網羅したデータを入手していた。スパイ行為はそろそろ終わりにしようと決めていたが、手元にはそれでもウォーカーに提供すべきドキュメント類がまだもう一抱えあった。ウィットワースは「エンタープライズ」からくすねたメッセージのうち、およそ三分の一を〈ミノックス〉カメラで写真に収めていたが、わざとピンぼけにし、データとしては役に立たないようにしておいた。写しは別途取ってあったが、おそらくそれは将来もっとカネを分捕るための一種の保険だったのだろう。ただ、ウォーカーに手渡す、なにか目玉になりそうなブツが欲しかったので、ウィットワースは〈F-14〉がソ連領空を侵犯したことを裏付ける文書を今回の獲物のなかに混ぜておいた。二人は一九八三年六月三日、顔を合わせ、ウィットワースはフィルムや文書類を詰めた大きな封筒をウォーカーに手渡した。ウィットワースが中身について説明すると、ウォーカーが封筒の裏にそのむねメモ書きした。「メッセージはすべて、極秘および最高機密」と。ウォーカーはＫＧＢ向けのフィルムと文書をビニール製ゴミ袋に入れ、一九八三年六月十二日、情報連絡用の隠し場所に置いた。

核戦争に対する深刻な不安をかかえた時代だったけれど、クレムリンはこうして、アメリカのウォーゲームの実態を映すオリジナル・データを直接見ていたわけである。一九八五年にアメリカに亡命したKGBの幹部局員、ヴィタリー・ユルチェンコはアメリカ側に対し、ウォーカー・スパイ一味の活動は「KGBの歴史の中でも最も重要な作戦」であり、おかげでソ連側は一〇〇万本を超える暗号メッセージを解読できた――と告げている。ウィットワースは空母「エンタープライズ」で入手した作戦関連のメッセージ（一部は最高機密）を丸一年にわたって提供しつづけた。そのせいで、大規模演習「FLEETEX83-1」がらみの作戦指令は筒抜けだった――と、米海軍がのちにおこなった損害評価は述べている。[19] それ以外にウィットワースは、大統領がアメリカ軍の指揮を執るさいに用いる「一級、二級、および緊急時の通信手段」についても、手の内を明かしていた。ウォーカー・スパイ一味がソ連側に提供した情報のおかげで「ソ連はほぼリアルタイムで戦術判断が可能になった。かれらは米軍部隊の実際の兵力、戦闘計画、兵站支援の詳細、現在アメリカ軍が採用している戦術ドクトリンを把握していた」と同損害評価は結論づけている。[20]

ウォーカーがKGB宛ての秘密情報をつめたビニール袋を隠し場所においた四日後、アンドロポフは中央委員会に対してこう告げた。東西間の「闘争は前例のない尖鋭度」を見せていると。これを受けて、モスクワのKGB本部は、アメリカと欧州の首都にいる現地要員に対し、注意喚起の電報を送り、「RYAN」――核の第一撃の可能性を探る情報収集活動――を最優先任務とせよと強調する一方、レーガン政権は核戦争にむけた準備を依然継続中であるとの認識を示した。[21]

一九八三年の春から夏にかけて、レーガンは相継ぐ危機の対応に追われた。四月十八日、ベイルートのアメリカ大使館が強力な爆発物によって破壊され、CIAの中東担当上級アナリスト一人をふくむアメリカ市民一七人と、その他四〇人が殺害された。四月二十三日土曜日に、遺体を収めた棺が無言の帰国を果たすと、レーガンは一瞬、感極まってしまった。「のどが詰まって、言葉が出なかった」とかれは当時をふり返る。シュルツ国務長官はモスクワとの関係強化を推進しようとしたが、クラーク国家安全保障問題担当補佐官はこれに抵抗した。ソ連問題はわたしが引き継ぎましょうと、クラークがレーガンに働きかける場面もあった。するとシュルツ長官は辞任を匂わせ、脅しをかけた。レーガンは「目に見えて動揺」し、いまの職にどうか留まってほしいと頼んできたと、シュルツはのちにふり返っている。

七月初め、レーガンはアンドロポフに宛ててみずから手紙を書こうと決意する。ソ連の指導者と、腹を割った人間的なつながりを築こうとの新たな試みだった。レーガンはペンを手に取ると、まずは草稿を練り、こう書いた。

合衆国の政府&国民は、平和の大義&核の脅威消滅を心より望んでいますと、まずは告げたいと思います。言うまでもなくわれわれは、「互恵と平等」の基礎のもと、あらゆる国家との関係を望んでいます。われわれが同盟国だったWWⅡ以来のわが国の記録がそのことを示しています。

書記長閣下、現在われわれがジュネーヴで開いているような会議の場において、こうした目標を達成する手段を講じられないものでしょうか。もし仮に、われわれ両国が保有する核兵器の数を、互いに検証可能なかたちで削減することに合意できるとしたら、そうした兵器すべての廃絶にむけた最初の一歩になりはしないでしょうか。このことは、われわれ双方が代表する国民にとって、ある種の福音となりましょう。あなたとわたしには、軍備管理協議におけるわれわれの交渉をつうじて、それを実現させる能力があるはずです。

ここまで一気に書き上げたレーガンは、さらに別の目標についても併せ言及した。すなわち、「そうしたウェップ（兵器）すべての完全廃棄につながり得る削減交渉」についてである。この草稿どおりの手紙を実際に送っていたら、驚天動地の反応を引き起こしていただろう。アメリカ大統領が核の全廃をふくむ包括提案を、交渉のテーブルにのせた例など、前代未聞だったから。だが、この手紙はホワイトハウスの外に出ることはなかった。翌朝、レーガンが草稿をクラークに手渡すと、かれはホワイトハウスの専門家グループにまずは助言を求めた。レーガンが核全廃を提案する気だと知って、専門家たちは愕然とした。七月九日、クラークはレーガン宛てにメモを送り、核兵器にかんする言及は、今回の手紙から削除してはいかがでしょうかと提案した。そうすれば、なんら進展の見られないジュネーヴ軍縮交渉において、ソ連が掛け金をつり上げる誘惑に駆られることもなくなるでしょうからと。レーガンは同意し、アンドロポフには七月十一日、より格式張った調子の書簡が送られた。[22] アンドロポフとレーガンはその夏、さらに二度、手紙のやりとりをした。アンドロポフは訪ソしたアメリカ上院議員のグループに対し、もしアメリカ側が同じことをするならば、ソ連邦は反衛星兵器を禁止するだろうと伝えたものの、この呼びかけにレーガン政権は乗らなかった。レーガンは当時、サンタ・イネス山脈にある面積六八八エーカーのかれの牧場に行っていた。そのため八月十二日以降、この月いっぱい、レーガン日記にはいっさい書き込みはない。二週間にわたり、レーガンは牧場の木製フェンス造りに集中した。作業が終了したのは、一九八三年八月三十日である。[23]

核ミサイル攻撃に対するクレムリンの恐怖はいや増すばかりだった。八月八日モスクワで、とある政治局会議の席上、アンドロポフは強く主張した。ヨーロッパにミサイルを配備しようとするアメリカの試みには「最大限の阻止行動」をもって当たれと。「われわれは時間を無駄にしてはならない」とかれは言った[24]。八月十二日、在ロンドンのKGB責任者のもとに、モスクワから新たな指令が届いた。「最高機密」と記されたその文書には、KGB議長、ウラジーミル・クリュチコフのサインがあり、もし西側の情報部門が核攻撃の準備をなんらかの形で支援しているようなら、その実態を明らかにせよという内容だった。

そこに書かれた一六項目のチェック・リストは、西側との戦争に備えてソ連側が作成した危機対応計画をほぼ裏返しにしたような内容だった。ボン〔この時期は「西ドイツ」の首都〕、ブリュッセル、コペンハーゲン、ロンドン、オスロ、パリ、ローマ、リスボン駐在のKGB要員は、以下の事象を監視するよう命じられた。「あらゆる種類の情報活動の急激な活発化」、特に「ワルシャワ条約機構軍」部隊への有事即応水準。あるいは、「万一の場合」に暗躍する隠れ諜報員に活動開始をつげる専門要員の割り出し、CIAと西側スパイ組織間の連携の緊密度、ソ連とその同盟国に対する「情報攪乱行動の頻度」、「ワルシャワ条約加盟国に対して核・細菌・化学兵器による破壊活動を試みる専従班の頻度」、破壊工作訓練学校と亡命者《エミグレ》ネットワークの広がり、並びにそれらを利用した破壊工作チームの組織化——等々が要注意項目とされた。これらの指示にはまた、KGBのもつ警察国家的体質が強く反映されていた。戦時に〝自分たち〟がやることになっている対応策、すなわち軍に対する動向監視、郵便物の検閲、国民の電話・電報使用の制限——といった措置の兆候がないかどうか目を光らせろというわけである[25]。

モスクワでの長い逗留を終え、一九八三年八月十八日にロンドンに戻ったゴルディエフスキーは、イギリス側の担当要員との密会を再開した。核ミサイル攻撃にかんするKGBの最新指令をすぐさま手渡したいと、ゴルディエフスキーは言った(26)。

かれはかつて、ＫＧＢ本部で開かれた「ＲＹＡＮ」がらみの会議に出席したことがあったけれど、こいつは総じてバカげた作戦だと見なしていた。「私の反応はきわめて単純だ」とかれは言う。「またつまらない事を始めやがって」とね。ＫＧＢの同僚たちも、モスクワの要求には疑いの目を向けていることに、ゴルディエフスキーは気づいていた。「みな核戦争のリスクなど本気で心配していなかった」とかれはふり返る。「ただ、第一総局の評価と矛盾することをうっかり言って、〝中央〟のメンツを潰したり、あるいはこちらが信用を失うことは願い下げだった。結果、ＲＹＡＮ作戦は、情報収集と評価の悪循環に嵌まっていった。在外支局にいる面々は、たとえ当人は信じていなくても、警鐘を鳴らすような調子の報告を上げなければという義務感に駆られていた」という。かくしてゴルディエフスキーやその同僚たちは、新聞を切り抜き、それらを情報と称して送りつけることで、悪循環をいっそう促進させていくのである。

しかも、ゴルディエフスキーが、モスクワから送られてきた通信文をイギリス側に手渡すと、今度はその内容をイギリス側が深刻に受け止めるのである。そこに窺える強い妄想《パラノイア》気質が気がかりなのだと、かれらは言った。そしてイギリス側はその写しを取ると、参考のためと称して、ＣＩＡにも送りつけたのである。

そうした諸々の要素が重なり合って、いまや両超大国は互いに相手への誤解を強めるようになった。情報収集作戦「ＲＹＡＮ」にかんする電報を見れば分かるように、すでにアンドロポフは、核攻撃にいつ曝されてもおかしくないという切迫感を抱いていた。一方、レーガンのほうは「悪の帝国」演説に見られるように、いっそう激しいレトリックを用いだし、さらに三月にはＳＦじみた「ＳＤＩ（戦略防衛構想）」なるものまでぶち上げるのである。空母「エンタープライズ」から入手した、〈Ｆ－

14〉上空通過にかんする内部文書や、四月にソ連の沖合でおこなわれた挑発的な海軍演習にかんする報告はソ連側の手にも渡っていた。しかも、ソ連に脅威をもたらす〈パーシングⅡ〉が近々、ドイツに配備されるというではないか。サハリン島の迎撃機パイロットたちは、厳しい勤務シフトのせいでいまや燃えつき寸前だったうえに、この前のような失敗は二度とくり返すなと厳命も受けていた。
　そんな疑惑と恐怖が織りなす大渦巻きの中に、いま正に一羽の巨大なはぐれ鳥が、飛び込んできたのである。

章末注

（1）Dmitri Volkogonov, *Autopsy for an Empire: The Seven Leaders Who Built the Soviet Regime*（New York: Free Press, 1998）, p. 361.

（2）一九八二年七月十六日、当時アメリカの交渉担当者だったニッツェは、ソ連の相方と「森を散策」しながら、ある種の合意をまとめようとしたが、ソ連側は結局、この話に乗ってこなかった。Nitze, *From Hiroshima to Glasnost: At the Center of Decision, A Memoir*（New York: Grove Weidenfeld, 1989）, pp. 376–389.

（3）Aleksander Savelyev and Nikolay Detinov, *The Big Five: Arms Control Decision-making in the Soviet Union*（Westport, Conn.: Praeger, 1995）, p. 57. 以下も参照。Oleg Golubev et al., *Rossiskaya Systema Protivoraketnoi Oboroniy*［Russian System of Anti-Missile Defense］（Moscow: Teknokonsalt, 1994）, p. 67.

（4）「ソ連共産党中央委員会政治局会議」（一九八三年五月三十一日）。*Communist Party of the Soviet Union on Trial*, Fond 89, Opit 42, Delo 53, Hoover, 14 pp.

（5）“The Problem of Discovering Preparation for a Nuclear Missile Attack on the USSR,” reproduced in Christopher Andrew and Oleg Gordievsky, *Comrade Kryuchkov's Instructions: Top Secret Files on KGB Foreign Operations, 1975–1985*（Stanford: Stanford University Press, 1991）, p. 76.

（6）ゴルディエフスキー・インタビュー（二〇〇五年八月二十九日）

（7）Markus Wolf, *Man Without a Face: The Autobiography of Communism's Greatest Spymaster*（New York: PublicAffairs, 1999）, pp. 246–247; Ben B. Fischer, "A Cold War Conundrum: The 1983 Soviet War Scare," Center for the Study of Intelligence, CIA, Septemer 1997, pp. 14–17. この地下壕は一九九三年に西ドイツ軍によって封鎖されたが、その後、国家歴史建造物として再度公開され、見学ツアーに供されている。*http://www.bunker5001.com*. 参照。

（8）Volkogonov, p. 361.

（9）Yevgeny Chazov, *Health and Power*（Moscow: Novosti, 1992）, pp. 181–184.

（10）"The History of the USS Enterprise（CVN-65）in 1982," from Commanding officer, USS Enterprise, R.J. Kelly, to Chief of Naval Operations, March 28, 1983.

（11）Pete Earley, *Family of Spies: Inside the John Walker Spy Ring*（New York: Bantam Books, 1988）, p. 248.

（12）John F. Lehman Jr., *Command of the Seas: Building the 600 Ship Navy*（New York: Charles Scribner's Sons, 1988）, Ch. 4, and p. 137.

（13）情報源は明らかにできない。

（14）"The History of USS Enterprise（CVN-65）in 1983," Memorandum from J. J. Dantone to Chief of Naval Operations, April 23, 1984, and "Command History for Calendar Year 1983," Memorandum from Commanding Officer, Carrier Airborne Early Warning Squadron 113, T. A. Chiprany, to Chief of Naval Operations, March 1, 1984. ワトキンズの証言は以下の著書からの転載。Seymour M. Hersh, *The Target Is Destroyed: What Really Happened to Flight 007 and What America Knew About It*（New York: Random House, 1986）, p. 24.『目標は撃墜された——大韓航空機事件の真実』セイモア・M・ハーシュ、篠田豊訳（文藝春秋）

（15）Hersh, pp. 25–26

（16）Andrei Illesh, "Secret of the Korean Boeing 747," *Izvestia*, January 24, 1991, p. 5. イズベスチヤ紙掲載のイレシュ記者による上記記事は、長期連載の一部。

（17）ウィットワースは一九八二年末に「エンタープライズ」に乗艦する直前、ウォーカーから六万ドルを受け取った。以後一〇年あまり、ウィットワースはソ連に秘密を漏らすことで三三万二〇〇〇ドルを稼いだ。

（18）Howard Blum, *I Pledge Allegiance...: The True Story of the Walkers: An American Spy Family*（New York:

Simon & Schuster, 1987), p. 299.

（19）「アメリカ合衆国（原告）対ジェリー・アルフレッド・ウィットワース（被告）」事件における海軍情報部長、ウィリアム・O・スタッドマン少将の宣誓供述書（Criminal Case No. 85–0552 JPV／一九八六年八月二十五日）。「合衆国上院情報特別委員会報告」の付録Aから転載（99th Congress, 2nd Session, Report 99–522／一九八六年十月三日）

（20）「アメリカ合衆国（原告）対ジョン・アンソニー・ウォーカー・ジュニア（被告）事件」におけるスタッドマン海軍少将の宣誓供述書（Criminal No. H-85–0309）。Robert W. Hunter, *Spy Hunter: Inside the FBI Investigation of the Walker Espionage Case*（Annapolis: Naval Institute Press, 1999）, Appendix C, pp. 222–234から転載。

（21）Christopher Andrew, *For the President's Eyes Only: Secret Intelligence and the American Presidency, from Washington to Bush*（New York: HarperCollins, 1995）, p. 472.

（22）Don Oberdorfer, *From the Cold War to a New Era*（Baltimore: Johns Hopkins University Press, 1998）, pp. 37–38.

（23）UPI通信の一九八三年八月三十日配信記事。"Presidential Fence Is Finished."

（24）「ソ連共産党政治局会議議事録（一九八三年八月四日）」。Archive of the President of the Russian Federation, Volkogonov Collection, Reel 17, Container 25, on file at the National Security Archive, READD Recor 9965.

（25）Andrew and Gordievsky, *Comrade*, p. 82.

（26）ゴルディエフスキー・インタビュー（二〇〇五年八月二十九日）

第3章

「戦争恐怖症《ウォースケア》」

大韓航空007便が八月三十一日午前四時（現地時間）、アンカレッジ空港を飛び立ったとき、運航乗務員たちはみな、これからたどる飛行ルートを熟知していた。まずは太平洋を横断し、ソ連の領空近くを通過し、日本列島を越え、ソウルに向かうという手順だった。〈ボーイング747〉旅客機の操縦桿をにぎる機長の千炳黄（チョン・ピョンイン）は四五歳。韓国空軍出身のベテラン・パイロットで、ジャンボ・ジェットについても、その飛行時間は六六一九時間に達しており、その中にはこの一〇年、北太平洋で積み上げた八三回のフライト分も含まれていた。副操縦士の孫東輝（ソン・ドンヒ）は四七歳で、太平洋横断は五二回を数え、また航空機関士の金義東（キム・ウイドン）も四四回と、三二歳にしてはなかなかの経験値だった。この三人以外に、客室乗務員が二〇人、ソウルへの業務移動のため便乗している非番の大韓航空の社員が六人、計二九人がいわば〝クルー〟である。一方、乗客は二四〇人で、うちアメリカ人は六二人。その中にはラリー・マクドナルド下院議員も含まれていた。ジョージア州選出の同議員は、反共団体「ジョン・バーチ協会」の会長をつとめる極右の民主党員だった[1]。

フライト・プランによると、007便は太平洋を横切る五本の民間航空路のうち、いちばん北側をとおる「R（ロメオ）20」をたどることになっていた。これら空のハイウェイは、幅五〇カイリ（約九三キロメートル）、高度一〇〇〇フィート（約三〇五メートル）に設定されており、「R20」がソ連に最も近かった。風向きの関係と、九月一日午前六時ちょうどに目的地のソウル「金浦国際空港」に到着させることを考慮して、007便は予定時刻よりやや遅れて出発した。

離陸後ほどなくして、問題が発生した。「オートパイロット（自動操縦装置）」の設定に不備があったのだが、搭乗員たちはそれに気づかなかった。途中の通過地点の緯度・経度設定に従って、機体を適切に飛ばしてくれる「INS（慣性航法）」モードに切り替わるはずが、離陸時と同様、目的地の磁方位に機首をむけて飛行する「HDG（機首方位）」モードのままだったのだ。航法選択スイッチのノブをもう一段右側に入れ損なったことが原因かもしれない。

007便の飛行コースはかくして、「R20」の北方へと次第にズレていった。離陸後およそ五〇分が経過すると、搭乗員たちは第一の「ウェイポイント（途中通過目標地点）」である「ベセル」を通過、高度三万一〇〇〇フィートと報告している。だが、当人たちは気づかなかったが、007便はこの時点で「ベセル」北方二二・二キロメートルにおり、所定の飛行ルートからすでにして外れていたのである。

航空管制官とのやりとりを読むかぎり、海上をすすむ007便の千機長もその他のクルーも、別に異常は感じていなかったようだ。「ベセル」を越えた先の第二の通過地点でも、すべて順調と報告しているが、かれらは本来のルートから北に一一一キロメートル外れていた。その次の通過地点では一八五キロメートルと、ズレは拡大する一方だった。離陸後五時間が経過したあと、さらなる通過地点が報告されたが、実際にはその二九六キロメートル北方におり、同機の機首はまっすぐソ連領のカムチャツカ半島に向かっていた。飛行中、007便の搭乗員は、別の旅客機と無線でやりとりをしているが、双方が口にする当時の風向には著しい違いがあり、007便のクルーはこの時点でもしかしたらコースを外れたのではと不安を覚えるべきだった。だが、そんな気配は微塵も感じられず、記録されたコクピット内のやりとりに警戒の色はうかがえない。ごく他愛のない会話が続いている。搭乗員の一人は「まったく退屈で……」などと話している。


「うちの空港でも外貨交換が始まるそうだよ」と一人が言う。

「何が交換できるの」と質問。

「ドルから韓国ウォンに」

「機長、お食事はいかがいたしましょうか」と客室乗務員が尋ねた。

「えっ、何だって」

「お食事です。もう機内食をだす時間なので」

「われわれはもう少しあとにしよう」


じつはこの夜、この同じ空域に別の航空機が飛んでいた。四発の〈RC-135〉偵察機が一機、ソ連領空の近辺で旋回していたのである。同機は当時、アメリカ空軍の情報任務に当たっていた。〈RC-135〉は、〈ボーイング707〉旅客機を改造したスパイ機で、ソ連側にもよく知られていた。迎撃機のパイロット、オシポーヴィチはこの機体を数え切れないくらい追いかけたと当時をふり返っている。〈RC-135〉は「コブラ・ボール」と呼ばれる情報任務に従事し、ソ連の弾道ミサイルの実験をモニタリングしていた。同機の内部はカメラだらけで、目標に接近したとき、ソ連製ミサイルの弾頭を写真に撮れるよう機体の片方の下部に特殊な窓が付いていた。カメラ脇の主翼の表面は、無用な反射を防ぐため、黒く塗られていた。〈RC-135〉部隊は米アラスカ州のアリューシャン列島にある、人里離れた露頭のようなシェムヤ島を拠点に活動していた。

ソ連のミサイル実験は、しばしばカムチャツカ半島を標的におこなわれた。そのミサイルの着弾状況を確認することは、ソ連がさまざまな軍縮条約をきちんと履行しているか否か、条約侵犯の可能性はないかどうかを監視するうえで極めて有用だった。ミサイル一基から何発の「MIRV（複数目標弾頭）」が分離したか、その際、どのような弾道を描いたかが、写真の分析によって分かる場合もあった。それゆえ〈RC－135〉は大きく「8の字」軌道を描きながら、実験が予想されるソ連の海岸線にカメラ・レンズをじっと向け続けていたのである。

八月三十一日の夜、なんらかのミサイル実験が予想され、〈RC－135〉は空を流しながら、待機状態に入っていた。〈RC－135〉は翼幅が四〇メートルであるのに対し、〈ボーイング747〉の翼幅は五九・六メートルだった。両機とも四発で、しかもエンジンはすべて主翼下に付いていた。ただ、〈747〉は二階席を備えているため、機首付近がコブ状に隆起する特徴的な形状をしていたけれど。〈RC－135〉が「8の字」時旋回をおこなっている午前一時ごろ、より大型の〈747〉がその南方一二〇キロメートルのところを通過していった。

とその瞬間、ソ連側に混乱が生じた。かれらはそれまで、〈RC－135〉をレーダーで追尾していた。だがこの夜、ミサイル実験がおこなわれなかったため、〈RC－135〉はシェムヤ島にある基地へと飛行コースを変更したのだが、ソ連側のレーダー員はこの転進と帰投の事実を確認できなかった。〈RC－135〉が途中、〈747〉の飛行コースを横切ったためである。〈RC－135〉を失探したソ連のレーダー員は、その後〈747〉を拾い、しかもその輝点はいまやカムチャツカ半島にむけ直行コースをたどっていた。この機には「6065」という追尾番号が付され、しかも〝81〟という属性が与えられた。つまり正体不明機というわけだ。(2) 実際には飛行コースを外れた大韓航空機だったが、ソ連の地上管制員はあるいは〈RC－135〉かもしれないと考えていた。なるほどレーダー員は同機がカムチャツカ半島に接近してくるのを追尾していたが、その間ずっと捕捉できていたわけではない。一時見失ってしまい、次に捕捉したとき、「6065」機はすでにカムチャツカ半島との距離をおよそ半分まで縮めていた。

007便が接近してくるというのに、ソ連防空軍の動きは緩慢だった。管制員たちは疲れ切っていたし、隊長たちを起こさねばならず、しかもレーダーでカバーできる空域には穴があった。地上管制員のやりとりを文字に起こした文書を見ると、同機がイェリゾヴォの防空軍部隊の基地上空を通過したとき、彼らはやっとその位置を確認できたことが分かる。すぐさま四機の迎撃機を緊急発進させた。これら四機は空を二〇分ほどあちこち飛び回ったが、目指す相手は実際にはもっと北方にいたため発見できず、やむなくいったん帰投せざるを得なかった。そのころ当該ジェット機はそのまま飛行を続け、オホーツク海上空を直進し、およそ七〇〇マイル離れたサハリン島へ向かっていた。午前一時二八分には、機影はレーダー画面からも消え失せた。

午前二時三六分、同機をしめす輝点が今度はサハリン島のレーダー画面に現れた。再度、「6065」の追尾番号が与えられた。ただ、属性は〝91〟に変わっていた。すなわち軍用機である。〈Su－15〉迎撃戦闘機を運用するソコルの連隊本部ではその夜、当直将校が長距離電話の交換手を相手に、ブレヴェスニクのレーダー監視所となんとか連絡をつけようとしていた。目標がサハリン島にむけ接近中というメッセージが千島列島のイトゥルップ島にあるブレヴェスニクから発信されたからだ。(3)

「おはよう」とその当直将校は、交換手にまずは言った。次いで自分の秘密コード「オブラコ535」を伝え、緊急連絡をおこなうため、ブレヴェスニクに繋いでほしいと彼女に頼んだ。

「そうだ、最優先、緊急事態だ」。コードを確認する彼女に、その当直将校は強調した。

「了解しました。お待ちください」と彼女は告げた。

彼女はさらに、かれの電話番号、次いでかれの名前を確認した。すぐに応えたが、どうも状況がよく呑み込めていないようなので、あえて二度言った。

当直将校はいらいらして受話器に舌打ちした。

四分間がすぎた。「返事がありません」と彼女は言った。

「返事がない？」

「はい」

「でも、どうして？」

「理由は分かりかねますが、返事がないのです」

「ブレヴェスニクが返事をしないと」

「ブレヴェスニクの番号にかけても、返事がないのです」

「そんなことはありえ……」

交換手が訊いた。「それって何なんですか。どんな種類の組織なのかしらん」

「軍の組織だ」と当直将校は言った。「とにかく今、必要なんだ。交換手さん、どれだけ時間がかかっても、私はそこに電話をかけないといけないのだ。国家的重要事なのだ。冗談を言っているのではないのだ」

「あと一分、あと一分だけお待ちください」

かれが電話をかけてすでに五分が経過していた。その間に、問題の民間航空機は分速八マイル（約一三キロメートル）でサハリン島へ向かっていた。当直将校は思わず疑問の声を口にした。こいつは
「一体、何なんだ」
「呼び出しています。返事はありません」

問題の民間航空機がサハリン島に接近しているとき、ソコルに詰めるオシポーヴィチはうとうとしていた。まだ勤務時間内だったが、夜勤が済めば、あとは自由だ。その日は学校の始業式にあたり、かれは娘のクラスで話をすることになっていた。テーマは「平和」だった。食事をとり、テレビを見ながら多少まどろんだあと、かれは目を覚まし、任務に備えた。

すると身支度の最中、思わぬ電話が入ってきた。すぐさま〈Su‐15〉に駆けつけ、離陸準備を整えろというのだ。前線がサハリン島まで張り出していて、気象条件は良好とはいえなかった。午前二時四二分、オシポーヴィチは迎撃機に駆けつけ、離陸し、海にむかって飛行し、高度二万六〇〇〇フィートまで上昇した。かれのコールサインは「805」だった。〈Su‐15〉の離陸の直後、同じくサハリン島にあるスミルヌイフ航空基地から〈ミグ23〉一機があがってきた。何が起きているのか、オシポーヴィチには見当もつかなかった。手の込んだ訓練だろうか。

ソ連のレーダーは問題の民間航空機をふたたび捕捉し、従来と同じ「6065」という識別番号を付した。地上管制官とのやりとりを読んでみると、かれらは同機を〈RC‐135〉かもしれないと考えていたが、それに疑問の声をあげるものもいた。ただ、地上の面々が交わした会話、および空のパイロットとのやりとりを見ても、誰ひとり、〈ボーイング747〉については言及していない。かれらは一分単位でオシポーヴィチに指示を与え、かれを目標へと誘導していった。「標的は軍用機、

ソ連領空を侵犯するさいは撃墜せよ。遅滞なく撃てるよう武器を準備せよ」

オシポーヴィチの目に映った標的は当初、直径二、三センチほどの点にすぎなかった。かれは〈RC−135〉を研究してきたし、ソ連のさまざまな民間航空機についても知識があったが、〈ボーイング747〉のような外国の民間機の形状を調べた経験は一度もなかったと、かれはのちに語っている。

ある地上管制員は「もし四本のジェット噴流が尾を引いていたら、それは〈RC−135〉だ」と見ていた。だが、〈ボーイング747〉も四発の航空機なのである。

「805、機種の判断はつくか?」とオシポーヴィチは管制員に訊かれた。

「分かりません」とかれは言った。

地上ではすでに焦りの空気が広がっていた。領空侵入を許してしまった四月四日の二の舞をやらかし、その責任を負うようなことは、みな願い下げだった。ソコル司令所の当直将校が上官にお伺いを立てたところ、状況は深刻かと逆に質問されてしまった。「はい、深刻に見えます、四日の時のような、いやあれよりちょっと悪いかな」とかれは答えた。

午前三時九分、同機を破壊せよという命令がいったん下ったが、命令はそのあと撤回された。ソコル司令所の当直将校は、アメリカ人が実際、ソ連の領空にむけてスパイ機を直行させるものだろうかと首をひねっていた。かれらは領空の外側にいて、そこで旋回を続けるのが通例だったから。「今回の一件はどうにも解しかねた」とかれは言う。「敵国がそこまで愚かだとは思えなかったし……それともわが方の飛行機なのか?」

そこでサハリン島の東端にあるマカロフ指令センターに連絡し、あの飛行機について何か知っているかと尋ねてみた。「わが方への爆撃はいまだおこなわれていない」というのがその答えだった。

問題の機体に接近し、その背後およそ一五マイルの位置を占めたとき、オシポーヴィチはミサイルのロックオンを告げるランプが点灯していることに気がついた。かれは思わず「ヨルキ・パルキ！」と口走った。「なんてこった《ワッツ・ザ・ヘル》」を意味する言葉で、すぐさまロックオンを解除したあと、さらに距離をつめた。

午前三時十四分、極東軍区司令官のもとに報告が届いた。迎撃機のパイロットはいつでも撃てる態勢にあるが、「いまだ辺りは暗く、パイロットは目標を視認できていない」と告げられた。

「その点は確認が必要だ、民間機である可能性もあるし、断言は困難だろう」と司令官は言った。

「パイロットに現在見えるのはその機影だけです」と別の地上管制員が言った。

「機種は確認できんとな？」

「無理です……ひどく暗いのです」

オシポーヴィチはいまやすぐ間近、サハリン島を横断しつつある機体の後方七・四マイル（約一二キロメートル）まで迫っていた。「当該機は航法灯を点けながら飛んでいる」とかれは報告した。三時十二分になった直後、オシポーヴィチはソ連製の敵味方識別装置を用いて、相手方を試してみたが、反応はなかった。007便は民間機なので当然、その手のシステムに反応する軍用の応答機を積んでいなかった。

ソ連の地上管制員たちは、その航空機は航法灯を点けているかと六回も尋ねている。航法灯のない飛行機なら、スパイ任務に従事している可能性が高いとの判断があったのだろう。三時十八分、オシポーヴィチは報告している。「航法灯は点いています。衝突防止灯も点灯しています」と。

ソコルの地上管制員はオシポーヴィチに対し、警告のため自機のライトを短時間点灯させよと命じ、かれはその指示に従った。さらに、三時二十分には、機銃の警告射撃まで命じられた。彼はそれもやった。しかし反応はなかった。すると、思いがけないことに、問題の飛行機が一瞬、減速したかに見えた。

ソ連側は知るよしもなかったけれど、東京航空交通管制部が三時二十分、大韓航空機の千機長に対し、高度三万三〇〇〇フィートから三万五〇〇〇フィートに上昇する許可を与え、それが速度低下につながったのだ。コクピット内のボイス・レコーダーは、千機長も副操縦士も航空機関士も、自分たちの周囲で何が起きているか、まったく気づいていないことを示している。この高度変更を、ソ連側は回避動作と見なし、この飛行機は〈RC－135〉にちがいないという疑念をいっそう強めた――と事故調査官たちはのちに結論づけている。

「805、目標にむけ発砲せよ」と地上管制員がオシポーヴィチに指示した。だがそのとき、オシポーヴィチは言った。当該機をほぼ追い抜いてしまったので、それは不可能ですと。「もうちょっと早かったら良かったのですが。いまや標的は真横にいるので」と。この発言について、一部の人間はあとで考えると、もし真横にいたなら、オシポーヴィチはおでこが盛り上がったような、〈747〉の特徴的機首に気づいたのではないかと言っている。ただ、調査官たちによると、レーダー記録を見るかぎり、オシポーヴィチはずっと〈747〉の背後にいて、その後、右方向に出たことが分かるという。オシポーヴィチ自身は後年、かれの乗っていた迎撃機がこの時点で「振動を始めた」とふり返っている。ただ、振動の原因について、かれは何も言っていない[4]。

次の無線連絡のとき、オシポーヴィチは言った。「現在、目標の背後に戻った」と。さらに問題の飛行機は高度三万三〇〇〇フィート、当機の左手にいると付け加えた。ただ彼は、自分のいる高度――〈747〉より高いのか低いのか――については一切触れていない。もし仮に、〈747〉より低い高度を飛んでいるのなら、機首の〝コブ〟の確認はより難しかったにちがいない。

三時二十四分、オシポーヴィチ機の無線機から命令が聞こえた。「805、目標に接近し、目標を破壊せよ！」。その民間機はちょうどサハリン島の海岸線から離れつつあった。この時点で初めて、自分はようやくその機体を目視し、〈RC-135〉よりも大きいことに突如気がついたと、オシポーヴィチはのちにふり返っている。

「程なくして、自分の目で確認できた」と彼は言う。「大きな飛行機で、軍用貨物機だと思った。航法灯を点滅させていたから。そこは民間機が飛行するようなルートではなく、また民間航空機がこんな形で迷う事態はこれまで一度もなかった……自分は大型機を目視した。戦闘機ではなく、偵察機か、もしくは貨物機だった(5)」

オシポーヴィチはミサイルを発射。三時二十五分、二基の〈R98〉空対空ミサイルが飛んでいく。一基はエンジンの排気炎のような熱源を追尾する赤外線誘導式のミサイル、もう一基はレーダー誘導式ミサイルだった。いずれも高性能爆薬四四ポンド（約二〇キログラム）を積み、爆発すると、一四〇〇個の鋼鉄片を浴びせることができた。まずは赤外線誘導式のミサイルが発射され、三〇秒後に機体に到達した。オシポーヴィチは爆発を確認した。

「目標は破壊された」とかれは報告した。

機体を右に急旋回させる。燃料残量が少ないので、かれは基地のあるサハリン島へと戻っていった。

爆発は〈747〉の機体に幅五フィートの裂け目をつくり、客室内の圧力が急低下した。「なんだ、今のは？」。突然の衝撃に、コクピット内のクルーが驚いたような声をあげた。ミサイルが操縦用のケーブルを切断したため、機体が急上昇し、結果、乗員・乗客はシートに押しつけられた。エンジンはいまだ動いていたけれど、スピードブレーキ——通常は着陸時に機体を減速させるための空気抵抗板——が主翼から持ちあがり、降着装置（車輪）が降りるとともに、乗客に対し、たばこを消して緊急降下に備えるようにとの指示が出た。「酸素マスクを口元に当て、ヘッドバンドを締めるように」と拡声器が乗客に告げる。副操縦士が東京に連絡した。マスク越しなため、声がこもって発音がよく聞き取れない。「与圧一〇〇〇〇に急低下」

高度三万三八五〇フィートで水平飛行していた機体は、やがて横転すると、一分間に五〇〇〇フィートの勢いで海面にむけ落ちていった。そしてすべてが失われた。

「ランチョ・デル・シエロ」で休暇中のレーガンは、夜中にクラーク国家安全保障問題担当補佐官に電話で起こされ、大韓航空機が行方不明になったという話を告げられた。ナンシー夫人によると、レーガンの最初の反応は「何ということだ、連中は正気か？」と「奴らはいったい何を考えているんだ」だったそうだ。[6]

合衆国とソ連邦はまるでパンチ・ドランカーになったボクサーのように、憤怒と相互不信に我を忘れ、互いに荒っぽいパンチを交わす段階に入りつつあった。

日米が共同運用している極秘の傍受施設が、オシポーヴィチと地上管制員の無線によるやりとりを部分的にモニターしていた。この情報の一部がすぐさまワシントンに送られ、英語に翻訳され、文書化された。現場からの第一報を受け、地上からの指令に従って、オシポーヴィチ機が侵入機まで誘導された経緯が示され、しかも「目標は破壊された」というパイロットの発言まで含まれていた。まるで報告書から「破壊」の一語が立ちのぼってくるかのようだ——とワシントンでは受け止められた。ソ連が残忍な殺人者である動かぬ証拠のように。だが、この原稿は生データのごくほんの一部にすぎなかった。ソ連の地上管制員たちのあいだに状況をめぐって甚しい混乱があったことが反映されていないし、当時この空域に〈RC－135〉偵察機がいたことにも触れられていない。ただ、予想外の事態が進行する間、ソ連軍は当該機の正体を確認するため細心の努力を払っておらず、しかも四月の失態もあって、またも上空通過をやられるのかと恐怖で頭に血がのぼっていたことが分かる。そうした地上における混乱と判断ミスの空気はしかし、この無線交信をテープ起こしした文書からは、まったく窺えない。全体を見れば、今回の騒動はソ連の軍事体制がかかえる欠陥を端なくも明らかにした事例といえよう。不正確な判断と劣悪な装備により、状況しだいでは大変な事態も出来しうるのだと。だがしかし、レーガンと同政権の面々がこの文書から読み取ったのは、それとはまったく異なるメッセージだった。

この事件を本にまとめたベテラン記者、セイモア・ハーシュによると、ワシントンでは当時、空軍情報部の分析官からなる小グループが、ソ連は民間航空機を意図的に撃墜したのでは〝ない〟という報告書を数時間のうちにまとめていたそうだ。分析官たちは内覧用のプレゼンをおこない、現在やっている「コブラ・ボール」――〈RC－135〉による情報収集活動――は、相手方に無用の混乱を引き起こすおそれがあると、カラー・スライドを縦横に駆使し、警鐘を鳴らしていたという。だが、修羅場の真っ最中だったため、このプレゼンは結局、ほとんど注目を集めなかった。プレゼンの内容自体は二十三時間後にホワイトハウスにも届けられたが、当時の感情的な空気のなかで状況に目立った影響は与えなかった。ハーシュが言うように、プレゼン自体が「破損着陸《クラッシュ・ランディング》」してしまったというわけだ。(7)

シュルツ国務長官は、この交信記録は格好の宣伝材料になると判断した。そして「オシポーヴィチ文書」の一般公開を希望した。なるほどこれは日本でやっている極秘の情報収集活動の産物ではあったが、わたしは激論のすえ、ＣＩＡを見事説得し、この文書を使う権限を獲得したと、シュルツはその回想録のなかで述べている。なぜそれほど急いだのか、その理由は定かでないが、より完璧な情報が得られ、もしくは文書内容がきちんと裏付けられるまで、シュルツに待つ気がなかったことだけは確かである。おそらくシュルツは、空軍がおこなったプレゼンについては、一切知らなかったように思われる。

九月一日午前十時四十五分、シュルツ長官は国務省で記者団の前にすがたを現した。内に怒りを秘めた硬い口調で、かれはこう言い切った。「合衆国は今回の攻撃に対し、強烈な嫌悪感をもって反応する。失われた人命は途方もなく多いように見える。このゾッとするような行動には、いかなる弁明も通らない」と。ソ連はこの民間航空機を二時間半にわたって追跡していたとシュルツは主張したが、実際には追尾は困難をきわめ、一時は見失っていた。当該パイロットは「問題の機体を目視しており、自分が見ている飛行機が何かは分かったはずだ」とシュルツは決めつけた。シュルツはこの記者会見の場を利用して、ソ連に対する言葉による一大攻勢をかけた。そのうえで、かれらは民間機の乗客を意図的に殺害したのであると断言した。

レーガンは休暇を途中で切り上げ、ワシントンに戻ってきた。日曜日ではあったけれど、連邦議会の指導者たちをホワイトハウスに招き、密室のなかできわめて劇的な会議が催された。レーガンはまず八分間からなるテープを聞かせた。ソ連機による迎撃の一場面で、その中でオシポーヴィチが報告する。「目標は破壊された」と。ストロム・サーモンド上院議員（サウス・カロライナ州選出／共和党）がレーガンに迫った。報復として、二六九人にのぼるＫＧＢ要員を合衆国から追放すべきであると。

背景説明の会議だったため、当時〈ＲＣ－１３５〉偵察機が現場にいた事実も、初めて明らかにされた。これを受けて、下院民主党院内総務のジム・ライト議員（テキサス州選出）が会議後、記者たちに対し、聞かされたテープにはスパイ機にかんする言及もあったと語ることになった。ホワイトハウス側は慌てて、ライト議員の発言は正確でないと打ち消したけれど、では実際いなかったのか、どうなのかと記者たちに詰め寄られ、ホワイトハウス側は撃墜の当日、この空域に〈RC－135〉が飛んでいたことは事実であると確認した。結果、翌日のワシントン・ポスト紙とニューヨーク・タイムズ紙は、一面でこの事実を伝えた。すると今度はシュルツ国務長官が、当該スパイ機にかんする背景説明を求め、かくして九月五日月曜日の午前八時に、関連情報はすべて公開された。国務省は同日中に、四ページにわたる背景説明のための文書をアメリカのすべての在外公館に送付した。〈RC－135〉は今回の撃墜事件と何の関係もないと同文書は主張していた。「ソ連は大韓航空機と米軍機をそれぞれ別個に追尾しており、この空域に二機の航空機がいたことは承知していたはずで、それゆえわれわれは今回の事件が取り違えによるものではないと確信している」と同文書は述べている。だが、この事件をめぐるそれ以外の言説と同様、この主張もまた間違いだった。(8)

本当はホワイトハウスのプールサイドで執務をこなしたかったのだ——と、レーガン大統領は当時をふり返っている。だが実際には書斎に引っ込み、濡れた短パン姿のままタオルの上に腰かけ、法律用箋にむかって演説原稿の推敲をやったと。オシポーヴィチのテープは、強力な宣伝戦を展開するうえで十分な武器たり得た。そこで私は正式原稿の中で「この野蛮な行為に対する考えを腹蔵なく述べた」とレーガンは言っている。その夕方おこなわれた演説の途中、レーガンはテープの一部を流しながら、「747は世界のいかなる飛行機ともちがう独特のシルエットを持っている」と言った。「パイロットが、他の民間航空機と、この飛行機を見誤ることはありえない」と。レーガンはさらに、この空域にはその夜、〈RC－135〉が一機いたことも認めたが、同機が現場を離脱したあと、「殺人攻撃がおこなわれるまでには一時間」あった事実を改めて指摘し、混同の可能性を否定してみせた。レーガンはさらに付け加えた。「それゆえ、このことは誤解のしようもないことなのだ。つまり今回の攻撃は単に、われわれや、あるいは大韓民国に対するものではないということだ。これはソ連邦による、全世界に対する、そしてあらゆる人々の人間関係をみちびく道徳律に対する、攻撃なのである。それはまさに、個人の権利と人間的生き方の価値を欲しいままに無視し、他国への拡張・支配を絶え間なく追求する社会から生まれた野蛮行為なのである」

レーガンとシュルツが拳をふりあげてソ連の野蛮性をしきりと非難している傍らで、アメリカの各情報機関は二日後には、今回の事件はおそらく事故だったのだろうと結論づけていた。休暇でボストンに行っていたCIA工作センターのダグラス・マッキーチン副センター長はすでに本部に戻っていた。CIAの面々は、本来のコースを逸脱した大韓航空機にかんし、分かっている事実（無線傍受もふくめて）を、巨大な地図上に並べていった。数時間後には、とマッキーチンは当時をふり返る。[9]ソ連はたんにミスをおかしただけであると判断された。空軍情報部もすでに同じ結論に達していた。実際、ソ連側は当該機の正体に確信が持てず、それでたぶんアメリカ軍の〈RC-135〉と混同したのだろうと。[10]

CIAのロバート・M・ゲイツ副長官（当時）はのちにこう述べている。この結論は九月二日の「大統領向け定例ブリーフィング」――ゲイツ自身が毎日午前にやっている情報報告――ですでに言及されていたと。だが、一部の政府高官はこれに対し「馬耳東風だった」[11]という。

ソ連のアンドロポフ書記長がこの件について初めて知らされたのは、九月一日の早朝で、かれはまだモスクワ郊外の自宅にいた。当初それは、アメリカの軍用機が一機、サハリン上空で撃墜されたという話だった。これにかんするルールは、アンドロポフも分かっていた。もし外国機がソ連領空で探知されたら、迎撃機が視覚的シグナル、もしくは無線によるシグナルを送り、ソ連領土に着陸するよう命じ、もし従わなければ、最も近い国境指揮所が当該機の破壊を命じることができる――というものだった。そうした例は過去にもあった。歴史学者のドミトリー・ヴォルコゴノフによると、その場合、〝撃墜〟の事実は常に否定され、「その後、不時着」したとされたという。[12]

この日、クレムリンでは政治局会議が開かれたが、その直前、ドミトリー・ウスチノフ国防相がアンドロポフに近づくと、こう告げた。「飛行機が一機、撃墜されました。アメリカ機ではなく、韓国機であることが判明し、しかも民間機でした。さらなる情報を集め、より詳細な報告はのちほど」と。ヴォルコゴノフによると、アンドロポフは明らかにほかに情報源があって、こう答えたという。「結構だ。ただ、カムチャツカ上空にはスパイ機が一機いたとの報告も受けている。この会議が終ったら、わたしは本日中にクリミアまで飛ぶ予定だ。休息をとり、若干の治療を受けなければならない。その飛行機の件は、きみが処理したまえ」

じつはその日、わたしもアンドロポフに会ったと、当時駐米大使の任にあったドブルイニンはふり返っている。アンドロポフは、やつれて不安げで、ドブルイニンに対し、急ぎワシントンに戻り、この危機に対処しろと命じるとともに、「わが軍は、民間航空機を撃墜するという大失態をおかした。わが国がこの混乱から抜けだすには、おそらく長い時間がかかるだろう」と言ったという。アンドロポフは将軍たちのことを、自分のやっていることの意味を理解できない「バカども」と呼んでいた。ただ、ドブルイニンによると、アンドロポフ自身、そうしたソ連軍と同様、同機がソ連のレーダー性能を確かめるため、情報活動の一環としてソ連領空に敢えて侵入したと「心の底から信じて」いたという。だからと言って、強制着陸させるかわりに、撃墜したことの言い訳にはならないがとアンドロポフは言った。[13]

三時間におよぶ政治局会議のあと、アンドロポフは休暇のためシムフェロポリに旅立った。そこにはソ連指導者のための豪華な別荘がいくつかあり、その一つに逗留することになっていた。通常のスタッフに加え、医療機器一式も〝同行〟した。長年にわたりブレジネフの非力な片腕をつとめてきたコンスタンティン・チェルネンコがこの時点ですでに政治局会議を取り仕切っており、そしてアンドロポフはとうとう、この場に復帰することはなかった。

ドブルイニンによると、アンドロポフ自身は「実際には公開の場でミスを認める用意があった」そうだが、その役割は結局、ウスチノフが担うことになった。しかもソ連側の反応は、虚偽と隠蔽に終始した。タス通信が九月一日伝えた速報は、同機が撃墜された事実にさえ触れていない。

未確認機が一機、太平洋の方角からカムチャツカ半島上空のソ連領空に入り、その後、八月三十一日から九月一日にかけて、サハリン島上空で再度、USSR領空を侵犯した。同機は航法灯を点けず、誰何に応じず、航空管制当局とも接触しようとしなかった。

迎撃任務に派遣された防空戦闘機は、同機が最寄りの飛行場に向かえるよう支援を提供しようとした。だが、侵入機はソ連戦闘機の信号にも警告にも反応せず、日本海にむけた飛行を継続した。[14]

九月二日、チェルネンコ主宰のもと、政治局会議が再度開かれた。ソ連の統治者たちはまるで、敵の包囲下に置かれたような心境で、大韓航空機の撃墜をそもそも認めるべきか否かという点にまで頭を悩ませていた。アンドレイ・グロムイコ外相は、撃墜の事実は認め、ただ「われわれは合法的に行動した」と主張すべきだと述べた。すると、ウスチノフ国防相がテーブルをかこむ面々に語りかけた。「わたしは政治局に保証できる。わがパイロットは、その軍務の要求するところに完全に則った行動をしており、提出されたメモに書かれている事柄はすべて正真正銘の真実であると。アメリカ製の韓国機が、わが領土に五〇〇キロメートルも侵入したことに鑑み、われわれの行動は絶対的に正しいのである。この飛行機をその形状をもとに偵察機と区別することなど、極めて困難であった。ソ連軍のパイロットは旅客機への攻撃は禁止されている。だが、今回の状況における彼らの行動には一点の非もないのである。なぜなら、国際協約に従い、同機はわが国の飛行場に着陸するよう何度も警告を受けていたのだから」

高齢者の多い政治局では比較的若い、注目株の政治局員、ミハイル・ゴルバチョフは言った。「同機はわが国領土の上空に長時間留まった。もし同機がコースを外れたのなら、アメリカはわれわれにその旨通知することもできたはずなのに、彼らはそうしなかった」と。

韓国機は航法灯を点けていなかったとウスチノフは主張した。警告射撃のあと、ソ連人パイロットは「地上に連絡し、同機は軍用機であり、撃墜すべきだと言ってきた」と。

「わが国の航空機が攻撃をおこなったという事実は否定できない」とグロムイコは言った。

当時モスクワ党第一書記だったヴィクトル・グリシンが質問した。「それで、その韓国機のパイロットは何と言ったのですか」

ウスチノフは答えた。「いいや、何も」

KGB議長のヴィクトル・チェブリコフが海上の捜索状況を説明し、問題の海は水深三二八フィート（約一〇〇メートル）で、ソ連の艦船と日本の漁船が当該海域にいたと述べた。するとグロムイコが口を挟んだ。「つまりそれは、同機のブラック・ボックスが引き上げ可能で、しかもわが方にも回収の可能性があるということですな」と。すると何人かが懸念の声をあげた。われわれが意図的に撃墜した証拠が出てくるかもしれないじゃないかと。アメリカ側は、ソ連の迎撃機が実際にミサイルを撃った事実を掴んでいるのですか、いないのですかと、ゴルバチョフが訊いた。

それに対するチェブリコフの答えは「いいや、まだだ。ただ、ここで再度強調しておきたいのだが、われわれの行動は完全に合法的だったのだ」

ブレジネフの側近で、現在は閣僚会議議長をつとめるニコライ・チーホノフが言った。「もし、われわれが正しく、合法的に行動したとするのなら、われわれは同機を撃墜したと明言すべきであろう」と。

グロムイコが言った。「攻撃したという事実は明言すべきです。単刀直入に。そうすれば、われわれが誤魔化していると、敵に非難されることは回避できます」

グリシンが言った。「まず第一に、われわれは同機が撃墜されたと公然と宣言すべきであるという点を強調しておきたい」。ただ、情報は小出しにするほうが望ましいと思う。まずは現在調査中だと発表する。「同機が撃墜された」と認めるのはその後のことだと。

ゴルバチョフは言った。「まず第一に、わが国の行動は法に則ったものであると確信していると強調したい。同機がおよそ二時間、ソ連領土の上空に留まっていた事実からすれば、事前計画にもとづく行動でないと想定することは難しい。われわれはわれわれの声明のなかで、これが国際協約に対する明白な侵害であることを正確に示さなければならない。当面沈黙でお茶を濁してはならず、こちらから攻勢をかけなければならない。現下の説明を裏付ける事実を示しつつ、われわれは目下、状況を真剣に調査していると明言することで、さらに一歩先んじるべきなのだ[15]」

だが実際には、その「現下の説明」なるものは全くの嘘だった。歴史学者のヴォルコゴノフによると、ゴルバチョフの「関心事は、外聞をはばかる事態からソ連指導部を救いだし、その責めを相手側に転嫁する方策を見つけることだけだった」という。政治局会議がはしなくも露呈したのは「衝撃的なまでの自責の念の欠如」だった。「二六九人もの犠牲者が出ているのに、それを悔やむ言葉すらなかった」とヴォルコゴノフは指摘し、「ボーイング機をめぐる韓国の悲劇的事件は、アンドロポフによる国家統治の無残な象徴となった」と付け加えた。[16]

モスクワは撃墜の事実を九月六日まで認めず、しかも公式声明の発表までにさらに三日を要した。このちぐはぐな対応は、西側の疑念を深めただけだった。沈黙とウソ偽りの数々により、ソ連邦はまさにレーガンのいう〝悪の帝国〟をみずから演じる形となった。大韓航空機はCIAが与えた任務を遂行すべく、ソ連が主権をもつ空域にわざと入ってきたのだとソ連側は主張した。その後、〈RC-135〉が当時この空域を飛行していた事実がワシントンで明らかにされると、ソ連の宣伝機関は暴走ぎみの非難を開始した。九月五日付のソ連共産党中央機関紙「プラウダ」はレーガンの声明について「ソ連の国家と社会主義に対する狂暴な憎悪と敵意に満ちている」と論評した。[17] 九月九日、ニコライ・オガルコフ元帥は二時間におよぶ記者会見の席上、現地の防空軍部隊は、侵入しつつある航空機をすでに〈RC-135〉と識別していたのであると断言した。そして、同機は当時、情報任務についていたのであると主張した。

「この事件の対処法には、ソ連指導部のメンタリティがよく表れていた。」とヴォルコゴノフはのちに書いている。「アンドロポフ自身はこの件について一カ月以上も沈黙を保った……ソ連側は同機の〝ブラック・ボックス〟をすでに発見・回収していた。だが、それについては、世界中のメディアにもソウルにも一切告げないことが決定された。捜索の成果が得られないいため、作業はなおも継続中

――との印象を与える方便として、ソ連の船舶はさらに二週間、この海域に留まりつづけた」と。

レーガンの演説は、怒りと嫌悪感に満ち、はなはだ刺戟的ではあったけれど、実際行動のほうは、米ソの対立関係を一段と高めるところまでは行かなかった。KGBの要員を国外追放せよというサーモンド上院議員の要求も突っぱねた。[18] シュルツ国務長官はレーガンの許可を得て、予定されていたアンドレイ・グロムイコ外相とのマドリード会談にそのまま臨んだ。レーガンは今回の撃墜事件で、核軍縮交渉のドアを閉めたくはなかったのだ。「それどころか」とレーガンは回想録のなかでふり返っている。「大韓航空機事件は、世界がいかに危機の瀬戸際に近づきつつあるか、われわれがいかに核兵器の管理を必要としているかを改めて示す証拠となったのである。もし、一部のものが推測しているように、ソ連のパイロットが単なるミスで、民間航空機を軍用機と勘違いしたのだとしたら、核兵器の発射ボタンの近くにいるソ連の軍人が、はるかに悲劇的なミスをおかす可能性だって当然ありうると、大した想像力がなくても分かるはずである」と。

マドリードに乗り込んだシュルツは、初っぱなの内々の場で、大韓航空機問題をいきなり提起した。「空気が一瞬強ばった」とシュルツは当時をふり返る。「かれは完全に虚を突かれた」ようだったと。その後に続いた本格会談は「ひどく対決的なものとなってしまった」とシュルツは言う。「グロムイコが突如立ち上がり、まるで退席するかのように書類をかき集める場面もあった。席に戻るよう、私が声かけするのを、かれは半ば期待していた。そこで逆に、かれが部屋を出ていくのを見送れるように、わたしも立ち上がってみせたのだ。するとかれは再び席に着いたので、私も着席した」と。グロムイコによると、自分はそれまでに一四人の国務長官を相手にしたが、この時の会談は、そのいずれよりも厳しいものだったという。「場がひどく荒れ、本質からかけ離れてしまったので、われわれは仕切り直しを決めた」とシュルツは言う。

アメリカ側はソ連の関係者をあえて困惑させ、その主張の虚偽性を暴こうと試みた。だが、ソ連側はそうしたやり方をある種の挑発行為、こちらのミスを誘わんがための策動と見なした。

ワシントンでは、ゲイツCIA副長官が九月二十七日、シュルツ国務長官に情報評価を送ってきた。米ソ両国の関係には現在、一九五三年のスターリン死去以降の、いかなる時期よりも強烈な「寒風が吹きすさんでいる」とそこにはあった。ソ連の指導者は歴史上のいかなる時期よりも、レーガン政権のことを恐れていたとゲイツはその回顧録で述べている[19]。

九月二十八日、アンドロポフは合衆国に対しこれまででも最大級の非難を浴びせ、それはプラウダ、イズベスチヤ両紙に掲載され、夜のテレビ・ニュースでも放映された。アンドロポフは言った。レーガン政権は「平和への深刻な脅威をしめす軍国主義の道を」進んでおり、「現政権の政策がよりよいものに進化する可能性に多少なりと幻想を抱くものたちも、昨今の情勢を前に、完全に姿を消した」と。ドブルイニンによると、「完全に」というのはダメ押しの表現だという。「ソ連指導部はこの時点ですでに集団的に以下の結論に到達していた。すなわち、レーガンとのいかなる合意も不可能であると」とドブルイニンは言う。

数日後のクリミア。アンドロポフは軽い散歩のため公園に出かけた。軽装で歩き、いささか疲れたので、木陰の花崗岩のベンチで一休みした。身体がすっかり冷えて、かれはガタガタと震えはじめた。何年もアンドロポフを診てきたチャゾフ医師の言葉を引用して、ヴォルコゴノフはこう書いている。その朝、アンドロポフを診察すると、炎症が広がっていることが分かり、手術が必要になった。「手術は成功したが、かれの肉体は力をなくし、術後の傷が癒えなかった……体調はしだいに悪化し、体力の消耗が著しく、歩行訓練の試みもふたたび中止されたが、傷は依然癒えなかった……アンドロポフは自分はもはや快復しないと悟りはじめた」[20]と。チャゾフもまた、その回想録に書いている。「一九八三年九月三十日、アンドロポフの病状は、最終的なカウントダウンに入った」[21]と。

　ロンドンでは九月四日、オレグ・ゴルディエフスキーのデスクに、三通の「至急電」がモスクワから立て続けに届いた。最初の公電は、今回の撃墜事件は、反ソ・ヒステリーを刺戟せんがため、アメリカにより利用されたと主張する内容だった。二通目と三通目は、問題の民間航空機は当時、情報任務についていたと示唆するものだった。この陰謀説はその後、でっちあげ記事によって潤色までされた。じつは同機の機長は、みずからのスパイ行為を自慢して、機内で友人たちに情報機器を見せていたと。実際にはソ連の迎撃機が民間航空機を打ち落としたのだと認めるものは、それらの公電を見るかぎり、一人もいないようだった。数日後、さらに二通が届き、アメリカと日本は当時、同機とつねに無線連絡を保っていたという話を広げるよう各ＫＧＢ要員は促された。「これからカムチャツカ上空に入る」[22]と同機のパイロットは無線連絡までおこなっていた――という虚偽の主張まで一時はなされたほどである。「あまりにバカげた主張なので、在外支局のわが同僚たちの多くは、ソ連の国際的評判が受けたダメージに、ただおろおろするばかりだった」[23]とゴルディエフスキーはふり返る。

　ＫＧＢの在ロンドン支局長のグークは、撃墜事件が起きたとき、たまたまモスクワに行っていた。のちにゴルディエフスキーを傍らに呼んで、じつはカムチャツカとサハリンにある一一カ所の防空レーダーのうち八カ所が、当時は満足に機能していなかったそうだと耳打ちした。[24]ドブルイニンもこれと似た説明をモスクワでウスチノフ国防相から受けていた。[25]

　モスクワからの公電はイギリス側にも渡っていた。当時外相だったジェフリー・ハウは、その内容に「強烈な印象を受け、すぐさまこんな感想をいだいた。ソ連指導部は自分たちが展開した膨大な宣伝工作の内容を実際信じているのだろう。〝西側〟が自分たちの政権を転覆させようと画策し、そして可能性として、あくまで可能性だが、その実現にむけかなりのところまで来ていると、彼らは本気で恐れているのだ[26]」。マーガレット・サッチャー首相もまた、そうした報告は承知しており、みずからワシントンに赴き、九月二十九日、レーガンに直接会っている。「ロシア人は自国の安全について妄想の域に達しているように思われる」との懸念を、レーガンは口にした。「果たしてかれらは西側から脅威を受けていると実際感じているのだろうか、それとも単に攻めの姿勢を保とうとしているだけなのだろうか」とサッチャーに問いかけた[27]。

「われわれは当時、危険な領域に踏み込んでいた」とサッチャー夫人は後年ふり返っている。「ロナルド・レーガンも私もそのことに気づいていた」。こういう時はその道の専門家に意見を求めるべきだというのが彼女の反応だった。「われわれ西側の人間がやるべきは、われわれに対峙するこの人々とその体制について、可能なかぎり学ぶことである」と彼女はその回想録に書いている。「そして、その体制の下で暮らしつつ、安全保障面で今後もわれわれと折り合えるような人物との接触を深めるべきである」と。撃墜事件から数日後、サッチャーは英首相の地方官邸「チェカーズ」にソ連専門家を集め、セミナーを開くよう手配した。参加可能な学者たちのリストが外務省から送られてきた。「ほんとはこういうやり方は私の〝好みではない〟のだけれど」とサッチャーはそのリストに手書きした。「本気でロシアを学んだ人間、ロシア人の心をもった人間、しかもあの社会でかなりの生活経験のある人間」を集めてほしいと彼女は要望した[28]。

八人の学者が招聘された。オクスフォード大学アントニーズ・カレッジのアーチー・ブラウン教授もその一人である。ブラウンはソ連の政治制度と権力構造にかんする論文を提出した。このセミナーの席上、ブラウンは将来の書記長候補として、政治局員のうち最も若いゴルバチョフの名前を挙げ、「政治局員のなかでも最良の教育を受け、おそらく最も偏見から自由な人物」であり、「ソ連市民と外部世界という両方の観点から見て、最も希望のもてる選択肢」だろうと述べた。(29)

サッチャーはこの話にじっと耳を傾けた。

その秋は、ソ連邦も合衆国も、核戦争をめぐる恐怖の荒波、いわゆる「ウォースケア（戦争恐怖症）」に押し流されていた。レーガンに対するソ連側の個人攻撃はすでにして過熱ぎみだった。アメリカの共産圏向け放送「ラジオ・リバティ」でソ連の国内問題を担当するアナリスト、エリザベス・ティーグ女史によると、ソ連のメディアは一九八三年以前は、西側指導者を個人攻撃するがごとき言説は敢えて控えていたという。だが、大韓航空機の撃墜以来、ソ連のマスコミはレーガン大統領をこれまで以上に辛辣な調子で形容するようになった。レーガンは「危険で、嘘つきで、悪辣で、偽善的で、時には犯罪者であるがごとく評された」とティーグ女史はふり返る。「カリフォルニア州知事時代に不動産投機に走り、IRS（内国歳入庁）にきちんと税金を払わず、マフィアと徒党を組み、政治行為のすべてにおいて個人的利益を追求することで『富をかき集めた』男である」と。

「要するに」とティーグ女史は付け加えた。「レーガンなる人物は信用できない男、ともに仕事をなすのが不可能な男というわけね(30)」

ソ連の各メディアは、核戦争の危険性がいまや第二次世界大戦以降のいかなる時期よりも高まったと、何度もくり返し報じていた。あるいはそれはソ連人民にむけ一段と厳しい宣伝戦を展開し、迫りくる〈パーシングⅡ〉ミサイルの配備に反対し、国内でよりいっそうの犠牲に耐えるよう訴えたいと願う、アンドロポフの意向に沿った動きだったのかもしれない。全国放送されたとあるドキュメンタリーはアメリカ合衆国を、世界支配に邁進する危険な「軍国主義」勢力として描いていた。上映時間四五分のこの映画は、アメリカの核爆発、アメリカの各種ミサイルと、戦争がもたらす惨禍やソ連の戦争記憶、さらにはモスクワの平和的意図の宣言とを相互対比するつくりになっていた。また今後数年にわたり、対米関係は悪化の一途をたどると警鐘を鳴らす文書が共産党員向けに郵送されたりした。[31] 当時モスクワの大学生だったスヴェトラーナ・サヴランスカヤ女史はその秋、戦争への恐怖はひどく現実的で、特に年配者のあいだでそうした想いが強かったとふり返っている。高齢者たちは、民間防衛の訓練のため、週に一度は防空壕に入っていた。爆弾がヨーロッパから届く前に、防空壕を見つける時間的余裕はたった一一分しかないと、かれらは言われた。「帰宅して、地図に当たり、だったら、アメリカ本土からはいったい何分でミサイルが届くのかしらんと思ったことを憶えている」と彼女は言う。[32]

コロンブス記念日の週末、キャンプ・デイヴィッド山荘で、レーガン大統領は『ザ・デイ・アフター』をビデオで見ていた。アメリカの典型的な町、カンザス州ローレンスが核攻撃を受けるという架空の設定に基づくテレビドラマである。主演はジェイソン・ロバーズで、十一月に全米で放映される予定だった。まずはカンザス大学がある、牧歌的な中西部の町の日常が描かれる。少年たちは午後遅くの太陽のもとでフットボールに興じ、とある農家は結婚式の準備に余念がなく、裏庭では蹄鉄投げ。まさにレーガンが長年にわたり理想と考えてきた〝アメリカ〟そのものの風景である。するとそこで、画面には出ないけれど、ヨーロッパでの危機を伝えるニュースの声。それはやがて全面核戦争にむけ警戒を呼びかける内容へと変わっていく。「いま言っているのはヒロシマのことじゃない」と登場人物の一人が言う。「ヒロシマなんて大したことじゃないのだ」と。国際危機は急速に制御不能に陥り、ヨーロッパの各都市に戦術核兵器が降りそそぐ。すると、カンザス州ローレンスの市民全員の目が空をむく。アメリカの〈ミニットマン〉ミサイルが、近くの軍事基地からソ連にむけて発射されたのだ。〈B–52〉戦略爆撃機が発進する。三〇分以内に、ソ連のミサイルが到達し、ローレンスに命中。核爆発による爆風、熱波、放射性降下物が襲いくる。ドラマの後半、外科医を演じる主役のロバーズが破壊し尽くされた風景のなかを歩いている。顔に血の気はなく、放射能のせいで髪の毛は落ちている。かれの目に映るのは諸々の不健全な現象や病人たち、そして無法状態だ。爆風を生き延びた妊婦にロバーズは希望を持つようにと促す。すると彼女は言い返す。「希望って、何に？　私たちはどうなるか知っていました。爆弾のことも、降下物のことも。こんな事になるのだと、四〇年前から知っていました。でも、誰も気にしなかったの！　教えて、希望って何なの？」

　そのドラマは核戦争が起きた日、どのような恐怖が訪れるかを余すところなく伝えていた。さらに、いわゆる「核の冬」にも注目するよう呼びかけていた。核爆発のあと、気象条件が変わり、夏に雪が降るようになるのだと。

　レーガンはその日、日記に書いた。

> コロンブス記念日。キャンプDで午前に、ABC放送のドラマをテープで見る。十一月二十日の放送予定。タイトルは『ザ・デイ・アフター』。カンザス州ローレンスがロシアの核ミサイルで消滅する。力強い作品で、七〇〇〇万ドルの価値がある。実によくできていて、見たあと気が滅入って仕方がなかった。スポットCM枠が二五本分あるが、まだ一枠も売れておらず、理由は分かる……私自身の反応、それは戦争を抑止する＆決して核戦争をおこさぬよう、われわれは可能なすべてをやらねばならぬ、ということである。[33]

レーガンの公式伝記作家、エドマンド・モリスによると、レーガンはこのドラマをみて「めまい」を覚えたという。「気が滅入る」なんて感想は、かれが目にしたレーガン関連文書の中でも唯一の例だという。四日後、レーガンは「依然として『ザ・デイ・アフター』がもたらした鬱《ふさ》ぎの虫と戦っていた」(34)そうだ。

翌十月十一日、「NSC(国家安全保障会議)」のソ連問題専門家、ジャック・F・マトロック・ジュニアは、モスクワ時代に知り合いとなったソ連人ジャーナリストと面会した。セルゲイ・ヴィシネフスキーは五三歳で、ソ連共産党中央機関紙「プラウダ」のコラムニストをしていた。ヴィシネフスキーは党内に有力なコネがあり、おそらくKGBとも通じていたので、何らかのメッセージがもたらされるのではないかと、マトロックは推測していた。なにしろ「かれの商売は宣伝工作で、専門はアメリカ合衆国なのだから」と、マトロックは面会後に作成したメモに書いている。二人は「旧行政府ビル」の向いにあるカフェテリアで顔を合わせた。

ヴィシネフスキーは直截で、自分の言い分を伝えることに熱心で、いかなる件についてもマトロックと議論することはなかった。そのメッセージは「米ソ関係の現状は危険なレベルまで悪化している。ソ連邦の多くのものが現在、戦争が迫っているのかという問いを発している」というものだった。アンドロポフの九月二十八日の声明は「ほとんど前例のないものであり、まさに指導部の現在の苛立ちがそこに反映されている……」として、ヴィシネフスキーはマトロックに対し、自分がいだく懸念を伝えた。アンドロポフの警告は、ソ連人民に気を引き締めろと呼びかける側面もあるけれど、「その主眼は現指導部の確信の表明にあった。すなわち、レーガン政権はソ連の体制崩壊を企図し、いかなる慈悲もかけまいと決意しており、よって一歩も退かぬ姿勢を示し、反撃をおこなう以外に、選択肢はもはや残されていないと信じているのだ」とヴィシネフスキーは言った[35]。

ヴィシネフスキーはまた、こうも言った。ソ連経済は「完全に混乱状態にあり、悪化の一途をたどっている」。指導部は経済問題に集中するため緊張状態の緩和を必要としている。しかも、ソ連指導部はレーガンがしだいに成功を収めつつあるとみている。アメリカ経済は改善され、レーガンは一九八四年に二期目を目指してふたたび立候補する可能性が高いと。二カ月後にせまる〈パーシングII〉ミサイルの配備を阻止する方策が自分たちにはないと、ソ連側はいま理解している。その場合、どう対処すべきか、得策はなく、これまでの攻撃姿勢によって、現状から身動きが取れなくなっている。大韓航空機事件に対するレーガンの反応により、ソ連指導部は現在「泥中でもがいて」いるのだと。

「SIOP（単一統合作戦計画）」と略称される、米軍の「対ソ核戦争極秘計画」の新版が完成したので、レーガンは十月、その概要の説明を受けた。第六世代にあたるため「SIOP-6」と呼ばれるこの戦争計画は、一九八三年十月一日に発効した。核戦争が長引いた場合、大統領に各種の選択肢を与えたいという意図が、新計画には反映されていた[36]。レーガンは日記に書いている。「戦況室にて、W大佐、ヴェッシー将軍とともに、厳粛なる経験。核攻撃を受けた際の、わが国がとるべき全体計画についてのブリーフィング[37]」と。

のちに回想録のなかで、レーガンはこのときの経験をこうふり返っている。「ブリーフィングで描かれた事の推移は、ABCのドラマといくつかの点で相似形をなしていた。ただ、依然として国防総省内には、核戦争に〝勝利することは可能〟だと主張する人間がいる。かれらは気が触れていると、わたしは思う。なお悪いことに、ソ連側にも、核戦争に勝てると考えている将軍たちがいるのだ[38]」

十月半ば、シュルツ国務長官がレーガンに告げた。最近の兵器管理交渉はいずれも暗礁に乗り上げていると。「もし状況がいま以上に熱を帯び、それでも軍備管理が依然、俎上にのぼっているとしたら」とレーガンはシュルツに言った。「たぶん私はアンドロポフに会いに行き、核兵器の全廃を提案すべきだな」と。するとシュルツが大統領に注意喚起をおこなった。アンドロポフが核兵器を諦める可能性はありません。「核兵器がなかったら、ソ連は超大国ではなくなりますから」

レーガンはその後突如として、かれの任期中でも最も混沌に満ち、先行きの見えない時期に放りこまれることになった。まずはクラークが国家安全保障問題担当補佐官を辞任し、内務長官へと転出した。そこでレーガンは後任に次席補佐官のロバート・C・マクファーレンを昇格させたが、マクファーレンは以後数カ月にわたり、もっぱらレバノン危機をめぐる交渉に忙殺されてしまう。さらに西ヨーロッパで、反核デモが広がり、じつに二〇〇万人もの人々が〈パーシングⅡ〉ミサイルの配備計画に反対して、街頭にくりだすようになるのである。

そして、十月二十三日午前六時がやってきた。ひとりの男が黄色いメルセデス製トラックのハンドルを握り、レバノンの「ベイルート国際空港」にある米海兵隊宿営地の駐車場を突っ切った。トラックにはTNT火薬にして一万二〇〇〇ポンド超の爆薬が積まれ、その爆発によって米軍関係者二四一人を殺害、その他一〇〇人を負傷させた。レーガン政権時代における軍関係者の死亡例として、この事件はもっとも甚大だった[39]。マクファーレンが夜中にレーガンを起こし、このニュースを伝えると、レーガンの顔から血の気が退いた。マクファーレンは当時をふり返る。「かれの顔は胸部に打撃をうけた七二歳の老人のそれになっていた。肺の息が一気に抜けたようだった。『どうしてそんなことが』と信じられないような口調で質問した。『どれほど深刻なのだ。いったい誰がやったのだ』と」。次いで十月二十五日、レーガンはカリブ海の小さな島国、グレナダに侵攻するようアメリカ軍に命じた。

クーデター後の不安定な情勢により、島内にいるアメリカ人学生が危険にさらされているというのがその理由だった。(40) さらに十月二十七日、レーガンはノース・カロライナ州キャンプ・ルジューンにおいて、レバノンで亡くなった海兵隊員のための追悼式典を主宰した。かれは「悲嘆にくれていた」とマクファーレンはふり返る。

そうした事態のさなか、CIAが作成した秘密分析がレーガンにもたらされた。ソ連の「RYAN」――核攻撃の兆候をさがすKGBの情報収集作戦――にかんするゴルディエフスキーの報告もこの分析には含まれていた。マクファーレンはふり返る。その分析は十月、グレナダ危機とレバノン危機の最中に届いたことだけは確かだが、正確な日時は分からないと。(41) ゴルディエフスキー情報はサッチャー英首相も把握しているため、その数週間前の彼女の訪米時にレーガンに伝えられたのかもしれない。

ゴルディエフスキー情報によると、ソ連は病的なまでの怯えを抱いているような感じだったが、マクファーレンはこの〝パラノイア〟説に当初確信が持てなかった。「外見からはそう見えなくもなかったけれど、西ヨーロッパ各国に不安を与え、アメリカとその同盟国のあいだに楔を打ち込もうとする宣伝工作かもしれないという疑念が依然消えなかったからだ」とかれは言う。政治局にグロムイコ外相がいることは、ある種の重石になっているとマクファーレンは感じていた。アメリカとの四〇年におよぶ交渉経験をもつグロムイコなら、アメリカが自分のほうから核戦争を仕かけたりしないことは分かっているはずだからと。だが、マクファーレンはその後、懸念の色をしだいに深めていく。かれらが「この事態に心底警戒している」ことを示す情報が、プラハやブダペストといった別ルートからも入ってきたためである。そうした報告書を読むうちに、「もしかしたら、パラノイア説には実態があるのかもと考えるようになった(42)」

十月二十八日、マトロックがマクファーレン宛に短いが、懸念を抱かせる内容のメモを送ってきた。アーサー・ハートマン駐ソ大使から、グロムイコとの会見にかんする気になる報告を受け取ったというのである。マトロックによると、グロムイコはもっぱらこう強調したという。「ソ連の指導者たちは、レーガン政権がソ連邦の正統性を受け入れず、従ってソ連邦と真剣な交渉をおこなう用意がなく、むしろ実際には体制転覆に傾注しているとの確信を抱いているのだ」と。こうした主張には「自国の利益をはからんとする思惑が多分に」あるのかもしれないと断りつつ、マトロックはこう書いていた。「これこそまさに、ソ連指導部の政策論議の場で実際に交わされている議論だと、わたしは信じている(43)」と。

核攻撃を受けることへの恐怖から、ソ連は一九八三年十一月、ウラル山中の地下奥深くに防空壕を建設する掘削工事を開始し、作業は急ピッチで進められた。ソ連「戦略ロケット軍」のための新たな極秘司令センターがそこに設けられる予定だった。完成すると、各指揮官はこの巨大シェルターから、核戦争を切り盛りできるはずだった。建設要員が花崗岩の奥へ奥へと掘り下げるため、一日に二度、発破の音が山中にこだました。トンネルはすでに岩場の奥深くに何百メートルも延びていたけれど、工事は完成にはほど遠かった。薄暗い連絡通路には水がいっぱい溜まっていた。空洞の深いところに、実地テストのため、最初の発電装置が搬入された。この地下壕のコードネームは「グロット」、ロシア語で「ほら穴」という意味である。この「グロット」の掘削作業や、モスクワに設けられた指導者向けの広大な地下防空壕は、アメリカの各情報機関のアナリストのあいだに、懸念と困惑を引き起こした。ソ連は何を考えているのだろうと、かれらは首をひねった。生き残って、核戦争を戦うことが可能だとでもいうのだろうか。

「NATO（北大西洋条約機構）」のヨーロッパ演習の実施時期――十一月二日から十一日――がやってくると、ソ連側のパラノイアはその頂点に達した。「エイブル・アーチャー83」と名付けられたこの演習では、ヨーロッパにおける衝突の際、核兵器をどのような形で発射するのか、その諸手順を全面的にシミュレートすることが予定されていたからだ。ソ連側はかねてより、西側が訓練と称して、実際の攻撃をおこなうような事態を恐れていたし、ソ連側の戦争計画でも、有事の際は、これと似た欺瞞工作がおこなわれることになっていた。ゴルディエフスキーによると、「エイブル・アーチャー83」の二つの点が、特にモスクワの警戒心を刺戟した。一つ目は、通常兵器による戦争から核戦争へと移行するさいの手順とメッセージの定型文が、前回の演習時ときわめて異なっている点である。二つ目は、想定上の〝NATO軍〟が、通常の待機状態から有事即応態勢にいたる警戒段階の全行程を順次たどることになっている点だった。ひょっとするとこれは、現実の軍事行動ではと、KGBが誤解してもおかしくない状況だった[44]。

「エイブル・アーチャー」演習の当初シナリオでは、国防長官や統合参謀本部議長など政府高官が一定の役割を果たすことになっており、レーガン、ブッシュの正副大統領もちらりと〝カメオ出演〟する計画だった。だが、そうした事実をもしソ連側が知ったら、不安をいっそう高めたことだろうと、マクファーレンはふり返る。今回の演習にソ連側が総じて懸念をいだいていることを知り、レーガン大統領には今回、〝休演〟を要請し、同意してもらえた。「説得自体はそう難しくなかった」とマクファーレンは言う。まあ、いささか怪訝そうではあったけれど[45]。

十一月五日、モスクワは核の奇襲攻撃に備えるためとして、KGBのロンドン支局に詳細なチェックリストを送ってきた。KGBはこの時期すでに、「RYAN」情報を評価する「戦略課」をモスクワの本部内に設けていた[46]。モスクワからの公電にはこうあった。核の奇襲攻撃にむけた決断がいったん下されたら、ほんの七ないし十日で実行に移せるため、イギリスの政府高官の動向やその職場を注意深く観察し、普段と違う何かが進行中であるとの気配がないか目を光らせろと。

十一月八日もしくは九日の夜に、モスクワから西ヨーロッパ全域のソ連情報部員に至急電が送られ、米軍基地が警戒態勢に入ったと注意喚起がおこなわれた（結局、これは誤報だったが）。至急電にはアメリカ側が警戒態勢に入った理由として、二つの可能性が述べられていた。ベイルートの爆破事件を受けて、米軍基地の保安態勢に懸念が生じたというのが一つで、それなら当然かつ理解も可能である。もう一つの可能性は、核の第一撃にむけて準備開始を告げる鬨の声だという見方だったと、ゴルディエフスキーは言う。というわけで、ソ連の情報部員たちはアメリカ側が警戒態勢に入った理由と、戦争計画をうかがわせるその他の兆候を直ちに報告するよう求められた[47]。

ゲイツによると、今回の「エイブル・アーチャー」演習に際しては、ソ連とその他「ワルシャワ条約機構軍」部隊によって、実にさまざまな活動がおこなわれたという。ソ連軍の気象予報は演習中、無線連絡されなくなった。ソ連「第四航空軍」は通常を上回る数の部隊に、有事即応態勢を取らせ、戦闘飛行作戦は十一月四日から十日まで全面中止となったと、ゲイツは付け加えた。十一月十一日、演習が終了すると、緊張はやや緩んだという。

両超大国は、戦争への一線こそ越えなかったけれど、レーガン自身はひとつの内なる橋を渡ることになった。内省などおよそ無縁なレーガンだったけれど、かれはこの時初めて、ソ連邦の指導者はひょっとすると、自分たちが攻撃されると本気で恐れているのかもしれないと認識したのである。かれは十一月十八日の日記に書いている。「ソ連というのは防御的思考があまりに強く、攻撃されることに妄想に近い不安を抱き、柔軟な対応が取れないような印象を受ける。ならばわれわれは、こちら側では誰ひとり、そんなことは一切やる意図はないのだと、かれらに告げるべきであろう。だが、h※※1〔一部伏せ字〕、どう言えば、連中に分からせてやれるんだ。日曜の夜、例の核爆弾ドラマが放映された直後に、ジョージがABCに行くことになっている。われわれが何故、いまやっていることを続けなければならないか、あれを見てもらえれば分かるのでは」

ABCテレビが十一月二十日、ドラマ『ザ・デイ・アフター』を放映すると、一億人がこれを視聴した。単独のテレビ番組としては史上二番目の高視聴率だった。〈パーシングII〉ミサイルの第一陣は三日後の十一月二十三日にドイツに配備された。これを受けて、ソ連はジュネーヴの兵器管理交渉からいったん降りることになった。

レーガンはのちに、その回想録でこうふり返っている。「この三年が、ロシア人にかんする驚くべき何かをわたしに教えてくれた。すなわち、ソ連の支配階層のトップを占める多くの人間は、アメリカとアメリカ人を心底恐れているのである。たぶんそんなことに驚くべきではないのかもしれないが、わたしは驚いてしまったのだ。実際、わたしは自分でくだした結論を受け入れることに当初困難を覚えた」と。アメリカ人は建国以来ずっと道徳的な国民であり、「その国力を常に、世界をより良くするために用いてきた」ことは「誰にとっても自明の理である」と感じていたからだとレーガンは書いている。第二次世界大戦が終わったあと、アメリカはかつての敵国の経済復興にまで手を貸したと、レーガンは指摘する。

「ワシントンに来た当初の数年」とレーガンは言う。「わが政権の多くの人間は当然ながら、ロシア人もわれわれと同様、アメリカが核の第一撃をおこなうなんてありえない話だと見ていると思っていた。それゆえあえてその点を確かめることすらしなかった。だが、ソ連の指導者やかれらをよく知るその他の国のトップと接触する機会が増えれば増えるほど、わたしは気づきだした。多くのソ連政府関係者はわれわれのことを、たんなる敵国というだけでなく、かれらに先制核攻撃を仕掛ける可能性のある潜在的侵略者として恐れているのだ。そうした見方や、さらにはナポレオンやヒトラーのロシア侵攻にまでおそらくその根が到達するような、安全保障上の不安とパラノイアがあるがゆえに、かれらは恐ろしく大量の核兵器をわれわれに向けているのである」

十二月、レーガンは核兵器全廃というかれの夢について新たなアプローチを模索しはじめた。「それがかれの本能、かれの信念なのだ」とシュルツは国務省の補佐官たちに告げている。「かれはこの考えを公開の場でも、内々の場でも表明しているという事実にもかかわらず、誰もかれの発言に注目しようとしないことに大統領自身すでに気づいている」[48]と。ならば、その案を検討しましょうと、シュルツが確約すると、レーガンは十二月十七日、シュルツに告げた。自分は大々的な演説をおこない、核兵器といっさい縁を切りたいのだと。さらにレーガンは十二月十九日、アンドロポフ宛ての手紙の下書きのなかで、こうも言っている。「われわれはソ連邦とその国民の安全保障に挑戦することを企図しておりません」[49]と。

明けて一九八四年一月十六日、レーガンはついに演説をおこない、この考えをおおやけにした。すると多くの記者たちは、つまり二期目にむけ、選挙戦ののろしを上げたわけだと受け止めた。〈パーシングⅡ〉ミサイル配備の成功で意気軒昂なレーガン大統領は、再選キャンペーンの開始を決意したのであると。だが、それだけが動機ではなかった。レーガンはすでに、ソ連が戦争を恐れているというゴルディエフスキーの機密報告を読んでいたし、演習を通じて、「SIOP（対ソ核戦争極秘計画）」の実態をみずから体験し、さらに大韓航空機撃墜事件によって、ソ連側と対峙する危機的事態も実際に味わっていた。核兵器の全廃という夢はかれにとって、これまで以上に喫緊の課題となっていた。「かの人には、すでに何かが起きていたのだ」とホワイトハウスのとある関係者が、この時期のレーガンについて語っている。(50)

ヨーロッパに向けても放送されたこの演説のなかで、レーガンはもはや「悪の帝国」などという言葉、あるいは共産主義は歴史のゴミ箱入りだなんて表現は、いっさい口にしなかった。ソ連の体制を内側から変革することにも触れなかった。それどころか、「われわれはソ連を脅したりはしない」と明言したのである。かれは「対話」を、「建設的協力」を、「平和的競争」を強調した。そして宣言した。「わたしの夢は、核兵器が地球上からなくなる日をこの目にすることである」と。

そのあと、レーガンはみずから書いた結びのことばを読み上げた。

一瞬だけ、わたしとともに想像してほしい。イワンとアーニャが、そう例えば、待合室とか、あるいは雨や嵐をしのげる場所で、ジムとサリーと一緒にいるところを。しかも彼らが知り合いになるのを妨げる、いかなる言葉の壁もないとしたら。

そのとき、かれらは果たして互いの政府の見解の相違について議論するだろうか。それとも、自分たちの子供のことを紹介しあい、互いの暮らしぶりについて話すだろうか。別れる前に、かれらはおそらく、人生の望みや趣味のあれこれ、子供たちに何を望んでいるか、そしてままならぬ人生の問題といかに折り合いをつけるかについて語りあっているだろう。

家路をたどりつつ、たとえばアーニャはイワンにこう語っている。「あの人、すてきだったわね。彼女も音楽の先生をしているなんて」と。そしてジムは、サリーにこう語っている。イワンのところの上司は、いい人らしいねとか、あるいは嫌なボスみたいだねとか。もしかしたら近々、両夫妻は一緒にディナーをとることを約束したかもしれない。

そして何より、人は戦争をしないで済むことを、かれら両夫妻はその行動をもって示すだろう。人は恐怖のない、戦争のない世界で自分の子供を育てたいと願っている。人はただ生きるだけのカツカツの生活よりももっと増しな、人生が生きるに値するような何かを求めている。人は生きることに満足を与え、みずからの価値を実感させてくれるなんらかの職人技や専門技能、専門知識をいかす仕事につきたいと願っている。だれもがいだく、そうした関心事は、どれもすべて国境を越えたものである。

もしソ連政府が平和を望めば、平和はきっと叶えられるだろう。われわれは共に、平和を強化し、武器のレベルを引き下げることができるし、それが可能と分かれば、われわれがそれぞれ代表する国民の、そして実際には、全世界の人々の希望と夢の実現を、われわれは後押しすることができるのである。さあ、今から始めようではないか。

レーガンはこうして大きな一歩を踏み出し、その偉大なドラマにむけて、次なる一手に備えた。レーガン演説から二日後、ゴルディエフスキーは、情報収集作戦「RYAN」にかんする新たな公電をモスクワから受け取った。モスクワのボスたちは依然として核戦争の兆候を探していた。KGBは、核の第一撃の前兆は銀行や郵便局やと畜場の監視によって察知できると信じていた。KGBはその要員に対し、「家畜の大量処分と食肉の長期冷凍保存」がないかどうか、チェックしろと言ってきた。

一九八四年一月二日、フリッツ・W・アーマースはソ連担当の国家情報官に就任した。多くの異なる情報源から寄せられたデータを統合して提示し、政策立案者たちに方向性を与えるカギとなるポストである。アーマースはそれまでCIAと、ホワイトハウスの「国家安全保障会議」でソ連問題を担当してきた。就任するや否や、かれはCIAのゲイツ情報担当副長官から急ぎの仕事を与えられた。米ソ間の緊張関係について「特別国家情報評価」を作成せよとのお達しだった。「この問題は恐ろしく重要だった」とゲイツは当時をふり返る。「アメリカに核の危機が迫ってきたとき、その予兆をつかめず、見逃す事態はありうるのか。ソ連指導部が現場と遊離し、先制攻撃に実際やられたと信じるような事態が出来する可能性はどのくらいあるのか、ひどい計算違いというのはどの程度起こり得るものなのか」

アーマースの評価報告書は一九八四年五月十八日に完成した。ソ連はいわゆる「戦争恐怖症」ゆえに、核攻撃に恐怖をいだいているわけでは〝ない〟――というのが、かれのくだした結論だった。「われわれはソ連とワルシャワ条約機構の戦争計画について多くのことを知っている。実際、かれらの軍事的オプションの多くを、われわれは把握しているのだ[51]」。それゆえアメリカは、ソ連がやっている行動と、本物の戦争計画との相違を比較衡量することができるのだと、かれは言う。「おかげでわれわれは、かれらが本物の軍事対決を企てているのか、それとも俗にいう、鳴り物入りの空騒ぎなのか、その違いを自信をもって判断できるのである」と述べたうえで、アーマースは、今回の一件は単なる空騒ぎにすぎないと結論づけた。

アーマース報告は冒頭いきなりこう宣言している。「ソ連の一連の行動は、合衆国との差し迫った衝突や対立という正真正銘の危険認識によって引き起こされたものでは〝ない〟し、ソ連の指導者もそうは見ていないと、われわれは強く信じている[52]」と。アーマースは言う。宣伝工作等々、ソ連の動機にかんする理由付けはそれ以外にも多々挙げることができる。クレムリンは、〈パーシングⅡ〉ミサイルの配備をめぐって不安をかき立て、西ヨーロッパの反核運動を助長する方策を探っているのかもしれない。「エイブル・アーチャー」演習の期間中、ソ連の警戒態勢が引き上げられたことには留意しつつも、アーマースはそのことに大した意味はないと断じた。かれの結論は「ソ連の反応は、通常よりも若干大きかったけれど、航空部隊の有事即応レベル引き上げは一部に限定されており、よってモスクワは今回、NATOから攻撃があると実際には思っていなかったことは明らかである」[53]というものだった。

アーマースはゴルディエフスキーが提供した情報も、KGBが展開する「RYAN」作戦も知っていた。だが、アーマースが把握していない重要機密もいくつか存在した。例えば、かれがこの評価報告書を執筆したとき、アメリカ海軍が一九八三年の春に太平洋で展開した、きわめて挑発的な極秘演習の全容を、かれは知らなかった。[54]「わたしは同演習についてもっと情報を得ようとしたけれど、うまくいかなかった」とかれは言う。「海軍情報室の下級要員から『理解してほしいのだが、ここにはわれわれが話題にできない案件が若干あるのだよ』と言われて、それで終わりだった」[55]と。アーマースはまた、〈F-14〉戦闘機がおこなったソ連領土の上空飛行についても知らなかった。

ゲイツはのちにふり返り、CIAは重要な転換点を見逃したと結論づけている。「当時の経験、その後の展開、さらに今だから分かる文書類を詳細に検討したあと、わたしはソ連の脅威はたんなる空騒ぎではなかったと考えている」とゲイツはその回想録に記している。かれはさらに付け加えた。「一九八三年十一月という差し迫った時期にNATOが攻めてくるとは、かれらとて思っていなかったかもしれないが、情勢はきわめて危険であるとかれらは本気で信じていたように思われる。そして、アメリカの情報機関は、かれらの懸念の真の大きさを把握できていなかった」[56]と。その全容はいまだ機密扱いだが、一九九〇年におこなわれた、戦争恐怖症をめぐるCIAの現況評価も、似たような結論に至っている。[57]

そう、戦争恐怖症は、現に存在していたのである。

章末注

（1）この部分の記述は、ICAO（国際民間航空機関）の一九八三年十二月二日と一九九三年五月二十八日付けの報告書、およびイズベスチヤ紙のイレシュ記者によるオシポーヴィチへのインタビューを元にしている。

（2）ICAOの一九九三年報告（四七〜四八ページ）はこう述べている。「一九八三年における〈RC－135〉と〈KE－007〉」の近接性が結果的に混乱を生み、たった一機の飛行経路と見なされたと。The 1993 report of the ICAO, pp. 47–48.

（3）Seymour M. Hersh, *The Target Is Destroyed: What really Happened to Flight 007 and What America Knew About It* (New York: Random House, 1986), p. 78.『目標は撃墜された——大韓航空機事件の真実』セイモア・M・ハーシュ、篠田豊訳（文藝春秋）

（4）機体の振動にかんする発言は、一九九七年八月、テレビ・ドキュメンタリー『冷戦（*the Cold War*）』のためにおこなわれたオシポーヴィチへのインタビューのなかに出てくる。同番組は二四回シリーズで、ジェレミー・アイザックス・プロダクションがCNNのために制作し、BBC2で放映された。Liddell Hart Center for Military Archives, Kings College, London, file no. 28/109.

（5）テレビ・ドキュメンタリー『冷戦』中のオシポーヴィチのコメント。

（6）Nancy Reagan with William Novak, *My Turn* (New York: Dell, 1989), p. 271.『マイ・ターン——ナンシー・レーガン回想録』ナンシー・レーガン、広瀬順弘訳（読売新聞社）

（7）Hersh, Ch. 8. ハーシュ前掲書／第八章。

（8）一九八三年九月五日、アメリカの全在外公館宛てに送られた公電には、「九月五日に（ローレンス）イーグルバーガー次官が配布した合衆国〈RC－135〉の飛行にかんする背景説明文書」が添付されていた。RRPL（ロナルド・レーガン大統領図書館所収）

（9）ダグラス・マッキーチン・インタビュー（二〇〇

五年七月二十五日）

（10）米国務省が一九八七年十二月二十九日に発表した情報評価は、この撃墜がソ連の愚かな対応のせいであることを、同省が事後、把握していたことを示している。秘密措置が解除されたこの評価は、リー・ハミルトン下院議員によって一九八八年一月十二日に公開された。J・エドワード・フォックス法務担当国務次官補は言う。「われわれは二日目（一九八三年九月二日）までにこう結論づけていた。ソ連側は、上空通過の全行程ではないにしろ、その大半の時間、アメリカの偵察機を追尾していると考えていた――と」

（11）Robert M. Gates, *From the Shadow: The Ultimate Insider's Story of Five Presidents and How They Won the Cold War* (New York: Simon & Schuster, 1996), pp. 267–268. George Shultz, *Turmoil and Triumph: My Years as Secretary of State* (New York: Charles Scribner's Sons, 1993), p. 364も参照。

（12）Dmitri Volkogonov, *Autopsy for an Empire: The Seven Leaders Who Built the Soviet Regime* (New York: Free Press, 1998), p. 363.『七人の首領――レーニンからゴルバチョフまで』ドミートリー・ヴォルコゴーノフ、生田真司訳（一九九七年・朝日新聞社）

（13）Anatoly Dobrynin, *In Confidence: Moscow's Ambassador to America's Six Cold War Presidents* (New York: Times Books, 1995), p. 537.

（14）TASS, Sept. 1, 1983, 17: 17 in English, "Soviet Air Space Violated," FBIS, USSR International Affairs, Northeast Asia, Sept. 1, 1983, p.C2.

（15）Meeting of the Politburo of the Central Committee of the Soviet Union, Sept. 2, 1983, courtesy Svetlana Savranskaya, TNSA.

（16）Volkogonov, pp. 365–366.

（17）"Provocateurs Cover Traces," TASS report in *Pravda*, Sept. 5, 1983, p. 5, FBIS, Sept. 6, 1983, USSR International Affairs, Northeast Asia, p.C 2-4.

（18）九月五日、レーガンは「NSDD（国家安全保障決定指示）第一〇二号」に署名した。ソ連の国営航空会社アエロフロートを対象に、同社のワシントン、ニューヨーク両支店の閉鎖を命じるとともに、ソ連側が公式声明と犠牲者遺族への補償をつうじて、その責任を認めるよう迫る内容だった。レーガンはさらに、アエロフロートに現在課している制裁措置の継続と、運輸協定の非更新についても再確認した。

（19）Gates, p. 290.

(20) Volkogonov, p. 375.

(21) Yevgeny Chazov, *Health and Power* (Moscow: Novosti, 1992), p. 184.

(22) Christopher Andrew and Oleg Gordievsky, *Comrade Kryuchkov's Instructions: Top Secret Files on KGB Foreign Operations, 1975–1985* (Stanford: Stanford University Press, 1991), p. 594–595.

(23) Oleg Gordievsky, *Next Stop Execution: The Autobiography of Oleg Gordievsky* (London: Macmillan, 1995), p. 272.

(24) Andrew and Gordievsky, p. 594.

(25) Dobrynin, pp. 537–538.

(26) Geoffrey Howe, *Conflict of Loyalty* (New York: St. Martin's Press, 1994), pp. 349–350.

(27) Margaret Thatcher, *The Downing Street Years* (New York: HarperCollins, 1993), p. 324.『サッチャー回顧録――ダウニング街の日々』マーガレット・サッチャー、石塚雅彦訳（日本経済新聞社）

(28) Thatcher, p. 451.

(29) Archie Brown, *The Gorbachev Factor* (Oxford: Oxford University Press, 1996), pp. 77–78.『ゴルバチョフ・ファクター』アーチー・ブラウン、小泉直美、角田安正共訳（藤原書店）

(30) Elizabeth Teague, "War Scare in the USSR," in *Soviet/East European Survey: Selected Research and Analysis from Radio Free Europe/Radio Liberty*, Vojtech Mastny, ed. (Durham: Duke University Press, 1985), pp. 71–76.

(31) Dusko Doder, "Soviets Prepare People for Crisis in U.S. Ties," *Washington Post*, Oct. 30, 1983, p.A34.

(32) サヴランスカヤ・インタビュー（二〇〇五年五月十三日）

(33) レーガン日記（一九八三年十月十日）

(34) Edmund Morris, *Dutch: A Memoir of Ronald Reagan* (New York: Random House, 1999), pp. 498–499.

(35) "Memorandum of conversation," Oct. 11, 1983, RRPL. Jack F. Matlock Jr., *Autopsy on an Empire: The American Ambassador's Account of the Collapse of the Soviet Union* (New York: Random House, 1995), p. 83も参照。

(36) Desmond Ball, "Development of the SIOP, 1960–1983," in *Strategic Nuclear Targeting*, pp. 79–83.

(37) レーガン日記（一九八三年十一月十八日）

(38) Reagan, *An American Life*, p. 586.『わがアメリカンドリーム――レーガン回想録』ロナルド・レーガン、尾崎浩訳（読売新聞社）

(39) 米国防総省の「ベイルート国際空港テロ事件」に

かんする委員会報告（一九八三年十月二十三日／同年十二月二十日公表）

（40）このグレナダ侵攻作戦は、米軍により「アージェント・フュアリー作戦」と命名された。同作戦はホワイトハウスに対する国民の支持を高めはしたものの、弱い敵をねらった小規模の作戦だった。この作戦で米兵一八人が殺され、八六人が負傷した。

（41）Gates, p. 272. ケイシーCIA長官が十二月二十二日、レーガンに対しておこなった、ソ連が核戦争を恐れているとする背景説明は、ソ連の複数の軍情報筋から個別に得た情報をもとにしていたと、ゲイツはふり返っている。

（42）マクファーレン・インタビュー（二〇〇五年四月二十五日）。Gates, p. 272. NATOによる先制攻撃はあり得る——とする揺るぎない確信は「ワルシャワ条約機構軍」の指導部内にそのルーツがあったと、ゲイツは結論づけている。

（43）Matlock, “Memorandum for Robert C. McFarlane,” Oct. 28, 1983, RRPL, Matlock Files, Box 90888.

（44）Andrew and Gordievsky, p. 600.

（45）マクファーレン・インタビュー（二〇〇五年四月二十五日）

（46）Andrew and Gordievsky, *Comrade Kryuchkov's Instructions*, p. 85.

（47）Andrew and Gordievsky, p. 600.

（48）Shultz, p. 376.

（49）Draft Presidential Letter to Andropov〔アンドロポフ宛て大統領書簡の草稿〕（一九八三年十二月十九日）RRPL, National Security Council files, Head of State, USSR, Andropov, Box 38.

（50）Michael Getler, “Speech Is Less Combative; Positive Tone May Be Change of Tune,” *Washington Post*, p. 1, Jan. 17, 1984.

（51）Fritz W. Ermarth, “Observations on the ‘War Scare’ of 1983 from an Intelligence Perch,” Parallel History Project on NATO and the Warsaw Pact, November 6, 2003. *www.php.isn.ethz.ch* を参照。

（52）“Implications of Recent Soviet Military-Political Activities,” Special National Intelligence Estimate SNIE 11–10–84/JX, May 18, 1984.

（53）アーマースはのちに言っている。ソ連側の態度を活性化させたのは「軍事的衝突が差し迫っているとの恐怖ではなく、ソ連の経済・技術面の脆弱性と、レーガンの諸政策によって各種の力の相関関係が歴史的規模でソ連側不利に傾きかけたことによっている」と。“Observations”参照。

（54）Ermarth, "Observations." アメリカ海軍の活動にかんする知識が乏しいことは、アーマースも自覚しており、こう述べている。「〈レッド〉側の情報について、われわれは有り余るほど持っていたが、対する〈ブルー〉側の活動にとって、何が脅威となるか否かを推測する知識がそもそも乏しいため、情報の評価段階でそれが足枷となってしまうのだ。特に国家レベルの情報評価にあたっては、常につきまとう古典的障碍ともいえる。情報機関と軍の指導者たちは、特に両者の利害が対立するとき、その克服に本気で取り組まなければならないのである」

（55）アーマース・インタビュー（二〇〇六年二月二十日）

（56）Gates, p. 273.

（57）この評価は、ジョージ・H・W・ブッシュ大統領のもと、「大統領外国情報顧問委員会」がおこなった。同文書の閲覧を許されたアーマースによると、一九八四年の「ＳＮＩＥ（特別国家情報評価）」は、核戦争に対するソ連側の恐怖を十分把握していなかった――と同文書は結論づけているそうだ。Don Oberdorfer, *From the Cold War to a New Era* (Baltimore: Johns Hopkins University Press, 1998), p. 67も参照。

第4章

細菌の悪夢

アメリカ合衆国は「第二次世界大戦」後、攻撃型生物兵器の開発計画をいったんは立ち上げたものの、一九六九年、ニクソン大統領によってこれらは全面的に放棄された。三年後、「BWC（生物兵器禁止条約）」――正式名称は「細菌兵器（生物兵器）及び毒素兵器の開発、生産及び貯蔵の禁止並びに廃棄に関する条約」――が調印され、戦争目的で細菌の開発・生産をおこなうことは禁止された。ソ連も「BWC」に加わり、この国際協定がみとめる細菌の〝管理人〟の役割をはたす三カ国のひとつになった。その後、ソ連指導部は大胆にも、自国に課せられた義務をひそかに破り、広大な秘密施設で攻撃用生物兵器の研究を推進し、しかも民間施設の体裁を整えることで、軍事目的の実験場、研究所を外部の目から隠蔽したのである。すべての病原体と計画部局には独自のコードが割りふられた。各細菌には「L」の頭文字のつく連番がふられた。ペスト菌は「L1」、ツラレミア（野兎病）菌は「L2」、ブルセラ菌は「L3」、炭疽菌は「L4」といった具合だ。一方、ウイルスの頭文字は「N」だった。痘瘡（天然痘）ウイルスが「N1」、エボラ・ウイルスが「N2」、マールブルグ・ウイルスが「N3」などなど。そうした取り組みのなかには、「ファクター（要素）計画」と呼称される研究も含まれ、「毒性」や「病原性」といった個別の属性がその研究対象とされた。細菌やウイルスのもつ感染対象を死に至らしむる関連能力を高めることで、その致死性の増進を目指すのがこの計画の目的だった。「ファクター計画」と並行して、他にもいくつかの「計画」があった。たとえば「かがり火計画」は、抗生物質に対抗する新たな世代の細菌を探求する試みだった。また、「フルート計画」というのもあった。向精神作用性の化合物——敵の全軍を発狂させるかもしれない武器——をつくりだす取り組みである。[1]「発酵素計画」は、遺伝子工学的なアプローチをしめす符丁だった。化学兵器を対象とする「フォリアント計画」というのもあった。さらにソ連の科学者たちは、農作物を枯らしたり、家畜に被害を及ぼす細菌も研究していた。こちらは「エコロジー計画」と呼ばれていた。[2]

一九八四年、「ファクター計画」で最先端の研究にとりくむ科学者の中にセルゲイ・ポポフもいた。当時、ポポフは三四歳。聡明な若手研究者で、背が高く、柔和な性格、やや甲高い、耳に心地よい声をしていた。ポポフが働いていたのは、西シベリアの森林地帯にあるコルツォヴォという小さな町で、そこははるかに大きな街、ノヴォシビルスクの南東三〇キロメートルに位置していた。シベリアの長い冬、ポポフは小さな娘を学校に送り届けるため、まだ暗く寒い時間帯に起床した。自分は規律正しい人間なのだと、かれは言っている。当局にあまり抵抗せず、社会主義の未来にそこはかとない希望をいだいていたが、この体制がかかえる欠点にも気がついていた。かれも妻のタイシアも仕事熱心な科学者で、大きな研究のチャンスがあると言われて、一九七六年コルツォヴォにやってきた。コルツォヴォ研究所はごく短期間のうちに大発展を遂げた。数十棟の真新しいビルが建てられ、近代的な設備が据えつけられた。「分子生物学研究所」というのが公式名称だったが、「ベクター」という通称でもっぱら知られていた。DNAの断片をひとつの細胞から別の細胞へと移動させる〝運び屋〟のことを、微生物学の分野では「ベクター」と呼ぶのである。[3]

ポポフは近くのノヴォシビルスクで育ち、学位を取得したのもこの街——正確には街の南郊にある「大学町」、その名もずばり「アカデムゴロドク」——においてだった。ここにはノヴォシビルスク州立大学があり、また物理学、数学、地質学、化学、社会科学を専門とする名門研究所も数十を数えた。広い並木道にマツやカバノキ、トウヒやヒマラヤスギが植えられ、科学者たちは固まって住んでいた。アカデムゴロドクは比較的自由な考えの町として知られ、それはイデオロギー色が濃厚で、空気が重苦しいモスクワとは対照的だった。鉄道技師の息子であるポポフは、若いころ数学に夢中になった。息子の才能に気づいた両親は、数学分野の先進研究が可能な特別学校へポポフを送った。十代になると、ポポフは化学に関心を持つようになり、一六歳のときには、自分にしかできないようなロケット燃料を開発したいと決意するまでになった。やがて〝開発〟は成功したけれど、それはかれの目の前で爆発。ガラスの破片がまぶたに突き刺さり、酸によって頭のてっぺんから爪先まで焼かれる結果になってしまった。そうした傷痕はやがて癒えたけれど。

一九八四年、ポポフは「ベクター」の化学部長に就任し、新たな挑戦に立ち向かうことになった。それは当時黎明期にあった天然痘ウイルスの秘密を解読するという野心的な仕事だった。その四年前、「WHO（世界保健機関）」は、この地球から天然痘が一掃されたと勝利宣言をおこなっている。何百万人もの命がこれによって救われたのだと。だが、外部世界の人々は知らなかったが、ソ連の研究機関「ベクター」において、天然痘は依然として科学者たちの実験対象だったのである。

なにしろ二十世紀に起きたすべての戦争をも上回る数の人間をこれまで殺してきたウイルスであり、戦争用の武器にも当然転用が可能だったから。

コルツォヴォで研究生活に入ったとき、ポポフが夢見ていたのは、どれもこれも科学方面のことばかりだった。ポポフ夫妻が「ベクター」入りを決めたのは、レフ・サンダフチエフの言葉に魅力を感じたためである。小柄で、情熱的で、常にたばこをふかしているアルメニア系の科学者で、当時は「ベクター」の科学担当副部長（一九七九年、部長に昇進）をしていた。サンダフチエフはいわば応援団長で、この拡大一途の研究機関のため、科学者たちに絶えず発破をかける役割を演じていたと、多くのものが語っている。かれはどこよりも五〇パーセント高いサラリーを提示した。空きポストを無尽蔵にかかえており、出世の機会はいくらでもあった。かれは当局にかけあって、外貨を調達し、試薬だろうと研究用の機材だろうと購入できたし、良いアパートメント（どこも入手難だった）を世話することさえできた。ポポフは土地勘があったので、町の周辺を自転車でぐるりと回ってみたが、新たな九階建ての集合住宅をふくむ大規模工事が進んでいて、度肝を抜かれたことがある。何やら途方もないことが、ここでは起きているらしい。サンダフチエフはポポフ夫妻に言った。きみたちには応用化学の分野で活躍してもらうと。学術的な発見に邁進し、それをもとに有用な製品を創造するのだと。かくてセルゲイとタイシアのポポフ夫妻は、大いなる期待とともにこの地に到着したのである。「非常に魅力的な話だったし、われわれは当時、生物兵器について何も知らなかった」とポポフは言う。「誰もそんなことは一言もいわなかった。きみたちが招請されたのは、生物兵器研究のためだなんて。まったく一言もだ。だからわれわれは暢気なもので、その先に何が待ち構えているのか、分かっていなかった。新しい研究所に入ってみて、そうだったのかとようやく悟ったわけだ」

サンダフチエフは急いでいた。生物兵器の遺伝子研究における新たな地平を切り開いていきたいと、彼はそのことばかりを考えていた。一面に広がるそれぞれの施設は、この目的に向けたあらゆる要素技術をになう特殊な研究分野を網羅していた。微生物をふやす培地の開発と生産、ウイルスをつくりだす細胞の増殖、ウイルス自体の増殖、ＤＮＡの分離と操作、必要な酵素の分離、動物実験の検査などなど。サンダフチエフの研究所は、じつは民間分野でもかなりの成果をあげていたが、その中核事業は、ウイルスを用いて人間を大量に殺す新たな手法を発見することにあった。

ポポフは一九七六年にノヴォシビルスク州立大学で博士号を取得したあと、「ベクター」の化学部で若手研究員のひとりになった。化学は遺伝子の秘密を解明するうえで不可欠の学問である。最初の一、二年、研究員は微生物学の基礎訓練を受けることになると、ポポフは当時をふり返る。そうした実習は、細菌には感染するが、人には無害な「バクテリオファージ」と呼ばれるウイルスの一種を用いておこなわれた。一九七八年には、化学部長に昇進。そこで初めてサンダフチエフが構想する、この研究所の真の目的を知らされ、最高機密に分類される情報への閲覧権限も与えられた。「その瞬間、わたしは生物兵器計画と抜き差しならない関係に嵌まったのだ」

「だから罪の意識など感じる暇もなかった」とかれは言う。「きみは今やひとつの部門の長になった。ゆえに学術研究に加え、われわれには祖国を守るためのある種の軍事計画を発展させる必要があることを理解してもらわねばならないと、かれらは通告した」。特別許可がなければ、外国旅行を禁止される立場になったのだ。ある種の誓約書へのサインも求められた。機密事項について決して口外しないと誓うものだった。「これが手始めだった」とポポフは言う。「きわめて重大な一歩だ。みずからの立場を鮮明にしたのだから。わたしはすべての関連書類にサインした。それ以外の選択肢はなかった。どの担当者も態度は穏やかで、無理強いするものは一人もいなかったけれど、私のような立場のもので、協力を拒んだ人間はほとんどいないことは即座に分かった。拒否はある種の社会的自殺だった。その後の人生を、KGBにつねに尾行されながら過ごし、まともな仕事に二度とつけぬまま終わることを意味していたから。断る勇気を持てた人を、私は称賛する。そうした人々は人間的に、私よりもっと上等だったのだろう」

ポポフはこうも言った。これほど深く係わっていながら、細菌というものは果たして戦争で使えるものだろうかと疑問を持っていたと。「こんな兵器が使い物になるとは到底信じられなかった。だってあまりにバカげている。一から十までバカげていた。めぐりめぐって、使った側も殺されてしまうのだから」。なぜこれが〝愚行〟かと言えば、戦場で細菌を用いた場合、本当のところどんな衝撃をもたらすのか、まったく予見不能だからだ。彼はさらにこうも付け加えた。「そんな愚行に加担した私にとって、唯一可能な正当化事由は、強要されたのだから仕方がないということだった。……よく口にされた言い回しにこんなのがあった。大丈夫、大丈夫、たとえ首を切られても、ひとつだけ就職口が残っている。西シベリア帽子会社だ」。ある種出口なしの状況を示すメタファーだった。それと比べたら、コルツォヴォは将来有望な研究課題、充実した施設、そしてあらゆるチャンスが手招きしている職場じゃないかと。

研究所におけるKGBの存在感は大きかった。かれらは文書類を精査し、幹部たちに目を光らせ、どこぞにスパイはいないものかと監視して回っていた。すべての職員が入念な背景調査にかけられた。外部世界とのつながりは禁じられ、外国人との接触は稀だった。「そして外国からきた人間への猜疑心はとても強かった」とポポフはふり返る。「訪問者とはいかに接するべきか、KGBはわれわれにレクチャーし、さらに彼らは特別の人員を配置して、その訪問者の一挙手一投足にいたるまでチェックを怠らなかった。訪問者と接触したものは全員、KGBから疑われるため、その外国人と言葉をかわすことさえ大きなトラブルの元となった」と。海外の一部の科学雑誌は手に入ったけれど、西側の文学作品は御法度だった。疑いの目はあらゆるものに注がれた。かつて一度、研究所の科学担当書記がヨガにかんする文献を読んでいて非難されたことがあったとポポフは言う。「しかも彼は、上下逆さまのポーズでいるところを見咎められたのだ。あたまを下に、あしを上に。それは彼のような地位にある人間が決してやってはいけないことだった。純粋に、しかも自宅における暇つぶしにすぎなかったのだが、その書記の〝異常行動〟は、この男は将来これに類することをやりかねないという疑念をかきたて、信用を完全に失い、かれは免職となった」

コルツォヴォの真の目的は、ひとつの〝神話〟、すなわち作り話によって隠されていた。「全員に告げられた創世神話によると、この研究所の開所目的は、微生物産業の発展を推進することにあった。そしてわれわれは、微生物をいかに改良するか、その微生物にいかにして別種の生物学的物質をつくらせるか、その謎の探究に日夜邁進しているというわけだ。生物兵器計画のカムフラージュとしては、なかなかに立派な目標だった。いかにも平和的プロジェクトのような響きがあったから。ただ一点、事実と相違する部分があった。そうして改良された微生物は、最後の最後に人殺しの道具になるという点である」

こうした秘密工作にもかかわらず、この作り話にはひとつ難があるとポポフは考えていた。これほどの規模をほこる研究機関なら通常、専門雑誌に数十件、あるいは数百件にのぼる論文を発表してもいいはずなのだ。だがポポフによると、科学者たちは研究発表にかんし厳しい制限を課せられていたという。実際の仕事については、論文でいっさい触れてはならず、すべてはこの作り話に沿った内容でなければならないという縛りがかかっていた。「となると、読み手の混乱や勘違いを誘うような、明後日の方角の論文にならざるを得ないのだ」と。だが、数千人の研究員をかかえる国家機関から本格的な論文が出てこないとなると、いらぬ疑念を生んでしまう。科学上の知見を得ようとしていないのなら、では連中は何をやっているのか——と。それでも上級幹部から、なあに、アメリカもまた秘密の生物兵器プログラムを持っているのさと聞かされると、なるほどね、それはそうだろうなとポポフ自身も信じていたという。一九七二年の「生物兵器禁止条約」が議論になることはほとんどなかった。「まず、われわれは相当に立ち後れているというのが全体的認識であり、そしてそれは概ね正しかった」と。当時の自分の思考経路をふり返りながら、ポポフは言う。「われわれは生物兵器にかんしても、自前の能力を発展させる必要がある国なのだというのが自己認識だった。われわれはその能力を持たないことに恐怖をおぼえ、そしてアメリカは世界最高の生物兵器を持っているという〝事実〟に、誰ひとり、本質的な疑いをいだかなかった。当時のソ連社会に支配的だったメンタリティを考えてみたまえ。アメリカは常にわれわれを騙してきたのだ。そのことを疑うものなど一人もいなかった。ただの一人もだ。なぜなら、われわれも常にそうしてきたからだ。だから、他人が同じように行動しないのなら、そいつはバカだというわけだ」

ウイルスは途方もなく小さい、砂粒より何百倍も小粒の、超顕微鏡的な粒子で、生物組織に感染し、病気を発症させる。ロシアの微生物学者、ドミトリー・イヴァノフスキーによって一八九二年に発見され、さらに六年後、オランダの微生物学者で植物学者でもあったマルティヌス・ベイエリンクによっても別途発見された。イヴァノフスキーは、その機制を突き止めようとした。細菌をつかまえる陶製のシャンベラン型濾過器にたばこの絞り汁をかけても、タバコモザイク病の病原体を捕まえられないのは、一体どうしてなのか――。この病原体は途方もなく小さいため、フィルターを透過してしまうのではと、イヴァノフスキーは思いついた。そもそもウイルスは生物とは言いきれず、タンパク質の殻と若干の遺伝情報（時にはそれプラス膜組織）の集合体でしかない。それでもウイルスは高い毒性と感染力を発揮して、殺し屋の役割を果たすことがあった。天然痘やインフルエンザのように、大規模流行の原因になることもある。ウイルスはいわば宿主たる細胞に感染し、自己複製によってその細胞内でさらに多くのウイルスをつくりだすだけの存在で、細菌と違って抗生物質は効かなかった。

サンダフチエフの夢、それは悪魔のウイルスをつくりだすことだった。これまで存在を知られておらず、敵国の部隊や国民を攻撃できるようなウイルスを。ただ、ソ連の科学はこの分野で立ち後れているので、容易に克服できない障碍がいくつもあった。走りたいなら、まずはその前に歩き方から学ばなければならない。それが叶わぬのなら、研究者はDNAの人工合成にたどりつけないのだ。西側では当時、単純なDNAをつくる手法がすでに知られていたが、ソ連はそのはるか後方にいた。一九八〇年の一月から六月にかけて、サンダフチエフはこれまでに前例のない任務にポポフを送り出した。イギリスのケンブリッジ大学に行き、同校の有名な「分子生物学研究所」、世界の先進的な微生物学研究が数多くおこなわれているあの場所で、DNA合成の基礎を吸収し、模倣し、祖国に持ち帰れというのだ。生物兵器計画の関係者が外国に行くなんて、およそあり得ないことだったため、ポポフの海外研修にはモスクワのソ連共産党中央委員会の承認が必要だった。ポポフは家族をあとに残し、単身イギリスに渡り、民間研究という体裁のもと、六カ月にわたって懸命に学び、そのノウハウとともにコルツォヴォへ復帰した。彼はまた、西側の生活を垣間見る機会にも恵まれた。このとき目にしたあれこれを、かれは決して忘れなかった(4)。

ポポフがコルツォヴォに戻ると、手間と時間がやたらかかるDNAの合成作業が始まった。遺伝物質の断片は、核酸の基本単位であるヌクレオチドから一つひとつ作りあげなければならなかった。小さな遺伝子なら実現可能かもしれない。例えば、成長を規則的におこなわせるホルモン、ソマトスタチンのような。これは小さなタンパク質で、たった一四個のアミノ酸でできている。科学者たちは四二個のヌクレオチドをつなぎ合わせて一個のDNAを作りあげ、その合成に成功した。だがしかし、それより複雑な遺伝子の場合、数百もしくは数千のヌクレオチドをつなぎ合わせなければならないのだ。ポポフはふり返る。うちの実験室ではしばしば博士課程にある科学者五〇人余りを従えて、この骨の折れる作業に取り組んでいた。「ラボはフラスコや溶剤や試薬の入ったビンでいっぱいで、無数のヒュームフード（ドラフト装置）の前に立つ人間たちが、長く単調な作業手順を一歩また一歩とすすめていた」

だが、サンダフチエフは憑かれたようにポポフを追いこみ、人工ウイルスを作るのに十分な遺伝物質を合成するよう迫った。「そもそも始めから、それは常軌を逸した考えに思われた」とポポフは言う。「だが、サンダフチエフがこの野心的プロジェクトの主人であり、そして彼の設定目標はきわめて高かった。われわれが一五ないし二〇単位のDNAの断片を作ろうと奮闘している傍らで、かれは数千単位を夢見ていた。それほどの作業の迅速化をはかるには、自動合成が必須だとわれわれは理解していた。サンダフチエフもそう思いいたり、巨大な倉庫もしくは工場に自動ロボットを据えつけ、様々なウイルスのDNAを組み立てていくという構想を打ち出した。一カ月当たり一ウイルス、それが理想とすべき生産性である。さすれば、一つまた一つと、生物兵器を生みだせるはずだと」

「WHO（世界保健機関）」の天然痘撲滅キャンペーンが一〇年あまりの歳月をかけて、ついに成功裡に終わった。そんな時に、サンダフチエフは毎月新たなウイルスを創造することを提案していたのである。

「サンダフチエフの構想に、ある種のゴーサインが出た」とポポフは当時をふり返る。「もしソ連が、次から次へと新たな病原体を作ることになったら、一体どういうことが起きるか。信じられないくらい効果的な病原体、それから身をまもる術《すべ》のいっさいない病原体だってできるかもしれない。そいつはスゴいアイデアだ！」というわけだ。そしてポポフは告げられた。そんな〝シンセサイザー（合成装置）〟をどうすれば開発できるか検討してみろ。組み立てラインの完成までに、どれほどの人力、資金、時間が必要となるか、そいつも一緒にな、と。サンダフチエフは「SV－40」の製造に関心を持っていた。サルに癌を発症させるウイルスで、遺伝子配列が唯一判明している点がプラスと判断された。だが、このウイルスを構成するヌクレオチドは五〇〇〇を超えていた。それには二、三年が必要ですとポポフは言った。それを聞いてサンダフチエフはがっかりしたが、毎月新たなウイルスを作りだす目標に揺らぎはなかった。「私には愚の骨頂にしか思えなかった」と言いつつも、ポポフはこう付け加えた。「サンダフチエフは金主たるソ連軍の扱いをよく心得ていた。他の誰よりも先を行くような、常軌を三倍も逸したような極端なアイデアで、まずは将軍たちを震撼させる必要があったのだ」

一九八〇年代初め、ポポフたち「ベクター」の面々は、モスクワの別の研究所と事業提携をおこなっていた。人間の体内でつくられる抗ウイルス性の物質「インターフェロン」を人工的につくりだすエージェントを、遺伝子工学を用いて合成しようというプロジェクトだった。[5] ポポフはこのインターフェロン研究によって、かなり大きな賞を授与された。それは「ベクター」の民間部門における貴重な発明品であり、いい隠れ蓑にもなった。だが同時期、カーテンの裏側で、「ベクター」は天然痘の研究に着手していた。生物兵器として、この病気に新たな光を当てられるのではないかと、かれらは期待していた。

天然痘ウイルスは「ヴァリオーラ」と呼ばれている。なかでも症状が重篤で、よく知られているのが「ヴァリオーラ・メジャー」である。人類史の全期間をつうじて、このウイルスは一億もの人命を奪い、死病のなかでも最大の恐怖をもたらした。歴史的にみると、このウイルスの総致死率はおよそ三〇パーセントに達する。[6] 天然痘に感染した人は、ひどい苦しみを味わう。徹底的な調査のもと、天然痘にかんする著作を書きあげた作家、ジョナサン・タッカーはこの病気を次のように描写している。「天然痘が人体に取りつくと、二週間の潜伏期のあと、高熱、頭痛、腰痛、さらには吐き気に襲われ、次いで顔面や胴体、手足、口、のどに発疹が生じ、あとには見苦しい、膿をもった痘痕《あばた》が残る。これに感染すると、患者はさまざまな苦痛に見舞われる。皮膚が火で焼かれたように感じ、死ぬほど水が欲しいのに、口やのどの病変のせいで飲み込むたびに激痛に襲われる」。生き延びたものは二、三週間にわたり、そうした経過を一通りたどる。感染力がおそろしく強く、会話やクシャミをつうじて空気感染したり、衣服やシーツや枕カバーに付着して接触感染したりして、次々と患者の輪を広げていく。一九六七年という比較的最近でも、毎年四三カ国で一〇〇〇万から一五〇〇万人が発病し、推計二〇〇万人の命を奪う〝業病〟だったのである。(7)

長い年月にわたった天然痘との戦いは、撲滅キャンペーンを展開した「WHO(世界保健機関)」が一九八〇年五月八日に勝利宣言したことで終わりを告げた。これを受けて、WHOは全世界規模の種痘(天然痘予防接種)の終了を勧告した。「天然痘の制圧は」とタッカーは言う。「人の努力によって自然からひとつの伝染病を消し去った最初の、そしてこれまでで唯一の例であり、二〇世紀の最も偉大な医学的成果に数え上げることができよう」と。

なのにいま、「ベクター」ではポポフがサンダフチエフにこう言って、再検討を促していた。「SV-40」を合成したり、人工ウイルスを新たに創りだすよりも、「ファクター計画」においては既存の天然痘ウイルスの再利用を考えるべきではないでしょうかと。天然痘ウイルスを元に、何か新しいものを創りだすことの、どこが問題なのです。天然痘ウイルスは増やすのが簡単だし、エアロゾル化も容易だし、発症時の致死率は高いし、しかも安定した状態で保存がきくのですよと。

ポポフはこの時点ではまだ危険な天然痘ウイルスを直接用いてはおらず、ワクチニアウイルスやエクトメリア痘ウイルス、マウスポックス（マウス痘）ウイルスといった近縁種を使っていた。いわば天然痘の代役モデルというわけだ。「ベクター」は当時、早く結果を出せというモスクワからの圧力にもさらされていたと、ポポフはふり返る。すでに同研究所は創設から十年近くが経過していたが、画期的なめぼしい成果をあげられずにおり、サンダフチェフは批判の的になっていた。「早く成果を出せと、われわれは中央委員会から矢の催促を受けていた」とポポフはふり返る。「数々の約束をし、多額の開発資金をもらい、しかも成果はゼロなのだ。ファクター計画がわたしの研究に注目したのはそんな時だった」

微生物の操作を手がけるなかで、ポポフは頭の痛い問題に直面した。生物体が吐きだす毒素の量を増やすのが存外難しいのだ。少量の放出なら何とかなっても、いざ工場生産にかけようとすると、毒性自体が低下するという予想外の副作用が生じるのだ。結果、その生物体のもつ危険性は高まるどころか、落ちるのである。「生産者としての特性を伸ばそうとすると、しばしば殺人者としての特性が劣化して終わりになるのだ」。長年、この問題に取り組んできたポポフは、解決策はないものかと探った。

最終的に、かれはやや異なる方向からのアプローチを試みた。仲間の研究者とあれこれ頑張っているうちに、人体の免疫システムを騙すスイッチというか、生物学的な引き金のようなものを発見したのだ。病気にかかると、肉体は通常、病原体を攻撃する。そのさい、病原体の特性を、標的たる人体と似たような形状にしてやると、免疫システムは侵入者だけでなく、健康な肉体に向けても攻撃を発動し、結果、その人体は自己破壊にいたるというわけだ。この手法で行くなら、毒素の生産量をわざわざ増やさなくても、遺伝子工学で創り出した生物体を、強力な殺人者に仕立てあげれば済むことになる。

「つまり、人体のもつ自然な調整機能を崩壊させ、自分自身に敵対するよう仕向けるというアイデアだ」とポポフはわたし（著者）に説明した。「その実現に必要なのは、人体がそれに対して従うような、生物学的スイッチというか、信号を与えてやる――それだけなのだ」

そうすれば、あとは人体の免疫システムが騙されて、勝手に自分自身を攻撃し始めるというわけだ。

研究時には、いくつかの異なる標的が検討されたが、最終的に免疫システムには神経系を狙わせることが決定したとポポフは言う。さらに実際の兵器開発では二段構えで行くことが決まった。一番手をつとめるのはおそらく天然痘である。さらに回復期のあと、肉体が自分自身の神経系に牙をむき、かくて犠牲者は全身麻痺に襲われ、死に至る。第二波はまったく予想外だろうし、ワクチンではこのプロセスは阻止できない。「この二の矢は、対処のしようのない武器なのだ」とポポフは言う。「絶対だ。まず第一に、最初の病気をなんとか乗り切り、その人間が完全に回復過程にあるとき、いきなり襲ってくるのだから。しかも第二弾は致死性を備えており……」

一九八五年、ポポフは彼のアイデアに添った〝構成部品〟を作成した。それはDNAの断片で、ゲノムのどこかに挿入されるはずだ。まだまだ構想段階だったけれど、サンダフチエフを納得させ、人工DNAを大量生産するという従来方針を撤回させるに十分なものだった。こうして遺伝物質の断片を伴った、死の病原体づくりがスタートした。武器に使える可能性を秘めた新世代の病原体たちがすぐそこで手招きしているのは明らかだった。

ポポフたち科学者はコルツォヴォで、知識の壁を突破してみせたが、兵器を実際につくるのは軍の仕事であり、そして当然、ソ連軍は自前の研究所が別途必要であると主張していた。たしかに「ベクター」は研究機関である。具体的には国防省「第一五管理総局」がかれらの〝顧客〟であり、同総局の面々が「ベクター」を定期的に訪問しては、進捗状況をチェックしていた。そんなある日ついに、かれらにアピールするような画期的成果が生まれるのである。

モスクワ郊外の森林地帯に隔離された別の科学者グループも、かれら自身の戦いを演じていた。「ベクター」がウイルスの改造に邁進していたころ、イーゴリ・ドマラドスキーは細菌の遺伝子構造に手を加え、無敵の兵士集団に変えようと試みていた。ドマラドスキーはやや足を引きずるように歩いた。子供のころ小児麻痺にかかり、長じて結核とマラリアにもやられた経験を持っていた。かれは短気で、他人の言うことを聞かないという評判をとり、実際、当人も後年、わたしはトラブルメーカーで、扱いづらい人間だからねとみずから口にするほどだった。かれは常に、何かに駆りたてられたような生き方をしていた。科学的な大発見をして世に認められたいと願っていたが、現実には死の兵器をあつかう部署がかれの職場だった(8)。

一九八四年、かれは五九歳になった。ウィークデーはずっとプロトヴィノ(モスクワ南方一六〇キロメートルにある小さな町)で一人暮らしをし、カバノキと数多くの沼からなる森林地帯を毎日、車で抜け、とある秘密実験室の作業場へとかよっていた。その施設はかつてこの森を支配していた古《いにしえ》の王子たちに因んで「オボレンスク」と呼ばれていた。ドマラドスキーはこのドライヴが大好きだった。冬などは辺りを歩きまわるヘラジカと目と目が合うことさえあった。その森を切り開いて「オボレンスク」が建てられた頃のことをかれはよく憶えていた。当初は〝仮小屋〟が並んでいるだけの場所だった。それは言ってみれば、研究者のために造られた、横幅がやけに長い、殺風景な形状の平屋の兵舎だった。それでも一九八〇年代初めまでには、近代的な研究棟「コルプス第一」が森から突きだすようになった。外見は八階建ての、よくあるソ連式箱型ビルディングだったが、その内部には危険な病原体の研究・操作をおこなえる四〇万〇四一七平方フィート（約三万七〇〇〇平方メートル）の実験室が広がっていた。特に三階は剣呑な素材のための専用フロアとされ、病原体が外部に漏れ出さないように、大きなエアロックと密封扉が据え付けられていた。[9]「オボレンスク」そのものは暗い沼地にあったけれど、彼のアパートメントはそこから南に一〇マイル離れた、空気のきれいな、オカ川に近い町、プロトヴィノにあって、ドマラドスキーはそこに住めることを一種の特権と見なしていた。

「オボレンスク」は対外的には「私書箱V-8724」として知られ、冷戦中に軍事活動に従事したソ連の数十にのぼる閉鎖都市・実験施設のひとつだった。[10]平日のドマラドスキーは、そうした実験施設で日々働き、生活はプロトヴィノで送り、そして週末になると、家族に会うため車で二時間のモスクワまで遠出した。時にはは月曜日までモスクワに留まることさえあった。妻のスヴェトラーナ・スクヴォルツォヴァは、モスクワの豊かな文化生活のなかで育った、才色兼備の女優兼教師だった。それゆえ、ドマラドスキーは孤独な単身生活に耐えるしかなかったのだ。

ひとり暮らしを強いられたことで、かれは来し方行く末を改めて考えるようになった。かれは独居のアパートメントで文書類を集めたり、生涯の活動記録を隠したり、違法コピーをおこなったりした。常時監視している保安機関の連中に自分があげた成果の証拠となるデータ類を、破壊されたくなかったのだ。

平日は毎朝、アパートメントのラジオをつけて、「ラジオ・フリー・ヨーロッパ」や「BBC」、あるいはドイツの放送局「ドイチェ・ヴィレ」に耳を傾けた。大都市にいるより、田舎のほうが電波の入り具合が断然良かった。「誰にも邪魔されず、外国のラジオを聴き、モスクワでは得ることのできないソ連や世界についての沢山のニュースを知る自由を満喫した」とかれは言う。そのあと好きな音楽のレコードをかけた。時には朝、あるいは勤務を終えたあとの夕方、スキーに出かけ、公園や森を走りぬけた。食料品不足はいずこも同じだったが、ドマラドスキーは近くにある小さなエリート専用食料品・雑貨店「リャビンカ」――本来は「物理学研究所」の幹部用――を利用することが許されていた。ソ連市民は日々の生活必需品を求めて行列をつくっていたが、その傍らにある特権商店にはインスタント・コーヒーやキャビアといった珍しい品々も並んでいた。しかもその店は宅配サービスまであって、商品が届いた時、次の注文を受け付けてくれるのだ。気分は上々だったけれど、かれがとりくむ研究テーマは恐ろしく困難で、しかも目標が達成された暁には、その成果はおぞましいものに変わることを、ドマラドスキーは知っていた。

ツラレミアは一般に「野兎病《やとびょう》」と呼ばれ、感染性の高い細菌によって引き起こされる病気である。その病原体である野兎病菌は動物の体内、特に齧歯類やウサギ、野ウサギの体内で発見される。この細菌がドマラドスキーの研究対象になったのは、一九八〇年代の初めである。かれは当時、別の病原体も研究対象にしたかったのだが、ボスたちはツラレミアで結果を出すよう求めた。ならば抗生物質やワクチンにも負けない強力な病原体を創ってやろうと、かれはその方法を探究し、どんな対抗策も効かない無敵のスーパー細菌を目指した。

ソ連軍には総じて、天然痘とかペストといった接触感染性の病原体を使いたがる傾向があった。まとまった地域に大流行を引き起こせるからだろう。火花ひとつで、燎原の炎のように病気が勝手に広がってくれるのが望ましかった。ただ、ツラレミアは接触感染性の病原体ではなく、よって人から人へと移ることはない。それでも軍がツラレミアに関心を持ちつづけたのは、ごく少量、一〇個ほどの細菌を吸い込んだり、飲み込んだだけで、この病気にかかる点が評価されたのである。(11) しかも野兎病菌は安定性が高く、エアロゾル化が容易であり、低温下で何週間も生き延びることができた。

主に遺伝子とタンパク質でできているウイルスと違って、細菌は頑丈な外壁のなかで暮らしている。細胞の生き残りにとって、この外壁は不可欠の存在で、骨組みと生存を維持する環境を提供している。逆にこれがないと細胞は死んでしまうのだ。一九三〇年代から四〇年代にかけて、細菌を攻撃できる抗生物質が開発された。その第一号がペニシリンである。この手の医薬品はいくつかのやり方で細菌の活動を鈍らせ、あるいは殺すことができた。細胞壁を弱らせたり、成長を抑制したり、複製を阻害したり。抗生物質は、何世紀にもわたって人類を苦しめてきた微生物感染をふせぐうえで大いに貢献した。リウマチ熱、梅毒、細菌性肺炎といった病気は、簡単に治療できるようになった。こうした奇蹟の薬のおかげで、一部の病気は一掃された。一九四〇年代までに、数十種類の抗生物質が知られるまでになった。だがそこで、思わぬ事態が出来した。細菌が耐性を獲得したのだ。驚異の医薬がほんの数年で効力を失いはじめた。処方後も生き残った細菌には、もはやその抗生物質は効かないのだ。自然選択により、遺伝的に抵抗力をもった細菌だけが生き残ったわけだから。つまり一定期間がすぎると、耐性菌だけが残り、その薬は効力を失ってしまうのだ。⑫

ドマラドスキーの研究目標は、数多くの抗生物質に耐性をもつ新たな微生物をつくりだすことだった。戦争の道具として見た場合、これは一振りの大鎌みたいなものである。敵国の無辜の国民や軍隊をばっさりとひと薙ぎしてしまえるからだ。一九八〇年代末にソ連の生物兵器製造部門――通称「バイオプレパラト」――のナンバー2に昇進したケン・アリベックによると、ドマラドスキーはかつて、抗生物質の全スペクトル(有効範囲)に耐性をもち、ワクチンをものともせず、しかも同時にその属性を失わないツラレミアの変種開発を提案したことがあったという。「ソ連軍はもはや、わずか一タイプの抗生物質に耐性をもった兵器では満足しなかった」とアリベックは言う。「軍の戦略家にとって唯一時間をかけるに値する生物兵器とは、可能なすべての治療法に耐えうるものだったのだ」

と。[13] 将軍たちが欲したのは、十種類の異なる抗生物質に同時に耐えうる変種だったとアリベックはふり返る。およそ無謀かつ複雑な提案で、実現は困難だった。

ドマラドスキーはそれまでツラレミアを扱った経験がほとんどなかったし、その病原体である「野兎病菌」にかんするソ連側の知識もきわめて乏しかった。「われわれはその生化学的組成や遺伝的性質にかんするデータをいっさい持っていなかった」とかれは言う。そこでドマラドスキーは、ソ連で最も優秀な研究者を今回のプロジェクトのためリクルートさせてくれとモスクワの関係当局を説得した。

当人の説明によると、五カ年計画という硬直化したスケジュールに合わせて、ソ連指導部から何らかの進展をつねに求められた結果、長期にわたるかれの研究努力は複雑さの一途をたどったという。この生物兵器計画は、強力な権限をほこる「軍事工業委員会」の管轄下にあったが、その委員会がドマラドスキーに言語道断ともいえる期限を設定したためである。一九八四年までの八年近く、かれはツラレミアに取り組んだ。毎月毎月、ボスたちがモスクワから「オボレンスク」まで公用車でやってきた。サイレンを鳴らし、ライトを点滅させながら。訪問者たちは忍耐というものを知らず、計画の進捗状況を知りたがり、ドマラドスキーに迫った。かれの研究はとにかく時間がかかり、骨の折れるものだった。ツラレミアについて、かれは言う。「なにしろこいつは、遺伝情報は分からないし、抗生物質に耐える自前の遺伝子も持っていないのだから」と。結果、かれは抗生物質の耐性問題の克服にむけて一定程度の前進が見られましたと報告しつつ、ワクチンをも克服できる細菌づくりという第二目標については「その端緒にもついていなかったのだ」と言っている。

一度だけ、ドマラドスキーがボスたちと激しくやりあったことがあった。野兎病菌に別の細菌、すなわちブドウ球菌を取り付けることで、細菌の外観を変えてみたらどうだと示唆された時のことである。「ツラレミアの細胞の表面に、ブドウ球菌の断片を直接くっつけてみろというお達しだったが、そんなものがうまく行くはずはなかった」とかれはふり返る。できあがった代物は、自己の複製すら二度とやれなかった。「まるでカラスの羽根をネコにくっつけて、母ネコが空飛ぶ子ネコを産むことを期待するようなものだった」とドマラドスキーは吐き捨てるように言った。

ドマラドスキーは一九七八年、「オボレンスク」の科学主任に昇進した。だがその四年後、新しい総主任が任命された。キーロフ（旧ヴィャトカ）のとあるソ連軍所属の実験施設からやってきたニコライ・ウラコフ少将である。背が高く、髪形はオールバック、服装や態度はいかにも軍人風だった。例えば、将軍閣下は何かを徹底させるときは、「状況を支配しろ！」とか「薙ぎはらえ！」といった言い回しを好んで用いた。

ドマラドスキーはなんとか独立を確保し、好奇心の赴くままその他のテーマに取り組もうとしたけれど、ウラコフ少将はツラレミア計画をなんとか進展させよの一点張りで、それ以外の病原体に手を着けることを認めなかった。おかげでドマラドスキーの人生は惨めなものに変わった。ツラレミア関連の会議は時に土曜日に開かれるため、モスクワの家族サービスさえ叶わなくなった。「ウラコフは骨の髄まで軍人なので、力以外は尊重せず、いかなる議論も許さなかった」と、ドマラドスキーは後年、その回想録でこぼしている。「ただ、わたしや同僚たちにとって、〝ウラコフ統治〟の最も難儀なところは、かれが科学の基本を完全に無視する点にあった。細菌の遺伝的性質について処理した経験のあるものなら誰でも、新たな菌株を生みだすことが如何に複雑な工程かを知っている。実際それは、新たな種を創りだすことなのだ。ウラコフにそのことを理解させるため、われわれは今やっている作業のあらゆる細部をかれに報告した。これまでにない変異体をいかに獲得するか。その際、われわれがどのような手法を採っているかをことごとく説明した」。だがしかし、将軍閣下は聞く耳を持たなかったとドマラドスキーは言う。

「菌株などいくつも要らん！　一個あればいいんだ！」とウラコフは言い放った。「われわれはここで遊んでいるわけではないのだ！　兵器づくりをやっているのだぞ！」

実験施設で、ドマラドスキーは大きな困難に直面していた。細菌がせっかく新たな特質を獲得したのに、同時に別の特質を失ってしまうケースはままあることだが、それがツラレミアでも起きていたのだ。

「複数の抗生物質にたいする耐性を備えた菌株が、毒性も一緒になくしてしまうとか、そういったことだ」とかれは言う。特に毒性が低下したり、実験動物が以前より一日長く生きたりすると、軍は深刻な後退だと見なした。「われわれに求められていた菌株は、完全な毒性を備え、しかもエアロゾルの形で散布できるものだった。その病原体はまずはサルに致死性の高い病気を発症させなければならず、しかもその感染は〝回復不能〟でなければならないのだ」

そこでドマラドスキーは新たな手法を思いついた。まずは遺伝子工学を用いて毒性をなくした二種類の菌株を用意する。二つの菌株にはそれぞれ別の抗生物質にたいする耐性を与え、しかるのち二つを合体させて一つのスーパー病原体にする。この二つは、遺伝子工学によってそれぞれが失った特質を相互補完するようにつくってある。ドマラドスキーはこれを〝バイナリー（二本立て）〟アプローチと呼び、この新手法に大きな期待をかけた。「速い成長、強い毒性、不治の病いの発症――と、われわれが一本立てのスーパー菌株で実現しようとしたのと同等の、すなわち毒性もその他の特質も損なわれない結果が、このアプローチによって叶えられる」かもしれないと、かれは考えた。二本立て方式なら、同時に六ないし八種類の抗生物質にたいし耐性をもつ可能性すらあるではないかと、皮算用までした。「そうなれば、このタイプの生物兵器の攻撃に対抗することは、ほとんど不可能になる」

とかれは言った。「特に大規模攻撃の場合は」

だが、ウラコフ将軍はこの案に断固拒否で応じたのである。

ソ連邦誕生後の最初の数十年、まだ若者だったドマラドスキーは苦難と恐怖を味わった。一九二五年にモスクワで生まれた彼は、ヴォルガ河畔のサラトフで育った。スターリンの大粛清で逮捕・収監されたかれの父親がこの町に流されたのだ。祖父もまた、逮捕された。建国当初のこの時期、身内のものが受けた迫害や、国家のもつ残酷さと暴力、そして飢餓の経験は、ドマラドスキーにとって決して忘れることのできないことだった。一九四二年末、ドマラドスキー家の人々は、安全を求めてカザフスタンに移住した。一九四三年、一七歳のドマラドスキーは召集を受け、兵士として呼びだされたものの、子供時代のポリオ禍で手足に麻痺があったため、不合格となった。かれは医者になろうと決意し、戦後、サラトフに戻った。一九五〇年、大学を卒業したドマラドスキーは、サラトフの「全ソ・ペスト対策研究所」（通称「ミクロブ」）に研究員として配属された。

ペスト、すなわち中世の黒死病は、一九世紀から二〇世紀初めにかけて、ソ連南部で猛威をふるったため、ロシアでは長く恐れられた病気だった。そこでソ連は、ペストの大発生を阻止・制圧するための専門研究機関のネットワークを構築した。「ミクロブ」はソ連全体の中枢神経の役割を果たすだけでなく、大草原や砂漠の調査にも当たった。ペストはマーモット、アレチネズミ、プレーリードッグなどの齧歯類によって媒介されるため、動物間の感染が人間にも広がる「動物間流行性」の大発生が時おり思い出したように起こった。齧歯類の血を吸うノミを通じて、ペスト菌が人間にも移るからである。それゆえ、ペスト撲滅をめざして現場で働くソ連の研究者たちは微生物学者にして疫学者、動物学者にして寄生虫学者、そして時にはあらゆる専門分野をこなす万能医師でなければならなかった。

ペスト菌の生化学的組成は当時、ソ連では研究されていなかった。そこでドマラドスキーは博士課程のとき、この微生物のタンパク質の代謝問題を研究しようと決意した。一九五六年、かれの博士論文が完成し、口頭試問も見事クリアした。それから一年も経たないうちに、三一歳のドマラドスキーは、シベリアのイルクーツクにあるペスト対策研究所の所長に任命された。そこは極東全域のペスト制圧および研究を統括する機関だった。一九六四年、かれはロストフ＝ナ＝ドヌーのペスト対策研究所に異動となった。騒然とした時代だった。研究所の活動の焦点は、ペスト制圧という通常任務から、生物兵器の開発とソ連をまもる新たな方法の考察へと移行した。ドマラドスキーが細菌戦の世界に手探り状態で第一歩を記《しる》したのがこの時期である。生物兵器による敵の攻撃にいかに対処すべきか、その防御手段をさぐる研究は「第五問題」と呼ばれていた(14)。

冷戦中の一九五〇年代から六〇年代にかけての時期、米ソ両超大国は、既存の病原体をもとに造った生物兵器の備蓄に励んだ。当時、ドマラドスキーは自分の仕事を、民間防衛の一環と捉えていた。核爆発後の放射性降下物から、地下壕によって市民を守るように、敵が生物兵器による攻撃をおこなったとき、国民を感染から守るため、われわれは防御手段を用意しておくのだというわけだ。ロストフ＝ナ＝ドヌーへの異動は、ソ連でふたたび微生物が注目される時期に当たっていたため、ペスト菌を研究する様々な機会にめぐまれた。

遺伝学は一九五三年にジェームズ・ワトソン、フランシス・クリック、モーリス・ウィルキンズが「DNA（デオキシリボ核酸）」の分子構造を明らかにしたことをきっかけに、西側で急速な発展をとげた。以後数十年、科学者たちは実験施設においてDNAを操作する手法をいくつも発見した。だがソ連では、そうした世界の潮流はひそかに持ち込まれる科学雑誌や報告を通じて、ごく一握りの科学者に知られる程度だった。

この分野の研究は一九三〇年代に始まったが、ソ連では育種学者のトロフィム・ルイセンコの影響で一世代にわたる停滞を余儀なくされた。ルイセンコは、動植物の獲得形質はその環境に手を加えることによって変化させることができ、しかもそれは世代から世代へと引き継がせることが可能であると主張した。つまり遺伝学の基盤をなす各種の概念を否定したわけである。そのかれが「ソヴィエト科学アカデミー」の会員になると、ルイセンコ学説に批判的立場をとる科学者たちは異端の扱いを受け、監獄送りとなった。偉大な植物学者で、遺伝学者でもあったニコライ・ヴァヴィロフもその一人である。一九五〇年代には、ソ連の教育課程から遺伝学が一掃された。ルイセンコの没落が到来したのは実に、ニキータ・フルシチョフが一九六四年十月に権力の座を追われた一年後のことである[15]。

御大ルイセンコこそ去ったものの、かれが後に残していった科学者で、ルイセンコと無関係なものはほとんどいなかった。ドマラドスキー自身、わたしの博士論文もルイセンコを宥めるため、若干の〝戯言《たわごと》〟を挿入せざるを得なかったとふり返っている。それでも、ルイセンコの影響は一九六〇年代には徐々に薄れていき、ドマラドスキーはペスト菌の遺伝的性質についてより深く言及できるようになった。ロストフ＝ナ＝ドヌーの各種実験施設において、ドマラドスキーとその同僚研究者は、プラスミドの性質の解明面で大きな進展をかちとった。プラスミドとは、細菌の細胞内で染色体とは別個に発見される小さな環状DNAで、毒性とか抗生物質への耐性といった様々な遺伝情報をかかえている。プラスミドは、元になる細胞を傷つけることなく複写して、別の細胞（たとえ種が異なる細胞でも）に移すことができるので、遺伝子工学の現場で便利に使われている。ドマラドスキーが自分のあげた画期的成果の一つとして考えるのは、抗生物質に耐性のある病原菌の菌株の開発である。これによってワクチン作りが可能になるかもしれないので、ゆえに私がやっているのは民間防衛分野の開発だと、かれは自分自身に言い聞かせていた。ロストフ＝ナ＝ドヌーの施設が兵器開発に直接係わったことは一度もないのだと。「その一方で、この種の研究には暗い側面もあった」とドマラドスキーは後年認めている。「当時のわたしは、そのことに気づかなかったが」と。暗い側面とは要するに、かれの知見はペスト菌にも簡単に応用がきき、新種の殺人細菌づくりに役立てることが可能だということである。

何世紀にもわたって、人類は毒素《トキシン》や毒性《トキシック》を持った物質の利用法を探ってきた。英語の「トキシン」という名詞、「トキシック」という形容詞そのものが、古代ギリシア語の「toxikon pharmakon（矢にぬる毒）」から派生した単語である。人類の最初の生物戦はいわゆる〝媒介物〟を用いて展開された。それは接触感染を狙って、汚物や動物の死体を直接武器にする荒っぽいやり方だった。敵方の軍隊や民間人が利用する井戸や貯水池、その他の水源を汚染する手法は、ナポレオン時代から二〇世紀にいたるまでくり返し試みられている[16]。

科学と軍事技術の発展にともない、「第一次世界大戦」では化学兵器を広範に利用する例が増えていった。一九一五年四月二十二日、ドイツ軍がベルギーのイーペルで塩素ガスを使用したことを皮切りに、恐怖の時代の幕が開けた。以後三年間にわたり、一一万三〇〇〇トンの化学薬品が戦場で使用され、九万一〇〇〇人余りが命を落とし、一二〇万人が負傷した[17]。その結果、一九二五年六月十七日の「ジュネーヴ議定書」には一二八カ国が署名することとなり、化学・生物兵器を今後戦争に用いないことが誓約された。この国際条約の作成で中心的役割を果たしたアメリカ合衆国はしかし、この時点では批准をおこなわなかった。また署名こそしたものの、抑止力としての化学兵器を〝報復〟に用いる権利については依然留保した国も多かった[18]。

「ジュネーヴ議定書」は単に先制使用を禁じるだけの協定だった。化学・生物兵器の基礎研究、生産、保有は禁止しておらず、査察にかんする条項もなかった。

化学兵器はヒ素のような不活性物質でできており、生物兵器は細菌やウイルスといった〝なまもの〟から造られる。第三のカテゴリーが毒素で、これは生命体から分離したものではあるけれど、細菌やウイルスと違って複製がきかないものをいう。

いずれにしろ「ジュネーヴ議定書」の発効後も長きにわたり、新たな生物兵器の発見競争がやむことはなかった。

なかでも日本国は、背筋の寒くなるような取り組みをおこなった。一九二七年に同議定書を検討したあと、日本軍所属の科学者、石井四郎中将は世界各地を旅行してまわった。その結果、かれはわが日本国は他国が見捨てた兵器を再利用して武装をはかるべきであるとの結論に達した。日本の生物兵器計画には、一九三六年から四五年にかけて中国に置かれた、四つの生物兵器部隊が含まれていた。「第二次世界大戦」における最大のものは、占領地満洲の平房にあった通称「七三一部隊」である。日本は死の細菌を育て、さらに生きた病原体を使った大規模な野外実験も実施された。その中には炭疽菌の懸濁液を詰めた爆弾の投下もふくまれていた。日本はまた、捕虜を使って病原体の人体実験もおこなった。死者の数は精確には分かっていないが、数千《サウザンズ》ないし数万に達し、これに各種の突発的流行を加えたら、その数はさらに増えるかもしれない。さらに日本は、ペスト菌に感染したノミと、ネズミを集めるための穀物を詰めた陶器製の容器を航空機から投下する実験もやっている。一九四〇年には中国の一一都市に生物爆弾を空中投下する一連の実地テストもおこなった。結局、日本の兵器が軍事的に見て、どの程度有効だったかは判然としない。ただ、亡くなったり、病気にかかった人間の数はかなりの程度にのぼったとはいえよう(19)。

二〇世紀初頭の戦場におけるロシア兵を見ると、日露戦争にしろ、第一次世界大戦にしろ、一九一八年から二一年にかけての内戦にしろ、戦場で受けた傷がもとで亡くなった兵士よりも、ごく普通の感染症でやられた兵士の方が多いことが分かる。なかでも発疹チフスは、最も恐れられた病気だった。内戦中の大流行にみずから接した軍の指揮官たちは、銃弾よりも病気のほうが危険だとの強い印象を抱くにいたった。そしてソ連赤軍は、病気から兵士をまもる方法を探究するだけでなく、生物兵器の使用実験にも取り組むことになる。[20] ロンドンに送られた秘密情報リポートのなかで、あるイギリス人スパイは、カスピ海のクラリ島で一九二六年十月におこなわれた粗製爆弾の屋外空中投下実験のようすを描写している。この爆弾には破傷風菌のアンプルを詰めこんだ鋼鉄製の羽根付きシリンダーが一本入っていて、それが回転しながら落下する仕掛けになっていたと。爆弾がしかるべきタイミングで爆発すると、細菌が周囲にまき散らされ、実験の結果、菌は五〇〇メートル飛び散り、しかも毒性は失われなかったという。[21]

一九二八年、ソ連の「革命軍事評議会」から生物戦にかんする全体計画が打ち出され、発疹チフスの病原菌を、戦場で武器に使えるかたちに改良することが命じられた。生物戦の中心的実験施設はレニングラード（現サンクトペテルブルグ）に置かれていた。さらにその一〇〇マイル北方、白海のソロヴェツキー島にある捕虜収容所で一九三〇年代に、発疹チフス、Q熱、鼻疽、類鼻疽を使った追加実験もおこなわれた。

「第二次世界大戦」が始まり、ドイツ軍が迫ってくると、ソ連のすべての細菌戦関連施設は、鉄道経由ですぐさま東方のキーロフ市まで疎開させられ、同市の地域中核病院の内部に、これまで得たすべての成果が組みあげられた。

戦争が終わったとき、ソ連は一群の生物戦用病原体をすでに獲得し、その兵器化も済ませていた。

かれらのいう「黄金の三角」、すなわちペスト菌、炭疽菌、コレラ菌である。ソ連軍は一九四五年、満洲にあった日本軍生物戦部隊の司令部を制圧した。建物自体は撤退する日本軍によって破壊されていたが、捕虜と文書類の確保には成功した。一九四九年、ソ連は一〇人余りの日本人捕虜を裁判にかけ、そしてかれら被告たちは細菌戦実験にかんする証言をおこなった。日本の生物兵器計画の詳細はモスクワに送られた。そこには「生物戦用生産工場の青写真」も含まれており、「それはわが国のものよりはるかに規模が大きく、より複雑だった」という。スターリンは、日本の計画をもとに、スヴェルドロフスクに軍の研究施設を建設するよう命じた。さらに、軍が運営するそれ以外の実験施設も一九五三年、モスクワ北方のザゴルスク市に建設され、そこではもっぱらウイルス研究がおこなわれた。これに加えて、一九三七年から三八年にかけてアラル海で一時使われた細菌戦実験のための遠隔基地が一九五〇年代初期、再度運用されることになった(22)。

一九五〇年代から六〇年代にかけて、アメリカの各情報機関は、ソ連の生物兵器についてもっと多くの情報を得ようと苦心したが、あまり成功しなかった。ただ、アラル海の島が怪しいという感触はあった。生物兵器の実験場があるらしいという情報を最初に確認したのは、捕虜となったドイツの化学戦専門家、ヴァルター・ヒルシュで、かれが一九五一年、アメリカのために書いた報告書にこの実験場にかんする記述がある(23)。そこでアメリカの情報コミュニティー〔CIAなど連邦政府所属の情報機関の総称〕は、アラル海について手に入るかぎりのデータをすべて精査したが、何も発見できなかった。一九五四年にCIAが作成した情報評価は以下のように述べている。

> ＵＳＳＲ〔ソヴィエト社会主義共和国連邦〕は、生物兵器の研究・開発に必要な技術情報、訓練された要員、施設を持っており、そうした計画はほぼ間違いなく進展しているとわれわれは信じている。ただ、この

分野における確たる証拠は極端に乏しく、しかも、そうした状況には今後も変化が起こりにくい。なぜなら、この手の計画は隠蔽が可能だからだ。それゆえ、われわれの評価は、USSRがこの分野で実際に何を達成したかという点よりも、何を達成しうる能力があるかという点にほぼ限定されざるを得ない。[24]

一九五七年、〈U－2〉偵察機が、アラル海の問題の島を高高度から撮影した。写真には一五〇棟余りの建物が写っており、それらは二つのグループに分かれ、グループ間の距離は二・五マイル（四キロメートル）ほどだった。だが、情報アナリストたちはこの写真だけでは確定的な結論は出せなかった。一九五九年に〈U－2〉による新たな撮影がおこなわれた。このときも何の手がかりも得られなかった。アメリカのアナリストたちは依然確信を持てずにいた。写っている建物は雑な造りで、生物兵器の実験をおこなうには些か不向きに思われると彼らは言った。一九六五年、ソ連の計画は相変らず謎のままだった。この年におこなわれたCIAのある研究は、こう結論づけている。「途方もない時間と資源を投じたにもかかわらず、USSRにおける生物兵器活動をめぐる情報探究は、しかるべき成果を得られぬままである。ソ連邦に攻撃的なBW〔生物戦〕計画が存在するという確たる証拠はない」と。CIAのアナリストたちは困惑していた。ソ連の細菌戦計画の存在が分かると期待していたのに、それが叶わなかったからだ。かれらはこの報告書に「ソ連BWの謎」というタイトルを付けている。[25]

アメリカが生物兵器の探究を開始したのは「第二次世界大戦」の初期で、枢軸側がこの種の兵器を用いるのではと恐れたイギリスの動きを受けたものだった。一九四一年十月、ヘンリー・スティムソン陸軍長官は「全米科学アカデミー」に対し、その危険性はどれくらいあるのかと諮問した。一九四二年二月に出た答申は、生物戦の可能性あり――というものだった[26]。五月、アメリカの大手医療メーカー「メルク&カンパニー」の会長、ジョージ・W・メルクを長とする、民間人からなる小規模の公的機関「WRS（戦時予備部隊）」が発足し、ある種の生物兵器プロジェクトがスタートした。十二月、陸軍の「CWS（化学戦部隊）」がこの任務を引き継ぎ、大規模な研究・開発プロジェクトの準備作業に入った。一九四三年四月までに、メリーランド州の「キャンプ・デトリック」――当時は首都ワシントン北方四五マイル（約七二キロメートル）にある小さな州兵航空基地だった――に研究施設が造られた。一九四三年十二月、「OSS（戦略事務局／CIAの前身）」は、ドイツが生物兵器、おそらくは炭疽菌もしくはボツリヌス菌の毒素をロケットに搭載し、海峡対岸のイギリスに撃ちこむ可能性は否定できないという「いまひとつ不確かな」情報を受け取った[27]。これを受けてアメリカ側のプロジェクトは一気に急拡大し、陸軍省の下でよりいっそうの統合がはかられた。ドイツが生物兵器を使用するかもしれないという情報に、警戒心をいだいたウィンストン・チャーチル英首相はアメリカに対し、五〇万発の炭疽爆弾の提供を要請した。アメリカ陸軍は一九四四年、インディアナ州ヴィーゴの工場を改装し、炭疽菌の懸濁液を生産できるようにした。ヴィーゴ工場には二万ガロンの発酵槽が一二基据え付けられ、これにより毎時二四〇発の四ポンド炭疽爆弾に芽胞の懸濁液を充塡できる生産能力が実現された。同工場は安全検査も無事済ませたが、生産開始前に戦争のほうが終わってしまった[28]。終わってみると、ドイツは最後まで病原体の兵器化はおこなわなかったこと、むしろ日本の取り組みの方がはるかに活発だったことが明らかとなった。戦争中、アメリカの生物兵器プロジェクトは、かの「マンハッタン計画」と同等の機密保持のもとに進められ、一九四六年一月に、ジョージ・メルクが明かしたことぐらいしか、その詳細は分かっていない。日本の悪名高き「七三一部隊」

については、研究の細部を提供する見返りに、その幹部は訴追を免れるのだが、そうした話も後年にいたるまで秘密のままだった。[29]

朝鮮戦争の際、アメリカは朝鮮半島で生物兵器を使用したと、ソ連と中国は大規模な宣伝戦を展開し、これを非難した。近年、秘密措置が解除された公文書を見ると、アメリカはこの戦争中、生物兵器研究に邁進したが、実戦で使える兵器の開発には成功しなかったことが分かる。[30]むしろこの戦争が終わったあと、冷戦およびソ連との競争によって、生物兵器プロジェクトは急拡大するのである。アーカンソー州パイン・ブラフに微生物の大規模な発酵、濃縮、保存、兵器化のための施設が建設され、一九五四年には生産も開始された。軍民双方の志願者を対象におこなわれた人体実験は、一九五五年に開始された。メリーランド州フォート・デトリックでは、『8ボール』と呼ばれる、中が空洞の巨大金属球（容量一〇〇万リットル）が建設され、その内部で生物爆弾の爆破実験がおこなわれた。[31]ユタ州の「ダグウェイ実験場」では、野外実験がおこなわれた。一九六二年五月、アメリカ陸軍はユタ州ソルトレイク市のフォート・ダグラスに、生物戦と化学戦の調整機関「砂漠実験センター」を創設した。同センターは生物戦の模擬実験にかんする司令部の役割を果たした。アメリカは一九四九年から六九年にかけて計二三九回もの野外実験をおこなっている。そのなかにはアメリカの都市を無断で実験場に使い、エアロゾル化された〝細菌〟をテスト散布した例もあり、「ペンシルヴェニア高速道路」のトンネルもそうした〝実験場〟のひとつだった。[32]これらの野外実験は、生物戦の実態に即する形で、ただし無害の微生物を用いて実施された。一九五〇年代、「セント・ジョー」という秘匿名のもと、アメリカは有事に炭疽菌をソ連にたいし使用できるよう爆弾とその運搬手段の開発・実験にあたった。標的となるソ連の都市とほぼ同じ気象、地形、都市化・工業化の程度といった条件をもとに、ミネアポリス、セント・ルイス、カナダのウィニペグにおいて、非感染性のエアロゾルを用いて、一七三回の試験放出がおこなわれた。兵器として使用するさいは、一発当たり五三六個の生物子爆弾を収納した集束爆弾が用いられ、それら子爆弾には三五ミリリットルの炭疽菌の芽胞懸濁液と小さな爆薬が詰められることになっていた。[33] これよりはるかに野心的な実験が一九六五年と六八年の海上実験のさい、生きた病原菌を用いておこなわれた。このときは太平洋上の島および船舶に置かれたサルが標的とされた。一九六八年の実験では、たった一個の空中散布用タンクによって、二六〇〇平方キロメートル近い面積に、有毒な感染性病原体をバラ撒けることが明らかとなった。[34] 一九六三年から六九年にかけて、無害な代替菌を用いておこなわれた、イギリス側の実験においても似たような結果が得られている。一六〇キロメートルの海岸線に沿って、船舶もしくは航空機から散布した場合、その細菌エアロゾルに十分な濃度があれば、数時間後には八〇キロメートルを超える内陸部にまでその〝病原菌〟は到達するのである。これらの実験により、エアロゾル化された細菌は、野外環境でも数時間は生存でき、内陸に六五キロメートル入った場所なら、そこの人口の八〇パーセント、六五〜一三五キロメートル入った場所でも、人口の半数を病気に罹らせることが可能であると確認された。[35]

このままだと、化学・生物兵器が戦争の場で実際使用されるのではないかという懸念が、科学者のあいだで高まっていった。一九六七年二月十四日、一七人の「ノーベル賞」受賞者、「全米科学アカデミー」会員一二九人を含むおよそ五〇〇〇人の科学者がリンドン・ジョンソン米大統領に対して請願をおこない、「合衆国は化学・生物兵器の先制使用をおこなわないとの意志を再度確認するとともに、そのことを断固宣言すべきである」と求めた。この運動を組織した人間の一人が、ハーヴァード大学分子生物学教授、マシュー・メセルソンである。この請願を受けて、ホワイトハウスは、アメリカは将来にわたり生物兵器を先制使用しないとの声明文をまとめたが、軍の反対に遭って、ジョンソン大統領は結局、この文書を発表しなかった。[36]

そんな折りも折り、ひとつの事故が発生した。事故は生物関係ではなく化学兵器の実験がらみだったが、それがもたらす影響は広範囲に及んだ。一九六八年三月十三日水曜日午後五時三〇分、ユタ州の砂漠の底、「ダグウェイ実験場」に設定された「標的グリッド」に向けて空軍のジェット機が、致死性の神経ガス「VX」三二〇ガロンを浴びせかけた。同機は散布の直後に急上昇したが、そのさいバルブがきちんと閉じていなかったため、死の「VXガス」が機体から漏れつづけ、突風にあおられ、七二キロメートルも遠方まで広がった。三日以内に、スカル・アンド・ラッシュ渓谷で数千匹のヒツジが体調不良に見舞われたり、死亡したりした。[37]この事件はその一年後、テレビのとある報道番組が取り上げたことで、ようやく注目されるようになった。[38]リチャード・マッカーシー下院議員（ニューヨーク州バッファロー選出／民主党）は、化学・生物兵器をとりまく秘密主義に腹を立て、陸軍にしかるべき説明を求めはじめた。「まるで発言は極力少なくし、うっかりミスを指摘されたら、お為ごかしで逃げまくれという内規でもあるかのようだった」とマッカーシー議員は言った。アメリカの化学・生物関連プロジェクトは、科学研究の一部成果こそ公表されているものの、秘密は依然存在した。例えば、太平洋でおこなわれた野外実験とか。

それはちょうど、ニクソンが大統領に就任したばかりの時期だった。新国防長官に任命されたメルヴィン・レアードはウィスコンシン州選出の下院議員を八期つとめた議会人だったため、連邦議会の空気にすぐさま気づき、国家安全保障問題担当大統領補佐官のヘンリー・キッシンジャーに対し「ニクソン政権が今後」議会からの「高まる火の手にさらされることは明らかである」とするメモを送った。レアードはまた、アメリカの細菌戦にかんする政策の全面的見直しをおこなうよう促しもした。[39]

ニクソンは当時、ヴェトナム戦争をめぐって激しい抗議にさらされていた。アメリカは「エージェント・オレンジ」のような枯れ葉剤を使って森をはだかにしたり、稲の栽培に打撃を与えたり、催涙ガスで北ヴェトナムの戦士たちを防空壕からいぶし出すなどして、国際的非難を浴びていた。しかもその夏、国連は一四人の科学者からなる驚くべき内容の報告を発表していた。報告は生物兵器がもたらす途方もない影響を強調し、これが使われると、社会や環境を変容させる恐れすらあるとしていた。たった一度の攻撃で、広大な地域を汚染してしまうのだと科学者たちは言った。一〇トンの病原体を使用すると、インディアナ州よりわずかに広い一〇万平方キロメートルに悪影響が及ぶ恐れすらあると。そもそも生物兵器を戦争で使用するという発想自体に「恐怖を覚える」と科学者たちは言った。「その危険性への適時の警告がないこと、さらにはそれから身を守り、あるいはそれを治療する効果的手段が存在しないか、もしくは適切な規模で供給できないがために、攻撃後、特に民間人のあいだに、病気の大規模発生が広がることが予想されるからである」と。[40] もし仮に一機の爆撃機がしかるべくエアロゾル化した炭疽菌五〇キログラムを標的の都市にむけ用いたら、二〇平方キロメートルもの広大な地域に影響を及ぼし、「数万ないし数十万人の死」をもたらすだろう——という内容の科学・医学分野の詳細な情報も、「WHO（世界保健機関）」によって国連の関連委員会に提供された。[41]

一九六九年十一月二十五日、ニクソン大統領は宣言した。アメリカ合衆国は攻撃的な生物兵器の研究を一方的に中止し、いまある備蓄分は廃棄する。ただし、防御的な研究は今後も維持するとした。ニクソンはまた、化学兵器の先制使用はおこなわないが、アメリカは今後も、化学兵器はこれを保持するとも語った。さらにニクソンは一九二五年の「ジュネーヴ議定書」を上院に送り、批准のための手続きを開始すると言明、あわせて生物兵器の制限をうたった同議定書の追加条約にかんするイギリスの提案を支持すると表明した。「冷戦」において、特定の兵器の全廃が一方的に進められたのは、これが初めてである。[42]

ニクソンはどうしてこのような行動に出たのだろう。前任者たち、特にケネディやジョンソンより自分の方がより有能な指導者であることを誇示したい――という個人的願望も、動機の一部にあったのかもしれない。この決定は「ニクソンに信頼感がなければ実現不可能だった。そして……アイゼンハワーだったら、そもそもこんなことを提案さえしなかったろう」とニクソン自身がキッシンジャーに語っているからだ。(43) 大統領首席補佐官のH・R・ホールドマンがつけていた日記によると、ニクソンは発表の夜、ホールドマンに電話をかけてきて、政治について語りたがり、さらに、翌日スタッフ・ミーティングを開くようホールドマンに促したという。そうすれば、キッシンジャーが席上、こう強調するからと。ニクソン大統領がなし遂げたような成果（生物兵器をめぐる決断をふくむ）は、ジョンソン大統領には到底不可能だったろう。なにせジョンソンは「国民や、あるいは世界の指導者から信頼をかちえていなかったから」(44)と。

ニクソンはまた、核兵器は究極の抑止力であり、ゆえに生物兵器など不要だという見方をしていた。議会向けの背景説明のさい、キッシンジャーはそのメモに、強調すべき点としてこう書いている。「われわれには核があるので、抑止力としてBW（生物兵器）を必要としないのだ」と。キッシンジャーが報道機関向けの背景説明をおこなったあと、ニクソンが電話のやりとりのなかでキッシンジャーに訊いた。「抑止力にかんするこちらの主張は伝わったかと。するとK〉ははいと答えた」と。今回の一方的全廃宣言の草稿を書いたあと、当時ホワイトハウスのスピーチライターだったウィリアム・サファイアは大統領にこう尋ねた。ごく少数の生物兵器は抑止力として残すべきでしょうかと。するとニクソンは「われわれはクソったれの細菌なんか断じて使わぬのだから、生物兵器を抑止力の足しにする利点などあるものか」と即答したという。「もし誰かがわれわれに細菌を使ったら、核を浴びせるだけのことだ」(45)

ニクソンはさらに、科学者たちからも生物兵器の廃棄を促されていた。ハーヴァード大学時代からキッシンジャーのことを知っているメセルソン教授は一九六九年九月、キッシンジャーに一本のメモを送り、アメリカは「ジュネーヴ議定書」を批准し、戦争で化学・生物兵器を使うこと自体を違法とすべきであると説いた。メセルソンは書いている。「ごく少量の病原体だけで、広大な地域をカバーすることができるのだ。軽飛行機一機だけで、数千平方キロメートルを超える地域にすむ人間を十分に殺しうるのだ」と。細菌戦においては、医学的な防衛手段は「不十分な働きしか」できず、しかも「信頼に足りる早期警報システムはいまだ考案されていない」と。攻撃への抑止力としては、アメリカはすでに核兵器を保有しているとメセルソンは付け加えた。ゆえに「われわれは死の細菌兵器にたよる必要などどこにもなく、それを先制攻撃に用いるという選択肢を放棄しても、失うものは何もないのだ」。そして、メセルソンはこう述べた。「われわれの主要関心事は、他国がそうした能力を獲得しないよう努めることにこそあるのだ」と。[46]

また、これとは別に「大統領科学諮問委員会」の委員をつとめる科学者たちも八月の報告の末尾でニクソンにこう勧告している。攻撃的な生物兵器研究は今後おこなわず、いまある備蓄分は廃棄すべきであると。[47]

ニクソンは議会指導者たちにそのむね伝えたあと、ホワイトハウスの「ローズヴェルト・ルーム」で今回の決定を発表した。報道機関と議会筋にたいする説明の力点は「BW（生物兵器）用病原体の管理および有効性に問題が生じている」ということに置かれていたと、キッシンジャーは語っている。[48] ニクソンは自らの発表においても、このロジックを採用した。「生物兵器とは大規模で予見不能、しかも制御不能に陥る恐れのある兵器である。生物兵器は、地球規模で伝染病を広げ、将来の世代の健康を損なう可能性をかかえているのである」[49]と。もっとも実際には、米英両国による実験の結果、生物兵器は十分制御された戦略兵器たりうることが明らかとなっていたのだが。さらにニクソンは、最初の声明では〝毒素〟という関連カテゴリーについては禁止対象としていなかったけれど、一九七〇年二月十四日、これについても併せ廃棄すると明言した。

毒素の廃棄を発表した数カ月後、レアード国防長官が、アメリカの保有する生物兵器全体の在庫記録をホワイトハウスに送ってきた。その中には乾燥処理をほどこした炭疽菌一〇〇キログラムも含まれていた。この「レアード・リスト」によると、アメリカはこのほかに、乾燥野兎病菌が三六五キログラム、無害化されたベネズエラ馬脳炎ウイルスの乾燥させたものが一五〇キログラム、懸濁液の状態のものが四九九一ガロン、Q熱リケッチアの懸濁液が五〇九八ガロンあるという。アメリカはさらに、九万七五五四発の爆弾・弾薬に、毒素や病原体、その類似品を充塡していたことも、このリストによって明らかとなった。[50] このほかに、アメリカは穀物を標的にした武器として、小麦用のサビ病菌七二トンと、イネ用の葉枯れ病菌八五〇キログラムを備蓄していた。生物兵器用弾頭を実際に搭載したミサイルは一発もなかったけれど、[51]〈サージェント〉短距離地対地ミサイルのための小型爆弾を収納する弾頭部の設計はすでに終えていた。航空機搭載用の散布装置は八基あった。なお、統合参謀本部議長のアール・ウィーラー大将は「NSC（国家安全保障会議）」において、アーカンソー州パイン・ブラフの関連施設は指令後三十日で、生産を再開できる態勢にあるとニクソンに語っている。[52] 軍の兵器在庫は一九七三年に廃棄されたものの、CIAはこの二年後の議会公聴会において、毒素のサンプルをごく少量だが保持している事実を指摘され、戒告を受けている。

生物兵器の率先廃棄をうたった最初の宣言のなかで、ニクソンは各国がアメリカのひそみに倣うよう希望した。だが、ソ連がこれに応じることはなかった。[53]

章末注

（1）Ken Alibek with Stephen Handelman, *Biohazard: The Chilling True Story of the Largest Covert Biological Weapons Program in the World — Told from Inside by the Man Who Ran It* (New York: Random House, 1999), p. 20.『バイオハザード』ケン・アリベック、山本光伸訳（二見書房）／『生物兵器——なぜ造ってしまったのか?』と改題して二見文庫に収録。

（2）Igor V. Domaradsky and Wendy Orent, *Biowarrior: Inside the Soviet/Russian Biological Warfare Machine* (New York: Prometheus Books, 2003), p. 157. ドマラドスキーは一九九五年モスクワで、ロシア語版の回想録（*Perevertish, Rasskaz 'Neudobnogo' Cheloveka*）を出版している。タイトルを意訳すると、『変節漢——とある「不都合な」男の物語』といった感じである。なお同書は、英語版のほうが内容がより詳しい。

（3）ポポフとは手紙のやりとりに加え、当人への直接インタビューも都合四度おこなった。日付は二〇〇五年一月二十一日、同三月三十一日、同五月十六日（このときは、タイシア・ポポヴァ夫人も同席）、および二〇〇七年二月二十二日である。

（4）一九八〇年、イギリスの研究所でポポフの保証人をつとめたマイケル・ゲイトによると、このときの課題は「わたしと世界中のほか数名が開発した新たな化学的手法、すなわち機械の支援を受けながら、固体の状態で合成をおこなう方法」を用いて、DNAの短い断片をいかにして作るかということだった。「こうした短い断片は、分子生物学のいくつかの応用分野で使われた。例えば、遺伝子全体の合成とか。ロシアではまさに、この技術を欲しがっており、セルゲイはそれを学ぶために送られてきたのだ」と、ゲイトは著者の照会に対し、二〇〇八年七月八日、そう答えている。

（5）提携の相方は、「ロシア科学アカデミー」傘下の「M・M・シェミャーキン生物有機化学研究所」（シェミャーキンは創立者の名前）。同研究所がインターフェロンに取り組んだ時期には、その後継者、ユーリー・オフチニコフが率いており、かれは秘密生物兵器計画の創設者兼設計者となった。一九九二年、同研究所は「M・M・シェミャーキン＝Yu・

A・オフチニコフ生物有機化学研究所」と改称された。

(6) 米厚生省「CDC(疾病対策センター)」の"Smallpox Overview," Aug. 9, 2004に依る。

(7) Jonathan B. Tucker, *Scourge: The Once and Future Threat of Smallpox* (New York: Atlantic Monthly Press), 2001, pp. 2-3.

(8) この部分の記述はドマラドスキーの回想録、および本人に対するインタビュー(一九九九年八月と二〇〇四年九月六日)に依っている。

(9) 二〇〇四年五月二十四日におこなわれた実地見学と、職員たちの情報提供に依る。

(10) 冷戦時代のソ連の秘密軍事施設・部局は、私書箱の番号によって識別されていた。

(11) 「CDC」のConsensus Statement: Tularemia as a Biological Weapon: Medical and Public Health Management," July 1, 2005, drawn from D. T. Dennis, T.V. Inglesby, D.A. Henderson et al., *Journal of the American Medical Association*, June 6, 2001, vol. 285, no. 21: 2763–2773.

(12) Lisa Melton, "Drugs in Peril: How Do Antibiotics Work?" and "Bacteria Bite Back: How Do Bacteria Become Resistant to Antibiotics?"; and Robert Bud, "The Medicine Chest: The History of Antibiotics," The Wellcome Trust, *http://www.wellcome.ac.uk*

(13) Alibek, p. 161.

(14) 「第五問題」という符丁は、一九五〇年代から六〇年代に衛生問題をあつかう五つの問題別委員会が設立されたことに由来する。レイモンド・A・ジリンスカスによると、「第五問題」は生物兵器をふくむ各種細菌からソ連国民を防衛する責任を負っていた。同委員会は、モスクワの「ソヴィエト医学アカデミー」の「N・F・ガマレヤ疫学・微生物学科学調査研究所」の傘下で活動し、すべての研究は最高機密の扱いだったという。Zilinskas, "The Anti-Plague System and the Soviet Biological Warfare Program," *Critical Reviews in Microbiology*, vol. 32, pp. 47–64, 2006を参照。

(15) ルイセンコについては以下を参照。Valery N. Soyfer, *Lysenko and the Tragedy of Soviet Science* (New Brunswick, N.J.: Rutgers University Press, 1994), Leo and Rebecca Gruliov, trans.; Zhores Medvedev, *The Rise and Fall of T. D. Lysenko* (New York: Columbia University Press, 1969), I. Michael Lerner, trans.; Medvedev, *Soviet Science* (New York: W. W. Norton, 1978); and David Joravsky, *The Lysenko Affairs*

(Cambridge: Harvard University Press, 1970). ヴァヴィロフについては，Peter Pringle, *The Murder of Nikolai Valilov* (New York: Simon & Schuster, 2008) を参照。

(16) George W. Christopher, Theodore J. Cieslak, Julie A. Pavlin, and Edward M. Eitzen, Jr., "Biological Warfare: A Historical Perspective," in *Biological Weapons: Limiting the Threat*, Joshua Lederberg, ed., Belfer Center for Science and International Affairs (Cambridge, Mass: MIT Press, 1999), p. 18. さらに詳細な情報は以下を参照。*The Problem of Chemical and Biological Warfare*, Stockholm International Peace Research Institute, Vol. 1, "The Rise of CBW Weapons," Chapter 2, and "Biological and Toxin Weapons: Research, Development and Use from the Middle Ages to 1945," SIPRI Chemical and Biological Warfare Studies, No. 18, Stockholm International Peace Research Institute, Erhard Geissler, John Ellis, Courtland Moon, eds. (Oxford: Oxford University Press, 1999).

(17) SIPRI, *The Problem of Chemical and Biological Warfare*, Ch. 2, p. 128.

(18) アメリカ上院外交委員会は一九二六年、同議定書を好意的に評価する報告をおこなったものの、これに反対する強力なロビー活動が展開され、また条約の批准に必要な三分の二の得票が不可能だったため、結局、上院本会議の審議にかけられなかったのである。同議定書は一九二八年二月八日、アメリカ合衆国を抜きにして、発効した。アメリカは一九七五年に同議定書を批准した。George Bunn, *Gas and Germ Warfare: International History and Present Status*, Proceedings of the National Academy of Sciences of the United States of America, January 1970, vol. 65, no. 1, pp. 253–260; and U. S. Department of State, *http://www.state.gov/t/ac/trt/4784.htm*

(19) 「敵がこの種の戦争手段に訴えたとの証拠はない」と、アメリカの以下の報告は述べている。"Biological Warfare, Report to the Secretary of War by Mr. George W. Merck, Special Consultant for Biological Warfare," Jan. 3, 1946. だが、この時期の歴史が示すように、日本の計画は密度の面でも致死性の面でもかなり高度だった。以下の文献も参照。Sheldon Harris, *Factories of Death: Japanese Biological Warfare, 1932–1945, and the American Cover-up* (New York: Routledge, 2002); Peter Williams and David Wallace, *Unit 731: Japan's Secret Biological Warfare in World War II* (New York: Free Press, 1989); Daniel Barenblatt, *A Plague upon Humanity: The Secret*

Genocide of Axis Japan's Germ Warfare Operation (New York: HerperCollins, 2004); and Hal Gold, *Unit 731 Testimony* (North Clarendon, Vt.: Tuttle Publishing, 1996).

（20）内戦については、Alibek, p. 32を参照（『生物兵器』七〇頁）。陸軍は一九二六年、モスクワ郊外のヴラシハに、一般的感染症に対抗するためのワクチン・血清開発をになう「ワクチン・血清実験所」を設立した。Jonathan B. Tucker and Raymond A. Zilinskas, *The 1971 Smallpox Epidemic in Aralsk, Kazakhstan, and the Soviet Biological Warfare Program*, Occasional Paper No. 9, James Martin Center (Formerly the Center for Nonproliferation Studies), 2002, p. 5によると、この実験所は攻撃的細菌戦にかんする秘密研究もおこなっていたという。同実験所は一九三四年に「生物技術研究所」と改称され、さらに一九三七年、トヴェリ州のゴロドムリャ島に移転した——と、ジリンスカスはわたし（著者）の照会に対して語っている。ロシア軍の公文書保管所に収蔵されている文書は、同実験所が一九三七年、炭疽菌を詰めた爆弾の投下をふくむ攻撃的生物戦活動に従事していたことを示唆している。Russian State Military Archive, Fond 4, Opis 14, Delo 1856. これらの文書にかんしては、ミハイル・チプキンの助けを借りた。

（21）"Soviet Russia, Bacteriological Warfare," January 17, 1927, CX 9767, a report from the British S.I.S., file WO 188/784, British National Archives. 同報告によると、炭疽、ペスト、脳炎にかんする実験が計画されていたという。

（22）Alibek, p. 33–38（『生物兵器』七二〜七九頁）を参照。

（23）「ヒルシュ報告」には、一九三九年から四五年におけるソ連の様々な活動にかんする詳細情報が盛り込まれている。それらの情報源は、ヒルシュ自身がおこなったソ連人捕虜にたいする尋問と、ドイツ側の諜報活動で得られた各種資料である。「ヒルシュ報告」はその島がＢＷ（生物兵器）の実験場だったと特定している。Wilson E. Lexow and Julian Hoptman, "The Enigma of Soviet BW," *Studies in Intelligence*, vol. 9, Spring 1965. さらに以下も参照した。Special National Intelligence Estimate, "Implications of Soviet Use of Chemical and Toxin Weapons for US Security Interests," SNIE 11–17–83, September 15, 1983, Annex B.

（24）"Soviet Capabilities and Probable Courses of Action Through Mid-1959," NIE 11–4–54, Sept. 14, 1954, p.

郵便はがき

おそれいりますが切手をおはりください。

101-0052

東京都千代田区神田小川町3-24

白水社 行

『死神の報復　上』について	(9257)

■その他小社出版物についてのご意見・ご感想もお書きください。

あなたのコメントを広告やホームページ等で紹介してもよろしいですか？
. はい（お名前は掲載しません。紹介させていただいた方には粗品を進呈します）　2. いいえ

ご住所	〒　　電話（　　）		
ふりがな) お名前	（　　歳） 1. 男　2. 女		
職業または 学校名		お求めの 書店名	

この本を何でお知りになりましたか？
新聞広告（朝日・毎日・読売・日経・他〈　　〉）
雑誌広告（雑誌名　　）
書評（新聞または雑誌名　　）　4.《白水社の本棚》を見て
店頭で見て　6. 白水社のホームページを見て　7. その他（　　）
お買い求めの動機は？
著者・翻訳者に関心があるので　2. タイトルに引かれて　3. 帯の文章を読んで
広告を見て　5. 装丁が良かったので　6. その他（　　）
出版案内ご入用の方はご希望のものに印をおつけください。
白水社ブックカタログ　2. 新書カタログ　3. 辞典・語学書カタログ
パブリッシャーズ・レビュー《白水社の本棚》（新刊案内／1・4・7・10月刊）

24.

（25）Lexow and Hoptman, "The Enigma."

（26）"U.S. Army Activity in the U.S. Biological Warfare Programs," Feb. 24, 1977, Vol. 1. こちらは公式の活動史。Vol. 2, Annex A. こちらは一九四六年一月三日に米陸軍長官に提出された「メルク報告」で、大戦中の生物兵器計画に関連する出来事が要領よくまとめられている。Theodore Rosebury, *Peace or Pestilence* (New York: McGraw-Hill, 1949), pp. 6–7. も参照。

（27）Milton Leitenberg, *The Problem of Biological Weapons* (Stockholm: National Defence College, 2004), pp. 49–94.

（28）英米加三カ国は、炭疽クラスター爆弾の合同プロジェクトに着手した。アメリカが病原体の生産を担当し、カナダが試験用の安全な施設を提供することになり、これは「N爆弾」計画と呼ばれていた。実地試験の結果、クラスター爆弾による生物兵器の戦術使用は実現可能との目処がついたものの、戦争が終わるまでに、アメリカの工場は生産を開始できなかったか、あるいは生物兵器の使用そのものに認可が下りなかったようだ。これとは別に、イギリスのポートン・ダウンでも、家畜を標的にした、やや洗練さに欠ける武器が造られた。亜麻仁《あまに》かすの粉に炭疽菌の胞子を練りこみ、ずんぐりした円筒状に成形したキャトル・ケーキ（濃厚飼料塊）がそれである。この生産ラインは一九四二年末から四三年四月まで稼働し、五〇〇万個のキャトル・ケーキが造られた。計画では、爆撃機からドイツの農村地帯にばらまき、ドイツの家畜生産に打撃を与えることになっていた。もっともそれは、ドイツ側が先にこの種の兵器を用いた場合、それに対抗するための報復兵器という位置づけだったが。ドイツはそんな手に打って出なかったため、これらキャトル・ケーキは使われることなく、戦後処分された。情報源を明らかにできない資料もあるが、他に以下の文献を参考にした。*Deadly Cultures*, eds. Mark Wheelis, Lajos Rozsa and Malcolm Dando (Cambridge, Mass.: Harvard University Press, 2006), p. 4; and Brian Balmer, *Britain and Biological Warfare: Expert Advice and Science Policy, 1930–1965* (Hampshire and New York: Palgrave, 2001).

（29）Ed Regis, *The Biology of Doom: The History of America's Secret Germ Warfare Project* (New York: Henry Holt & Co., 1999), pp. 71–74.

（30）U.S. Army history, p. 38. さらにConrad C. Crane, "No Practical Capabilities: American Biological and

Chemical Warfare Programs During the Korean War," *Perspectives in Biology and Medicine*, vol. 45, no. 2 (Spring 2002): 241–249. も参考にした。クレインはこう結論づけている。「戦争が終わったとき、アメリカの化学・生物兵器の備蓄量は、開戦時と大差なかった」と。また備蓄分のうち、利用可能な生物兵器は、農作物に被害をあたえるサビ菌のみだったという。

（31）この細菌に対する有効な抗生物質があったため、実験にはツラレミアの菌株が使用された。

（32）The U.S. Army study, Vol.II, Appendix IV, to Annex E, table 1–6 にこうした諸実験の一覧表がある。

（33）Matthew Meselson, "Averting the Hostile Exploitation of Biotechnology," *CBW Conventions Bulletin*, June 2000, pp. 16–19. 以下の本も参照。Jeanne Guillemin, *Biological Weapons: From the Invention of State-sponsored Programs to Contemporary Bioterrorism* (New York: Columbia University Press, 2005), pp. 103–105. イギリスは一九四八年から五五年にかけて、アメリカの若干の支援を付けつつ海上実験を都合五回おこなった。Balmer, *Britain and Biological Warfare*. 以下のURLも参照。*www.fas.org/bwc*.

（34）Regis, p. 206. 同書に引用されたこの実験の最終報告によると、たった一発の兵器で九二六・五平方マイル（二四〇〇平方キロメートル）をカバーできると推計されたという。「第二次世界大戦」中に構想された、爆弾を雨あられと浴びせる飽和攻撃よりも、標的の周辺地域から船舶や航空機、車輛を使ってそっと散布する方式のほうがはるかに優れていることは、イギリス側の研究からも明らかである。

（35）イギリス側の実験結果に詳しい筋の情報。

（36）このとき、メセルソン教授を補佐した研究者の一人、ミルトン・ライテンバーグはわたし（著者）の照会に対して、この請願は当初、ヴェトナム戦争で病原菌を用いることに反対するのが目的だったと述べている。「メセルソン・アーカイヴ」のおかげで、以下の文献も参照できた。Donald F. Hornig, "Memorandum for the President," Dec. 8, 1966, LBJ Library. アメリカ軍側の反対については以下の本を参照。*Foreign Relations of the United States, 1964–1968*, Volume X: National Security Policy, Documents No. 173 and 178.

（37）Richard D. McCarthy, *The Ultimate Folly: War by Pestilence, Asphyxiation and Defoliation* (New York: Knopf, 1970), p. 109.

（38）NBC's *First Tuesday*, on Feb. 4, 1969.

(39) Robert A. Wampler, ed., "Biowar: The Nixon Administration's Decision to End U.S. Biological Warfare Programs," TNSA EBB58, doc. 1. 以下の文献も参照。*Foreign Relations of the United States, 1969–1976, Vol.E-2*, Documents on Arms Control, 1969–1972, Part 3: Chemical and Biological Warfare; Geneva Protocol; Biological Weapons Convention.

(40) *Chemical and Bacteriological* (*Biological*) *Weapons and the Effects of Their Possible Use*, Report of the Secretary-General, the United Nations, Department of Political and Security Council Affairs, New York, 1969.

(41) "Health Aspects of Chemical and Biological Weapons," Report of a WHO Group of Consultants, World Health Organization, Geneva, 1970; submitted to the Secretary-General of the United Nations, Nov. 28, 1969, p. 19.

(42) Jonathan B. Tucker, "A Farewell to Germs: The U.S. Renunciation of Biological and Toxin Warfare, 1969–1970," *International Security*, vol. 27, no. 1, Summer 2002, pp. 107–148. このほか、*Foreign Relations of the United States, 1969—1976* も参照した。

(43) キッシンジャーの電話通話記録。DNSA, Nov. 25, 1969, 12: 30 P.M., and 6: 30 P.M. National Archives, Richard Nixon Presidential Library and Museum, Henry A. Kissinger Telephone Conversation Transcrips (Telecons). Chronological File. Box 3. November 18–28, 1969.

(44) H.R. Haldeman, *The Haldeman Diaries* (New York: G. P. Putnam's Sons, 1994), p. 111.

(45) William Safire, "On Language: Weapons on Mass Destruction," *The New York Times Magazine*, April 19, 1998, p. 22.

(46) Matthew Meselson, "The United States and the Geneva Protocol of 1925," September 1969, Meselson personal archive. Jeanne Guillemin, *Biological Weapons: From the Invention of State-sponcered Programs to Contemporary Bioterrorism* (New York: Columbia University Press, 2005), p. 123. BioEssays 25: 12, pp. 1236–1246, 2003 も参照。

(47)「大統領科学諮問委員会」は次のように勧告したと、ホワイトハウスの科学顧問、リー・A・デュブリッジは言う。アメリカは「あらゆる攻撃的BW(生物兵器)を廃棄し、攻撃的BWのための資材調達を完全に中止し、BW用病原体のいまある備蓄分を廃棄し、今後いかなる備蓄もおこなわないものとする」と。TNSA EBB 58, doc. 5. 以下の論文も参照。"Averting the Hostile Exploitation of

Biotechnology," *CBW Conventions Bulletin*, Quarterly Journal of the Harvard Sussex Program on CBW Armament and Arms Limitation, issue no. 48, June 2000, pp. 16–19.

（48）「ＨＡＫ（ヘンリー・アルフレッド・キッシンジャー）の論点、議会指導者および報道機関に対する背景説明」TNSA EBB 58, doc. 11.

（49）Public Papers of the Presidents, 1969, pp. 968–1970.

（50）メルヴィン・レアードの大統領宛てメモ（一九七〇年七月六日）。Tab A, "Material to be destoroyed (biological and toxin)," TNSA EBB 58, doc. 58.

（51）Report to the Naional Security Council, U. S. Policy on Chemical and Biological Warfare and Agents, TNSA EBB 58, docs. 6a and 6.

（52）*Foreign Relations, 1969—1972, Vol. E-2*. "Minutes of NSC Meeting on Chemical Warfare and Biological Wafare, Nov. 18, 1969."

（53）アメリカが展開した情報攪乱作戦の結果、ニクソンの決断後も、アメリカは生物兵器関連の活動を継続しているとソ連側は受け止めていたと、レイモンド・Ｌ・ガーソフは示唆しているが、この見解はいまだ実証されていない。ガーソフによると、ＦＢＩはソ連に対し、アメリカは依然、秘密のＢＷ（生物兵器）プロジェクトを維持しているとの偽情報を吹き込んでいたという。Garthoff, "Polyakov's Run," *Bulletin of the Atomic Scientists*, vol. 56, no. 5, September/October 2000, p. 37を参照。化学兵器にかんしては、情報攪乱作戦があったことが知られている。*Cassidy's Run: The Secret Spy War over Nerve Gas* (New York: Random House, 2000) の中で、著者のデイヴィッド・ワイズ（David Wise）がその実態を描写している。一方、生物兵器をめぐる情報攪乱作戦については、その詳細は分かっていない。

第5章

炭疽工場

ソ連において天然痘などの生物兵器実験が最も頻繁におこなわれた場所をひとつ挙げろと言われたら、乾燥した砂地の広がる、人里離れた遠隔の島がまずは思い浮かぶだろう。アラル海の中央部に位置し、〝再生の島〟と呼ばれたヴォズロジデニヤ島である。アラル海はかつて世界で四番目に大きい内海に数えられていたが、一九七〇年代に入ると、徐々に縮小をはじめた。この海に流れ込む複数の河川の水が、ソ連の計画立案者によって綿花畑の灌漑に流用されてしまったからだ。海岸線が後退し、水質が悪化し、農薬の流入増まで加わって、いまや鳥や魚、小型哺乳類までが絶滅の危機に瀕していた。

一九七一年七月の半ば、ソ連の民間調査船「レフ・ベルク号」——ロシアの高名な生物学者兼地質学者に因んで命名された——がアラリスクを出航した。当時そこは、アラル海の北端にあった港町で、人口は五万を教えた。その夏の数日間、「レフ・ベルク号」に与えられた任務は、環境破壊をしめすサンプルの収集だった。七月十五日に出発したこの調査船は、アラル海の海岸線に沿って、大きくぐるりと一周した。湖面をわたる風はつねに南寄りに吹いていた。七月三十一日、「レフ・ベルク号」はヴォズロジデニヤ島の南方にきていた。その後、同船は八月十一日、母港に帰着した。甲板上で活動し、網を投げてはサンプルの収集にあたっていた二四歳の女性助手が自宅に戻ったあと、ひどい体調不良に見舞われた。つづく数週間に、彼女は天然痘を発症させ、その後アラリスク在住の九人もこの病気に罹った。一歳未満の乳児ふたりを含む、計三人が命を落とした。(1)
天然痘実験がこのアウトブレークの原因であることをしめす直接的証拠は存在しないが、ソ連の高官、ピョートル・ブルガソフは後年、とある実験があの島でおこなわれていたと語っている。天然痘の大発生が起きた時期、ブルガソフはソ連保健省の次官だった。(2) かれはこうふり返っている。「アラル海のヴォズロジデニヤ島では、毒性の強い新型天然痘ウイルスの製法実験がおこなわれていた。すると、そこへ……

アラリスクの町で、原因不明の死亡事件が発生中との報告が飛び込んできた。事実関係はこうだ。「アラリスク海運」の調査船が一隻、島の一五キロメートル圏内（四〇キロメートル以上接近することは当時禁じられていた）に入り込み、研究所の助手が甲板で一日に二度、プランクトンのサンプルを収集していた。同島で爆発・散布させた天然痘ウイルスはほんの四〇〇グラム程度だったが、病原体はその助手に「襲いかかった」。彼女は天然痘に感染し、アラリスクに戻ると、さらに数人に移し、その一部は子供だった。生存者はいなかった。事実の断片を組み立てた私は、ソ連軍の参謀長に電話をかけ、アルマアタ＝モスクワ間の鉄道をアラリスクで停車させないよう要請した。こうして全国規模の大流行は回避された。当時KGB議長だったアンドロポフにも電話をして、ヴォズロジデニヤ島でこれまでにない潜在力を備えた天然痘が開発されたと伝えると、この件は他言無用と、釘をさされてしまった。それは正にこれぞ細菌兵器という代物だった。しかも有効範囲は一五キロメートル。あの時、ひとりの実験助手でなく、一〇〇

ないし二〇〇人がその周辺にいたら、どんな事態が出来していたか、わたしは容易に想像できた。(3)

この件は箝口令が敷かれ、天然痘の大発生という事実は「WHO（世界保健機関）」にとうとう報告されなかった。

アラリスクで天然痘騒動が起きたのと同じ一九七一年、世界は細菌戦に対する国際管理の強化を目指して新たな外交努力へと動きだした。一九二五年の「ジュネーヴ議定書」は化学・生物兵器を対象としていたが、今回、イギリスがジュネーヴ軍縮委員会で提起したのは、化学兵器と細菌兵器とを分離し、まずは生物関連の兵器のほうを何とかしようという案だった。背景には比較的対処しやすい細菌兵器をまずは禁止し、そのあとに化学兵器に取り組もうという考えがあった。(4)わが国は、生物兵器プロジェクトを廃棄する——というニクソン大統領の決断が、新たな交渉にむけた起爆剤となった。

ソ連は長年にわたり、生物・化学両兵器は「即時かつ同時に禁止」すべきであると主張してきたところが一九七一年三月、かれらは突如としてこの両兵器を分離するという案に同意の意向を示した。ソ連とアメリカは、生物兵器の禁止をさだめた新たな条約を承認し、同条約は八月に国連に送られ、国連総会は十二月、満場一致でこれを承認した。かくてロンドン、ワシントン、モスクワの三首都において、一九七二年四月十日、「細菌兵器（生物兵器）及び毒素兵器の開発、生産及び貯蔵の禁止並びに廃棄に関する条約」への署名がおこなわれた。計四ページからなるこの合意文書は、生物兵器の開発・生産と、その運搬手段の双方を禁じている。特に第一条は、次のように具体的に宣言していた。

第一条　締約国は、いかなる場合にも、次の物を開発せず、生産せず、貯蔵せず若しくはその他の方法によつて取得せず又は保有しないことを約束する。
(1) 防疫の目的、身体防護の目的その他の平和的目的による正当化ができない種類及び量の微生物剤その他の生物剤又はこのような種類及び量の毒素（原料又は製法のいかんを問わない。）
(2) 微生物剤その他の生物剤又は毒素を敵対的目的のために又は武力紛争において使用するために設計された兵器、装置又は運搬手段。

だが、半世紀前の「ジュネーヴ議定書」が拘束力の面で弱かったように、この新たな生物兵器条約も、有効性に欠けていた。現地査察にかんする制度は、ソ連がいかなるものも拒否したため、盛り込まれなかった。防衛目的でなされるなら、研究活動は禁じられなかった。まったく合意がないよりは、査察なき条約でも調印されるほうが望ましいと、当時の西側外交官は判断した。よって本条約は、各国がそれぞれ自国の監視に当たる形となった。たとえ欺瞞行為があっても、それに対する罰則規定はなかった。条約の遵守に目を光らせる専門機関もなかった。

ニクソン米大統領はこの新条約にまったく信を置いていなかった。調印式に出席することさえ躊躇ったほどだ。調印当日、ニクソンはキッシンジャーに対し「愚かな生物戦など、なんの意味もない」ともらし、さらに翌日、ジョン・コナリー財務長官に対し、新条約のことを「あの生物戦をめぐる三文条約」呼ばわりしている[5]。

「生物兵器禁止条約」は一九七五年三月二十六日に発効した。「第二次世界大戦」後、初の軍縮条約であり、ひとつの兵器体系を丸ごと廃棄するという画期的内容だったが、同条約に対する期待はすべてムダに終わるのである。

一九七二年の冬の数カ月間、イーゴリ・ドマラドスキーはモスクワ郊外の療養所で結核からの恢復過程にあった。ある日、思いもかけないことに、公用車がやってきて、かれを連れ去った。車はモスクワのソ連保健省、さらにはクレムリンへと向かった。きみは今後、ロストフ＝ナ＝ドヌーからモスクワへ異動となり、微生物関連の仕事に就いてもらうことになったと、高官たちは言った。ただ、どんな仕事に就いてもらうかは、高官たちにも分かっていない様子だった。その夏、ドマラドスキーは準備作業の一環として、生物学博士号の口頭試問に臨んだ。「この先、何が待ち構えているか分かっていたら、そんな仕事に就きたいとは思わなかっただろう」と、かれは後日このモスクワ異動について語っている。「そしてきっと断っていたはずだ」と。[6] かれが配属された政府機関は、微生物工業部門の主要管理局で、その略称から「グラフミクロビオプロム」と呼ばれていた。元々は人工甘味料やタンパク質など、農業や医療関連の発展を支援するために設けられた部局だった。そこに小さなオフィスを与えられたが、それが何のためのものなのか、まったく見当がつかなかったとドマラドスキーは当時をふり返っている。

西側では遺伝学と分子生物学が急速な進歩を遂げつつあった。カリフォルニアのハーブ・ボイヤーとスタンリー・コーエンが、DNAの断片を切ったり、くっつけたり、複写したりする実験をおこなったことで、分子生物学という科学分野はまったく新しいレベルに到達した。そして時を同じくして、ドマラドスキーのモスクワ異動が決まったのである。コーエン＝ボイヤーによる一九七三年の実験は、遺伝子工学の夜明けを告げるものだった。[7]

ソ連指導部は極めて重大な決定をおこなった。なにしろこの時点まで、かれらの細菌戦計画は一貫して軍主導だったのだから。たしかにソ連の指導者は、新たな生物兵器条約に調印はしていた。だが、最高機密の領域では、かれらはこの国際的合意を破り、遺伝子工学分野における新たな進歩を利用して、攻撃型生物兵器の探究をさらに推し進める決断をしたのである。かれらはこれまで兵器の材料として、天然の病原体を使ってきた。だが今や、天然素材を改良して、危険な新型病原体を創りだす方向に、大きく舵を切ったのである。そしてドマラドスキーは、この計画の中心部へと、リクルートされたのである。

細菌戦方面の取り組みは、核の軍拡競争とはいささか趣きを異にしていた。核兵器については、米ソ両国とも公式な場で交渉をおこなっている。当時の法的枠組みからすると、核兵器は合法なのである。関係国は各種の条約をつくり、限界を定め、軍備管理交渉によって軍拡競争を、法に則った形に収めるよう多大の努力を傾注し、しかもその交渉事は、衆人環視のなかで進められていた。互いの脱法行為を防ぐため、関係国は検証制度も設けた。だがしかし、ソ連の指導者が一九七〇年代初めに生物兵器計画の推進を決定したとき、それらは人目につかない、軍拡競争の暗部へと姿を消した。かれらも共に調印した国際条約に書かれた要件からすると、かれらの計画は違法だったから。ただ、ソ連の指導者がたとえ約束を反故にしようと、それらを規定し、検証し、強制するような枠組みはいっさい存在しないのである。なるほどそうした行為は、われわれはまずもって軍縮を求めている——とするソ連の多年にわたる宣伝工作が、じつは真っ赤なウソだったことを示すものではある。ただ、ソ連側の計画に関与した人間はほとんど全員、われわれはアメリカ側も不正を働いていると想定していたと語っている。実際には、アメリカ側の生物兵器プロジェクトはもはや開店休業状態だったのだが。

当時の最高指導者ブレジネフは「ソヴィエト科学アカデミー」副総裁で、分子生物学の第一人者でもあるユーリー・オフチニコフの影響を受けていた。オフチニコフやその他数名の同僚たちはブレジネフを説得し、「遺伝子スプライシング」という新技術を攻撃型の軍事計画に応用しようとした。ソ連の生物兵器計画を統括する「バイオプレパラト」の副局長に就任したケン・アリベックによると、オフチニコフは「西側の科学雑誌を読むことで知った、新たな状況の重大性を十分認識しており、しかも彼は、ソ連にその手の実験施設がないこと、西側のレベルに匹敵する機材を与えられている科学者がほとんどいないことを知っていた」という。この新たな地平線の価値を軍に納得させる面でとアリベックは言う。「オフチニコフは説得力豊かな論法を展開した。それは猜疑心が最も強い司令官でさえ、何にせよ西側の後塵を拝することは、一大事とまでは行かなくても、確かに危険であると認めさせるほどの説得力だった。オフチニコフは、レオニード・ブレジネフの中に有力な同盟者たる資質を見出していた。一九八二年に亡くなるまで一八年間にわたってソ連を支配したブレジネフは、その人生の一時期、冶金関係の技術者だったことがあり、ソ連の科学界を牛耳る尊大な科学アカデミー会員たちに、畏怖にも似た崇敬の念をいだいていたのである。オフチニコフはほどなく、ブレジネフやその側近たちに、遺伝学にかんする個人的レクチャーをおこなうようになる。やがて彼の主張はゆっくりと浸透していった(8)。

要するに、われわれは彼らに追いつかなければならないのだ――というのが、オフチニコフの言わんとするところだった。そうした努力の一環として、何人かの著名なソ連人科学者が、分子生物学や遺伝学にかんする西側文献の獲得にあたった。かれらの一人、ヴィクトル・ジダーノフは、その名を知られたウイルス学者で、世界的規模で展開された一九五八年の天然痘撲滅キャンペーンを提案する側に当初はいた。それゆえジダーノフは、西側の科学者たちからも高く評価され、しばしば外国旅行を許された。ドマラドスキーはジダーノフのことを、洗練され人当たりのよい人物と評している。ただ、ジダーノフは表に出せないような秘密、ソ連で新世代の生物兵器が計画されているという事実にも気がついていた。

微生物学の世界では、人間の生活向上に役立つ研究分野（ワクチン、医薬品、農作物）と、人間の脆弱性を突く研究分野（毒素や感染症）の間には明確な一線が引かれていた。ただ、初期段階においては、同じ研究施設が両方の分野で使われることはあり得たし、ノーベル賞を受賞したアメリカの遺伝学者、ジョシュア・レーダーバーグが書いているように、生物兵器の「基礎をなす科学が、軍民両用の性質を持っていることは不変の事実」であった。それがゆえに、ソ連の指導者はその兵器開発計画を隠蔽することが可能だったのである。(9)

一九七三年、英米ソ三カ国が「生物兵器禁止条約」に調印した直後、しかし未だ条約発効には至らぬ時期に、ブレジネフは新たな組織「バイオプレパラト」を創設した。医薬品やワクチンを製造する部門であるというのが、対外向けの説明だった。だがその実態は、新たな攻撃型生物兵器を見つけだすという野心的事業に再挑戦する軍民両用機関であった。民間の製薬部門を隠れ蓑に、「バイオプレパラト」は人類に知られている最も危険な病原体の数々を研究することになっていた。そうした活動を適切に導くため、ブレジネフはごく少人数からなる秘密の評議会を設けるよう命じた。ブレジネフは評議会の議長に、ソ連内外で尊敬されているウイルス学者、ヴィクトル・ジダーノフを据え、さらに副議長として、ドマラドスキーにその脇を固めさせた。

評議会において、ドマラドスキーは、生物兵器の開発を計画する「特別部門」の責任者もつとめていた。かれは軍の生物兵器実験所、政府の関係省庁、科学アカデミー、保安部門と頻繁に連絡をとった。かれはいまや、ソ連の細菌戦研究プロジェクトの「中枢センター」の役割を担っていた。新たな攻撃型兵器の取り組みは「酵素」計画という符丁で呼ばれた。最終的にこの計画は、数万人の要員をかかえ、数億ドル相当の資金を受ける一大プロジェクトへと発展する。(10)

一九七四年、ソ連政府は新たな行政命令（この命令は公開）を発して、微生物学の分野におけるソ連の活動を加速化させるとぶち上げた。「この命令の意味は明らかだ」とドマラドスキーは言う。「われわれがついに目覚め、この分野における立ち後れにむけ決意をもって当たることを内外に知らしめようというわけだ」と。[11] だが同行政命令の公開は毎度のごとく、真実の隠蔽にこそその目的があった。「バイオプレパラト」傘下の実働機関は兵器開発を目指しており、しかもコルツォヴォとオボレンスクにその種の施設が建設されることは秘密扱いだったから。アリベックの説明によると、これは水爆の開発以来、最も野心的な兵器関連計画だったという。[12]

ドマラドスキーの新任務はすべて裏の世界で処理された。「酵素」計画がらみの文書はみな特別車輛に載せ、武装した護衛付きで移送された。評議会の会合は特別な防音措置をほどこした場所でおこなわれ、毎回、保安要員によって盗聴器の有無が確認された。科学論文にかんするドマラドスキーの予約申込書は、保安部門によって事前チェックを受けなければならなかった。かれは共産圏の外に旅行することを禁じられ、東欧にさえ行けないこともしばしばだった。「私は知りすぎていたからね」とかれも理解を示した。旅行制限は最高機密の資料にアクセスできる人間にしばしば課されていたが、それでも、時に困惑を覚えることはあった。「外国の友人から招待を受けた場合、断るためのなにか適当な言い訳を考えなければならないし、しかも招待に応じたいという誘惑は大きかったから」。かれは脚を骨折したとか、体調が思わしくないとか、ちょっと「家族に問題」があってという理由をでっちあげた。一度だけ、ミュンヘンで開かれる微生物学にかんする国際会議に出ようと、国を離れる直前まで行ったことがある。だが最後の瞬間、ソ連代表団に同行するKGBの男がドマラドスキーを路上で呼び止め、あなたは行けませんのでと、搭乗券と旅費の返納を要求されてしまった。

ドマラドスキーや同僚の研究者たちは、遺伝物質をペスト菌に注入する手法について一〇件の「発明者であることを示す証明書」を持っていたが、それらの特許書類は秘密扱いだった。書類の秘密保持には共通の手順があった。ドマラドスキーに与えられたのは、ひとつの番号と登録日だけだった。自分自身の証明書を見たければ、特別保安措置の取られた部屋に入らなければならず、しかもいかなる文書も持ち出せなかった。

ドマラドスキーは内面に深い葛藤をかかえていた。科学の新たな地平を切り開きたいという思いは強かったけれど、それはまた死の道具づくりに貢献する作業でもあった。かれが実際扱うのは単なる細菌で、実際の爆弾ではなかったが、かれが開発した病原体は最終的に兵器となるのだ。「〝酵素〟がらみの科学研究は実際、好奇心を大きく刺戟してくれた」とかれは言う。「科学のもつ魅力は、わたしの場合、その結果がもたらすものより重要に思われた」と。「自分の良心と折り合いをつけることは、支払うべき小さな代償のようにその時は思われた」とかれは付け加える。わたしの一族が長きにわたり迫害を受けたことで、自分は膝を屈することを学んだのだと彼は言う。「生き残るため、わたしは子供のころから、自分がソヴィエト体制をどう思っているか、その真意を隠さなければならなかった。わたしはかなり早い時期に、この政権に自分を適応させる術を学んだのだ」

もちろんそれだけではない。ドマラドスキーは自分がソ連の開発努力の中心にいることに「胸躍るような誇り」も感じていたのである。クレムリンに直通する秘話電話、専用車、よい給料も得ていた。「われわれは自分が愛国的事業に携わっていると思っていた」とかれは言う。「ソ連における分子生物学、免疫学、遺伝学の研究を前進させるのだ。いずれも長年放置されて立ち後れてしまった科学分野だった」。生物兵器は国際条約で禁止されていることは彼自身も知っていたが、アメリカだって汚いことをやっているにちがいないと決め込んでいた。

生物兵器全般を掌握するドマラドスキーは、関連書類に目をとおし、軍と折衝し、各種の実験施設を視察した。「バイオプレパラト」が徐々にその姿を現わし始めると、ドマラドスキーはひとつの計画を立案し、一九七五年に承認を取りつけた。それは遺伝子工学技術を応用した細菌兵器開発を、五つの主要方面にむけて発展させるというもので、その中には抗生物質への耐性研究も含まれていた。ここが分岐点だった。以後、さまざまな死の病原体の遺伝子を、細菌の細胞内、もしくはウイルスのDNA内に組み込んで、その病原性を強める計画がいくつも実施されたからだ。ドマラドスキーは遺伝物質をペスト菌に直接注入することを望んだ。これらは「かがり火」計画と「ファクター」計画と呼ばれた。ドマラドスキーが副議長としてモスクワの評議会にいるころ、評議会もまた、これと併行した別の計画を立ち上げていた。遺伝子改変を施したウイルスと細菌兵器を用いて、穀物や家畜に打撃を与えるもので、こちらは「エコロジー」計画と呼ばれた。

思えば若いころ、ペスト撲滅運動に英雄的に取り組み、大衆を悪疫から守るため奮闘する各研究所の職員たちに、ドマラドスキーは強いあこがれの念を抱いたものである。それが今、同じ研究機関が人の命を奪う病原体の探究に黙々と取り組んでいるのである。さらに民間防衛をテーマとする「第五問題」研究は、ソ連側の兵器開発のよい隠れ蓑になっていた。各研究所はまた、大草原で発見された危険な病原体をかき集め、何がその病原体に毒性を与えているか見極めるよう要請されていた。それが分かれば、「バイオプレパラト」のラインナップに加えることができるから。

「生物兵器禁止条約」は一九七五年三月二十六日に発効した。同年六月、ジュネーヴ軍縮委員会のソ連代表、アレクシー・A・ロシチンは宣言した。「ソ連邦は現在、この条約の第一条に述べられたいかなる細菌性（生物性）病原体もしくは毒素、および兵器、装置又は運搬手段をいっさい持っていない」と。[13]

ロシチンが実態に気づいていたかどうかは判然としないが、ドマラドスキーが知っていたことは明らかだ。「自分が制御不能に陥っているシステムの一部であることは分かっていたけれど、これ以外の生き方をわたしは思いつけなかった」とドマラドスキーは後年そう回顧している。「わたしは同僚たちと同様、ひどい二者択一に直面していた。すなわち、（良くてもせいぜい）道徳的に両義性をそなえた仕事をしながら、腐敗し機能不全に陥ったシステムにこのまま留まり続けるのか、それとも科学者としての全キャリアを犠牲にすべきなのかという」

それは「生物兵器禁止条約」が批准された直後のことだった。アメリカの情報衛星がおよそ尋常でない建物群がソ連で建設されつつある兆候を補足した。ボストン・グローブ紙の軍事問題担当記者、ウィリアム・ビーチャーはこう伝えた。生物兵器施設の可能性がある六棟の工場が衛星により探知された。これらの工場は「生物兵器生産との関連性が濃厚な、異常に高い煙突と冷凍保存庫という特徴を備えている」と。[14]

さらに一九七九年四月、スヴェルドロフスクで大規模な炭疽禍が発生した。西側にも断片的な報告が届きだした。アメリカの各情報機関は、ソ連に秘密の生物兵器計画が存在すると一貫して疑ってきた。そして、おそらく今、その証拠がついに明らかとなったのである。

第一報は匿名のソ連人亡命者をつうじて、ＣＩＡに伝えられた。ＣＩＡの最高機密ランクの情報報告（一九七九年十月十五日付け）によると、友人三名がこの五月の話として「スヴェルドロフスクのＢＷ（生物兵器）研究所で事故があり、結果、四〇ないし六〇人が死亡した」と伝えてきたという。「事故の噂を聞いたという情報源はそれ以外にも複数あった」と匿名のソ連人亡命者は語った。あいまいな部分が多いものの、「スヴェルドロフスクに疑わしいBW施設」があること、「事故関連の報告二件は、病気が家畜にも影響したことを示唆し、またたった一名だが、可能性として炭疽菌を挙げる情報源がいた」[15]ことが注目された。

十二月、ソ連軍がアフガニスタンに侵攻した。これを受けて、「SALT Ⅱ（第二次戦略兵器制限条約）」の行方が怪しくなってきた。もしここでソ連が、調印後五年になる「生物兵器禁止条約」に違反していた事実が明らかになると、「SALT Ⅱ」の批准にとって深刻な逆流となりかねなかった。

とそこへ、スヴェルドロフスクにかんする新たな情報がワシントンに届いた。一九八〇年一月二十八日付のCIA報告は次のように述べている。「BW施設の事故により、一九七九年四月スヴェルドロフスク南部において、民間人に犠牲者がでたとの疑いが、最近の情報によって強まっている」と。CIA報告は、同工場で爆発が起き、それによってある種の放出がおこなわれた可能性があると付け加えている。「病原性の細菌が空中に逃れ、スヴェルドロフスク南部の工業・住宅地域一帯に広がった可能性もなくはない」と。CIA報告はまた、こうも指摘していた。「公衆衛生方面の関連で炭疽の大発生について発表したことは、スヴェルドロフスクの百万人を超える市民のあいだにパニックが広がる恐れを回避するための措置に見える。今回の伝染病の規模と、原因となる微生物については、いまだ推測の域を出ない」と。

一九八〇年の一月と二月に、スヴェルドロフスクのとある病院に勤務する外科医から、アメリカの情報機関にこれよりも詳細な新情報が提供された。これについて、米DIA（国防情報局）の最高機密レベルの報告（三月三日付）は述べている。若干の細部については曖昧だが、この外科医の発言は多くの具体的事実について正確だった。事故は軍事施設の内部で発生し、同施設は「散布可能な生物兵器」を生産していたと、この外科医は語った。かれによると、一九七九年四月に「一機のジェット機から爆発音」――この点は後日、誤りだったと判明する――があがり、それから四日以内に、犠牲者が「第二〇病院」に到着するようになったという。

この外科医はまた、被害者たちの症状、陶器工場の労働者たちの死、患者たちを「第四〇病院」に移送した決定、流行の原因は汚染された食肉だったという発表などについて詳しく語っている。かれはさらに「この説明に、その場にいた医師たちは納得しなかった。死を招いたのは肺疾患性の炭疽であり、汚染された肉を食べたり、牛肉に触れた場合によくあるような胃や皮膚をおかすタイプのものではなかったからだ」と付け加えた。これを受けてＤＩＡは、当該施設で「生物兵器の関連活動がおこなわれていたことを示す、極めて強い状況証拠となりうる」情報であろうと結論づけている。

一九八〇年三月十七日月曜日、アメリカの駐ソ大使、トーマス・ワトソンはモスクワのソ連外務省に内々に接触し、スヴェルドロフスクの炭疽流行について、ひとつの問題提起をおこなった。[16]ソ連外務省は即座には反応しなかった。すると、翌三月十八日火曜日のワシントンで、米国務省スポークスマンが記者たちの質問に答える形で公式声明を読み上げた。「致死性の病原体」が一九七九年にスヴェルドロフスクを襲ったとの「困惑を覚えるような兆候」が見られたことで、「そうした物質の現在量が果たして」生物兵器禁止条約に「則った量だったのか」という疑義が生じているとの内容だった。[17]アメリカ側がこんな行動に出るとは予想だにしなかったため、ソ連側は国務省の公式声明に驚いた。これに対するソ連側の反応は、三月二十日木曜日に出てきた。今回の流行は、汚染された食肉が原因であったと。[18]じつは状況はきわめて微妙だった。五三カ国の外交官がジュネーヴに集まり開催されている「生物兵器禁止条約」発効後初の、五年に一度の運用検討会議がこの同じ週に閉幕する予定だったからだ。最終宣言も承認寸前までできていた。この会議に派遣されたアメリカのチャールズ・フラワリー大使は、ソ連大使のヴィクトル・イスラエリャンにこう告げた。わが国がスヴェルドロフスクの件についてに関心を持っているとのメッセージがモスクワで提起されることになっていると。ソ連側は一切応じない姿勢を保つことを決めた。モスクワからの指示に従い、イスラエリャンは三月二十一日金曜日、運用検討会議に対してある種の公式声明をおこなった。何も心配することはないのだと、かれは請け合い、アメリカが提起した諸問題については「いかなる根拠もない」と突っぱねた。「一九七九年三月から四月にかけて、スヴェルドロフスク地区では、たしかに動物のあいだで炭疽の一般的な流行が発生したが、それは自然発生である。人間が腸をやられた症例もいくつかあったが、それらは獣医検査官が課した規制に反して売られた、家畜の肉を食べた結果であった」と。[19]

同じ日、この声明が出されたあと、運用検討会議は「生物兵器禁止条約」にかんする最終宣言を承認した。条約は有効に機能していると、加盟各国は宣言したのである。違反行為について何らかの異議申し立てをおこなった国はひとつもなかった。実際、最終宣言には「違反」なる単語すら入っていない。条約に署名したすべての国は、生物兵器の回避に向けて「全人類のための強力な決意」が示されたと再確認したのである。[20]

一週間後、アメリカはモスクワに秘密のメッセージを送り、こう伝えた。「われわれに利用可能な各種報告は、スヴェルドロフスクで肺疾患性の炭疽の深刻な大発生があり、死者も相当数にのぼったことを示している。われわれはその経験から、汚染された食肉による炭疽の発生は、比較的短期間で終息し、その結果の死者数もかなり小さなものに留まると見ている」[21]

ワシントンでは、CIAがマシュー・メセルソンたち専門家の意見聴取をおこなっていた。メセルソンはハーヴァード大学の分子生物学教授で、先にニクソンに対し、生物兵器の違法化を促した学者でもある。そのメセルソンのもとに、CIAで長年、生物兵器を担当してきた分析官、ジュリアン・

ホプトマンから電話があった。一週間にわたり、メセルソン教授はホプトマンの自宅で寝泊まりし、さらにCIA本部のホプトマンのオフィスで、秘密情報へのアクセス権限を存分に利用して活動を続けた。二人は上がってきた報告の生原本を詳細に調べたが、これぞ〝証拠〟とされた情報は、解釈次第でどちらとも取れるものばかりだった。当時、炭疽禍の現場で活動し、DIAの報告でも言及されていたスヴェルドロフスク出身の外科医は、いまはイスラエルに移住していることが分かり、ホプトマン自身が当人に事情聴取をおこなった。ただ、それ以外の情報源の中で、旅の途中でスヴェルドロフスクを通過したものに確認してみると、流行病の発生について何も聞いていないことが判明した。〝爆発音〟にかんする話も正確ではなかった。こちらが発した質問の多くに明確な回答は得られず、特に原因にかんする部分がそうだった。その週に当人が書いたメモのなかで、メセルソン教授はこう述べている。「現時点で私がもっぱら念頭においている主要な技術問題は、呼吸によって吸引された炭疽菌がこれの原因なのかどうかという点である」と。被害者が体内に取り込んだ炭疽菌は、エアロゾルの形で散布された生物兵器の存在を示唆するものなのか、それとも傷んだ肉の配給で説明がつく消化器系のものなのか。あるいは何か別の呼吸器系疾患との合併症なのか。

併せて謎とされたのは、今回の事件がなぜ七週間も続いたのかという点である。メセルソンが参考にした教科書は、炭疽菌の潜伏期間を数日としていたから。もし、芽胞の霧がたった一度だった場合、新たな患者の発生は急速に低減するはずである。だが実際は、人々はかなりの長期間、病気になり続けた。ホプトマンのオフィスで作業を進めながら、メセルソン教授は思った。なんらかの結論に到達するには、今よりはるかに多くのデータが必要だと。炭疽菌に曝されたとき、被害者たちはどんな作業をおこなっていたのか。その人物は町のどの辺に暮らしていたのか。当時、風はどちら向きに吹いていたのか。すべての被害者を地図上にプロットし、発生源とされる軍の混成基地「第一九区」

から楕円を描いたとき、その楕円内には、いったい何人の犠牲者がいたのか。そして「第一九区」ではその時、何がおこなわれていたのか。地元当局は患者に薬を処方したのか。もし処方したのなら、その薬の効果はあったのか。すぐさま処方したのなら、どうしてこれほど多くの人間が命を落としたのか。この初期段階において、メセルソンは細心の注意を払いながら、おそるおそる状況を探っていった。メセルソンはまた、「ノースウェスターン大学」（イリノイ州）の物理学者、ドナルド・エリスがこの時期、学術交換プログラムのもと、家族ともどもスヴェルドロフスクに滞在していることを知った。メセルソンはエリスと連絡を取った。そんな病気の流行など聞いたこともないと、かれはふり返った。この情報もまた、メセルソンを慎重にさせた。(22)

生物兵器はスパイにとっても、兵士にとっても、科学者にとっても、究極の難題である。軍事衛星は宇宙から大陸間弾道ミサイルのサイロを写真に撮り、その数を数えることさえ可能である。だが、細菌はこれとは別物だ。衛星は、たとえばスヴェルドロフスクのような、奇妙な建物群を見つけだすことは可能かもしれないが、実験室内のフラスコを捉えることはほぼ不可能である。スヴェルドロフスクの一件を理解することは、それゆえ重要なのだ。それは真の証拠にいたる事実の断片なのだから。なるほどスヴェルドロフスク事件は、ソ連の細菌戦計画の巨大さを垣間見させてはくれた。ただ今のところ、それによって何かが証明できたわけではないのである。

スヴェルドロフスクの事故のあと、ソ連政府関係者は同市から大量の炭疽菌を搬出し、遠くシベリアはイルクーツクに近い、ジマという町の保管施設へと移送した。炭疽菌の生産を再開したくはあったが、そのためには新たな生産拠点が必要だった。「第一九区」はすでに目を付けられていることは、かれらとて分かっていた。「第一九区」は軍直轄の施設だったが、政府関係者はいまや、炭疽生産の隠蔽はもっと慎重におこないたいと考えていた。最善の隠れ蓑はやはり、民間の医薬品メーカーという体裁を取っている「バイオプレパラト」だろう。一九八一年、ブレジネフはスヴェルドロフスク施設の移転案を承認した。遠い砂漠の町、カザフスタン北部のステプノゴルスクが移転先だった。その町は「バイオプレパラト」が拠点を置いているところで、運営面の責任者にはケン・アリベックが選ばれた。[23]

アリベックは民族区分ではカザフ系ソ連人だった。軍医として「トムスク医学院」を卒業したあと、西ロシアのオムトニンスクにある生物農薬工場に配属された。そこは今後、生物兵器関連の仕事につく人間をきたえる訓練施設だった。[24] 最初から「オリエンテーション」やセミナーの類いは一切なかったが、自分たちに与えられた任務の〝真の目的〟について少しでも疑いを抱いたら、たちまちクビだった。」とアリベックは当時をふり返る。かれらは秘密の誓約書にサインするよう求められ、そのあと担当のKGB教官から一人ひとり呼び出しを受けた。

「これが通常の業務でないことは気づいていると思う」と、アリベックが着席したとたん、そのKGBの将校は言った。質問というよりは断定といった感じだ。

「はい」とアリベックは答えた。

「じつは生物戦にかんする国際条約が存在し、ソ連邦もこれに調印している」とその将校は言った。「この条約に従い、何人も生物兵器を製造することは許されていない。しかし、アメリカもこの条約に調印しており、われわれは、アメリカ人が嘘をついていると信じている」

「わたしは熱意をこめて彼に言った。わたしもそう信じております」とアリベックは当時をふり返る。「われわれは小学生のころから、軍の若手将校から教えられ、そう叩きこまれてきた。資本主義世界はひとつの目的によって団結している。それはソ連邦を滅ぼすことだ。あのアメリカが、考えられるあらゆる兵器を用いて、このわれわれに敵対しており、そしてわが国の生き残りは、かれらと同じやり方で対抗することにかかっている。そういう事実を、わたしは苦もなく信じることができた」

アリベックの答えに、そのKGBの将校はうなずいた。満足げだった。「さあ、行きたまえ」と彼は言った。「きみの幸運を祈っているぞ」と。

それから長い年月がたったころ、アリベックはその五分間のやりとりをふと思い出した。そういえば、自分のキャリアに対する倫理問題で、公式に質問されたのは、あれが最初で最後だったなと。[25]

アリベックは一九八三年、ステプノゴルスクに派遣された。その新しい細菌戦工場は、「進歩科学生産公社」という民間施設に付属していた。同「公社」は一方で農薬と肥料を製造しながら、もう一方で隠れ蓑の役割を果たしていた。着任から数週間が経ったころ、アリベックはモスクワに呼ばれて、現状報告をおこなった。「バイオプレパラト」はサモカツナヤ通り四番地aに総本部を移していた。背が高く、アーチ型の窓をそなえた優雅な建物で、かつて十九世紀のウオトカ事業で財をなしたピョートル・スミルノフが住んでいたところである。内部に入ると、ブレジネフが一九八二年にサインした秘密指令書を見せられた。「一人の情報部員が紐付きの赤いフォルダーからその文書を取りだし、うやうやしく机に置いた。彼はわたしが読んでいる間中、ずっと背後に立っていた」とアリベックはふり返る。「命令の要旨はすでに知っていた。カザフスタン北部にある半ば休眠状態の施設を最終的に、スヴェルドロフスクに代わり得る弾薬・爆弾製造工場に転換させようということだった」

その弾薬・砲弾に詰められる武器とは「軍用病原体」で、「炭疽836」と通称されていた。「その培養、濃縮、製品化にいたる技術を確立し、さらにその大量生産のためのインフラ整備をおこなうことが、わたしに課せられた任務だった。それはわが国の科学者たちが長年取り組み、実現に至らずにいた目標だった。それを実現するためには、数百発の爆弾をセットして炭疽菌を充塡する装置だけでなく、発酵槽、乾燥・製粉機、遠心装置などの各種機器類を組み立てることも必要だった[26]。

「ステプノゴルスクにおける私の仕事とは要するに、兵器化された炭疽菌を大量生産するため、世界で最も効率的な組み立てラインをつくることだった」とアリベックは言う。

かれは公式には、「進歩科学生産公社」の副総裁だったが、当該施設全体の「戦時司令官」という秘密の肩書きも持っていた。「両超大国間で緊張が高まる〝特殊な時期〟と陸軍が呼んでいる時代がついに到来したら、問題の工場の全権を掌握することがわたしに期待された任務だった。モスクワからしかるべき暗号電文が届いたら、わたしは『進歩』公社を軍需品製造工場に転換させることになっていた。毒性細菌の菌株を貯蔵室から取りだし、反応器と培養槽に接種するのだ。ステプノゴルスクの主要製品は炭疽菌だったが、われわれは鼻疽も扱い、また野兎病菌やペスト菌の兵器化にも備えていた。できた病原菌は爆弾や散布用タンクに充塡され、トラックに積みこまれ、鉄道の駅や飛行場まで運ばれる。「あとはモスクワから停止命令が届くか、工場そのものが破壊されるまで生産を続行するというわけだ」

わたしはこの冷戦中、アメリカとはいずれ衝突することになろうと本気で考えていた。レーガンが当選し、軍拡が始まると、警戒心をいっそう強めた。「わが軍の兵士は、アメリカが支援するゲリラの手で、アフガニスタンで命を落とし続けていたし、ワシントンはソ連領土に数分で到達する新世代の巡航ミサイルを西ヨーロッパに配備しようとしていた。情報部門の報告によると、いざ核戦争となったら、ソ連市民が少なくとも六〇〇〇万人は死ぬはずとアメリカは見込んでいるそうだし」

「そうした危険性を国民に周知させるため、タカ派的な情報ブリーフィングをおこなう必要などなかった」とアリベックは付け加えた。「レーガンがわが国を悪の帝国と呼んだと、うちの新聞各紙は苛立った調子で報じていたし、わが国の指導者が怒りに満ちた言葉を発するたびに、一九七〇年代の〝緊張緩和《デタント》〟時代に育ったわれわれの大半は、安心感が足元からみるみる崩れるような気分だったから。仲間内ではクレムリンのくたびれた老人たちについてジョークを飛ばしたりもしたけれど、われわれが最も弱体化した瞬間を狙って、西側がわれわれに襲いかかってくると信じることは、しごく容易だった」

　古いウラン鉱山の町、ステプノゴルスクから九マイル（約一四・五キロメートル）離れた平原に、「進歩」公社は高い灰色の塀と電気柵を巡らして存在していた。周囲の土地は、細菌が万一漏れた場合の安全策の意味もあって、草木がすべて取り除かれていた。その不毛の空間は、侵入者を阻止する保安地帯の役割も果たしていた。モーション・センサーがあらゆるところに設置されていた。塀の内側に入ると、数十棟の建物がならび、それらは狭い通り沿いに格子状に配置されていた。不毛地帯の外れには、新しい建物がいくつか造られていた。「221号ビル」は中心的な生産施設だ。「231号ビル」は病原体の乾燥・製粉用。[27]「600号ビル」は研究センターで、当時、ソ連で造られた最も大きな屋内実験施設が入っており、ステンレス・スチール製の巨大な実験装置がふたつ、内部に隠れていた。ひとつはソ連製の細菌爆弾に注入されているエアロゾル化した混合物の減衰率と拡散能力をテストするためのもの。もうひとつは、動物実験をおこなうための部屋だった。

「生物兵器というのはそもそもロケットでぶっ放すものではない」とアリベックはその回想録で説明している。「弾込め、点火で即発射なんて不可能なのだ。試験管内の最も毒性の高い培養菌は、安定性と予見可能性を付与するプロセスを経るまで、攻撃用兵器として役立たずなのだ。製造技術そのものがある意味、本当の兵器であり、そちらは個々の病原体よりも開発が難しい」

　炭疽菌を兵器化するため、アリベックたちはまず、フリーズドライ処置を施した芽胞を、ストッパー付きのガラス瓶に移し、冷凍室内の金属製仕切り箱に保存する。個々の芽胞は殺菌消毒液を浸した柔らかいタオルのうえに置かれ、最後にその菌株の素性をしめす独自の名札が貼りつけられる。保存室にはひとりで入ることは許されず、少なくとも二人が必須とされる。ガラス瓶を棚から取りだし、リストと照合し、金属製カートに載せて実験室から運びだす際は、ラボの専門技術者一名と科学者一名が同席しなければならない。ここで科学者がガラス瓶に栄養液を入れ、その混合物を取りだし、より大きな瓶に移し、あとは保温箱に置いて、一日か二日寝かせて、増殖を促す。液状の培養菌はそのあとサイフォンで、空気泡立て器につながる大きなフラスコに移し、細かな泡状に加工する。酸素を使うと、細菌はさらに効率よく成長する。だが、この段階では、それは半透明の、コカコーラのような淡い茶色をしている。「新世代の細菌は毎回毎回、より大きな容器へと移されていき、十分な量の炭疽菌ができたら、真空装置付きのパイプで吸い上げ、いくつかの発酵槽が置かれた部屋へと導かれていく」とアリベックはふり返る。巨大な発酵槽は、さらに一日か二日、その中身を育てる。細菌はさらに繁殖を続けたあと、遠心装置にかけられ、濃縮される。最後に安定剤を調合したあと、それらの混合物は砲弾や爆弾に充塡される。敷地内には保管と充塡のための地下施設が点々と並び、それらを敷地外に運ぶための鉄道線路が、各施設のあいだを走っている。いったん命令が下れば、ステプノゴルスクは年間三〇〇トンの炭疽菌を造ることが可能だった。[28]

章末注

（1）Jonathan B. Tucker and Raymond A. Zilinskas, "The 1971 Smallpox Epidemic in Aralsk, Kazakhstan, and the Biological Warfare Program." この文献には以下の論文も収録されている。"An Epidemiological Analysis of the 1971 Smallpox Outbreak in Aralsk, Kazakhstan," by Alan P. Zelicoff, Sandia National Laboratories, pp. 12–21.

（2）ブルガソフはのちに、スヴェルドロフスクの炭疽大流行について、汚染された食肉によって引き起こされたものであると、噴飯ものの説明をおこなうことになる。ただ、アラル海の一件にかんする発言については、検討に値するように思われる。かれは当時、真相を知っていたはずだから。

（3）Yevgenia Kvitko, "Smallpox, Another Useful Weapon," an interview with Pyotr Burgasov, *Moscow News*, no. 47, Nov. 21, 2001. 上記の記事の中で、ブルガソフはいくつかのミスをおかしている。生存者はいなかったという発言は間違いである。また、この天然痘兵器はこの島で〝開発〟されたものではなく、同島は実験場にすぎなかった。

（4）イギリスはすでに一九五〇年代に自国の生物兵器プロジェクトを中止していた。一九六八年八月六日のイギリスによる宣言については以下を参照。"The Problem of Chemical and Biological Warfare," SIPRI, Vol. 4, *CB Disarmament Negotiations, 1920–1970*, p. 255. こうした考えの背景をさらに知りたい読者は、以下を参照。"Cabinet, The Queen's Speech on the Opening of Parliament," Oct. 16, 1969, British National Archives, file FCO 66/297.

（5）*Foreign Relations of the United States, 1969–1972*: Vol. E-2, *Documents on Arms Control.* The State Department transcribed portions of the following: National Archives, Nixon Presidential Materials, White House Tapes, with Kissinger, April 10, 1972, 12: 44–1: 06 P.M., Conversation No. 705–13, and with Connally, April 11, 1972, 3: 06–5: 05 P.M., Conversation No. 706–5. 以下のURLも参照。*http://www.state.gov/r/pa/ho/frus/nixon/e2/83722.htm*

（6）Domaradsky, *Biowarrior: Inside the Soviet/Russian Biological Warfare Machine*（New York: Prometheus Books, 2003）, p. 120.

（7）James D. Watson, with Andrew Berry, *DNA: The Secret of Life*（New York: Knopf, 2003）, Ch. 4.『DNA』ジェームズ・ワトソン、アンドリュー・ベリー、青木薫訳（講談社ブルーバックス）

（8）Ken Alibek, with Stephen Handelman, *Biohazard: The Chilling True Story of the Largest Covert Weapons Program in the World — Told from Inside by the Man Who Ran It*（New York: Random House, 1999）, p. 41.『生物兵器――なぜ造ってしまったのか?』ケン・アリベック、山本光伸訳（二見文庫）八三頁／

単行本『バイオハザード』から改題。

(9) Joshua Lederberg, ed., *Biological Weapons: Limiting the Threat* (Cambridge, Mass.: Belfer Center for Science and International Affairs, 1999), "Germs as Arms: Basic Issues," Table 1. 1, p. 4.

(10) 「酵素」――「エンザイム」とか「ファーメント」と英訳されている――計画の公式名称は「分子生物学・遺伝学のための部門間科学技術評議会」である。活動の開始指令が出たのは、自分がモスクワに来た前年の一九七一年初めだったと、ドマラドスキーは言っている。だが、そうした決定はもっと後、一九七三年から七四年にかけての時期だったと、アリベックその他の証言は示唆している。「酵素」計画の正確な規模をめぐっても、その推計数字には幅がある。カターエフ文書によると、その中心組織である「バイオプレパラト」は傘下に三〇施設、二万五〇〇〇人の職員をかかえていたはずだが、その一部は合法的な民間分野の人員だった可能性もある。"Khim-Prom," Katayev, Hoover, no date〔スタンフォード大学フーヴァー研究所「カターエフ・アーカイヴ」〕。一方、Alibek, p. 43,〔『生物兵器』八六頁〕によると、その最盛時、「バイオプレパラト」には三万人の職員がおり、また生物兵器部門全体ではその職員数は六万人に達したという。

(11) Domaradsky, p. 151 によると、公式の行政命令は一九七四年四月十九日に出されたという。これとは別に、秘密の行政命令が二本出ており、うちオボレンスクの微生物研究所設立にかんするものは一九七四年五月二十一日、コルツォヴォの研究所設立にかんするものは一九七四年八月二日にそれぞれ出ている。

(12) Alibek, p. 41『生物兵器』八三頁

(13) "Iz vystupleniya predstavitelya SSSR v Komitete po razoruzhenniu A. A. Roshchina 12 iyunia 1975g"〔From the appearance of the representative of the USSR at the Conference on Disarmament〕, Katayev, Hoover.

(14) William Beecher, "Soviets Feared Violating Germ Weapons Ban," *Boston Globe*, Sept. 28, 1975, p. 1. それらの施設はスヴェルドロフスク、ザゴルスク、オムトニンスクにあるとビーチャー記者は書いている。これらの施設は、より古い軍事機構の一部であり、その存在自体が秘匿されている「バイオプレパラト」の関連施設ではない。

(15) Robert A. Wampler and Thomas S. Blanton, eds., "U. S. Intelligence on the Deadliest Modern Outbreak," TNSA, EBB No. 61, doc. 1. ロシアの亡命者系ジャーナル

「ポセフ」は一九七九年十月に、細菌戦がらみの事故をめぐる記事を掲載したが、事故が起きた都市名を、ノヴォシビルスクと誤記している。

（16）AP通信（一九八〇年三月二十一日配信記事）

（17）David K. Willis, "Soviets: U.S. Double-crossed Us on Germ Warfare Charges," *Christian Science Monitor*, March 28, 1980, p. 10. この公式声明がなされたとき、ウィリス記者は報じている。「ソ連はかんかんだ。かれらは当初、内々の問題処理を打診されていたのに、いまや世界的大問題になってしまったから」と。

（18）TNSA EBB No. 61, doc. 10. ソ連は三月十九日から二十日にかけて、それぞれ別個の公式声明を三度も発表したと、ウィリス記者は伝えている。

（19）Jeanne Guillemin, *Anthrax: The Investigation of a Deadly Outbreak*（Berkeley: University of California Press, 1999）, p. 8. イスラエリャンは、あれは一種のつくり話だったと認めている。Victor Israelyan, On the Battlefields of the Cold War: A Soviet Ambassador's Confession（University Park, Pa.: Pennsylvania State University Press, 2003）, p. 315.

（20）Final Declaration of the First Review Conference, March 21, 1980.

（21）TNSA EBB No. 61, doc. 10. このメッセージにはいささか正確さに欠けるところがある。吸引タイプの炭疽の場合は、短期間の衝撃が予想され得るが、汚染された食肉が原因の場合は、輸送や保管というプロセスが間に挟まるため、流行する期間が長引くことがあるからだ。ただ全体を大きく見るならば、アメリカが言わんとしているのは、われわれはこれを吸引型の炭疽だと考えている——ということである。

（22）Meselson, "Memorandum to files regarding Sverdlovsk," 1980, 7 pages, courtesy Meselson archive. および、メセルソン・インタビュー（二〇〇八年九月十八日）。メセルソン教授はホプトマンと二人だけで作業に取り組んだが、教授の分析は政府のとある作業グループに渡っていた。この情報を数カ月にわたり検討したあと、同グループは次のような結論を下した。スヴェルドロフスクの施設でなんらかの事故が発生し、その結果、炭疽菌の芽胞が放出され、まずはこの第一波で人々が死に、おそらくはブラック・マーケットで汚染された食肉を購入した人々の間で、さらに第二波の犠牲が生じたのだろうと。Leslie H. Gelb, "Keeping an Eye on Russia," *The New York Times Magazine*, Nov. 29, 1981. Guillemin, p.

9も参照。
（23）Alibek, Ch. 5 and 8.『生物兵器』第五章：研究室／第八章：生物兵器量産工場
（24）当時、かれはカナジャン・アリベコフという名で呼ばれていた。後年、アメリカにたどり着いたとき、かれはケン・アリベックと改名した。
（25）Alibek, p. 53.『生物兵器』九七頁
（26）「836」というのは、ソ連が一九五〇年代にキーロフで発見した天然の炭疽菌に付けたコード・ナンバーだという。アリベック・インタビュー（二〇〇七年六月十八日）。
（27）Roger Roffey, Kristina S. Westerdahl, *Conversion of Former Biological Weapons Facilities in Kazakhstan, A Visit to Stepnogorsk, July 2000*, Swedish Defense Research Agency, May 2001. Report No. FOI-R-0082-SEという報告は、二〇〇〇年七月二十四日から二十六日にかけてステプノゴルスクで開かれたとある会議をもとにしている。以下も参照。Gulbarshyn Bozheyeva, Yerlan Kunakbayev and Dastan Yeleukenov, *Former Soviet Biological Weapons Facilities in Kazakhstan: Past, Present, and Future*, Occasional Paper No. 1, Center for Nonproliferation Studies, Monterey Institute of International Studies, June 1999.
（28）アリベックによると、ソ連全体の総生産能力は年間五〇〇〇トンあったが、実際の軍事動員計画はこれより小さな数字だった。クルガンの工場が一〇〇〇トン、ペンザが五〇〇トン、ステプノゴルスクが三〇〇トンで、合計すると、年間一八〇〇トンだったという。

第6章
死者の手

生涯最後の数週間に、アンドロポフを訪れるものはほとんどいなかった。そうした数少ない例外の一人が、最年少の政治局員で、アンドロポフ子飼いの部下ともいえるミハイル・ゴルバチョフだった。一九八三年十二月、二人は最後の対面をおこなった。「部屋に入っていくと、かれは安楽椅子に腰かけ、なんとか笑みを浮かべようとしていた」とゴルバチョフは当時をふり返る。「私たちは挨拶を交わし、抱擁した。前回の面会後の変化は、驚くほど大きかった。目の前の人物はまったくの別人になっていた。顔は腫れぼったく、身体はやせ細り、皮膚は土気色を帯びていた。目に力がなく、視線をほとんど上げず、坐った姿勢を維持することにも困難を覚えている様子だった。そんなショックを顔に出すまいと、わたしは最大限の努力を払って視線を逸した。[1]」と。

この面会から数日後、アンドロポフは中央委員会総会むけの予定原稿を用意した。原稿はいつも通りタイプで清書されたが、当人はひどく弱っていて、総会には出席しなかった。アンドロポフはその後、自らの手でさらに六段落にわたる追加の文章を書き足した。そして十二月二十四日、書記長補佐官の一人、アルカジー・ヴォリスキーを枕元に呼ぶと、そのメモを託した。アンドロポフは最後の段落にこう書いている。「諸君が理解するだろう諸々の理由ゆえに、わたしは当面、政治局と書記局の会議を主宰することが不可能である。それゆえ、わたしは中央委員会の委員たちに、政治局と書記局の指導をミハイル・セルゲーエヴィチ・ゴルバチョフに委ねる件にかんし、検討をおこなってほしいと思う」と。ヴォリスキーはこのメモの内容に衝撃を受けた。他の補佐官二名に相談すると、かれらもまた、尻込みをした。今の今まで、コンスタンティン・チェルネンコが党のナンバー・ツーであると考えてきたからだ。それをアンドロポフはあっさり飛ばし、ゴルバチョフにこの国を指導させようというのである。補佐官たちは用心のため、このメモのコピーを取ったのち、タイプ原稿として清書し、会議前に配布せよというアンドロポフのその他の指示とともに、中央委員会の関連部局に提出した。

二日後の総会で、ヴォリスキーが赤い革張りの紙挟みを開くと、アンドロポフの書いた最後の段落が消えていた。ヴォリスキーがこれに抗議すると、黙っていろと通告された。ソ連邦の頂点を占める恐竜たち——チェルネンコ、ドミトリー・ウスチノフ国防相、ニコライ・チーホノフ閣僚会議議長——が無言の圧力をもって、アンドロポフによるゴルバチョフ後継指名を阻止したのである。かくてこれ以降も、ソ連では長老グループが権力をがっちり握り続けるのである。(2)

アンドロポフは一九八四年二月九日に亡くなり、病弱なチェルネンコが後継者となった。イギリスのマーガレット・サッチャー首相は葬儀出席のためモスクワへと飛び、極寒のなか、二月十三日に到着した。葬儀の当日、彼女はごく短時間、内々の場でチェルネンコと面会した。かれは用意された文書を、所々つっかえながら、早口で読み上げた。サッチャーは当時をふり返る。アンドロポフの葬儀中、各国の賓客たちは寒いなか、長時間じっとしていなければならないので、毛皮の裏打ちされたブーツを履いていくよう促されたと。じつに高額の買い物だったと、彼女は言う。「だが、チェルネンコと面会したとき、このブーツはほどなくまた要りようになるだろうという想いが脳裏を横切った」(3)

と。

七二歳のチェルネンコは、ブレジネフの腰巾着として実務面を取り仕切る、党官僚以上の存在ではなかった。肺気腫がかなり進行していて、テレビ中継されたレーニン廟ひな壇からの就任演説を見ても、足元が覚束なく、声もセンテンスの途中で何度も途切れるほどだった。かれは自分のすぐ目の前、赤の広場を行進する軍事パレードに対して、敬礼の姿勢を取り続けることができなかった。アンドロポフの葬儀のさい、グロムイコ外相がチェルネンコのほうを向き、「帽子を取ってはいけません」と小声で指示を出すほどで、しかもその声がマイクに拾われる始末だった。[4] 二週間後、テレビ中継された別の演説のさい、チェルネンコは吃り、息切れを起こし、三〇秒ほど言葉を失い、原稿を丸まる一ページ吹っ飛ばした。チェルネンコは急場の中継ぎにすぎず、そのことは同僚たちにも分かっていた。「われわれは何という人物を書記長のポストに得たのだろうか」とゴルバチョフは疑問の声を発した。「重い病気をかかえ、体調が思わしくないだけでなく、実際、職務を十分に果たすことさえできない。そのことを皆が知っており、直接会えば、たちどころに分かってしまう。その健康不安と肺気腫による息切れを誤魔化すことなど到底不可能だったから[5]」

当時、中央委員会国際部の副部長だったアナトリー・チェルニャーエフがふり返る。チェルネンコがスペイン国王と会談したとき、彼はやりとりの要点を小さなカード数枚にすべて書きだした。どれも短い一文で、こうすればメモの読み上げではなく、対話しているように見えるだろうと思われた。「始めのうちは目論見どおりだった」とチェルニャーエフはふり返る。「だがそのうち、チェルネンコはメモを読み上げることすらできなくなり、何度もつっかかえているうちに、自分が何を言っているのかも分からなくなってしまった[6]」

あんな弱ったチェルネンコに核攻撃の判断を委ねたら、いったい何が起きるのか。ソ連の指導部にとって究極の危機とは、ある日突然、核の先制攻撃を受けて、クレムリンを数分のうちに破壊されるような事態だった。クレムリンから戦時対応用の防空壕にむかう特別地下鉄道がいちおう敷かれてはいたけれど、ミサイルがあと数分で到達するというときに、突然死によって、国のトップがいきなりいなくなったら、どうなるのだ。指導部が消滅してしまったら、いったい誰が報復命令を出すのだ。かろうじて出せたとしても、その命令をだれが伝達するのか。遠隔地に設けられたミサイル指令基地や潜水艦にどうやって連絡をつけるのか。敵の迅速かつ圧倒的なパワーを浴びて、国のトップが万一消滅したら、おそらく報復は叶わず、脅しがもはや効かないとなると、対抗手段を持たないソ連邦は、満天下に脆弱性をさらすことになってしまう。昨今のアメリカの様々な施策ゆえ、ソ連側にとって、このリーダー殺しの恐怖はひどく現実味を帯びていた。一九八〇年にカーター大統領が署名した核戦争にかんする拡大版指令「PD五九号」は核の標的として、ソ連指導部を意図的に別立ての項目に掲げて特記した。さらに一九八三年末には、〈パーシングⅡ〉中距離ミサイルと地上発射式の巡航ミサイルがヨーロッパに配備された。わずか数分でソ連に到達できる兵器を保有している点をことさらに強調する意図がうかがえた。

チェルネンコが権力の座についた直後の一九八四年初め、エリート部隊「戦略ロケット軍」所属の大佐で、当時四七歳だったヴァレリー・ヤリニチは、「ロケット兵器管理総局」副部長という新たなポストに人知れず異動することになった。ヤリニチ大佐は、通信回線と連絡手段につうじた技術将校で、この二〇年、ロケットや各部隊、各指揮官、モスクワの政治指導者を相互にリンクする有線・無線システム、および通信衛星の整備を担当してきた。かれは仕事熱心で、使命感をもって事に当たった。「戦略ロケット軍」の貴重な通信回線が断絶した時、その迅速な修理を託せる最も信頼できる男と見なされていた。核戦争のさい、高度な政策判断と通信手段が共にからむ、国益を左右する超機密の新プロジェクトを任せるのに、まさにうってつけの人物といえよう。

ソ連の核兵器計画の初期、通信手段はひどく初歩的だった。結果、各部隊やその先のミサイルまで命令を伝達するには恐ろしく時間がかかった。そのイライラするような作業手順のあれこれを、ヤリニチはすべて実体験してきた。レニングラードに近いクロンシュタットで一九三七年、海軍士官の一家に生まれたヤリニチは、「スプートニク」衛星打ち上げの二年後、一九五九年に「レニングラード軍事通信アカデミー」を卒業した。その年の十二月に、陸海空軍とは別の軍種として「戦略ロケット軍」が誕生し、大きくて扱いづらい液体燃料式の大陸間弾道ミサイル〈R-7〉が戦闘任務についた。ソ連はいまや、ミサイルをソーセージのように量産しているとフルシチョフは当時豪語したものである。ヤリニチは、キーロフ北方のユリヤにあるソ連初の大陸間弾道ミサイル師団に勤務することになった。かれが到着したとき、ロケット基地はまさに森を切り開くかたちで、建設の真っ最中だった。一九六〇年末、ヤリニチはキーロフの軍団司令部に異動となった。そこでは新たに五個師団が編成中だった。

当時、参謀本部は「モノリト」という名の暗号システムを用いており、ミサイル部隊への命令は無線およびケーブル経由で送られていた。このシステムは、事前に用意された特殊な書類入れに依拠しており、その封筒は各司令部の金庫内に厳重に保管され、緊急時に開封する手筈になっていた。演習のさい、とヤリニチはふり返る。決定的瞬間に不運な当直士官が開封に手間取るというケースが頻発した。ハサミを使って開けるのだが、緊張で手が震え、うまくいかないことが多々あり、その間に貴重な数分間が空費されてしまうのだ。ハサミの使用は深刻な問題とされ、新たな開封方法の考案が求められた。その結果、「開封用の糸が封筒に埋め込まれ、それを引けば、一発で開くように改良された」とヤリニチはふり返る。すべてのシステムが時間を喰い、洗練さに欠け、しかも「モノリト」システムはそれ以外にも深刻な問題をかかえていた。いったん出された命令は二度と撤回できず、つまりこのシステムには命令を中止させる手段がないのである。[7]

「キューバ危機」真最中の一九六二年十月末、ヤリニチは通信担当将校として、モスクワ東方一四〇〇キロメートルにある、シベリアはニジニー・タギル近郊のとあるロケット師団で管理職をしていた。米ソ対立がピークに達したころ、同師団の面々は「モノリト」経由で、見間違いようのない信号を受け取った。「BRONTOZAVR」という暗号電文で、指揮・統制システムを平時モードから戦闘・警戒モードに切り替えよという指令だった。電信装置が、入ってきた電文をタイプし、基地要員として勤務する若い女性のうちの一人が紙テープをヤリニチに手渡した。その単語は間違いようのないものだったと彼はふり返る。「なんてことだ。ブロントザヴルじゃないか！」と思わず声を荒らげた。「これまで一度も送られたことのない暗号だった。それは例の封筒を開けろという意味だった」

封筒のなかには、核戦争の際に用いる無線通信の新たなコール・サインと周波数が複数個入っていた。「これはあまり良いやり方とは言えないと、私自身は思っていた。戦争がいまにも起こりそうな時に、コール・サインと周波数を変えたら、すべてが混乱するだけじゃないか」とヤリニチは言う。「だが、それが決められた手順なのだ。そして、わたしの仕事は、その指令を受け取るべきあらゆる場所に、新たな無線情報を直ちに伝達することだった」

これは訓練ではないなと、ヤリニチは即座に悟った。かれは当直の大佐にそのテープを手渡した。「この意味が分かるかい」と訊いてみると、その男は震えていた。かれらはたとえ演習中でも、こんな指令を受け取ったことは一度もなかったから。ニジニー・タギルのミサイルにはまだ燃料が入っておらず、それゆえすぐさま発射する事態には至らないが、戦闘・警戒モードへの転換は、恐怖をもって受け止められた。「奇妙なほど静かだった」とヤリニチはふり返る。「どの基地要員の顔にも例外なく、不安、驚愕、苦痛が入り交じった表情が浮かんでいたのを憶えている。将校も、下士官も、女性交換手も」。最終的に、キューバ危機は終息し、ニジニー・タギルでも「ブロントザヴル」警戒は解除された。だが、ソ連指導者がもてる資源を新世代のミサイルに投入するにつれ、核兵器の指揮・統制をめぐる問題はよりいっそう緊迫度を増していった。それは新たな統制手法の確立を要求し、かくして封筒方式は過去の遺物となったのである。

指揮・統制システムを自動化する最初の試みは、一九六七年までに一応の格好がついた。「信号《シグナル》」という符丁で呼ばれるシステムがそれで、司令部から部隊に向けて、あらかじめ決められた一三種類の指令を送付することが可能になった。例えば、警戒態勢をより高いレベルに引き上げろ——といった具合だ。新システムでは、中止指令も送れるようになった。封筒方式と比べれば長足の進歩だったが、「信号」システムは兵器に直接命令を与えることはできず、命令は当該部隊に送られ、その部隊が兵器を操作するというやり方だった。結果、作業は依然として煩雑で、時間も余計にかかった。もっとスピードを上げて、命令も直に送れるようにしろとの圧力が高まり、第二段階の自動化が一九七〇年代半ばに進められ、こちらは「信号-M」と呼ばれた。このシステムにより、決断をおこなうトップから末端現場まで一発で命令が届くようになった。より高速の「信号-M」システムの導入は、〈SS-18〉をふくむ新世代の巨大ミサイルが実戦配備されるのと時を同じくして実施された。ソ連の核指揮・統制システムが遠隔操作のボタンひとつでミサイルを発射できるようになったのは、これが初めてである。(8)

一九七〇年代のソ連のシステムでは、海軍関係と爆撃機は参謀本部が掌握し、地上発射式のミサイルは「戦略ロケット軍」が管理することになっていた。アメリカはすでに、大統領の赴くところ、軍の補佐官が核関連のあれこれを詰めたブリーフケース、通称「フットボール」を携えて付き従うようになっていたが、クレムリンに陣取るソ連の指導者に、これに類するものは当時なかった。ミサイル発射の権能は依然として、軍の関連部門が握っていた。政治指導者が将軍たちと権限を共有していたのは、軍の統制面だけだった。

「信号-M」がらみの実務にあたるヤリニチは、核兵器の指揮・統制問題をめぐる深層心理に関してしばしば思いを巡らした。実際にそのボタンを押さざるを得ない局面に立たされたとき、その人間はどのように振る舞うものだろうか。徹底的な破壊を加えるなんて決定を人はほんの数分で下せるものだろうか。ヤリニチは一九七〇年代半ば、かれが実体験したとあるエピソードをふり返る。当時、かれは核兵器の指揮・統制システムに取り組んでいたが、そこで警報システムに不具合が生じた。警戒態勢を一段引き上げよ――という間違ったメッセージが、司令部からすべてのロケット師団の指揮所に下りていったのだ。各指揮所の当直士官の大半は、この指示に従わなかった。「みな、このメッセージを信じなかったのだ」とヤリニチは言う。おかげで「われわれは戦争をやらずに済んだわけだ」。兵隊たちを呼集するかわりに、かれらは上官に電話をかけて、あのメッセージは本物ですかと事実確認を始めたのだ。実際に麾下の部隊に警戒態勢を取らせた当直士官はただ一名、とある中佐だけだった。この事件は、ロケット軍内部にいかなるボタンも押したがらない強い躊躇いの気持ちがあることを図らずも明らかにした。「人は理由《わけ》も分からぬまま闇雲に行動することはできない」と、当直士官たちが教えてくれたわけだとヤリニチは言う。

発射か否かの決断にさいし、国家指導者にさらなる貴重な数分間を与えるために、ソ連軍は司令部から現場のミサイル部隊にメッセージを送る超高速通信回線の構築に励んだ。一九八五年、「信号-

M」は「信号-A」という、コンピュータ化されたシステムに更新され、遠隔地のサイロに設置されたミサイルは、「戦略ロケット軍」の本部スタッフ自身が直接、標的の再設定をおこなえるようになった。複数の飛行計画が発射台に保存されており、遠方からそれを選択できる仕組みだった。新たな飛行計画の入力には一〇ないし一五秒しかかからなかった[9]。この更新でとりわけ重要なのは、処理速度を速め、現場の不確実性、すなわち人的要因を回避できるようになった点であろう。規律に欠けた兵士が、好奇心に駆られて受話器を取り、いったい何が起きているんですかなどと余計な質問を発する事態は、これにて回避された。軍の技術陣はまた、発射システムを可能なかぎり高速化するよう常に急かされていた。いま五分かかるなら、三分にしろとなり、ほどなく要求は二〇秒まで短縮されるのだ」とヤリニチはふり返る。

スピードに加えて、技術陣は誤動作回避のメカニズム、磐石の安全策も追求した。ソ連の工業部門がいくつも欠陥をかかえていること、人的ミスがいつ起きてもおかしくないということを熟知していたからだ。ヤリニチによると、技術陣はスピードの向上と同じぐらいの努力を、ミスやごまかしの回避にも傾けたという。厳密な作業手順を構築し、指揮命令系統の上から下まで、変則的な動きをつねにチェックして回ったという。

一九八五年、技術陣はソ連版の「フットボール」をつくりあげた。核の有事に備えた国家指導者用スーツケースで、「チェゲト」と呼ばれていた。党書記長、国防相、参謀総長用の三つが用意されたが、このスーツケースは情報伝達機能だけで、発射指令を出す機能は備えておらず、押すべきボタンすら付いていなかった。これを携行する担当将校が、国家指導者用に造られた、「カフカス」と呼ばれるより広範な通信網にまずはスーツケースを接続する。すると、書記長は同じく「カフカス」に接続している軍に対し発射許可を与えることが可能になる。この「許可指令」はその後、参謀本部による「直接指令」に形を変える。直接指令は正規のものか認証検査にかけられ、本物であることが証明されると、ようやくミサイル本体に「発射指令」が伝達される仕組みだった。

多年にわたり、これら通信システムの構築・強化にはげんだ結果、ヤリニチは、こんな一触即発的状況はいずれ行き詰まると考えるようになった。決断プロセスを分単位で短縮していっても、相手を出し抜くだけの優位はソ米双方とも、得られないから。とはいうものの、かれは一九八四年時点では、当面の仕事に懸命に取り組み、スピードの追求に邁進したのだが。

核爆発が実際に起きたら、脆弱性の高い通信回線は、特に司令部とミサイル・サイロのリンクなどは、一瞬にして断たれてしまうだろう。軍の技術陣はそうした不確実性を排除したいと考えた。これまでのすべての経験を見ても、データ送信のため延々構築してきた旧来型のケーブル、無線、衛星回線は、いきなり灰になってしまう可能性すらあった。さらに核爆発の結果、衝撃波よりも先に襲ってくる電磁パルスによって、標準的な通信機器はすべてダメになってしまうかもしれない。よって有事のミサイル制御には、何か別の手法を見つける必要があるのだ。

その答えのひとつが、巨大な花崗岩をくりぬいてウラル山中に造られた、核攻撃にも耐えうる地下司令センター「グロット（ほら穴）」である。技術陣は岩を貫いて無線信号が届くような場所を求めて、長く懸命な探索を続け、この完璧な花崗岩地形を発見したのだ。「グロット」は最終的にモスクワの東方、スヴェルドロフスクの北方、地元ではコスヴィンスキー・カメンと呼ばれている山深き場所に設けられることになった。[10] この山岳防空壕は本来、核戦争から指揮官たちを守るために建設されたものだったが、技術陣はこれと並行して、地球の上空、高高度にむけて上昇しつつあるミサイルを経由して、各基地に発射指令を伝達するプランをまとめ上げた。

ミサイルは常に、ソ連軍事力の柱だったため、戦時の通信問題を解決する手段として、ミサイルに着目することはごく自然な流れだった。技術陣は、ふだんは超強化処理を施したサイロに収納され、核戦争の開始と同時に発射できる、ロボットのような指令中継ミサイルを構想していた。この指令ミサイルは弾頭のかわりに、電子装置のつまった特殊なノーズ・コーンを先端部に載せていた。いったん上がってしまえば、地上で展開される戦況に左右されない安全圏にあって、眼下のサイロのうち、いまだ残存するすべての大陸間弾道核ミサイルに対し、「発射せよ！」というメッセージを送ることが可能だった。もし仮に、それ以外のすべてが灰燼に帰した場合でも、これによって報復指令は伝達されるはずだった。ただ、このシステムにはひとつ欠点があった。指令ミサイルがその任務を完遂までには三〇分を要するかもしれず、その頃には、武器たる大陸間弾道ミサイルがすべて破壊されている可能性もなくはなかった。それにもかかわらず、同システムの構築は決断された。最大級の機密保持のもと、一九七四年、ソ連の軍民技術者に作業開始のゴーサインが出された。ウクライナ東部のドニプロペトロフスクに拠点をもつソ連の有力ミサイル製造企業、「ユジノイエ設計局」がこの指令ロケット造りの重責を担うことになった。[11] 関連する電子装置は、工学およびコンピューターの研究では超一流の研究機関、「レニングラード工業技術研究所」の特別設計局が担当した。ロケット軍第一副参謀長のヴァルフォロメイ・コロブシン大将が軍関係の計画責任者に就任した。防空壕とロケットの新たな一体運用という構想は、冷戦期でも最も創造的で、驚異的で、恐るべき発明品といえよう。やがて同システムは「陣地外辺部」と命名された。[12]

一九八四年一月、ヤリニチは新たな職場へ異動となった。いままさに、実用実験に向け、その最終年を迎えようとする「外辺部」プロジェクトがかれの着任を待っていた。

核の相互警戒態勢のロジックからすると、東側の命運を決するのは、みるみる失われていく貴重な数分間に、人間がいかなる決断を為しうるか、その判断力である。ソ連の指導者が迫りくる敵の攻撃に恐怖心を覚えた場合、かれらに残された選択肢は以下の三つである。第一の選択肢は、こちらから先制攻撃を仕掛ける――である。だが、そうした攻撃が成功する見込みはほとんどない。アメリカのミサイル部隊が陸上と海上に展開している攻撃拠点をひとつ残さず一掃できる可能性はほぼゼロだから。第二の選択肢は、敵ミサイルが飛来――という警報が鳴った瞬間、こちらも直ちに応戦することである。警報はまず赤外線衛星から、さらに一〇ないし一五分後、地上レーダーからも送られてくる。警報を受けての発射は、途方もないリスクがある。警報が間違っていた場合、どうするのか。レーダーが雁の群れを誤認した場合、どうするのか。早期警戒衛星が雲間から見えた光に誤動作した場合、どうするのか。この種の誤認は特殊なケースではなく、じつは米ソ両国とも経験済みだった。雁の群れのせいで核ミサイルを撃ちたがるものなど、どこにもいない。それにもかかわらず、激しい睨み合いが続いていた一九八〇年代初め、警報後即発射という選択肢は、オプションから除外されなかった。第三の選択肢は、攻撃を受けた場合にのみ、報復をおこなうというものだ。ソ連の指導者のあいだでは、これもまた、現実的なシナリオと考えられていた。一九七〇年代に、ソ連のミサイルがアメリカとほぼ同等のレベルに達したあとでは特にそうだった。だが、攻撃を受けた〝あと〟に初めて発射するという選択肢には、それなりのリスクが伴った。報復しようにも、こちらが生き残れなかったら、どうするのかというわけだ。一触即発の状況下で、核ミサイルを発射するという決断は、人間行動をめぐる最高の実験といえ、核理論の研究者も政府・軍の計画立案者も、これぞという判断、信頼できる予想などよくおこない得ない領域だった。警報を受けてすぐさま反撃し、早すぎる攻撃というリスクをそのまま引き受けるのか、それとも攻撃されるのを待って、国家のトップを失い、国土を破壊される可能性を引き受けるのか――。一国のリーダーに、そこまでの識見を期待することは、ほとんど不可能なのではないだろうか。

そんな千日手のような大状況に、さらに「外辺部」システムがもつ別の側面が問題となってきた。先に撃つか、それとも撃たれてのち反撃するかという選択肢を前に、病弱のチェルネンコが結局、決断できなかった場合、どうするのかという問題である。かれが決断する前に、この世から消えてしまった場合、実際問題、どうすればいいのだろう。この難問に対し、システム作りを担当するソ連の専門家たちは、ある意味天才的な、そして信じられないような答えを編み出した。最後の審判の日、人類が終焉を迎える日のために、それ専用の自動機械を造っておいて、確実に報復をおこなえるようにしておけばいいのだ――というわけだ。そうすれば、チェルネンコの手がもたついても、「最後の審判マシーン」が人間に代わって、もてる核ミサイルを全弾発射してくれるはずだから。

専門家たちが実際に創りあげたのは、ひとつの命令システムというか、実質的にはひとつのスイッチで、それはこの局面で、私自身は報復を決断しないという選択肢のみ、チェルネンコに与えるものだった。もし仮に、かれがスイッチを入れたら、その決断の責任はシステム側が引き受け、所定の手順に従って、別の誰かに負わせるのだ。発射オプションは始めからないのだから、病弱の書記長が間違った警告をもとに、すべてのミサイルを発射してしまうミスは、システムによって無事回避される。もし仮に、敵ミサイルが実際に襲来し、クレムリンを破壊した場合でも、報復はきっちりおこなわれるという確信を、書記長はいだくことができるはずだ。ヤリニチによると、このシステムの肝は、突然襲ってくる、発射かしからずんば死かという決断のプレッシャーをソ連の指導者、特にブレジネフやチェルネンコのような指導者の両肩から取り除けるという点にあった。もし報復が必要なら、決断の責任はそれほど遅滞なく、生き残った誰かに預けられる。かくして途方もない精神的負担は最終的に、コンクリート製の地下壕でいまも生きているかもしれない数名の当直士官が担うことになる。この惑星にいまも残っているものを破壊し尽くすという大きな決断に直面するのは、かれら数名の当直士官というわけである。

これは単なる〝コンセプト〟に留まらず、ひとつの計画として、その後十年をかけて入念に作り込まれていく。それが「外辺部」システムである。

この基本概念の内部には、さらに深い、より恐るべきコンセプトが潜んでいた。ソ連の指導者たちが構想したのは、完全に自動化され、コンピューターによって動かされる報復システムで、「死者の手《デッド・ハンド》」〔45頁の訳注参照〕と呼ばれていた。それは〝すべての〟指導者が失われ、正規軍の〝すべての〟指揮命令系統が破壊されても、依然として機能するシステムである。コンピューターは早期警戒警報と実際の核攻撃のデータを記憶し、圧倒的な人命喪失と破壊がすすむのをただじっと見守り、しかるのち人間の制御を受けずに報復を命じるのである。このシステムは人類の運命をコンピューターに委ねるものであったが、概略程度しか分かっておらず、その詳細は不明である。中央委員会の事務方を総攬していたカターエフによると、それは一種の「スーパー・プロジェクト」で、最終的に放棄されたという。ソ連の専門家も指導者も、さすがにその領域まではよく踏み込めなかったのだ。いかなる人間的要素も一切関与しないまま機能する完全自動化システムが一九八〇年代初めに検討されたことは、ヤリニチも確認しているが、ミサイル発射の最後の関門として人間がそこに係われない構想は、軍側に突っぱねられたという。「そんなのは、狂気の沙汰だ」と。[13]

ただ、「外辺部」システムのほうは実際に構築された。核危機の初期段階に、システムを起動せよとの命令が参謀本部、もしくは地下司令センター「グロット」からやってくる形だったのかもしれない。ただ、起動のための実際の手順は分かっていない。また平時には、そうした専用地下壕にいるのは比較的階級の低い当直士官である。危機に際しては、経験豊かで階級も高い将校が応援にくるか、あるいはその任務を肩代わりすると思われるが、いきなり奇襲攻撃を受けて、通常の当直士官がその場にいる可能性のほうがずっと大きかったであろう。それらの地下壕は「球《シャリキ》」と呼ばれていた。強化コンクリート製で、地下の深深部に埋められており、地表が核攻撃を受けても生き残ることができた。[14]

　超深度地下の「球」に身を潜めながら、当直士官たちは貴重な数分間が過ぎていくなか、点検すべき三つの条件が書かれたチェックリストと実際の状況を照合していく。「条件1」＝「外辺部」システムが起動されているかをチェックする。起動されていれば、軍の指揮官、もしくはクレムリンが発射システムにさらなる許可を与えたことを意味していた。「条件2」＝軍の指揮官および政治指導者との連絡が断たれているかをチェックする。もしラインが断たれていれば、もしその「手」が「死者」のものならば、それは軍と政府のトップがすでに消滅したことを意味している。「条件3」＝光、放射線値、地震波、および大気圧の上昇を測定する特殊センサー網によって、核爆発が捕捉されているかをチェックする。

　もしすべての条件――システムが起動し、指導者が死亡し、核爆弾が炸裂した――がすべて揃ったならば、そのとき「球」の内部にいる士官は、「外辺部」の指令ロケットの発射命令を発することになっていた。すると同ロケットはおよそ三〇分間飛行して、ソ連に残存するすべての核ミサイルをアメリカ合衆国目がけて発射せよと命令するのである。[15]

　いまやこの〝超高速かつほぼ自動化された指揮命令系統〟において、「球」にこもった当直士官は、判断をくだす最後の人間である。かれらが事前に命じられたとおり行動したら、あとは「外辺部」システムが破壊の一斉射撃をおこなうはずである。「ゆえに、誰もボタンを押す必要はないのだ」

とコロブシンは言う。多くのことが、「球」の中にいる士官たちの考え方ひとつにかかっていた。地下壕の男たちはその瞬間、命令に従うのだろうか、それとも平然と無視するのだろうか――とヤリニチはしばしば考えた。地下壕の男たちが土壇場で〝正気の関門〟をみずから演じ、大量破壊の大放出に否と答える事態は起こりうるものだろうか。あり得なくはないと、ヤリニチは考えていた。「そこに配属されるのは若い中佐だ。すでに通信は途絶し、ドカン、ドカンという音が聞こえ、あらゆるものが揺れている。かれが発射しない可能性はある。もし彼が発射手順に取りかからなければ、報復攻撃はおこなわれない。もし世界の半分がすでに一掃されているならば、そんな行為に何の意味があるのか。残り半分を破壊し尽くす。そんなことに意味はない。こんな局面にあっても、その中佐はこう言うかもしれない。『嫌《ニエット》だ、わたしは発射しない』と。そのことで、だれも彼を非難しないだろうし、銃殺にかけたりもしない。もし私がかれの立場だったら、私だったら発射しない」と。ただ、ヤリニチはこうも付け加えた。その当直士官がどんな反応を示すか、だれにも予想はつかない。それは逢魔が時、崖っぷちから深淵をのぞき込むような異常な瞬間なのだからと。

ただ、別の観点から「外辺部」を眺めると、状況はより剣呑である。そもそも当直士官たちはみな、言われたとおりすぐさま行動する連隊システムの歯車にすぎない。かれらはチェックリストに一つひとつ当たる演習を何度もくり返しおこなっている。最高レベルの上官が上から許可を与え、そしてチェックリストの三つの条件がすべて合致したら、そうするよう命じられた訓練どおり行動すると考える方がより自然なのではないだろうか。「球」には外部世界と連絡をとる手段がなく、ゆえに交渉したり、訴えたり、まてよと考え直す機会はない。そして、いったん発射された指令ロケットは呼びもどせないのだ。

もし仮に、アメリカ側が「外辺部」システムの存在を承知し、うっかり最高指導部《クレムリン》の一掃をはかろうものなら、ほぼ自動的に報復がおこなわれると知っていたら、かれらはそうした行為を逡巡し、それはある種の抑止効果を発揮していたかもしれない。ただ、軍拡競争という名の深くて暗い闇の世界にあって、ソ連側は「外辺部」を最高機密とし、何を開発したかを隠蔽する方角に走った。また「外辺部」の一斉指令に用いられるロケットは、巧みな偽装が施され、通常のミサイルとよく似た形状をしているため、偵察衛星に目を付けられる恐れもなかった。

「われわれは隠したのだ」とヤリニチは言う。「そもそも始めから公表しておくべきだったのだ。ほらこれだ、現在テスト中だとね。でも、われわれは隠した。もし知らなければ、効き目はない。あちらは思い切った態度に出てくるかもしれず、そうなったらどうなるね？」。そうした可能性に、ヤリニチは長年、懸念をいだきつづけてきた。

一九八四年十一月十三日、ソ連軍は「外辺部」計画の大規模実験を実施。レニングラードの特別設計局が参謀本部の指揮所の役割を担った。一本の信号がモスクワの長波発信器から送られた。すると、その信号は南ロシアはヴォルガ河畔のカプスチン・ヤル実験場にある指令ロケットに伝達された。指令ロケットは上昇し、カザフスタンのバルハシ湖にむけて飛行した。指令ロケットは飛行中、実験の一環としてずっと発射命令を出しつづけ、ソ連中の受信機がそれを捉えることができた。実験のあいだずっと、ヤリニチは報告が上がってくるのを見ていた。信号は強いものもあれば、弱いものもあった。

この信号を受信した中には、同じくカザフスタンにあるチュラタム実験場に配備された、一基の大陸間弾道ミサイルも含まれていた。予定では、同ミサイルは実際に発射されることになっていた。核戦争の場合なら、直ちに離昇するはずだが、アメリカの偵察衛星があらゆる動きをモニターしている疑いがあったため、ソ連当局は実験のさい、打ち上げに時間差をつけた。その大型ミサイルはしばらく経ってから発射され、カムチャツカ半島まで飛行し、そこに置かれた標的に命中した[16]。実験は成功裡に終わり、かくして同システムは新たな年、一九八五年に実戦配備された。

章末注

（1）Mikhail Gorbachev, *Memoirs* (New York: Doubleday, 1996), p. 152.『ゴルバチョフ回想録』ミハイル・ゴルバチョフ、工藤精一郎、鈴木康雄訳（新潮社）

（2）Angus Roxburgh, *The Second Russian Revolution* (London: BBC Books, 1991), p. 17; and Archie Brown, *The Gorbachev Factor* (Oxford: Oxford University Press, 1996), pp. 67–68.『ゴルバチョフ・ファクター』アーチー・ブラウン、小泉直美、角田安正訳（藤原書店）。ヴォリスキーによると、この決定にアンドロポフが激怒したため、かれを宥めようと、ゴルバチョフが送られたという。ただ、ゴルバチョフはその回想録のなかで、チェルネンコもアンドロポフもヴォリスキーも、この件について、誰も自分に話してはいないと主張している。

（3）Margaret Thatcher, *The Downing Street Years* (New York: HarperCollins, 1993), p. 458.『サッチャー回顧録——ダウニング街の日々』マーガレット・サッチャー、石塚雅彦訳（日本経済新聞社）

（4）Don Oberdorfer, From the Cold War to a New Era (Baltimore: Johns Hopkins University Press, 1998), p. 80.

（5）Gorbachev, p. 155.

（6）Anatoly Chernyaev, *My Six Years with Gorbachev* (University Park, Pa.: University of Pennsylvania Press, 2000), p. 8.『ゴルバチョフと運命をともにした2000日』アナトーリー・セルゲービッチ・チェルニャーエフ、中澤孝之訳（潮出版社）

（7）Valery E. Yarynich, *C^3: Nuclear Command, Control Cooperation* (Washington: Center for Defense Information, 2003), pp. 140–141. およびヤリニチ本人へのインタビュー、ならびに通信文のやりとり（一九九八年から二〇〇九年）

（8）Yarynich, pp. 142–145.

（9）Yarynich, p. 146.

（10）モスクワのTVセンターによって二〇〇八年十月

十日、明らかにされたが、「グロット」という秘匿名はそれまで長い間、秘密にされていた。GlobalSecurity.orgも参照。米「防衛情報センター」のブルース・ブレア所長は二〇〇三年五月二十三日付けワシントン・ポスト紙で書いている。コスヴィンスキーのロシア軍指揮官たちは、極長波（VLF）の無線信号で戦略軍と連絡を取ることができたと。ブレアはさらに「この施設は、ソ連壊滅を企図した攻撃がなされた場合、それに半自動的に報復を加えるために設計されたロシアの通信網、いわゆる〝死者の手《デッド・ハンド》〟システムにとっても必要不可欠だった」と付け加えている。

（11）「ユジノイエ設計局」の歴史にかんする文献、S. N. Konyukhov, ed., "Prizvany vremenem: Rakety i Kosmicheskiye apparaty konstruktorskogo buro 'Yuzhnoye'" 〔Called up for service by the time: Missiles and spacecraft of the "Yuzhnoye" Design Bureau〕(Dnepropetrovsk, Ukraine: ART-PRESS, 2004) によると、この決定は一九七四年八月三十日におこなわれた。

（12）「カターエフ文書」に収録された一九八二年二月の文献を読むと、同システムは当時、建設途上にあって、試験は未だおこなわれていなかったことが分かる。カターエフが残した記録はまた、〈SS-17〉ミサイル六基が一九八四年、「外辺部」用に実戦配備されたことも明らかにしている。Podvig, "The Window of Vulnerability That Wasn't," *International Security*, vol. 3, no. 1, Summer 2008 参照。

（13）完全自動化報復システムの存在を裏付ける資料は、Katayev, Hoover〔スタンフォード大学フーヴァー研究所「カターエフ・アーカイヴ」〕のソ連国防関係の内部文書にも含まれている。当時、カターエフの部門で働いていたオレグ・ベリヤコフは、一九八五年のメモのなかで、十分な注目を受けないことに大いなる不満を表明している。敵を認知した「危機的瞬間に、指揮命令系統の最上層部で起動する完全自動化報復攻撃システムを構築するという、軍事・政治両面において極めて重要な提案なのに」と。「スーパー・プロジェクト」という発言の出典は、Katayev, *Some Facts*. ハインズはミサイルの製造、設計、試験に三〇年間従事したヴィクトル・M・スリコフの発言を引用して、「死者の手」システムはかれのチームが設計し、中央委員会の承認も得たが、完全自動化システムはその後、参謀総長のセルゲイ・アフロメーエフ元帥によって却下されたという。Hines et. al., *Soviet Intentions 1965–1985*,

BDM Federal Inc., vol. 2, pp. 134–135.

（14）この辺りの記述は、著者自身によるヤリニチへのインタビューに加え、以下の文献も参考にした。C^3, p. 156; Korobushin interview, Hines, vol. 2, p. 107; Bruce Blair, *Global Zero Alert for Nuclear Forces*, Brookings Occasional Papers（Washington: Brookings Institution, 1995）, pp. 43–56.

（15）アメリカ合衆国は主要敵国だったが、西ヨーロッパやその他の標的もこれに含まれていた可能性がある。中国の核戦力は当時、比較的小規模だった。

（16）ヤリニチはその著書、C^3の一七〇ページで、この実験の詳細について述べている。ただ、時間差措置に関するくだりは、わたし（著者）とのインタビューにおいて語られたもの。

第7章 アメリカの夜明け

ロナルド・レーガン大統領は、アメリカの復興を高らかに宣言することで、一九八四年を始めた。「新たな活力と楽観主義」のもと、「アメリカはよみがえったのだ」と、一月二十五日の「一般教書演説」でも述べている。レーガンは「嘆くばかりの人、疑り深い人から距離をおく」よう国民に促し、さらにこう付け加えた。「問題点ばかり殊更に言い立てる人たちは間違っている。アメリカは断じて病んだ社会ではない」。実際、世論調査によれば、国民はレーガンに高い支持を寄せていた。ソ連との核兵器交渉が頓挫し、レバノンでは不運な事件が起き、記録的な財政赤字が積み上がっているにもかかわらず、それでも国のムードは概して明るかった。レーガンが放つその楽観的な空気は、ヴェトナム、ウォーターゲート、イラン人質事件、エネルギー危機が相次いだ陰々滅々の一九七〇年代に対する、いわば気つけ薬の役割を果たしたのである。深刻な景気後退は、逆にハイパーインフレへと転じ、経済はふたたび成長を始めた。アメリカのハイテク革命は、徐々にその地歩を築きはじめていた。そして一月二十九日、レーガンは再選を目指すと正式に表明した。かれの選挙キャンペーンは、見たものに強いイメージを喚起するテレビ・コマーシャルを中心に展開された。例えば、「アメリカに、日はまた昇る」と題するCMがそれである。人生の一コマが次々と画面に現れる。まずは冒頭、農家の建物が映り、次いでとある結婚披露宴、ひとりの老人がアメリカ国旗を高々と掲げ、若者たちが憧れのまなざしでそれを見つめる。国旗が画面いっぱいに広がり、穏やかな、心を鼓舞するような音楽が流れ、そこでナレーション。「アメリカに、日はまた昇る……そして、レーガン大統領のもと、わが国は、以前よりも強く、誇り高く、より良いものになるのである。まだ四年も経たない、ほんの最近のあの場所に、どうしてふたたび戻りたいと思うだろうか」

前年秋の緊張にみちた数カ月間を過したあと、レーガンは一九八四年初め、新たな〝気づき〟について、くり返し日記に書くようになった。ソ連の指導者はひょっとすると、アメリカを本気で恐れているのではないか。だとしたら、ソ連の指導者とその辺を徹底的に話し合ってみなければと。「ソ連に対する私の態度はいささか変わりつつあった」とレーガンも認めている。[1] 二月一日、ユーゴスラヴィアのミカ・シュピリャク大統領がホワイトハウスを訪問したおりには、ソ連にかんして数多くの質問を浴びせた。「なるほど拡張主義的な哲学は持っているが、それと同時に、ソヴィエトは安全保障面で不安をかかえ、アメリカのことを本気で恐れているのだと、かれは信じていた」とレーガンは日記に書いている。「かれはまた、少しでも国を開かせることができれば、ソ連の指導的な市民は、体制変革の提案をおこなう勇気をよりいっそう持てるようになるだろうとも考えていた。私はその方向で努力するつもりである」と。

アンドロポフの葬儀のさい、チェルネンコはモスクワでブッシュ副大統領と会談し、「われわれは本来、敵同士ではなかったはずだ」という有和的なメッセージを送ってきた。レーガンはそれまでソ連の指導者と直に会った経験がなく、チェルネンコに会ってみるべきかどうか思案していた。「ある種の直感があった。両国の問題をかれと一対一で話しあいたい&もし彼らがわれわれと、国同士、家族のような関係を築く等々が可能ならば、ソ連にとっても物質的メリットがあるはずだと説得できるか試してみたい」と二月二十二日の日記に書いている。

ロシアの文化や歴史にかんする著書が何冊もあるスザンヌ・マッシー女史がモスクワ訪問後の三月一日、レーガンに会いに来た。レーガンは彼女の深いソ連理解に称賛のことばを送るとともに、「彼女はいまこそチェルネンコに会うべきだという私の直感を強めてくれた」としている。[2]

翌日、レーガンは対ソ政策の次なる方針を練るため、高級会議を催した。それは公式日程には記載されない秘密の会合で、レーガン政権の主要閣僚とソ連問題の補佐官全員が集められた。会議の冒頭、レーガンは言った。私は「あなたの子供を取って喰う」ような人間でないことをチェルネンコに示すため、首脳会談を設定したいと。だが結局、会議はなんの決定も下さぬままお開きとなった。[3] それでも「七月前後には、チェルネンコと会談をおこなう機は熟すはずだと確信していた」とレーガンはその夜、日記に書いている。[4] 三月五日、レーガンは西ドイツのヘルムート・コール首相と会談した。「われわれ&われわれの同盟国がわが国に害をなすのではという不安&疑念が、ソ連を突き動かす原因になっているのではという私の考えに、コールは同意してくれた。ソ連はいまだ対戦車障害物&鉄条網を残しているが、それはそうした動きを阻止する前に、ドイツ軍が殺到し、たちまちモスクワ近郊に到達してしまえる事実を反映したものだと。チェルネンコとは是非とも会うべきだと、コールは考えていた」

ソ連に対しては「もっと実践的なアプローチ」が必要だとレーガンは結論づけた。そしてまず、チェルネンコに宛てて、七ページにおよぶ手紙を書き送った。「その人物になりきるという、昔ながらの役者のテクニックを試してみた。別の人間の目から、世界がどのように見えるのかを想像し、観客がそうした私の目をとおして、世界を見るのを助けるのだ」と彼は言う。「すると、ソ連の一部の人間はわが国にたいする本物の恐怖を感じていることが理解できた」と。さらに手紙の末尾に、「さまざまな時代のなかでソ連が戦争で受けた惨禍」に改めて想いいたす内容の、肉筆の追伸を書き添えた。「それらは確かに筆舌に尽くしがたい損失で、みなさんの今日の考え方に影響を与えていると思います。あなたには知っておいてもらいたい。わたしもアメリカ国民も、ソ連の人々にいかなる害意も持っていないのです[5]」と。

だが、チェルネンコはこの呼びかけに応じることはなく、首脳会談を断ってきた。一九八四年の春、レーガンとチェルネンコは半ダースほどの手紙をやりとりしたが、何の効果も得られなかった。かくて三月二十三日の対ソ戦略会議の終了後、レーガンはこう結論づけた。「かれらは当面、冷淡&強情で行くつもりのようだ」と。

モスクワのKGB本部で開かれたとある会議の席上、ウラジーミル・クリュチコフ議長は言った。「RYAN」――西側の先制核攻撃の予兆を見張る諜報活動――は依然として、わが対外活動における圧倒的優先課題であると。核戦争のリスクはいまや「危険水域」に到達し、米国防総省は「世界支配という途方もない考え」に突き動かされ、ホワイトハウスは「核戦争にむけて国民に心理的覚悟を促そうとしている」と。この時のクリュチコフ演説の内容は、ロンドンのゴルディエフスキーのデスクにも届いていた。同支部の最優先課題は、アメリカおよび「NATO（北大西洋条約機構）」の秘密戦争計画の写しを入手することであると、同指令書は言っていた[6]。しかも、ゴルディエフスキーとロンドン支局には、イングランド南部グリーナム・コモンのイギリス空軍基地に配備された、巡航ミサイルの実動演習をモニターするという緊急任務も別途与えられていた。だが、彼によると、ロンドン支局にはその方面の情報資源がないため、モククワにはもっぱら、イギリスの新聞情報を送っておいたという[7]。

一九八四年初め、レーガンはすでに「SDI（戦略防衛構想）」関連の研究活動をよりいっそう推進せよという文書への正式署名を終えていた。[8] だが、クレムリンの指導者たちは依然として、〈パーシングⅡ〉ミサイルと、地上発射式巡航ミサイルの脅威のほうに懸念をいだいていた。〈パーシングⅡ〉は高速で、また巡航ミサイルは数がやたら多かったから。西ドイツに配備予定の〈パーシングⅡ〉が一〇八基であるのに対し、巡航ミサイルはベルギー、イギリス、イタリア、オランダ、西ドイツに計四六四基が配備される計画だった。この巡航ミサイルは、米海軍が運用する海上発射式〈トマホーク〉の改良型である。全長およそ二一フィート（六・四メートル）で、核弾頭を各基に一発積むことができ、一三五〇マイル（約二一七〇キロメートル）離れた目標まで、時速五五〇マイル（八八五キロメートル）で飛行した。地上発射式巡航ミサイルは、技術の驚異といって良かった。敵国領空の手前まで高高度を飛行し、しかるのち地上から約五〇フィート（一五メートル）の低空まで急降下すると、あとは高性能の地形感知・レーダー回避誘導システムにより、目標まで地面の起伏を縫うように飛んでいくのだ。これに匹敵する兵器はソ連側にはなかった。[9]

ソ連中央委員会国際部のアナトリー・チェルニャーエフ副部長は六月四日モスクワで、セルゲイ・アフロメーエフ元帥――当時はソ連軍参謀第一次長――が招集した状況検討会議に出席した。「まさに驚異的です」とチェルニャーエフは説明した。「ミサイルが何百、何千キロメートルも遠方から標的めがけて飛来するのです。空母からも、潜水艦からも発射でき、マンガみたいに羽根が付いたミサイルが、渓谷地帯を通り抜けて、二五〇〇キロメートルかなたの直径一〇メートルの目標に命中するのです。現代技術における信じられないほどの飛躍的成果です。そしてもちろん、信じられないほど高価です[10]」

六月二十八日、CIA局内のシンクタンク「NIC（国家情報会議）」の副議長、ハーバート・

E・マイヤーがウィリアム・ケイシーCIA長官にメモを送った。タイトルは「ロシア人に対しわれわれはどう対処すべきか?」だった。マイヤーはまず、前年の戦争恐怖症《ウォースケア》騒ぎと、モスクワの機能不全について指摘した。彼はまた、ソ連の体制が深刻な内部的緊張をかかえているとの見方を示した。「数十年にわたり軍需生産を過度に強調した結果、同国の民需部門は工業・技術分野の基盤が損なわれてしまったのである」と。

より精確に言うならば、ソ連邦は現代の経済活動がますますそれに依拠するようになった技術革新の分野、すなわちロボット工学、マイクロエレクトロニクス、コンピューター化された通信・情報処理システムを惨めなほど具現化できずいる。たとえソ連がそうしたシステムを開発できたとしても、共産党がまさにその生き残りのため依存している政治的統制を失うことなく、それを配備することは不可能である。西側知識人のあいだにはこの四〇年、テクノロジーが無慈悲にも〝ビッグ・ブラザー〟的社会を全世界的に招来するとの恐怖があったけれど、いざ蓋を開けてみると、パーソナル・コンピューター的形態を取ったテクノロジーは、通信・情報処理を、いかなる中央統制型当局をもコントロールし得ないものに変えてしまったのである。この種の技術革新——われわれ西側の人間はこれほど夢中になって取り組んでいるというのに——を開発する気も、配備する気もなく、やろうと思ってもできないソ連邦は、いまや兵器以外のほとんど何も造れずにいるのである。[11]

レーガンはその四月、非公式ルートからチェルネンコに接触する方法をとりあえず試してみた。フォード大統領のもとで国家安全保障問題担当補佐官をつとめたブレント・スコウクロフトに、チェルネンコ宛ての私信を託し、密使としてモスクワに送りこんだのだ。[12] だが、スコウクロフトはチェルネンコに会えなかった。手紙も届けられなかった。「ソ連側が邪険にしたのは、少なくとも今回の再選を支援するようなマネはしたくないという想いが、多少なりと影響したのだと思うと、かれは言っていた」――帰国したスコウクロフトと話し合ったあと、レーガンはそんなメモを残している。[13] さらにスコウクロフトは記者たちにこう言った。「もし仮に、両超大国のあいだに漂う、政治的もしくは心理的空気を比較するなら、いまは私の記憶するなかでも最悪である」[14] と。

ソ連は五月八日、わが国はきたる「ロサンゼルス・オリンピック」をボイコットすると発表した。それを聞いたレーガンはこう結論づけた。チェルネンコは国家を完全には掌握しておらず、外交政策を取り仕切っているのは保守派のライオン、グロムイコだと。[15] 六月、宇宙兵器にかんする交渉を始めようとソ連側が呼びかけてきたが、レーガンが弾道ミサイルを交渉テーマに含めるよう求めると、チェルネンコはこれを拒否した。「かれらは妨害目的で揺さぶりをかけているだけだ」とレーガンは日記に書いている。なるほどレーガンは、再選キャンペーンを気にしてはいたけれど、かれの目指す方向は、たんなる選挙目当ての域を超えていた。当時かれが考えていたのは、もし「アメリカが復調したら」、そのときこそソ連と本格交渉をおこなおうということだった。だが、ソ連側には依然として交渉の相手たりうる人物が見つからず、彼の大統領任期もすでに一期目がほぼ終わりかけていた。しかもソ連のエリート層における停滞状況は、レーガンが当時想像していた水準よりも遥かにひどかったのである。[16]

一九八四年八月十一日、カリフォルニア州のランチョ・デル・シエロ牧場で、レーガンは土曜のラジオ演説の準備をしていた。本番前の肩慣らしとして、かれはちょっとした気の利いた話をすることがしばしばあった。そこにいる記者や技術者にとって、内容は「オフレコ」ということになっていた。マイク・チェックのため、何かひとこと、お願いしますとの指示に、合衆国大統領はこの日、こう応じた。「親愛なるアメリカ国民のみなさん、わたしは本日、こうお伝えできることを嬉しく思います。今後、ロシアを永遠に無頼漢《アウトロー》と認定する法案に、さきほど署名を済ませたばかりです。五分後、われわれは爆撃を開始します」と。この発言はたちまちリークされ、全世界の新聞の見出しを飾り、後先考えずぶっぱなすガンマンというレーガンの戯画化されたイメージがよりいっそう強化されて終わった。「タス通信」も早速この発言を非難し、その「ソ連邦にたいする前例のない敵意、平和の大義にたいする危険性」を問題視した。大統領は悔やんだけれど、あとの祭りである。「ヴォイス・レベルのチェックのさい、その部屋にいた数人以外のだれかが、私のソ連に対する即興ジョークを聞いているなんて思いも寄らなかった」とレーガンは日記の中でそう認めている。「だがラジオ局は回線を開き&それを録音し、そしてもちろん公開した——かくして国際的事件となった」と。

ラジオ演説でヘタを打った二日後の八月十三日、ロサンゼルスで昼食を共にしていたシュルツが、レーガンにこう提案した。九月に国連総会が開幕したあと、グロムイコをホワイトハウスに招待してみてはどうでしょうかと。大統領はすぐさま同意した。「そいつはうまいやり方だ」とレーガンは言った。「その方向で進めてみてくれ[17]」。会談は設定された。レーガンがソ連政治局のメンバーと会うことは、大統領就任以来、初めてのことである。レーガンは日記に書いている。「彼らがわれわれの動機を疑い、われわれが彼らを疑っているかぎり、兵器削減交渉はどこにも行かないという感触を持っている。われわれは彼らに対しなんらの底意も持っていないが、われわれに対しそちらは底意を持っていると思っているということを、彼らに理解させることはできないものか——それを見極めるためには、実際に会ってみるしかないと私は信じている。いったん緊張を解きほぐすことができれば、兵器削減は彼らにとってそれほど不可能なことには見えないかもしれない」

九月二十二日土曜日、レーガンは週明け月曜日に国連でおこなう演説にむけ、その草稿執筆に大半の時間を費やした。いささか「微妙な内容」なのは、当人も分かっていた。「ソ連に対して弱腰に聞こえることは本意でないが、始まりもしないうちからグロムイコとの会談を中止に追い込むことも本意でなかった」から。演説のさい、レーガンはソ連を批判するような言葉は用いず、「悪の帝国」は影も形もなかった。演壇から語りかけるとき、レーガンはグロムイコやソ連の国連代表の顔を注視した。彼らはマイクロフォンのすぐ下、最前列に坐っていた。「感銘を与えたいところでは、彼らの視線を何度も捕らえようとした」とレーガンはふり返る。だが、「彼らの視線は私を通過&表情に変化はなかった」と。

九月二十八日、大統領執務室でレーガンはついに、グロムイコとさしで話をする機会を得た。ふたりは互いの言い分を述べあった。レーガンがデスクの脇のひきだしから、核兵器にかんする図表を取りだす場面もあったと、グロムイコは当時をふり返る。昼食で会談がいったん小休止に入ると、レーガンはグロムイコに、大統領執務室に残ってほしいと頼んだ。ふたりは通訳を交えず、英語で話しあった。世界は核兵器でできた巨大な山の頂上に載っており、これは減らすべきだとグロムイコは言った。「私の夢は」とレーガンは言った。「核兵器のない世界をつくることだ」と。(18)

レーガンはホワイトハウスの「ウェスト・ウイング」から長い柱廊をたどり、賓客のレセプションなどがおこなわれる本館部分へと案内した。グロムイコはホワイトハウスにある「イギリス製大型振り子時計」の数に驚かされ、レーガンはこの手の時計の蒐集家なのではないだろうかとふと思ったほどである。小人数の室内楽団がクラシック音楽を演奏した。レーガンは妻のナンシーを紹介した。レセプションの最後に、グロムイコはナンシー夫人の傍らに立ち、こう言った。「ご主人は平和を信じていますか」

「もちろん」と彼女は言った。
「では毎晩、ご主人の耳に『平和を』と囁いてください」
「そうしましょう、そしてあなたの耳にも囁きましょう」。ナンシー夫人はそう言うと、笑みをうかべながらグロムイコに寄り添い、優しい声で言った。「平和を」[19]
グロムイコの国連／米国訪問が終わったとき、ソ連大使館がワシントン・ポスト紙の外交担当記者、ドン・オーバードーファーに電話をかけてきて、朝刊に載っている、レーガンがグロムイコに話しかけている写真をもらえないかと頼んできた。レーガンの両手がグロムイコの両腕を握っている絵柄だった。写真のプリントは、グロムイコがこの地を離れる直前、当人の許に急ぎ届けられた。グロムイコが初めてワシントンにやって来たのは四五年も前のことである。そしてこの時点では誰ひとり知らないことだったが、これが彼の最後のホワイトハウス訪問となった。レーガンはようやく一人だけ、ソ連政治局のメンバーと出会えたが、一緒に仕事がやれるような人間には未だ巡り逢えていなかった。[20]

レーガンはソ連指導者との話し合いを望んでいたが、その一方で、ソ連に直接挑戦するようなさまざまな政策にもゴーサインを与えていた。ケイシーCIA長官の指揮のもと、かれは第三世界におけるソ連の影響力を排除すべく代理戦争を大幅に拡大した。中でも一九八四年、アメリカが密かに〝ムジャヘディン（イスラム戦士）〟を支援した、アフガン駐留ソ連軍に対する戦いは一大転換点となった。アメリカとサウジアラビアからの、パキスタンを経由した秘密支援ルートは突如として急拡大を見せ、一説によると、その総額は数週間のうちに数億ドル規模へと三倍増したという。[21]同時期、レーガンはニカラグアの左翼政権「サンディニスタ」と戦う反共ゲリラ「コントラ」への資金ルートも確保しようとした。レーガンは「コントラ」のことを「道徳的にはアメリカの建国の父たちと同等」の存在と述べる一方で、ダニエル・オルテガに率いられた「サンディニスタ」軍事政権については反共戦争の最前線と位置付けていた。だが、アメリカ議会は「コントラ」への支援を削減したため、一九八四年には活動資金があわや枯渇しかけた。レーガンはマクファーレン安全保障問題担当補佐官に対し、「コントラ」を「物心両面で」生かすよう指示した。その夏、マクファーレンはレーガンに請け合った。大丈夫です、サウジアラビアが「コントラ」の秘密銀行口座に月額一〇〇万ドルを振り込むと確約していますからと。このアフガニスタンと中米の戦いを強力に推進したのがケイシーである。「第三世界を舞台にソ連とその代理人をつとめる政権を標的にしたケイシーの秘密戦争は一九八四年末には、文字どおり〝フル・スイング〟状態になった」と、当時CIA副長官としてケイシーを支えていたロバート・ゲイツは語っている。

一九八四年の夏、「RYAN」作戦はこのまま終結にいたる気配が濃厚となった。[22] ゴルディエフスキーによると、核戦争に対するモスクワの不安感は「目に見えて低減した」という。[22] 核攻撃を受けるかもしれないというアンドロポフの警戒心や被害妄想を、チェルネンコは共有していなかったのだ。この年、軍備管理交渉はいっさいなされなかったが、かれらが「宇宙の軍事化」とよぶ状況に、ソ連政府関係者が非難を浴びせる頻度は格段に増えていた。ドブルイニンはあらゆる会合の場で[23]〝コスモス〟――ロシア語で宇宙の意――問題の提起をおこなったとシュルツは言う。レーガンの「SDI」構想を狙い撃ちにする意図がそこにはあったけれど、「SDI」は現実のプロジェクトとしてはまだほとんど始まってもいなかった。一説によると、ワシントンのとある荒れ果てたビルで、その夏、二ダースほどの人間が作業する程度のプロジェクトだったという。[24]

その夏、レーガンの夢に幸運な突破口が開かれた。一九七〇年代にスタートしたアメリカ陸軍のロケット迎撃研究が進展を見せ、赤外線追尾装置とコンピューターを利用した迎撃システムの実証実験をおこなうまでになったのだ。「追尾オーバーレイ実験」と呼ばれる同システムのテストは、最初の三回は失敗に終わった。だが、一九八四年六月十日におこなわれた四回目と最後のテストで、太平洋のクワジャリン諸島メック島から打ち上げられた迎撃装置は、高度一〇〇マイル（約一六〇キロメートル）を超えた時点で、目標とするダミー弾頭を搭載した〈ミニットマン〉ミサイルに見事ロックオンを実現したのである。この実験のためダミー弾頭が事前に温められていたことや、〈ミニットマン〉が正面ではなく横方向をさらす飛行コースをたどっていたことも、成功に一部寄与したとされている。ともあれ、ミサイルは破壊された。実験は驚くほどの成功をおさめたと、国防総省は発表した。「捕捉し、撃破できることが、これにて明らかとなった」と同省スポークスマンは語り、クレムリンは動揺した。[25]

レーガンの再選キャンペーンで流されたCMには、軍拡競争に対する有権者の恐怖心に訴える内容のものも含まれていた。その三〇秒スポットCMは、「アメリカに、日はまた昇る」を制作したのと同じチームが担当した作品である。ただ、こちらはより暗いトーンのもので、不確かな将来について警告を発する内容だった。まずは危険性を認知させ、かつまたそこからの出口があるかもしれないと有権者に希望をいだかせることがCMの目的だった。森林地帯を歩きまわるハイイログマの姿が画面に映る。「森にクマがいる」とナレーターが重々しい口調でいう。「クマに簡単に気づく人もいる。まったく気づかない人もいる。あのクマはおとなしいと言う人がいる。あのクマは狂暴だと言う人もいる。誰にも分からないが、もしそれがクマならば、クマは強いと見なすのが賢明ではないだろうか[26]」

一九八四年十一月六日、レーガンは大統領選挙人による投票でアメリカ史上最大の地滑り的勝利を実現し、見事再選を果たした。一般投票〔一般有権者が大統領選挙人を選ぶ〕の五九パーセントを獲得し、じつに四九州を制し、大統領選挙人から五二五票（対立候補のウォルター・モンデールは一〇票）を集めた。

夏休みから投票日までの期間、シュルツはきたる第二期に何をなすべきかについて、レーガンと密かに話し合った。自分が言っていることをレーガンがどこまで理解しているか分からなかったが、シュルツはそれでもレクチャーを続けた。ソ連は現在、決められない指導部という泥沼にはまり、苦悩しているとシュルツは説明した。旧世代から新世代への橋渡し、機能不全に陥った経済、そしてアメリカに対する「一部は被害妄想にもとづく、極端な不信感の台頭」。かれらがこの後継者問題をどのように解決するかは判然としないが、とシュルツは言った。だが、最も有望な候補者の一人は、若い世代に属する政治局メンバーの一人で、より幅広い視野をもった男である。その男の名はミハイル・ゴルバチョフといった[27]。

章末注

（1）Reagan, *An American Life*, p. 589.『わがアメリカン・ドリーム——レーガン回想録』ロナルド・レーガン、尾崎浩訳（読売新聞社）

（2）マッシー女史はモスクワ旅行に出発する前の一九八四年一月十七日、レーガンに初めて対面した。かれとの面会は政権第二期中、二二回を数え、その後レーガンがくり返し口にした「信頼せよ、されど検証せよ」の元になったロシアの格言も、この私が教えたものだと、彼女は語っている。*http://www.suzannemassie.com* を参照。Deborah Hart Strober and Gerald S. Strober, *The Reagan Presidency: An Oral History of the Era* (Washington, D.C.: Brassey's, 2003), pp. 222–228 と、レーガン日記（一九八四年三月一日）も参考にした。

（3）Jack F. Matlock Jr., *Reagan and Gorbachev: How the*

Cold War Ended（New York: Random House, 2004）, p. 88.

（4）レーガン日記（一九八四年三月二日）

（5）Reagan, *An American Life*, pp. 594–597.

（6）Christopher Andrew and Oleg Gordievsky, *KGB: The Inside Story*（New York: HarperCollins, 1990）, p. 602.

（7）Andrew and Cordievsky, pp. 603–604.

（8）NSDD 119, Jan. 6, 1984. Christopher Simpson, *National Security Directives of the Reagan and Bush Administrations: The Declassified History of U.S. Political and Military Policy, 1981—1991*（Boulder: Westview Press, 1995）, pp. 374–378.

（9）Peter Grier, "The Short Happy Life of the Glick-Em," *Air Force* magazine, Journal of the Air Force Association, vol. 85, no. 7, July 2002.

（10）Anatoly Chernyaev, *My Six Years with Gorbachev*（University Park, Pa.: University of Pennsylvania Press, 2000）, p. 9.『ゴルバチョフと運命をともにした２０００日』アナトーリー・セルゲービッチ・チェルニャーエフ、中澤孝之（潮出版社）

（11）Herbert E. Meyer, vice chairman, National Intelligence Council, "What Should We Do About the Russians?" June 28, 1984, NIC 03770–84.

（12）Matlock, p. 95.

（13）レーガン日記（一九八四年四月九日）

（14）David Hoffman, "Chernenko 'Disappointed' White House," *Washington Post*, April 10, 1984, p. 9.

（15）Reagan, *An Americal Life*, p. 602. SNIE 11–9–84, *Soviet Policy Toward the United States in 1984*, Aug. 9, 1984 も参照。

（16）Seweryn Bialer, *The Soviet Paradox: External Expansion, Internal Decline*（New York: Knopf, 1986）, see Ch. 6.

（17）George Shultz, *Turmoil and Triumph: My Years as Secretary of State*（New York: Charles Scribner's Sons, 1993）, p. 480.

（18）Shultz, p. 484.グロムイコはこの時のことをドブルイニンに詳しく話している。まるで単なるスローガンのやりとり以上のものがあったかのように。Anatoly Dobrynin, *In Confidence: Moscow's Ambassador to America's Six Cold War Presidents*（New York: Times Books, 1995）, p. 556.

（19）Shultz, p. 484; Andrei Gromyko, Harold Shukman, tans., *Memories*（London, Hutchison, 1989）, p. 307.

（20）Don Oberdorfer, *From the Cold War to a New Era*（Baltimore: Johns Hopkins University Press, 1998）, p.

93.

（21）Steve Coll, *Ghost Wars*（New York: Penguin Books, 2004）, p. 102『アフガン諜報戦争――CIAの見えざる闘い／ソ連侵攻から9・11前夜まで』スティーブ・コール、木村一浩、伊藤力司、坂井定雄訳（白水社）

（22）Andrew and Gordievsky, p. 604.

（23）Shultz, p. 477. アンドロポフはその前年、大韓航空機が撃墜される直前に、宇宙兵器の一方的モラトリアム（一時凍結）を提案していた。

（24）Nigel Hey, *The Star Wars Enigma: Behind the Scenes of the Cold War Race for Missile Defense*（Dulles, Va.: Potomac Books, 2006）, p. 136.

（25）一九九三年八月十八日付けのニューヨーク・タイムズ紙はこの成功にかんし、「やらせ」だったのではないかと疑問を投げかけた。「GAO（米会計検査院）」はそうした証拠は見つからなかったとしているが、実験時の条件面で、目標を加熱する（迎撃装置にとって発見が容易になる）とか、ミサイルが横腹をさらすコースを飛行するなど、多少の手心は加わっていた。アメリカはまた、ソ連側の警戒心を高める可能性も厭わず、目標を自爆させる隠蔽策も用意していたことが、調査の結果、明らかとなっている。ただ、一九八四年六月の実験では、そうした隠蔽策は講じられなかった。一回目と二回目については用意されたものの、迎撃装置の外れぐあいが目標のロケットからかなり大きかったため、使われずじまいに終わった。"Ballistic Missile Defense: Records Indicate Deception Program Did Not Affect 1984 Test Results," United States General Accounting Office, GAO/NSIAD-94-219, July 1994.

（26）George Raine, "Creating Reagan's Images; S.F. Ad Man Riney Helped Secure Him a Second Term," *San Francisco Chronicle*, June 9, 2004, p.C1.

（27）Shultz, p. 478.

第2部

第8章

「これまでのやり方じゃダメなのだ」

ミハイル・ゴルバチョフとライサ夫人は、ロンドンから車に乗り、英国総理の地方官邸「チェカーズ」へと向かった。レーガンが再選を果たしてから五週間後のことである。マーガレット・サッチャー首相と夫君のデニス氏がランチ直前、ゴルバチョフ夫妻を出迎えたのは、一九八四年十二月十六日日曜日のことだった。ソ連の政府高官が妻を外国旅行に同道させるというのは極めて異例だったが、ゴルバチョフはそうする意義をチェルネンコに説明し、事前了解を取っていた。到着した夫妻を見たサッチャーは、ライサ夫人が仕立てのよい、西側風のスーツを身につけていることに気がついた。白いストライプの入ったそのグレイのスーツは「わたしが着ても、少しもおかしくないものだった」と。マスコミ各社のカメラマンのため、まずは玄関先でポーズをとった。当初、ゴルバチョフは左端に身をおき、ライサ夫人がその隣に控えていた。するとサッチャー首相が四人の位置関係を大幅に変え、ゴルバチョフを自分の隣に持ってきた。英国総理はそのうえで、歓迎の握手をするべく、片手を伸ばした。(1)

この一年あまり、サッチャーはソ連指導部の次の世代についてデータ収集に励んでいた。頑固で根の暗い旧世代が、より若い新人に席を譲るかどうかがいちばんの関心事だった。彼女は一人ひとりの人間がもつ個人的力量に、信仰に近い信頼を寄せていた。たとえ個人の自主性を抑圧するような独裁体制のもとでも、一部の人間はそれでもなお、余人をもって代えがたい力量を発揮する。現にソ連にだって、アレクサンドル・ソルジェニーツィンやアンドレイ・サハロフのような一角《ひとかど》の人物がいるではないか。果たして、国の最上層部にもそうした人間がいるだろうか。ソ連という体制を内側から変革できる人物がどこかにいないかと、サッチャーは興味津々だった。その回想録のなかで、サッチャーはふり返っている。「ソ連指導部で頭角を現しつつある世代のなかでも最も可能性に富んだ〝人物〟を見つけだし、その男を教化し、支えてやろうではないか」とわたしは決意していたと。サッチャー政権の外相、ジェフリー・ハウは言う。サッチャーがやっていたのは「ソ連の体制内部に意図的に手を突っこむような積極関与策(2)」だったと。ロシア史を専門とするオクスフォード大学のアーチー・ブラウン教授がかつて「チェカーズ」で開かれたセミナーのさいに言ったことを、サッチャーは深く記憶にとどめていた。ソ連指導部のなかで、ゴルバチョフは最も開明的で、最も将来性があると。ゴルバチョフがイギリス訪問にやってくる直前の十二月十四日、サッチャーはブラウン教授をふたたび「ダウニング街一〇番地」に招き、再度の進講を求めた(3)。

「ついに見つけましたわ」とサッチャーはゴルバチョフについて言った。「彼のような男をずっと探していたのです」

オレグ・ゴルディエフスキーはロンドンのKGB支局で、ゴルバチョフ到着の数週間前から必死で働いていた。モスクワの本部から数多くの要請が矢のように飛んできたからだ。KGBのお偉いさんがゴルバチョフを注目株とみて、自分はあなたの支持者ですと誇示したがっているのが見え見えだった。「KGBがかれを支持したのは、かれが新しい人間、将来性のある人間、腐敗やソ連社会のかかえるあらゆる否定的側面と戦う気力をもった正直な男だったからだ」とゴルディエフスキーはふり返る。モスクワはロンドン支局に対し要請という名の爆弾を降らせてきた。今回の訪問に役立ちそうな情報はすべて送ってこいとの仰せだった。軍備管理だろうとNATOだろうと、経済だろうとイギリスの対米関係だろうと、中国だろうと東ヨーロッパだろうと。ゴルバチョフに直接会ったことは一度もないけれど、ゴルディエフスキーはかれが持つ、新たな情報への渇望のようなものを感じていた。かれは「自分が聡明で、イギリスについて何でも知っている人間との好印象とともにモスクワに戻り、我こそはチェルネンコ後の最有力候補だと存在感を全員にアピールしたがっていた」とゴルディエフスキーは言う(4)。

ゴルディエフスキーはモスクワに向けて報告文を上げるだけでなく、イギリス人担当官への情報提供も続けていた。注目株のゴルバチョフには、イギリス側も強い関心を寄せていたから。ゴルバチョフがどんな質問を発し、どんな発言をするかという事前警告は、イギリス側にとって貴重な情報だった。それと同時に、ゴルディエフスキーは返す刀で、イギリス側から得た情報をモスクワに送った。歴史の決定的瞬間において、ゴルディエフスキーは双方向の情報回路となったのである。かれはサッチャーがこれから進めようとする構想において、ほぼ完璧な道具として機能した。なにしろイギリス側は、自分たちの〝手の者〟が何をやっているか知っていたが、ソ連側は知らなかったのだから。

ゴルバチョフがイギリスに滞在した数日間、ゴルディエフスキーは気も狂わんばかりの忙しさだった。「毎晩毎晩、翌日の会合でどのような方向性が打ち出されるか予想しなければならなかったが、もちろん通常のルートで、そんなことが分かるはずもない。そこでイギリス人のところへ行き、緊急支援を求めた。サッチャー夫人がどんなテーマを提起するか、ヒントをもらえませんかと。イギリス人たちはいくつかの可能性を提起し、それを元に、私は一見役立ちそうなメモをでっちあげた。だが翌日、実際の会合が開かれると、その内容ははるかに豊かだった。さて、ジェフリー・ハウ外相はどのような段取りで会談に臨みますかねと尋ねたら、イギリス人たちはハウ外相がゴルバチョフとの会談で参照する情報メモを見せてくれた。私の英語力はいまだ劣悪で、その無知に加えて、不安感と時間不足もあいまって、すべての要点を暗記するには最大限の集中力が必要だった。

「支局にもどると、このささやかな〝大戦果〟に興奮を覚えつつ、タイプライターの前に坐り……わたしが持っている一般的情報と新聞紙面で垣間見たあれこれを勘案しつつ、大雑把な草稿をえいやと書きあげた」とゴルディエフスキーは言う。だが、その〝玉稿〟は別のKGB要員にリライトされ、さすがの彼もいささかヘコんでしまった。できあがった完成原稿はかれの草稿より情報精度がはるかに低かったからだ。そこで支局長代行のレオニード・ニキテンコに直訴した。ニキテンコはゴルディエフスキーの原稿を見たあと、かれの書いたものを「一言一句たがえず」ゴルバチョフに直送してくれた。

「チェカーズ」の内部に入り、大広間で食前酒を前にして、ゴルバチョフはサッチャーに話しかけた。かれは農業問題の責任者だったので、ロンドンからの車の旅で垣間見たイギリスの農場について質問した。ランチのテーブルにはシタビラメやロースト・ビーフ、オレンジなどが並んでいたが、彼らはほとんど食事に手をつけなかった。ゴルバチョフとサッチャーがたちまち熱心な議論を展開し始めたからだ。ソ連はその経済を改良しつつあるとゴルバチョフは主張した。サッチャーは疑わしそうな目をすると、ゴルバチョフに対し自由な企業経営と労働者のやる気を引きだす様々な奨励策についてレクチャーした。ゴルバチョフはいきなり反論し、ソ連システムの資本主義に対する優位性について語り、さらにサッチャーの言によると、彼はソ連人民は「歓びにあふれて」暮らしていると断言したという。サッチャーは得たりとばかりに指摘した。だったらなぜ、国を出ることを許されない人々があんなに多いのかしらねと。そうした人間は、国家安全保障問題に従事しているのですとゴルバチョフは答えた。サッチャーには到底信じられない話だった。

全員が席を立ち、ダイニング・ルームを離れると、ライサ夫人はデニス氏と「チェカーズ」内の図書室へと向かった。彼女はホッブズの『リヴァイアサン』を手に取った。図書室に同行した英外務省のマルコム・リフキンド〔のち外相〕は、当時をふり返っている。われわれは彼女が好きなイギリスの現代小説について語り合ったと。例えば、グレアム・グリーン、W・サマーセット・モーム、C・P・スノウなどだ[5]。

いちばん大きな居間で、サッチャーとゴルバチョフはようやく本業に取りかかった。ゴルバチョフの発言内容に、驚くようなものは何もなかったと、サッチャーはふり返る。だが、目を引いたのは、その開けっぴろげのスタイルで、じつに新鮮だったと。「かれには、味も素っ気もない決まり文句をただくり返すだけの、ソ連の平均的〝アパラチク（党官僚出身の幹部）〟とは一線を画する個性があったのだ」と彼女は言う。「かれは微笑み、大声で笑い、強調するときは両手を振り回し、内容に合わせて声音を調整し、議論に応じ、論争では一歩も退かなかった」と。ふたりは何時間も話し合った。ゴルバチョフは用意された書類に見向きもせず、時おりチェックしたのは、グリーンのインクで手書きされた小さなメモ帳だけだった。「時間がたつにつれて」とサッチャーは付け加える。「これはマルクス主義流のレトリックとはおよそ別物のスタイルで、その下にひそむ個性の本質が表れているのだと理解するようになった。彼のことが気に入っている自分に、私は気づいた。」

じつはゴルバチョフは十分な予習を積んでいたのである。英国には永遠の同盟国も敵国もない、ただ永遠の国益があるのみだ――というパーマストン卿の金言もさらりと引用してみせた。「驚くべきは何より、その狙い澄ましたような効果的一手の切り方で、しかもそれをやったのが外交政策の〝非専門家〟だったという点である」とこの場に同席したハウ外相は言う。ハウによると、ゴルバチョフはさらに続けてこう言ったという。「われわれに共通する国益を特定することは、われわれの責務です」と。[6] サッチャーは軍備管理という話題にゴルバチョフを誘った。一年にわたる停滞のあと、交渉は三週間後にジュネーヴで再開される運びとなっていた。一九八三年の戦争神経症の時期、ソ連が退席して以来、この種の交渉事は初めてだった。

　するとそこで、ゴルバチョフは背広のポケットに手を入れ、用意してきた新聞一ページ大の図表を広げた。それぞれ五〇〇〇個の小さな点が収まった一六五個の四角い枠組みがそこには並んでおり、ただ一カ所、中央にある四角だけ、一つの点しか入っていなかった。その一点は「第二次世界大戦」の六年間に連合軍によって投下された三〇〇万トンの爆弾の威力を示すもので、それ以外の点は、アメリカとソ連が現在保有する核兵器、一五〇億トンの爆発力を示していた。

　ゴルバチョフが示した図表は、同年二月、反核をとなえる実業家たちがニューヨーク・タイムズ紙に意見広告として掲載したもので、単なる〝アジトプロップ（アジテーション＋プロパガンダ）〟、巧妙な宣伝ビラと一蹴されてもおかしくない代物であった。[7] ただ、ここで重要なのは、その広告ページに描かれた四角と点のあまりの多さではなく、それを自分の主張の補強材料に使おうとする男の、見るからに熱烈な態度だった。ゴルバチョフは見識をもち、必要なら躊躇うことなく、それをはっきり表にだす男だったのである。

　モスクワにおいて、ゴルバチョフはこの時点ですでに、軍事・外交政策にかんする最高レベルの内部議論に参加していた。そこではアフガン戦争や〈ピオネール〉ミサイルの配備、大韓航空007便撃墜事件、戦略兵器をめぐる交渉などが議論の対象となっていた。ただ、そうした諸問題について、ゴルバチョフがどんな見解を持っているかは、外部にほとんど知られていなかった。イギリス訪問が始まったころ、かれは軍縮や外交問題について公然と自説を述べることはなかった。むしろ訪問中はずっと、核戦争の危険性に目をむけるよう呼びかけ、宇宙軍拡に対するソ連側の恐怖を強調してみせた。かれはまた、核兵器の「大幅削減」を約束し、ソ連はジュネーヴ交渉への復帰に真剣であるとのメッセージも送ってきた。ただ、人権やアフガニスタンにかんする質問は、平然と受け流した。ゴルバチョフは実質的に、ソ連のこれまでの政策を変更しなかったし、サッチャーとの会談においても、チェルネンコが自分の権威の源泉だとわざわざ口にしたほどである。(8) だが、会談の内容そのものより、スタイルのほうがはるかに雄弁だった。ゴルバチョフはより柔軟なアプローチを約束しているように思われ、それは従来の硬直した姿勢とは際だった違いに見えた。

サッチャーとの対話は、ひとつの個人的転換点になったとゴルバチョフは感じていた。(9) かれは「チェカーズ」で例の図表を示した時のようすを生き生きとした口ぶりで再現してみせた。そのページの一個の四角に入っている兵器だけで「地球の生命の基盤を吹き飛ばすに十分なのです。しかも更に九九九回、同じことがやれるのです。でも、その後、どうします。次は百万回ですか。こんなのはバカげている。われわれはこんな愚かな状況に嵌まりこんでしまったのです」

「すでに積み上がったもの、すでに溜まってしまったもの、それらを何とかしなければという想いは、私の内部にもあります」とかれは核戦争の脅威について語った。「ただの一語、ほんの一文で表現するなら、とにかく行動を起こさねばということです」。だが当時をふり返って、ゴルバチョフはこうも認めている。そうした結果がどんなものになるか想像することは、自分にとって困難だったと。四角と点からなる図表をサッチャーの前に広げてみせても、いまある核兵器をどうやれば減らせるのか、かれは皆目見当がつかなかったのである。「こんな状況をいったいどうやって止めればいいのだ」とかれは思いあぐねていたという。

サッチャーはゴルバチョフの図表にまったく感銘を受けなかったが、かれの「芝居がかった」プレゼンテーションは中々のものだったと記憶している。ゴルバチョフはまた、核爆弾をやりとりした戦争のあとに訪れる「核の冬」の危険性にも警鐘を鳴らした(10)。だが、「そんなものでは心は動かされなかった」とサッチャーは言う。彼女は核抑止の利点を並べ立てる、懇切丁寧なレクチャーで応じた。その核兵器こそが平和を維持しているのですよと。それは彼女にとって、心の芯にある強い確信のひとつだった。サッチャー首相の講義は「雄弁かつ熱意のこもったものだった」とゴルバチョフは記憶している。

サッチャーはまた、ゴルバチョフがレーガン宛てのメッセージを自分に託すつもりでいることも知っていた。かれがレーガンの「SDI（戦略防衛構想）」について語るあいだ、彼女はじっと耳を傾けていた。核兵器を時代遅れにするというレーガンの夢を、内心ではほとんど信じていなかったサッチャーだが、そんなことはおくびにも出さなかった。「チェカーズ」で彼女の耳を捉えたのは、ゴルバチョフの声音に感じられる緊迫した響きだった。ソ連は「ほとんどどんな犠牲を払おうと、SDIを阻止したいようだ」とサッチャーは結論づけた。イギリスとアメリカが袂を分かつことは、金輪際ないわねと、彼女はゴルバチョフに言った。かれは午後四時三〇分に帰る予定だったが、午後五時五〇分まで「チェカーズ」に留まった。ゴルバチョフの車が立ち去ったとき、彼女はこう思ったことを憶えている。「あの対話相手が次のソ連指導者であったならば、どんなにいいかしら」と。

公式には、ゴルバチョフは「ソ連最高会議」代表団の団長という肩書きでロンドンを訪問していたのだが、かれの歓迎式典における行動や起ち居振る舞いは、およそ地味とはいえなかった。かれはホスト国を魅了し、イギリス側の想像力を見事に捉えた。テレビはこれまで一度としてソ連指導者に優しくなかったが、ゴルバチョフは注目の的だった。「赤い星、誕生」とデイリー・メイル紙はライサ夫人について書きたてた。ゴルバチョフ夫妻は大英博物館の洞穴のような図書室に立ち寄り、カール・マルクスが『資本論』を書いたその現場を見学し、また夫妻はウェストミンスター寺院に足をはこび、中世の王たちの墓所や国民詩人の記念碑を見たり、ステンドグラスの窓や建築物に興味を示したりした。

月曜日、サッチャー首相はBBCのインタビューに応じた。質問に対する最初の答えのなかで、彼女はこう明言した。

「ミスター・ゴルバチョフが気に入りました。彼となら、一緒に仕事ができます[11]」と。

モスクワでドミトリー・ウスチノフ国防相が急死したとの知らせを受けて、ゴルバチョフのイギリス訪問はそこで中止となった。ゴルバチョフは急ぎモスクワに戻った。ウスチノフがいなくなると、指導部に新たな真空地帯が生じてしまうからだ。チェルネンコは病弱で、ウスチノフの葬儀に参列できず、しかもゴルバチョフの地位は、クレムリン内でいまだ磐石とはいえなかった。当時、「国家指導部は弔いムードのなかにあった」とゴルバチョフは言っている。

一九八四年十二月二十二日、サッチャーは「キャンプ・デイヴィッド」にレーガンを訪ねた。サッチャーを迎えるにあたり、合衆国大統領はポケットに会談の要点をしるした七枚のカードを入れていた。二番目のカードにはこう書かれていた。「ゴルバチョフが印象的なのは分かる」。それで「あなたの印象は?」と。[12]サッチャーは「チェカーズ」でのランチのようすを詳細に伝えた。人権、経済、軍備管理などなど。ゴルバチョフはその前任者たちに比べて議論においても論争においても、より魅力的で、より開けっぴろげだったとサッチャーは言った。さらに、ゴルバチョフの狙いは「ＳＤＩ」にあったということを順序立てて説明した。これを受けて、レーガンは技術的探究と道徳的義務の両面においてかれが抱いている大きな夢について縦横無尽に語りだし、その究極の目的は核兵器の全廃にあると明らかにした。レーガンがこの問題をこれほど率直に語るのを、サッチャーは初めて耳にし、そして彼女はのちに、それを聞いて「ゾッとした」と告白している。だが、彼女は聞くことに徹した。

サッチャーはまた、ゴルバチョフが彼女に言ったことをレーガンにそのまま伝達した。「あなたの友人、レーガン大統領にお伝えください。宇宙兵器を推進しないようにと」[13]

これから数年ののち、レーガンとともに世界を変えてしまうミハイル・ゴルバチョフという政治家の台頭を理解するには、その半世紀前、ソ連人民とソ連邦が直面せざるを得なかった疾風怒濤の出来事をまずは思い起こす必要がある。スターリンの粛清、「第二次世界大戦」で受けた想像を絶するような人的・物的損失、戦後の日々をいろどる様々な困難と雪解け、勝利と停滞――そうしたゴルバチョフに直接影響を及ぼしたすべてのことに目を向ける必要があるからだ。彼がのちに途方もない変化の触媒になることを窺わせる予兆は、若いころ、ほとんど見受けられない。ただ、およそ急進的なところはないものの、かれはソヴィエト体制が生んだ子供であることは間違いない。そして彼には、その経歴を貫く一本の筋みたいなものがあった。ゴルバチョフは長年にわたり、共産党や指導者が観念的にかたる人工世界とは驚くほど異質の現実を見て育ったのだ。出世の階段をのぼりながら、かれは物事を見る目を養い、実際にそこで暮らす人々と、かれらを統治する人々が口にする無味乾燥なスローガンのあいだに巨大な乖離が存在することを目の当たりにしてきた。そうした乖離の深さには、ライサ夫人も気づいており、これを変えたいのだというゴルバチョフの決意を後押ししてくれた。

ゴルバチョフがかかえた疑念の種は、ひとつの世代の上にゆっくりと蒔かれたもので、その後何年ものあいだ、彼につきまとった。ただ彼の場合、ある種の失望や、あるいは失敗に対する最初の反応はいつも、このシステムをもっと良いものに変えてやろうという努力へとつながった。かれの世界認識の枠組みは、この体制を打倒する方向には一度も向かわなかった。ソ連の指導者になるまでに、かれは奈落のような現実を十分に吸収したけれど、どうやったらそれを修復できるのか、その理解には限度があった。かれの最大の得意技は、実際の政治的働きかけや行動のなかで、目指す目標を達成することだった。かれは情報公開と政治的多元主義を推進することでこの体制を救おうと試み、それによって諸々の病弊を治療したいと思っていた。だが、その願いは果たせなかった。

ゴルバチョフは、彼のいうところの〝核軍拡競争に邁進する機関車〟にブレーキをかけ、ヨーロッパである種の革命が平和裏にすすむのを容認し、「第三世界」の対立にピリオドを打つことで、結果的に「冷戦」終結という大きな成果をあげるのだが、それはかれの目指した第一目標ではなかった。それらは自国の急進的変化を望んだことから生まれた波及効果にすぎなかった。それは人生の様々なめぐり逢わせ——貧農の息子として生まれたこと、少年のころに戦争を目撃したこと、雪解けの時代に大学生活を送ったこと、停滞の時代に党の幹部になったこと——にいずれも根差しており、なかでも重要なのは、それはこの国のすべてが機能不全に陥ってしまったという痛切な自覚から生まれたものだったのだ。

ゴルバチョフは自国を救おうとしたのであり、別に世界を変えようとしたわけではない。結局、かれはソ連という国を救えなかったが、その営為が結果的に、世界を救ってしまったのかもしれない。

ミハイル・セルゲーヴィチ・ゴルバチョフは一九三一年三月二日、南ロシアはスタヴロポリ地方の黒土地帯にある小さな村、プリヴォリノエに生まれた。かれの両親、セルゲイとマリアは、その黒土を相手に汗を流した。村の生活は何世紀も変わることなく続けられた。子供時代、ゴルバチョフの記憶にある、その「干乾しレンガの小屋は、下は土間で、ベッドはいっさいなく、人々は暖を取るため、竃の近くで眠った」[14]というようなものだった。ミハイル少年は、母方の祖父母の家で可愛がられ、母の実家で過ごすことも多かった。祖父母は棚にマルクス、エンゲルス、レーニンの著書を並べていたが、ロシア正教会の宗教画もあったという。母方の祖父、パンテレイは他人の意見によく耳を傾ける人で、村で非常に尊敬されていたと、ゴルバチョフには記憶されている。長いあいだ、ゴルバチョフは唯一の男の子で、弟は戦後、かれが一七歳になったときに生まれた。かれは幸福な少年時代を過ごしたように思われる。「わたしは何にも束縛されない自由を楽しんだ」とかれはふり返る。「わたしの祖父母たちは、わたしを一家の最も大切な一員であるという気分にさせてくれた」と。

だが、ソ連という国自体はほどなく苦難と悲劇にさらされる。ゴルバチョフがほんの二歳だった一九三三年、スタヴロポリ地方は飢饉に見舞われた。スターリンは農業の大規模集団化を推進しており、〝貧農〟を集団農場に強制的に入れるとともに、多少いい暮らしをしている人々を〝クラーク（富農）〟として罰するという極めて粗暴な変革手法を用いた。プリヴォリノエ村では人口の三分の一から半分が餓死した。「家族全員が亡くなって、所有者のいない半分壊れた小屋が何年も放置されるままになっていた」とゴルバチョフは記憶している。一九三〇年代、スターリンによって、農民たちも数百万人が粛清の対象とされた。

ゴルバチョフの家族も粛清に遭った。父方の祖父、アンドレイは集団化を拒み、自分の畑で生計を立てようとした。一九三四年の春、アンドレイは逮捕され、自営農民に政府が課した播種計画を達成できなかったとして非難された。「だが、計画を達成しようにもそれだけの種がなかったのだ」とゴルバチョフはその告発事由のバカバカしさをふり返る。アンドレイは「破壊分子」と宣告され、二年間、政治犯収容所に送られたが、一九三五年に早期釈放となった。戻ってきたアンドレイは、集団農場のリーダーになった。

二年後、今度は母方の祖父パンテレイが逮捕された。こちらの告発事由も同様にバカバカしく、かれは反革命組織のメンバーで、集団農場の活動を妨害しようとしたというのだ。こちらの逮捕は「わたしにとって最初のトラウマになった」とゴルバチョフはふり返る。「かれらは祖父を真夜中に連れていったのだ」。祖父の待遇はひどかった。パンテレイは一九三八年のある冬の夜、ようやく釈放され、プリヴォリノエ村に戻ってきた。手製の粗仕上げのテーブルに腰かけ、かれは自分がどんなふうに殴られたか、どんな拷問を加えられたかを家族に語った。パンテレイは言った。スターリンはきっと秘密警察の悪行を知らないのだ。だから、わたしは自分の不運ゆえに、ソヴィエトを非難したりはしないと。パンテレイはその後二度とこの件について口にしなかった。ゴルバチョフは当時七歳だったが、この一連の出来事はわたしに、深く、長くつづく印象を与えたと後年語っている。かれはパンテレイの苦難を心のうちに留め、それを公の場で語ったのは半世紀ものちのことである。

一九三〇年代末までに、二人の祖父はいずれも自宅に戻り、村の生活は上向きになるかに思われた。家族そろって日曜日に森にピクニックに出かけたりした。そんなある日曜日、一九四一年六月二十二日に、恐ろしいニュースが届いた。ドイツが攻めてきたとラジオが報じたのである。

ゴルバチョフの父はほどなく前線にむけ出発した。父は一〇歳の息子にアイスクリームを一個買い、形見としてバラライカ一竿を遺した。女たち、子供たち、年寄りたちが泣きながら兵士の出征を見送った。この冬初めての大雪が降り、プリヴォリノエ村は孤絶した。ラジオの電波も新聞もめったに届かなかった。自分は「子供時代から一足飛びに大人になった」とゴルバチョフは記憶している。一九四二年の夏、村は四カ月半、ドイツ軍の占領下に置かれた。戦争は農村地帯を破壊し、かれらは種も農機具も家畜も失った。冬から翌一九四四年の春にかけて、飢饉が広がった。当時三三歳だったゴルバチョフの母が父の最後の所持品、長靴二足と上着一着を近くの町まで売りに行き、トウモロコシ五〇キログラムが入った袋と交換してきた。おかげで一家はなんとか生き延びた。

一九四四年の夏、家族のもとに前線から一通の手紙が届いた。中には家族写真、そしてセルゲイ・ゴルバチョフはカルパチア山脈における戦闘で亡くなったという通知が入っていた。「一家は三日間泣き暮らした」とゴルバチョフはふり返る。そのあと、父からの手紙が届き、そこには自分は生きていると書かれていた。どちらも日付は一九四四年八月二十七日だった。四日後、別の手紙が届き、セルゲイが実際に生きていることが確認された。どうしてこんなことに。父がのちにゴルバチョフに語ったところによると、待ち伏せ攻撃を受けたあと、所属部隊は父の背嚢のみを発見した。行方不明となり、おそらくは死んでいると見なされた。というわけで最初の手紙が家族に送られた。ほんの数日後、生きている父が発見されたが、重傷を負っていた。戦争という混乱した状況下では、こうした行き違いはよくあることなのだと、セルゲイは息子に言った。「わたしは生涯、この言葉を忘れないだろう」とゴルバチョフはのちに書いている。

一九四三年の初春、ゴルバチョフは他の子供たちと一緒に田園地帯をぶらついていた。そのうち、プリヴォリノエ村と隣村の中間に広がる森の端まで来た。「なんとそこで、一九四二年の夏、最後の戦闘をたたかった赤軍兵士たちの遺体と偶然出くわしてしまったのだ。怖くて口もきけないほど驚いた。腐った死体は、一部を動物に喰われ、銹びたヘルメットのなかには頭蓋骨があり、骨はやけに白く、ぼろぼろの上着の袖口から小銃が突き出ていた。軽機関銃が一挺、手榴弾が数発、空薬莢の山。

かれらは塹壕や漏斗孔《クレーター》の分厚い土のうえに、埋められもせず横たわり、真っ暗な、ぽっかり空いた眼窩から、こちらをじっと見つめていた。われわれは震え上がり、家に一目散に逃げ帰った」

戦争が終わったとき、ゴルバチョフは一四歳だった。「われわれの世代は戦時に子供時代を過ごした世代である」とかれは言う。「戦争によって焼かれ、その傷痕はわれわれの性格にも、世界観にも刻印を遺している」と。

戦争が終わり、ゴルバチョフは毎年夏になると農場で働いた。「一日二〇時間、骨のおれる肉体労働に従事した」。高校では学業に励み、また演劇クラブとスポーツにも日々うちこんだ。当時の成績表を見ると、ロシア文学、三角法、ソ連史、ソヴィエト憲法、天文学で最高ランクを獲得している。一九五〇年に銀メダルとともに卒業した。[15] 農場で毎年すごした長い夏季労働が評価され、これとは別に「勤労赤旗章」も受賞していた。高校生にしては珍しい報奨である。ソ連一の名門校、モスクワ大学の法学部入学を認められるうえで、これが大いに役立ったことはほぼ間違いない。[16]

一九五〇年九月、首都モスクワに到着した一九歳の農村青年は、騒々しい大都会の生活に最初の数カ月間、戸惑いを覚えた。新入生は二二歳になるまで学生寮に入ることになっていた。そこでは数コペイカ払えば、喫茶室で紅茶が買え、テーブルには好きなだけ食べてよい無料のパンが置かれていた。

ゴルバチョフは一九五二年に共産党に入党した。当時、共産党員になるということは、スターリニストになることだった。大学の最初の二年間はちょうど、スターリンがユダヤ系の学者、作家を標的にした反国際主義運動を展開している時期と重なっていた。それはゴルバチョフにとって驚嘆すべき事柄だった。ある朝、ひとりの友人（ユダヤ人だった）が、怒鳴ったりなじったりする群衆に取り囲まれ、路面電車から乱暴に突き落とされるという事件が起きた。「ショックだった」当人の説明によると、ゴルバチョフはかれの世代の多くがそうであるように、ソ連型のイデオロギーに心を惹かれていた。「共産主義のイデオロギーは当時の若者にとって魅力的だった」とかれはふり返る。「前線の兵士が戦争から続々戻ってきた。かれらの大半は若く、勝利の誇りでいっぱいだった」。より若い世代は戦争、飢饉、そして大テロルがすべて過去のものとなるよう希望し、自分たちは社会正義と人民の力にもとづく新しい社会を建設するのだと信じていた。[17]

そしてスターリンは、そうした確信の枠組みを支える一部だった。党史にかんするスターリンの著作『小教程』は、学生たちにとって「科学的思考法のモデル」とされていたと、ゴルバチョフはふり返る。[18] 学生たちは「そこで開陳されるテーゼの多くを当然のことと受け止め、その真実性を心から信じていたのだ」と。ゴルバチョフは「コムソモール(共産主義青年同盟)」のリーダーでもあった。高校時代、かれが最終試験で書いた論文のタイトルは、とある歌からの借用だった。「スターリン――われらが戦いの栄光」。

それでも、ゴルバチョフには反抗心もあって、言葉遣いは穏やかだが、大学当局を批判するような発言もおこない、波風を立てたことが二度ほどあった。一度目はとある講師にたいする匿名のメモで、かの講師どのは機械的な、気のない口調で、スターリンの著作を一言一句違えず教室で読み上げるだけであると指摘した。これは学生にたいする侮辱である、何故なら、かれらはすでにその本を読んでいるのだからと。そのメモは自分が書きましたとゴルバチョフが認めたため、調査が開始されたが、結局、お咎めなしとなった。

スターリンが一九五三年三月五日に死去したとき、ゴルバチョフもモスクワの街頭で弔問の列に加わった。かれは「スターリンの死に、心の底から動かされていた」。だがその後の歳月をへて、ゴルバチョフはスターリンを違った目で見るようになる。一九五六年二月二十五日、フルシチョフが「第二〇回党大会」で有名な〝秘密演説〟をおこなった。スターリンの個人崇拝と、かれが揮った暴力や迫害という手法について非難する内容だった。この演説のあと、ようやくにしてと、ゴルバチョフはふり返る。「わたしは、わが祖国で起こったことと、わが家族に起こったことの内なる関連性について理解するようになったのだ」。祖父のパンテレイはかつて、スターリンは私が拷問にかけられたことを知らないのだと言ったものである。だがおそらく、スターリンこそが、わが家に苦痛を与えた張本人なのだ。

「フルシチョフの非難演説をふくむ文書は、党の内部で短期間回覧されていたが、その後回収された。だが私はなんとかしてその文書を手に入れた。ショックと当惑で、どうしたらいいのか分からなくなった。その文書は分析ではなく、ただ事実、恐るべき事実の羅列だった。われわれの多くは、そんなことが本当だとは信じられなかったが、わたしは容易に信じられた。わたしの家族そのものが、一九三〇年代の抑圧の犠牲者だったから」[19]。ゴルバチョフはその後しばしば、フルシチョフ演説を「勇気あるもの」と呼ぶようになる。あの演説によって過去がすべて暴かれたわけではないけれど、それにもかかわらず、あれが秘密に裂け目を穿ったことは間違いないのだから。ゴルバチョフはまた、現体制への幻想が剝がれ落ちるような気分も味わった。ゴルバチョフ自身はそうした幻滅を、逆に将来に希望をもてる理由と受け止めたけれど、多くの人々、特により年配の世代にとっては、大きな疑念とひどい混乱をもたらすことにも気づかされた。むろんゴルバチョフにとっても、あらゆることが明快なわけではない。一体全体、自分たちが信じてきたすべての中で、どこまでが嘘なのだろうか？

大学時代、ゴルバチョフは聡明な哲学専攻の女子学生、ライサ・ティトレンコと出会い、やがて結婚した。スターリンの死から二年後、モスクワは新しい考えにも門戸を開き、そうした傾向は文学方面でもしばしば見られた。イリヤ・エレンブルグの長編小説『雪どけ』――タイトルがそのままこの時代をあらわす名称となった――が一九五四年に出版された。ゴルバチョフは若いチェコスロヴァキア出身の留学生、ズデニェク・ムリナーシュと出会い、かれはこの時期、ゴルバチョフの一番の親友となった。二人は学生寮の部屋で深夜まで激しい議論を好んで戦わせた。そうした大学時代の体験によって、ゴルバチョフの目は大きく開かれたけれど、その一方で「わたしや他の同世代の面々にとって、われわれが生きるこの体制自体を変革するという問題提起は一度もなされなかった」という。

一九五五年の夏に卒業すると、ゴルバチョフは故郷のスタヴロポリに戻ったが、かれはここでもレトリックと現実の落差をしめす新たな証拠に出くわした。多くのものがそれに気づいていたけれど、何もしなかった。ただ、他の人間と違うのは、ゴルバチョフにはそれがもたらす衝撃に十分耐えられるだけの容量があった点であろう。大学時代、かれはスタヴロポリの地方法務局で夏季実習をこなし、そこの幹部党員の傲慢な態度に仰天した経験があった。[20] ライサ宛ての手紙のなかでも幹部連のことを「胸が悪くなるほど不快」な連中と形容している。さらに「特に地元のボスの暮らしぶりときたら。地方委員会や下級委員会でいったい何が通るかはすべて事前に決められていて、そして幹部たちは無礼や傲慢な態度を隠そうともしない。地元のリーダーなんぞは、その胴回り以外、どこにも傑出したところがないのである」と。

ゴルバチョフは共産党の青年部にあたる「コムソモール」に引き続き留まることを決め、「世論喚起・宣伝部門」のナンバーツーに就任した。これは体制順応型の人間がたどるコースだった。ゴルバチョフは当面の職務にはげみ、弁舌の能力をみがき、しばしば担当地域のあちこちに足を伸ばして、党を信頼している若者たちに説いてまわった。[21] この仕事を通じて、ゴルバチョフは日常生活の厳しさ、特にソ連の僻地にある農村地帯の惨状を目の当たりにした。出張のさいは、その地域で最も遠方にある牧畜農家を訪ねた。分厚い泥のなかを徒歩ですすみ、ゴルバチョフはゴーリカヤ・バルカ川沿いの寒村に到着した。そこは背の低い、煙たなびく小屋たちと、黒く塗られた柵がただ並んでいるような場所だった。目の前に広がる、貧乏と荒廃を絵に描いたような景色に、ゴルバチョフはショックを受けた。「山の斜面に立って、わたしはつい考えてしまった。『どうやって暮らしているのだろうか、こんな状況で人は住めるものなのだろうか』と」。ゴルバチョフの印象は意志堅固な妻、ライサによって形づくられ、日々強化されていった。彼女はこの数年ずっと貧農の暮らしぶりを調査し、論文を書いていた。彼女はゴルバチョフ以上に多くのそうした荒涼たる村々を見ていたのかもしれない。彼女は長靴で懸命に歩きまわり、あるいはオートバイに牽かれた荷車に乗りこみ、厳しい条件下にあるロシアの田舎を回っては、現地調査に取り組んでいたから。[22]

ゴルバチョフはスタヴロポリで出世を続けていた。まずは市の党組織のトップになり、次いでその地方全体を統括する行政区――「スタヴロポリ道」――を預かる党のトップになった。一九六〇年代から七〇年代にかけてのこの時期、かれは人々の実際の暮らしぶりと、党が発する中身のないスローガンや宣伝文句との乖離をふたたび感じるようになった。農業でも工業でも、国家の重い手が個人の自主性を圧殺していた。窃盗行為、ゴマすりや追従、組織の機能不全、不安や諦めムードはいたるところにあった。中央統制型の計画経済は、余計な口出しと悲しいほどの非効率をもたらしていた。一度、スタヴロポリの集団農場を視察したことがあった。そこは「穀物と飼い葉の両面ですばらしい収穫高を実現していた」。ゴルバチョフは喜んだが、その集団農場の場長に「灌漑用の給水パイプをどこで手に入れたのか」と尋ねてみると、その男は微笑むばかりだった。かれは給水パイプをどこから自力調達してきたのであり、その成功は社会主義とは何の関係もないことをゴルバチョフは思い知った[23]。

ソ連の中央統制型の経済システムにおいて、当時最も大胆な変革とされたものは、ひどく穏便なものだったという事実を改めて想起することは重要であろう。例えば、「ホズラスチョート（自主採算性経営）」と呼ばれる資金の自己調達メカニズムの実証実験とか。要するにこれは、工場もしくは農場が自分たちがあげた利益を内部留保することを意味した。システムをがらりと変えるような挑戦的取り組みはまずもって不可能だっただけでなく、個人の自主性にかんするもっと穏当な実験でも、弾圧の対象とされた。それがゴルバチョフの知っている世界だった。モスクワの中央計画部門にいる官僚たちは、偉そうに命令を発するけれど、現場の農場や都市にとっては、そうした命令はしばしば意味のないものであった。要望は無視され、統計は改竄され、予算は成果もないまま膨れあがり、党の方針から逸脱するものはみな処罰された。一九七〇年から七八年にかけて、ゴルバチョフは共産党スタヴロポリ委員会の第一書記として、黒海とカスピ海のあいだに広がる、ロシア全体でも最も肥沃な地域の最高指導者をつとめた。実質的には知事だけれど、アメリカの州知事に比べ、はるかに大きな権限を行使できた。地方党委員会のボスたちは、ソヴィエト・システムのなかでカギをにぎる立場にあり、モスクワがなにかを実施しようとすると、その決断に影響を及ぼすことができた。そこの第一書記たるゴルバチョフは、いまやソ連社会の最上層部を構成するエリート集団の仲間入りを果たしたわけである。特権を存分に味わう立場にあり、よい家、よい食事、よい移動手段を享受し、モスクワの中央委員会のフル・メンバーでもあった。ブレジネフ時代、党第一書記は「自分の領地をかかえる君主」だったと、ワシントン・ポスト紙のロバート・G・カイザー記者は書いている[24]。だが、ゴルバチョフは貴族ではなく、庶民派だった。しばしば執務室まで歩いてかよったたし、道で出会った一般人との雑談を通じて民情を把握したりもした。文化公演に足繁くかよう劇場の常連客だったし、党のイデオロギーに過度にこだわらなくてもいいと地元メディアを勇気づけたりもした。[25]ゴルバチョフは「保守的気質の持ち主だったが、時代が許容する程度には現実主義的な革新派」だった。[26]例えば、家族をふくむ労働者の集団、もしくは小集団に自治権を与えるような耕作計画は、モスクワの官僚たちから疑いの目で見られかねなかったが、ゴルバチョフはこれを支持した。一九七八年、ゴルバチョフは農業問題にかんする長文のメモを書いて、生産面、資金面の主要問題を決定するさいは「公社や協同組合にもっと独自の権限」を与えるよう求めた。ただ、そうした取り組みが広範囲に定着したという証拠はないし、ゴルバチョフは急進改革派などでは断じてなかった。ブレジネフが一九七八年、ゴーストライターを使って「第二次世界大戦」中の自分の〝大活躍〟を描かせた、臆面もない自己賛美の回想録『マーラヤ・ゼムリャ（小さな土地）』を出したとき、ゴルバチョフは党のボスたちの列に加わって、追従的な称賛の言葉を山ほど送っている。党と国家が用いる言葉には、その本来的な意味はすでに失われていたけれど、ゴルバチョフやその同輩たちにとって、それをくり返し唱えつづけることは、いわば必須の義務と化していたから。

地方党委員会のトップになって、ゴルバチョフは気づくようになった。ソ連型システムは、たんなる非効率、窃盗行為、杜撰な計画立案にとどまらず、何かそれを超えたもっとはるかに深刻な部分において間違っているのでは。そもそも新たな発想のもとで、問題解決に当たろうとするものがいないことが問題なのだと。かれは当時、「中央からの指令によって手足を縛られる」ことに内心忸怩たるものを感じていた。[27]「元勲たちの周囲にはべる家老や廷臣からなる階層的集団が実際にはこの国を仕切っているのだ」というのが、かれがくだした結論だった。だが後年、ゴルバチョフはもっと直截な言い回しでこの状況を評している。「要は、相互扶助にもとづくカースト制度にすぎない」と。

党の言うことと現実がいかに違うか、外部世界もまた、ゴルバチョフにその鮮やかな証拠を突きつけてきた。一九六七年にスタヴロポリを訪れた大学時代の親友、ムリナーシュがゴルバチョフを驚かせた。チェコスロヴァキアが「大変動の寸前まで来ている」と警告を発したからだ。翌年、ムリナーシュは同国の自由化運動でその名を知られるようになる。この運動は「プラハの春」を指導し、「人間の顔をした社会主義」をつくろうとするアレクサンデル・ドプチェクが率いるものだった。民主主義にむけたこの試みは一九六八年八月二十日から二十一日、ソ連軍の戦車とワルシャワ条約機構軍の兵士によって粉砕された。自分は一九六八年、スタヴロポリの党幹部として、この侵攻に支持を表明したとゴルバチョフは認めている。ただ一年後、プラハを訪問したゴルバチョフは異なる現実を目の当たりにする。旅行中、ムリナーシュには会わなかったけれど、人々が自由化を心底信じていることと、モスクワのソ連指導者を憎んでいることはよく分かった。外部勢力が関与したというのがKGBの言い分だったが、ゴルバチョフの見るところ、この運動にむけた勢いは内部発生的だった。チェコ東部のブルノでとある工場を見学したとき、労働者たちはゴルバチョフと口をきくことさえ拒否した。「これは私にとってショックだった」とゴルバチョフは言う。「このときの訪問で、私の考えは根底からひっくり返されてしまった」と。スロヴァキア南西部のブラティスラヴァで、かれは反ソ的スローガンがびっしり書かれた壁を見た。「この時から、われわれの国で何が起きているのかをこれまで以上に考えるようになり、およそ慰めにならない結論にいたった。何かが間違っていて……」。だがしかし、かれはその想いを自分の胸のうちに、そしてライサ夫人とのあいだにだけ、じっと秘めておくことにした。[28] 一九七〇年代を通じて、ゴルバチョフはイタリア、フランス、ベルギー、西ドイツなど西側の国々を何度か訪問した。これら比較的繁栄した民主主義国で目にしたあれこれは、ソ連の宣伝工作に用いる書籍や映画、ラジオ放送で見聞きしてきたものと随分と違っていた。「こちらの人々はよりよい暮らしをしていて、わが国より増しに見えた。疑念がわたしを捉えて離さなかった。わが国の生活水準はどうして、他の先進国よりも低いのだろうか」と。

スタヴロポリ地方の町、キスロヴォーツクは身体にやさしい温泉や鉱泉で、ソ連のエリートたちに親しまれてきた。KGBを率いるユーリー・アンドロポフ議長は腎臓疾患をかかえており、しばしばこの町にあるKGBの保養所に逗留した。一九七八年八月、かれはゴルバチョフと、そこの鉱泉で休日をともにした。アンドロポフはゴルバチョフのことを、将来の指導者候補のひとりとして心に留めていた。ふたりは付近の山に登り、満天の星のもと、焚き火を囲んで、〝シャシリク（カバブ）〟を調理しながら、何時間もともに語りあった。興味の幅がおそろしく広いアンドロポフは、しばしばゴルバチョフと国政について論じたり、あるいは七弦ギターを手に庶民の日々の問題について歌う、ウラジーミル・ヴィソツキーやユーリー・ヴィズボルのテープに耳を傾けた。考えようによってはそれは驚愕の一シーンだった。共産党のふたりのボスが、その作品がもっぱら無許可テープを通じて流通している放浪詩人の音楽を楽しんでいるのだから。一九六七年以来、秘密警察のトップをつとめてきたアンドロポフは、ゴルバチョフの助言者兼導師のひとりとなっていく。

モスクワで、ゴルバチョフは中央委員会書記に選出され、農業問題担当となった[29]。ゴルバチョフは欣喜雀躍、農業政策の現状を説明するためブレジネフのもとを訪れた。だが、四八歳のゴルバチョフは、クレムリンの執務室にいる、当時七一歳のソ連最高指導者に、ほとんど生気がないことを見てしまった。「会話に興味を持たないというだけでなく、彼はわたしの言葉にも、わたし自身にも、いっさい反応を示さなかったのだ」とゴルバチョフはふり返っている。

ソ連を統治するエリート集団の末席にいて、ゴルバチョフはほどなく実態を嫌というほど見せつけられるようになる。ブレジネフ時代の最後の数年間は、こんな場面の続出だったのである。一部の政治局会議は、議長役のブレジネフをあまり疲れさせないため、一五分ないし二〇分で打ちきりとなった。「悲しい光景だった」とゴルバチョフはふり返る。一九七〇年代末に原油増産に陰りが出てくるなか、ソ連は経済的に深刻なトラブルに見舞われつつあった。ブレジネフの周辺グループが始めたアフガニスタンの戦争は泥沼にはまっていた。一九七〇年代の米ソ緊張緩和《デタント》は影も形もなく、超大国間の緊張は高まる一方だった。食糧不足も悪化した。ゴルバチョフがモスクワで農業問題担当書記になって最初の四年間、四年連続の不作に見舞われ、ソ連は外国から穀物を大量に輸入しなければならなくなった[30]。

ゴルバチョフがモスクワ入りした一九七八年十一月から八〇年代初めまで、党と軍を基盤とする守旧派勢力と、一握りの改革派幹部――大半は大学出身者で、新しいアイデアはあるものの、権力基盤は持っていない――の間で、熾烈な権力闘争が展開された。ブレジネフが死去したとき、アンドロポフは若手グループの中から、これはという人材を昇進させた。ゴルバチョフや、スヴェルドロフスク出身の経験豊かな工場長、ニコライ・ルイシコフなどがそれである。アンドロポフはゴルバチョフにソ連全体の経済問題を統括させた。ゴルバチョフは改革派の学者たちから様々なアイデアを吸い上げた。改革派はいまや、少なくとも庇護してくれるリーダーを得たわけである。そしてゴルバチョフは、かれらの意見に耳を傾けていく[31]。

根がKGBなので、アンドロポフはソ連を警察国家的手法によって再生しようと試みた。例えば、勤務時間帯にうろうろしている人間がいれば、逮捕するといった風に。そんなのは効果がいまひとつ当てにできない手法で、国民はジョークの種にしていますよとゴルバチョフは言ったが、アンドロポフは聞く耳を持たなかった。あっさり撥ねつけて、「わしの歳になれば、おまえにも分かる」と言っただけだった。

そんな二人を引きつけたのは、この体制はいまや危機に瀕しているという切迫した共通認識だった。アンドロポフは、ブレジネフ時代の病巣を根こそぎにしたいと決意していたと、ゴルバチョフはふり返る。「保護主義、内部抗争と策動、腐敗汚職、道徳的堕落、官僚主義、無秩序、手抜きの横行」などなどだ。だが、歴史家のロバート・イングリッシュが指摘するように、「硬直化し、軍事化した党＝国家システムのなかで」、特に強硬論者が目に見えないかたちで権力を握っている状況下で、変化を起こすことは途方もなく困難だったのである。(32) 結局、アンドロポフのほうが持ち時間が尽きてしまった。アンドロポフは実際には劇的な変化を起こせなかったとゴルバチョフはのちに書いている。KGBに長年いたせいで、かれにとって、飛躍的突破は無理だったのだと。「かれは自身の過去の経験という塹壕の奥深くに籠もっており、その塹壕がかれを強く捉えて離さなかったのだ」とゴルバチョフは言う。

結果、変化の触媒役は彼自身がつとめることになり、そしてゴルバチョフ時代はすぐそこに迫りつつあった。

分岐点は一九八三年五月、ゴルバチョフが議会代表団を率いて七日間のカナダ訪問をおこなった時にやってきた。当時、カナダ駐在のソ連大使だったアレクサンドル・ヤコヴレフは、この訪問を絶好の機会ととらえた。西側がどのように機能しているかを実際に示し、ソ連がいま進みつつある方向に、自分が深い憂慮の念をいだいていることをゴルバチョフに伝えねばと。カナダ西部のアルバータ州で、ゴルバチョフは四九四二エーカーの土地を保有する、豊かな〝農夫〟と議論をおこない、好印象を受けた。ゴルバチョフは彼とのやりとりにたちまち夢中になった。その農夫のかかえる家畜の群れが、乳牛一頭あたり年間四七〇〇キログラムのミルクを生産していると知ったからだ。ソ連の雌牛は二二五八キログラムにすぎなかった。[33] 農夫は二軒の家、複数の自動車、アルミ製の穀物エレベーターを保有し、自分は毎年休みもなく、長時間働きづめだとゴルバチョフに語った。カナダはゴルバチョフに、破綻したソ連農業の代案になりうる繁栄の道を示してみせたのである。

　訪問のハイライトは五月十九日、カナダのユージン・ウィーラン農相が保有するオンタリオ州の農場を訪れたときにやってきた。ウィーランはゴルバチョフを夕食に招いていたが、当人はちょっと遅れるという話だった。でこぼこの長い泥の道を通って、ソ連一行の車が到着すると、エリザベス夫人が賓客たちを出迎えた。ウィーランが来るのを待つあいだ、ゴルバチョフとヤコヴレフは二人だけで近くの果樹園を見て回ることになった。ヤコヴレフは一九七〇年代初めに中央委員会の宣伝部長をつとめていたが、とある新聞に急進的な考えの論文を寄稿し、結果、カナダで流刑暮らしをするハメになったのだ。かれは改革派であり、「緊張緩和《デタント》」の崩壊とブレジネフ時代末期の停滞を目にして、改革の情熱はいまもいや増すばかりだった。かれは当時五九歳だった。ソ連社会の過剰な軍事化に怒りを覚え、市場経済は社会主義に改善をもたらすはずだと信じていた。自分はおおむね自由を、わが「宗教」としていたのであると、ヤコヴレフはのちに語っている。果樹園を散策するあいだ、そうした想いが期せずしてあふれ出てきた。

　「われわれは長い時間をいっしょに過ごした」とヤコヴレフはふり返る。「それゆえしばしば起こることではあるけれど、大臣の農場を延々と歩いているとき、われわれは二人とも、感極まったように思いの丈を吐き出してしまったのだ。いくつかの理由から、わたしは不安を全開にし、外交分野における愚の骨頂とわたしが考えるあれこれについて、かれに語りかけた。特にヨーロッパに配備されつつある〈SS-20〉やその他多くの問題点について。かれも同じことをした。われわれはこれ以上ないくらい率直に語り合った。かれはソ連国内のさまざまな問題を隠さず口にした。ゴルバチョフは言った。このような条件下、独裁がおこなわれ自由がない条件のもとでは、わが国はただ亡びるだけだと。まさにその時、ほとんど頭をぶつけるようにして三時間余り対話を重ねたこの時、われわれはすべてを吐き出したのである」[34]

二週間後、ヤコヴレフは打診を受けた。モスクワに戻って、権威あるシンクタンク「世界経済・国際関係研究所」の所長にならないかと。かくしてヤコヴレフは同研究所を基盤に、新思考を広める先駆者となっていく。

チェルネンコをトップに頂くクレムリンの麻痺状態はひどいものだった。政治局会議も満足に開けなかった。午前十一時の開会時間まであと一五分とか二〇分というときに、電話がかかってきて、チェルネンコの体調が思わしくないので出席できないと、書記のゴルバチョフは告げられた。つまり、このわたしに議事進行役をやれということか――。かくてゴルバチョフは、準備のための時間もほとんどないまま、しかも年季の入った先輩政治局員たちの前で、居心地の悪い目に遭わされるのだった。一九八四年末までに、「チェルネンコは欠席が常態化してしまう」とゴルバチョフはふり返る。責任者がいないため、政治局会議では疑心暗鬼や内部抗争が激化した。ヤコヴレフによると、リベラル派シンクタンクの一部に強硬派が攻撃を仕掛け、追放をちらつかせつつ口封じを目論むこともあったという[35]。

ゴルバチョフはその十二月、エドゥアルド・シェワルナゼを相手に、自己を改めて見つめるような突っ込んだ対話をおこない、よりいっそう憂鬱な気分を味わった。シェワルナゼはゴルバチョフの地元、「スタヴロポリ道」のすぐ南にあるグルジア共和国（現ジョージア）の党第一書記だった。ゴルバチョフと同様、シェワルナゼも党・政府の高官でありながら、この国がかかえる諸問題をはっきりと見据えていた。二人は黒海に面したピツンダ岬に近い、人気《ひとけ》のない殺風景な海岸沿いの公園で顔を合わせた。木の間をはしる小径を散策しながら、かれらはあらゆる問題について忌憚なく語りあった。「すべてが腐っている」とシェワルナゼは言った。「まずこれを変えなければならない」と。(36)

その年の冬は厳しかったと、エゴール・リガチェフはふり返る。大雪と極寒のせいで、ソ連の工業は崩壊の瀬戸際まで行った。最大級の発電所五四カ所が停止寸前に陥った。石炭運搬用の鉄道貨車二万二〇〇〇輛が線路のうえで立ち往生し、積み荷がガチガチに凍りついたのだ。(37)

一九八四年十二月初め、ゴルバチョフはイデオロギー問題にかんする党のとある会議で重要演説をおこなう準備をしていた。ソ連のエリートたちはいま意気消沈していた。ならば局面打開に必須の、新たな発想の転換をこの場で打ち出したいと考えたのだ。ヤコヴレフの助けを借りながら、かれは何カ月もかけて、演説原稿の洗練化をはかった。出席者たちはすでにモスクワに到着していた。するとそこへ、体調が悪く、警戒心の強いチェルネンコから、午後四時に電話がかかってきた。ゴルバチョフが演説に盛り込もうとした新たな発想なるものに妙な臭いをかぎつけて、いまだ機は熟さずとか何とか曖昧な理由をつけて、会議の延期を主張してきたのである。ゴルバチョフは憤慨した。会議の出席者たちはもうすでに到着しているのですよと。「分かった、分かった」とソ連の最高指導者は引き下がった。「その点は了解したが、あまり騒ぎを大きくしないように」と。だがしかし、ゴルバチョフの十二月十日の演説は、これから劇的な変化がやってくるという、いわば狼煙のようなものだった。なにしろこの時のかれは、この国の〝ペレストロイカ（立て直し）〟について語ったのだから。

一九八五年二月二十四日、チェルネンコが投票する姿がテレビに映った。投票用紙を受け取り、一票を投じ、花束を受け取り、握手をした。片手を眉の高さまで上げると、「重畳《ちょうじょう》重畳」と言った。かくて放送は終了した。中央委員会国際部のアナトリー・チェルニャーエフ副部長は、わきおこる嫌悪感とともにその光景を見つめていた。「半分死んだ男。ミイラにすぎない」とチェルニャーエフは日記に書いている。二日後、チェルネンコがふたたびテレビに登場した。今回、かれは血の気がなく、選挙担当が文書を手渡すとき、椅子を握って身体を支えていた。その息は荒かった。「ひどい見世物だ」とチェルニャーエフは書いている[38]。ふたつのテレビ放送の双方で、同じ部屋にいた最高幹部はヴィクトル・グリシンだけだった。モスクワの党委員会を牛耳る七〇歳の老人で、権力奪取を狙っていると噂される政治局保守派の重鎮だった。かれはチェルネンコの隣に身を置いていた。だが、グリシンの試みはたちまち逆効果となった。病気のチェルネンコを人前に曝したことにより、国民は気づいてしまったのだ。たとえ必要な人物であったとしても、もはや替え時だと。

三月十日日曜日の夜、仕事から自宅に戻ったゴルバチョフのもとに、クレムリンの医師、エフゲニー・チャゾフから電話がかかってきた。チェルネンコ書記長が心不全と肺気腫の合併症で午後七時二十分に亡くなられましたと。アンドロポフの後継者問題のさい、候補から外された苦い経験をもつゴルバチョフは、一刻もムダにしなかった。午後十一時に政治局の会議がクレムリンで招集された。旧ブレジネフ派の二名をふくむ投票資格をもつものが計三名、国外に出ており、かれらは時間までに帰国できなかった。

会議が始まるおよそ二十分前に、ゴルバチョフは保守派の大物、グロムイコと「クルミの間」で面会した。そこは政治局の投票権者全員がしばしば会議の正式開会前に集まる〝控えの間〟だった。次の書記長を誰にするか決めるさい、グロムイコはカギとなる人物だった。これに先立ち、グロムイコは個人的特使をゴルバチョフの元に送ってきていた。外相を引退し、名目上の国家元首にあたる最高会議幹部会議長に就くことを認めるならば、その見返りに後継者レースで、自分はきみを支持するに吝かでないと。この裏取引をつないだのは、グロムイコの息子アナトリーと、ゴルバチョフの改革派顧問、ヤコヴレフだった。(39)

「クルミの間」で顔を合わせたゴルバチョフとグロムイコは、この〝了解覚書〟を確認しあった。「アンドレイ・アンドレイヴィチ、われわれはこの取り組みを固めておかなければなりません、タイミングがすべてですから」。ゴルバチョフはグロムイコにそう語りかけたと当時をふり返る。「すべては順調だ」とグロムイコがこれに応じた。

全員が顔を揃えたので、ゴルバチョフは政治局のメンバーにチェルネンコの死を告げた。通常、葬儀委員会を取り仕切る人間が次の書記長になる。それで、だれが葬儀委員長をつとめるのだという声があがった。グリシンが手を挙げるのではと、部屋には一瞬、ためらいの空気が流れた。じつは会議前、ゴルバチョフはすでにグリシンに、委員長に就かぬよう釘を指しておいたのだ。すると政治局員たちの前で、グリシンがいきなり「なんで委員長をためらうのだ」と言った。「一点の疑問もないじゃないか。さあ、ミハイル・セルゲーヴィチを任命しよう」

こうして保守派は敗退した。ゴルバチョフが葬儀委員長をつとめ、翌日、かれは新書記長に就任した。なぜグリシンが敢えて戦わなかったのか、本当のところは判らないが、グロムイコがゴルバチョフを支持するのなら、自分に勝ち目がないと悟るか、あるいは感じるかしたのだろう。

ゴルバチョフは、薄暗い議場にともる一点の輝く照明《あかり》だった。この日集まった、政治局で議決権をもつ一〇人のうち五人は七〇歳を超えており、六〇代が三人、五〇代はわずか二人にすぎなかった。

当時五四歳のゴルバチョフは、政治局員をこの五年間つとめた人間のなかで最年少なだけでなく、議決権保持者の平均年齢より一三歳も若かったのである。(40)政権移行にともなう各種手続きは、政治局会議の開催や、その人事案を承認する三月十一日の中央委員会総会などをふくめ、その夜のうちに粛々と進められていった。

ゴルバチョフは午前四時に帰宅した。かれは当時、モスクワ郊外の大きなダーチャ（別荘）で暮らしていた。ライサ夫人が起きて待っていた。KGBの盗聴器があるかもしれないので、ふたりはほぼ毎晩そうするように、庭へと出た。そして夜明け直前まで、ふたりして小径を長いあいだ散策した。春にはまだ遠く、地面には雪が残っていた。空気がとても重く感じられたとライサ夫人はふり返る。ふたりは様々な出来事とそれがもつ意味合いについて話し合った。ゴルバチョフは彼女に告げた。モスクワで過ごしたこの歳月、望んだことはほとんど実現できず、いつも壁にぶつかり、自分はひどくやるせない想いを味わってきた。この大事業をやり遂げるには、このポストを引き受けるしかないのだと。

「これまでのやり方じゃダメなのだ」とゴルバチョフは言った。

翌日の会議で、グロムイコはゴルバチョフに対して力強い「はなむけの言葉」を送った。こうした場でよく見かける定型とはおよそ毛色の違うもので、メモを見ることも、躊躇いを見せることも一切なかった。「率直に言おう」とグロムイコは口火を切った。ゴルバチョフというのは「究極の正しい選択だ」と。ゴルバチョフは「より多くを、より良く進めようとする不屈の創造的エネルギー」を持っている。ゴルバチョフは「党の利益、社会の利益、人民の利益」を自分自身の利益よりも上位に置き、それを尊重している。ゴルバチョフは地方と中央の活動経験を持ち、またチェルネンコが病気のなか、政治局を切り盛りした。これには知識とスタミナが必要だった。「かれを選べば、過つことはないだろう」とグロムイコは言った。

停滞する経済、そして死や絶望への苦悶の果てに、ゴルバチョフはこの国を動かすという試みへの最大の期待を託されて、いまソヴィエト国家を統べる第一人者に選ばれたのである。[41] アンドロポフに仕え、その後ゴルバチョフの補佐官になったゲオルギー・シャフナザーロフは当時をふり返る。ゴルバチョフの昇格は磐石とはいえなかった。これが自然な選択だと思わせるような際立った業績があるわけでもなく、また政治局はグリシンのような別の人物を選出して、時間稼ぎをする可能性もなくはなかった。ただ、公式のものではないけれど、無視することのできないひとつの要因があったとシャフナザーロフは感じていた。「国民は見るも無惨な茶番劇に付き合わされることに心底嫌気がさしていたのだ。手がふるえ、目に光のない国家指導者を見せられ、この国と世界の半分の運命が、かれら惨めな半身不随の老人たちの治療いかんに係っていると思い知らされることに、もう飽き飽きしていたのである[42]」

章末注

（1）あえて注記していない場合、マーガレット・サッチャーにかんする記述はすべて、当人の以下の回想録に依っている。Margaret Thatcher, *The Downing Street Years* (New York: HarperCollins, 1993), pp. 452–453, and 459–463.『サッチャー回顧録——ダウニング街の日々』マーガレット・サッチャー、石塚雅彦訳（日本経済新聞社）。ミハイル・ゴルバチョフにかんする記述は、主に当人の英語版回想録とロシア語版、*Zhizn' i reformi*, two vols. (Moscow: Novosti, 1995)『ゴルバチョフ回想録』ミハイル・ゴルバチョフ、工藤精一郎、鈴木康雄訳（新潮社）に依っている。ゴルバチョフの発言としている一部の記述（そのむね注記している）は、著者自身が二〇〇六年におこなった当人へのインタビューと、*Conversations with Gorbachev*, transcribed interviews with himself and Zdeněk Mlynář (New York: Columbia University Press, 2002) に依っている。チェルネンコが許可を与えたことは、ライサ・ゴルバチョフが彼女の回想録、*I Hope: Reminiscences and Reflections* (New York: HarperCollins, 1991), p. 125. で言及している。

（2）Geoffrey Howe, interview with BBC's "The Westminster Hour," May 2005.

（3）Archie Brown, *The Gorbachev Factor* (Oxford: Oxford University Press, 1996), p. 77.『ゴルバチョフ・ファクター』アーチー・ブラウン、小泉直美、角田安正訳（藤原書店）

（4）ゴルディエフスキー・インタビュー（二〇〇五年八月二十九日）、および Oleg Gordievsky, *Next Stop Execution: The Autobiography of Oleg Gordievsky* (London: Macmillan, 1995), pp. 305–313.

（5）ゴルバチョフは英国訪問のさい、とあるイギリス政府関係者に、自分が初めて読んだイギリスの現代小説は、C・P・スノウの *Corridors of Power* だったと語っている。Archie Brown, *Seven Years That Changed the World: Perestroika in Perspective* (Oxford: Oxford University Press, 2007), p. 46 参照。*The Observer*, London, Dec. 23, 1984, p. 4; "The Westminster Hour," BBC series *Power Eating*, by Anne Perkins, May 2005 も参照。

（6）Geoffrey Howe, *Conflict of Loyalty* (New York: St. Martin's, 1994), pp. 358–360〔関連論文：サー・ジェフリー・ハウの辞任演説『忠誠心の衝突』に見る英国内閣制度／相馬淳一〕

（7）この意見広告は一九八四年二月二十二日に掲載された。ゴルバチョフが理論武装の種に用いた図表は、そのうちの一ページ目に当たり、二ページ目は肉太《ボールド》の活字で「これが地球最後の地図になってしまうのか？」と問いかけている。広告料を出したのは実業家のハロルド・ウィレンズで、かれは自著、*The Trimtab Factor: How Business Executives Can Help Solve the Nuclear Weapons Crisis* (New York: William Morrow and Co., Inc., 1984)『核をやめさせる力――ビジネス・リーダーに訴える』ハロルド・ウィレンズ、向笠広次監訳（創元社）で、軍拡競争を止めてほしいという自らの想いを縷々述べている。一九八二年の「カリフォルニア超党派核凍結イニシアチブ・キャンペーン」の会長であるウィレンズが、反核の世界観を持ったのは、海兵隊員として太平洋戦争に従軍した経験が元になっている。「第二次世界大戦」における原爆投下の数週間後に広島と長崎を訪れたウィレンズは、そこでみた光景に恐怖を覚えた。ウィレンズは八歳のときに両親とともにソ連を逃れ、ロサンゼルスに落ち着き、その後、成功した実業家となった。

（8）"Memorandum of Conversation," meeting with British Prime Minister Margaret Thatcher, Dec. 22, 1984, Camp David を参照。*http://www.margaretthatcher.org.*

（9）ゴルバチョフ・インタビュー（二〇〇六年六月三十日）

（10）Science 誌の一九八三年十二月二十三日号に掲載された、科学者チームによる「核の冬」にかんする二つの論文は、地球環境や生態系が持っている様々な効果を、核戦争は破壊してしまうと主張している。一九八四年一月、ローマ教皇庁の作業グループも「核の冬」にかんする報告 "Nuclear Winter: A Warning," Pontificiae Academiae Scientiarvm Docvmenta, 11, Jan. 23–25, 1984 を発表している。これらの研究に参加した科学者の一人、エフゲニー・ヴェリホフは、ゴルバチョフの主要補佐官の一人になった。

（11）Thatcher interview with John Cole, BBC, Dec. 17, 1984.

（12）*www.margaretthatcher.org* を参照。

（13）Memorandum of Conversation, Dec. 22, 1984.

（14）ゴルバチョフの母方の祖父はボリシェヴィキの支持者になった。革命後、自分たちが耕していた土地を自分のものにできたからだ。「革命のおかげで、うちは土地がもらえたのだと、一族の言い伝えみたいに、何度もくり返し聞かされたものだ」とゴルバチョフは言っている。*Conversations*, p. 14.

（15）David Remnick, "Young Gorbachev," *Washington Post*, p.B1, Dec. 1, 1989.

（16）ソ連邦は西側的な意味でいう法治国家ではない。ただ、法学部はしばしば、外交、治安、党務などで活躍するエリート予備軍を訓練する場として使われていた。

（17）Gorbachev, *Conversations*, P. 18.

（18）スターリンの指導のもとに出版された党史の正式名称は *History of the Communist Party of the Soviet Union*（*Bolsheviks*）, *Short Course*, 1939 である。『ソ連共産党（ボリシェビキ）歴史小教程』（東方書店出版部）

（19）Brown, p. 39.

（20）ソ連型システムにおいて、法務官はたんなる検事以上の役割を果たしており、かれらが勤める役所は会計検査機能や、党のための監視任務も担っていた。

（21）ロシア革命以来ずっと、共産党指導部はコムソモールを通じて若者の反抗心抑制に努めてきた。Steven L. Solnick, *Stealing the State: Control and Collapse in Soviet Institutions*（Cambridge: Harvard University Press, 1999）を参照。

（22）Raisa Gorbachev, pp. 93–99.

（23）Gorbachev, *Conversations*, p38.

（24）Robert G. Kaiser, *Why Gorbachev Happened: His Triumphs and His Failure*（New York: Simon & Schuster, 1991）, p. 41『なぜゴルバチョフが――座礁した歴史の舵取り人』ロバート・G・カイザー、吉本晋一郎訳（原書房）

（25）*Time* magazine editors, *Mikhail S. Gorbachev: An Intimate Biography*（New York: Time Inc., 1998）, p. 98『詳伝ゴルバチョフ――鉄の歯の改革者』タイム誌編／読売新聞社外報部訳（読売新聞社）

（26）Brown, p. 45.

（27）Gorbachev, *Conversations*, p. 47.

（28）Gorbachev, *Conversations*, pp. 42–43.

（29）ゴルバチョフは、一九七八年七月十七日に死去したフョードル・クラコフの後任として農業担当の政治局員になった。クラコフは以前、スタヴロポリの党第一書記をつとめ、ゴルバチョフの助言者でもあった。赤の広場でおこなわれた追悼式で、ゴルバチョフはクラコフの業績をたたえる弔辞を読んでいる。ただ、クラコフが七月に死去したのに、ゴルバチョフの昇進が十一月まで遅れたことは、この人事をめぐる内紛があったことを意味しているのかもしれない。

（30）Dmitri Volkogonov, *Autopsy for an Empire: The Seven Leaders Who Buit the Soviet Regime*（New York: Free Press, 1998）p. 446『七人の首領――レーニンからゴルバチョフまで』ドミートリー・ヴォルコゴーノフ、生田真司訳（朝日新聞社）は書いている。ゴルバチョフが農業担当に任命されたのは不運だった。ソ連の農業問題はじつにスターリンの破壊的な反農民キャンペーンに淵源をもち、ゴルバチョフが発した各種行政命令も、この問題の解消には至らなかったからだと。

（31）共産主義の正統から外れた論客のなかで、最も重要な情報源といえるのは、持論を臆せず展開する改革派経済学者のアベル・アガンベギャンであろう。かれはシベリアのノヴォシビルスクを拠点とし、歯に衣着せぬ痛烈な調子でソ連経済にたいする批判をくり出した。その同僚の社会学者、タチアナ・ザスラフスカヤ女史は、ソ連経済の構造そのものに切り込む、記念碑的な内部文書を用意した。この論文はノヴォシビルスクの一九八三年の会議で論争の的になった。Tatyana Zaslavskaya, *The Second Socialist Revolution: An Alternative Soviet Strategy* (Bloomington: Indiana University Press, 1990) を参照。

(32) Robert D. English, *Russia and the Idea of the West: Gorbachev, Intellectuals and the End of the Cold War* (New York: Columbia University Press, 2000), pp. 172–173.

(33) *Narodnoye Khozyaistvo SSSR v 1983 g.* [Agriculture in the USSR in 1983／一九八三年のソ連邦における農業] (Moscow: Finances and Statistics, 1984), p. 269.

(34) Henry Kreisler, "Conversation with Alexander Yakovlev," Nov. 21, 1996, Conversations with History, Institute of International Studies, University of California, Berkeley. English, p. 184 も参照。

(35) English, p. 190.

(36) Eduard Shevardnadze, *The Future Belongs to Freedom* (New York: Free Press, 1991), pp. 23, 37.『希望』エドアルド・シェワルナゼ、朝日新聞外報部訳（朝日新聞社）

(37) Yegor Ligachev, *Inside Gorbachev's Kremlin* (New York: Pantheon Books, 1993), p. 58.『ゴルバチョフの謎』エゴール・リガチョフ、大熊秀治監訳（東京新聞出版局）

(38)「チェルニャーエフ日記」（一九八五年二月二十六日、三月二日）

(39) Alexander Yakovlev, *Sumerki* (Moscow: Materik, 2003), pp. 459–461.

(40) Brown, *Seven Years That Changed the World*, p. 32.

(41) ソ連政治局議事録の三月十一日の発言。アメリカ議会図書館（ワシントンDC）Volkogonov Collection, Reel 17, Container 25.

(42) Georgi Shakhnazarov, *Tsena Svobody: Reformatsiya Gorbacheva Glazami yevo Pomoshnika* (Moscow: Rossika-Zevs, 1993), pp. 35–36.

第9章 スパイの年

一九八五年三月十一日午前四時、チェルネンコ死去の第一報で起こされたとき、レーガン大統領はナンシー夫人に言った。「私の目の前でこうも立て続けに死んでしまうロシア人と、一体どうやって相手をしたらいいのかね」。建国から最初の六〇年間は、レーニン、スターリン、フルシチョフ、ブレジネフという四人の指導者がソ連邦を導いてきた。だが今や、この三年で三人目の指導者である。この時点ではまだ、ゴルバチョフが革命的存在になると予見できたものは、おそらく一人もいなかったであろう。レーガンも当初、いくつかのサインを見逃していた。レーガンは心の奥底にある反共主義、長年培ってきたソ連式システムへの固定観念に囚われていたし、良質な情報が不足していることも難だった。アメリカ合衆国にとって、ソ連邦とはある種のブラック・ボックスだったのである。レーガンも、その側近たちの多くも、ソ連の指導者がなんと上から急進的改革に乗り出すなんて事態は、想像すらしていなかった。シュルツ国務長官だけは、サッチャー英首相と同様、ゴルバチョフには期待が持てると見ていたけれど、レーガン周辺はそうした見立てには断固反対で、この男となら一緒に仕事がやれるとのコンセンサスはどこにもなかった。

例えば、対ソ強硬派のひとり、ロバート・ゲイツ――当時はCIAの副長官――はゴルバチョフのことを、仕立てのよいスーツを着た不屈のタフガイと見ていた。一見穏当な外見の下に、将来のトラブルが隠れており、そんなものに騙されるつもりはなかった。一九八五年二月、あと数週間でゴルバチョフが書記長に就任するという時期でも、ゲイツはCIAのソ連問題専門家のひとりにこんなメモを送っている。「従来、ゴルバチョフ絡みの報告書の記述には、注意深い観察が欠けていた」とゲイツ・メモは言う。「どのような強靱さと政治的力量をもって、かれが今日の地位まで昇りつめたのか、われわれはその流れをフォローできていなかった。ゲアリー・ハート〔米上院議員〕的な政治的能力、あるいはリー・アイアコッカ〔クライスラー社会長〕的な個性があるのかさえ、われわれは把握できていない。わが国の政策立案者が今後直面する可能性のある人間にかんし、われわれはもっとくっきりした人物像を提供しなければならない」と。ゴルバチョフは元KGB議長のアンドロポフ、もしくは保守派で、一時期イデオロギー担当をつとめたスースロフのような人間になるのではと、当時は見なされていた。そこでゲイツは言う。ゴルバチョフが「脇のあまい柔《やわ》な人間であるはずがない。上記の二人は昨今のソ連史における最も厄介な相手だった。そのかれらが軟弱野郎に庇護を与えるはずがないのだから[1]」。

この分析には説得力があるとレーガンも感じた。こうした推測は長年にわたりソ連を一枚岩――すべての指導者は似通っており、システム自体が変わることは断じてない――とみなす想定に基づいていた。レーガンはアメリカの駐モスクワ大使、アーサー・ハートマンを呼んだ。ハートマンは「自分はゴルバチョフがソ連でも最も強面なリーダーになると信じていますと請け合った」とレーガンはふり返る。「志操堅固な人間と見なされなければ、政治局から……決して選ばれませんから」というわけだ[2]。

だが、レーガンという人間は心のうちに、複数の異なる想念を同居させる能力を持っていた。かれはソ連の新指導者に疑念を抱きつつも、その一方でいまでも核兵器の全廃を夢見ていたのである。ゴルバチョフ宛てに送った最初期の手紙のひとつで、かれは書いている。核の全廃は「われわれの共通目標」であると。[3] レーガンはまた、ソ連の新指導者には「静かな外交」を用いるべきであるとするシュルツ国務長官の助言も容れた。レーガン自身の言葉を借りれば、なるほど「ソ連を脅す必要はあるけれど、それは文書を通してではなく、本人相手に一対一でおこなうべきである」という意味だった。[4]

大統領就任から五年目、レーガンは依然として、かれに仕える高官たちの激しい反目や対立に囲まれていた。東ドイツにおけるソ連側の大失態をめぐっても、ひどく荒々しい生硬なやりとりが政権内で行き交った。三月二十四日、アメリカ陸軍のアーサー・D・ニコルソン・ジュニア少佐が制限区域に入り、逆上したソ連の歩哨に殺害されてしまったのだ。大韓航空機事件のときと同様、これにつづくソ連側の対応が不器用だったこともあり、状況はいっそう険悪化した。今回の発砲事件は「殺害行為《マーダー》と呼ぶべきである」とレーガンも日記に書いているほどだ。[5]

四月二十七日、ホワイトハウスの朝食会でも、レーガン政権の主要閣僚がまたまた激論を交わした。貿易代表団のモスクワ訪問に商務長官を同行させるべきか否かで議論となったのだ。ワインバーガーとケイシーは反対だった。シュルツはモスクワへの関与政策の継続を望み、レーガンも同意見だった。「なんとも珍妙な光景だった」とシュルツは言う。「ソ連との関与を続けよと、大統領自身がおっしゃっているのに、かれの国防長官とCIA長官がそれと正反対の主張を先を争うように口走っているのだから[6]」。そうした諍いに疲れて、シュルツはレーガンに夏までに辞任したいと申し出た。レーガンは辞めないでくれと言い、ソ連との交渉には君が必要なのだとシュルツに訴えた。[7] レーガンは貿易代表団の予定通りの訪ソにゴーサインを出したが、ゴルバチョフ宛ての私信という形で、厳しいメッセージも併せ送った(8)。

CIAは当時、分析部門のマンパワーのおよそ四五パーセントをソ連問題に投入していた(9)。ただ、兵器開発や研究プロジェクトの動向は注視しているものの、クレムリンの新指導者については、ほとんど理解していなかった。シュルツは後年ふり返っている。「クレムリンに対するわれわれの知識は貧弱で、私の見るところ、CIAは大抵間違っていた」と(10)。CIAがソ連の内部情報に疎かったことは、ゲイツ自身も認めている。ゴルバチョフの訪問時には、かれと実際に会ったことのあるイギリスやカナダの関係者や、かれの人となりを知っているその他の人間から「バツが悪くなるほど必死になって詳細情報を集めたものだ」とゲイツは言う。それらの情報源によると、これまでのソ連指導者に比べ、ゴルバチョフの態度はオープンだが、懸案事項にかんして「柔軟なわけではない」とのこと。つまり、ゴルバチョフは「革新的で精力的な共産主義者だが、革命的ではない」というのがゲイツの下した結論だった。CIAが初めて作成したゴルバチョフにかんする評価報告書「ゴルバチョフ——熱心な改革派新人《ニュー・ブルーム》」は六月二十七日、レーガンに提出された。ゴルバチョフは腐敗や非効率の撲滅キャンペーンでは賭けに出ているものの、内政面で「急進的改革に取り組んではいない」。それでもなお、「フルシチョフ以来、最も積極的かつ活動的なソ連指導者」であることは、すでにその実際行動によって明らかであると同報告書は述べている(11)。ただ、大統領に報告書を届けるさい、ケイシーCIA長官はその冒頭に、報告書本編の内容をひどく疑問視するような注釈をあえて付したうえで、レーガンに手渡した。ゴルバチョフとその周辺にいる人間たちは「ソ連の内政・外交政策において改革派でも、自由化論者でもない(12)」とまさに一刀両断だった。

だがしかし、ケイシーの見立てはこれ以上ないほど間違っていたのである。

クレムリンの内部で、空気は変わりつつあった。ゴルバチョフは党の計画案を改めるよう求めた。「延々と成果を求める宣伝バブルであってはならない」と、ゴルバチョフは望ましい計画について書いている。「かつてブレジネフやチェルネンコのために書かれたようなものではなく、そこには経済の真に急進的な改造にむけた具体的提案を盛り込むべきである」[13]と。これは手始めにすぎなかった。中央委員会国際部のアナトリー・チェルニャーエフ副部長はこのメモを受け取った時、驚きの声をあげた。「これは実際に起きている出来事なのか？　あまりに素晴らしくて本当のこととは思えないが」と。

書記長に就任した翌日の三月十二日、ゴルバチョフはカナダの果樹園で肝胆相照らす対話をおこなった、改革派思想家のアレクサンドル・ヤコヴレフから重要メモをもらった。タイトルは極めて簡潔、ただ「レーガンについて」とだけあった[14]。ヤコヴレフの文章の調子も実質的内容も、従来のソ連式レトリックとは顕著な違いを見せていた。ヤコヴレフのレーガン分析は、完璧なものではないけれど、イデオロギーより現実を重視した内容だった。平和を実現した大統領として歴史にその名を残さんと、国際問題で主導権を握るべく必死になっている男という風に、ヤコヴレフはレーガンを描いていた。ヤコヴレフによると、レーガンはすでにアメリカ軍の再建という公約を実現し、「実質的に約束したすべてを、その軍需産業に与えている」という。この指摘は、アメリカにおける軍需産業の実力に対するヤコヴレフ、ゴルバチョフ両名の当初の誤解を反映した見方だった。それでも、ヤコヴレフは、ソ連の宣伝機関が非常に頻繁におこなうような、考えの足りないカウボーイという図式でレーガンを描いてはいない。むしろ同大統領は多くの異なる勢力と対抗しつつ、自己の政治的基盤をよりよいものに改めようとしていると分析する。たとえば、日本との地球規模の競争、国内の予算面の圧力、反抗的なヨーロッパの同盟国などなど。レーガンはかつてゴルバチョフに首脳会談を呼びかけたことがあったが、そのときヤコヴレフはゴルバチョフに言った。「……レーガンの観点からすると、この提案は非常に考え抜かれ、影響を正確に計算し、しかも政治的リスクがいっさいない」ものであると。両超大国の首脳会談は、首脳会談はこの時点ですでに六年間も開かれていなかった。ヤコヴレフがゴルバチョフに与えた助言は、首脳会談には応じろ、しかし急ぐな――というものだった。世界はそういつもあんたの思い通りには動かないのだということを、レーガンに思い知らせてやれと。

このとき、ゴルバチョフの発想法と人生経験について、レーガンがこれまでにない深い洞察力を働かせていたら、一体どうなっていただろう。急進的な経済改革にかんするゴルバチョフのメモをもし目にしていたら、あるいはヤコヴレフのメモを読んでいたら、ゴルバチョフはこれまでとは違う発想で世界を見られる人間をその周囲に集めつつあると、即座に理解したかもしれない。アメリカはソ連製ミサイルの技術データを集めるため、驚くほど精度の高い衛星を展開していたが、対人情報からのみ得られる新たなソ連指導者の知性のありようを、その複雑な陰影とともに明らかにする能力には、ひどく欠けていた。ゴルバチョフはその生涯において得た教訓から、ソ連の党＝国家体制と、それに統治されるソ連社会のあいだに乖離が存在すると確信していた。もし仮に、そのことを摑んでいたなら、レーガンにはさまざまな利益がもたらされていただろう。ゴルバチョフがライサ夫人に語った「これまでのやり方じゃダメなのだ」という言葉を知ったら、レーガンは陶然となったかもしれない。ゴルバチョフが力の行使をためらい、「プラハの春」の二の舞はもうごめんだと決意していることを知ったら、レーガンは驚愕したことだろう。[15]だがレーガンはそうした諸々について知らなかった。アメリカはクレムリン上層部の奥の院にある政治情報を提供してくれる、そんなスパイを獲得したことが、ただの一度もなかったから。[16]しかもアメリカが、モスクワの新指導者にかんする質のよい対人情報を利用できそうな目が出てきたとき、肝心のＣＩＡが、目もくらむような崩壊に見舞われるのである。

ゴルバチョフが書記長に就任して一カ月後の一九八五年四月十六日、ロヒゲをたて、ビン底眼鏡をかけた男がひとり、ワシントンは「メイフラワー・ホテル」で、ソ連の外交官を待っていた。オールドリッチ・エイムズという名の四四歳の男で、CIAの対敵防諜要員として、合衆国内で暗躍するソ連のスパイを尾行したり見つけたりするのが、かれの本来任務だった。エイムズはしばしばソ連側の関係者とダウンタウンで落ち合い、軍備管理や米ソ関係について話をした。そうした行為はスパイ狩りというかれの任務の一環とされた。面会後そのむね報告するという条件付きながら、エイムズはその種の接触をCIAから許されていたのである。

エイムズの待ち人はセルゲイ・チュヴァヒンという軍備管理の専門家だったが、かれは姿を現わさなかった。そこでエイムズは、ホテルから二ブロック先、一六通りNWにある凝った造りのソ連大使館まで歩いて行くと、そのまま中に入った。その建物がFBIによって常時監視されていることはエイムズとて分かっていたが、自分が仕事でソ連関係者と接触することは知られているので、とりたてて疑われはすまいと考えた。館内に入ったエイムズは、受付まで行き、チュヴァヒンに会いたいと言った。それと同時に、かれはその当直の男にそっと封筒を手渡した。

その封筒は、ソ連大使館にいるスパイの総元締め、スタニスラフ・アンドロソフKGB支局長に宛てたものだった。エイムズは具体的に何も言わなかったけれど、身振り手振りでその受付に、こいつをKGBのボスに渡してくれと伝えた。ほどなくしてチュヴァヒンが現れ、ホテルに行けなくなって済まなかったと言った。その後、エイムズはソ連大使館を後にした。(17)

スパイ狩りが本業だけれど、今後はソ連側のスパイになりたいのだが、返答や如何というのが封筒の中身だった。さらに封筒には短いメモが入っていて、アメリカのために働きたいと最近CIAに接近してきたソ連人がらみの情報が二つ三つ具体的に書かれていた。つまり、こいつらは二重スパイ予備軍だぞというわけである。この手の寝返りソ連人を特定してみせることで、自分は提供に値するCIAの内部情報を流せる人間だと売り込んだのだ。さらに、CIA内部の電話帳のうち、ソ連・東欧部の一ページ分を複写したコピーもその封筒には入っていた。自分はソ連・東欧部の対敵防諜の責任者だと身分を明かし、その品質保証書がこれであると。KGBにして見れば、まさに金鉱を掘り当てたような気分だったろう。うんと言えば、ソ連国内で活動するCIA所属のスパイの名前が分かるのだから。エイムズはただ、五万ドル欲しいと言うのみで、それ以外の要求は書かれていなかった。(18)

数週間後、チュヴァヒンが電話をかけてきて、エイムズとの新たな面会が設定された。五月十五日、エイムズはソ連大使館に入り、チュヴァヒンに会いたいと告げると、防音措置を施した別室に案内された。その部屋で、KGBの人間がメモを渡した。そこには五万ドルの支払いに同意すると記されていた。

まさにその翌日の五月十六日、暗号係がオレグ・ゴルディエフスキーのオフィスに入ってきて、モスクワの本部から届いた暗号電文の手書きの解読結果を置いていった。

ゴルディエフスキーは西側のため多大の貢献を果たしてきた。「RYAN」作戦に際してのアンドロポフの核をめぐる妄想を明らかにしたり、ゴルバチョフの訪英にむけて成功のための地均しをしたり。この四月、ゴルディエフスキーは昇進して、在ロンドンのKGBのトップになった。支局長になれば、さらにいっそう西側に貢献できる。ただ、モスクワからの電文を見た瞬間、「雷に打たれた」ような気分になったと彼はふり返る。その電報は「支局長就任に伴う確認作業のため」直ちにモスクワに戻り、KGBの最高幹部に面会せよとあったからだ。妙な話だ。私はすでに数カ月前、最高幹部たちと顔合わせをおこなっているのだから。[19] ゴルディエフスキーは思わずゾッとした。そこで自分を担当するイギリス側の情報部員のところへ行き、こんな要請を受けたと告げた。だが、担当官たちは別段緊張することもなく、とりあえず行ってきたらいいと言うだけだった。ゴルディエフスキーは、いちおう念のため、イギリス側が彼のために考案した危機対応の脱出策をおさらいしておいた。家族はロンドンに残し、かれは単身出発した。

翌五月十七日、エイムズが顔合わせのため、ワシントンのレストランに赴くと、チュヴァヒンから五万ドルを現金で手渡された。すべて一〇〇ドル紙幣だった。

五月十九日モスクワに到着したゴルディエフスキーは、不安をさらに募らせた。入国審査の窓口で、国境警備官が不審そうな表情でかれの関連文書を長いこと眺め、どこかに一本、電話を入れ、一部の書類を点検したあと、ようやく通してくれたからだ。アパートに到着すると、ドアの三番目のロック（随分前にカギを無くし、使わずじまいになっていた）が何故かかかっていた。留守中、何者かがアパートの家捜しをしたのは間違いない。

翌五月二十日日曜日の夕暮れどき、メリーランド州モントゴメリー郡の森林地帯で、ジョン・ウォーカーは乗ってきたヴァンを停止させると、〈セブンアップ〉の空き缶を道端にそっと置き、その場を立ち去った。かれは別の場所に、茶色の紙袋も残しておいた。ウォーカーはこの十年、米海軍内にスパイ網を張り巡らせ、艦内から盗んだ最高機密の通信文書をソ連側に引き渡してきた。ウォーカーのスパイ仲間には、米空母「エンタープライズ」で勤務するジェリー・ウィットワースもいて、かれは一九八三年、太平洋でおこなわれた演習時にやりとりされた秘密の通信情報を横流ししていた。

ウォーカーはその夜、気づかなかったけれど、数カ月にわたる内偵の結果、森におけるかれの一挙手一投足はFBIによってすべて監視されていたのである。ウォーカーの車が立ち去ると、FBIの捜査官は〈セブンアップ〉の空き缶を確保した。それは〝ブツ〟を残していくので回収頼むというソ連側への合図と思われた。次いでFBIは茶色の紙袋を発見した。その底には白いビニール製ゴミ袋にくるまれた、厚さ一インチ（約二・五センチ）ほどの包みが入っていた。角が丁寧にたたまれ、テープ留めされていた。中身は米空母「ニミッツ」から盗まれた秘密文書一二九点と一通の手紙だった。「親愛なる友」に宛てたその手紙は、正体がバレぬよう、ウィットワースを含む「ウォーカー・スパイ一味」のその他の活動状況を、アルファベットを用いた暗号で伝えていた。

ウォーカーはその夜のうちに支払いがあるものと考えていたので、ソ連側が紙袋の代金を残して行かなかったことに困惑を覚えた。ソ連側の要員は実際、近所まで来たのだが、目当ての〈セブンアップ〉の空き缶が見つからず、現金を置かずにそのまま立ち去ったのだ。ウォーカーはその夜遅く、森林地帯に舞い戻り、茶色い紙袋がなくなっていることに気がついた。ソ連側が回収したのだろうか？　俺のカネはどうなったんだ？　夜も更けてきたので、かれはロックヴィル近郊の「ロマンダ・イン」にとりあえず投宿した。午前三時三〇分、ホテルのフロントから申し訳なさそうな声の電話がかかってきた。駐車場にあるお客様のヴァンに、誰かが間違って車をぶつけてしまったらしいのです。自動車保険の関連書類がありましたら、お持ちいただけませんでしょうかという話だった。まあ、ちょっとしたトリックである。エレベーターに乗ったところで、ウォーカーはFBIに逮捕された。米情報部と米軍当局はほどなく、この信じられないような物語の解明に着手する。ウォーカーが敵方に渡した情報は、「冷戦」史上でも最も機密ランクの高いものだったのである。

五月二十八日、モスクワ入りしたゴルディエフスキーは、イギリス側がロンドンでくれた疲労防止のための一種の覚醒剤を数錠服用した。出勤すると、KGBの対敵防諜官が会いたがっているという。ロンドンのKGB支局に敵方の浸透がどの程度あるのか、その可能性について話し合いたいと。ゴルディエフスキーは車でKGB本部から数マイル離れた小さなバンガローに連れていかれ、そこで問題の係官たちと顔を合わせた。ランチとなり、給仕がかれら全員にブランデーを注いでくれた。飲んだ瞬間、ゴルディエフスキーは意識を失った。一服盛られたのだ。目が覚めて、何が起きたのか、すぐに悟った。薬で意識が朦朧としているあいだに、尋問を受けたのだ。「人生でこれまでなかったほど気分が落ち込んだ。〝ついに知られてしまった〟とずっと考えていた。〝俺はもうおしまいだ〟と。彼らがどこまでつかんだか、私には分からなかった。ただ、私がイギリス側の手の者だと知っていることに疑問の余地はなかった」

KGBは状況をどこまで把握しているのか、彼らの情報源はなんなのかは判然としなかった。誰かに裏切られたのかどうかも、定かでなかったとゴルディエフスキーは言う。薬物下で尋問を受けつつ、私はいかなる根拠も示さぬまま、ただひたすら、自分はイギリスのために働いてなどいないと強い調子で否定し続けた――と彼はその回想録の中でふり返っている。彼らに明白な証拠があったのかどうかは分からないが、捜査を開始するだけの何らかの情報があったことだけは確かである。KGBの「猟犬たちは、私の臭いを嗅ぎつけて、興奮ぎみだった」とゴルディエフスキーは述べている。

機密度の極めて高いソ連の軍産複合体において、CIAにとって最も貴重な情報源のひとりだったのが、アドルフ・トルカチョフである。物静かな、五〇代の、猫背の男だ。モスクワのとある研究所でロシアの軍事航空プロジェクトの上級研究員をつとめ、レーダー、防空システム、新型ジェット戦闘機の設計支援などに携わっていた。CIAはかれに「GTVANQUISH」というコードネームを与えていた。ロシアを離れることはとうとうなかったけれど、かれははるか遠方から、密かにアメリカのため活動を続けてくれた。七年間にわたり、軍事分野の調査・開発にかんする機密性の高い貴重な情報をCIAに、しかも山ほど提供してくれた。例えば、ソ連の次世代戦闘機の開発計画など。おかげでアメリカは数十億ドルの開発経費を節約できただけでなく、米空軍はソ連とのいかなる軍事衝突でも優位に立てる航空機の開発をおこなうことができた。

一九八四年四月、モスクワで連絡要員と会ったさい、トルカチョフはソ連のとあるレーダー・システムの概略図を手渡した。数本のフィルムには九六フレームにわたり秘密文書が撮影されており、さらに三九ページにわたる手書きメモも同封されていた。かれは時おり、研究所のトイレで文書類の写真撮影をおこなった。一九八四年十月、トルカチョフはCIAの担当官に、計九六フレームが収まったミニチュア・カメラ二台と二二ページにわたる手書きメモを提供した。[20] アメリカ側と接触するさい、トルカチョフは独自のシステムを考案していた。零時一五分から三〇分のあいだに、アパートの窓の上にある換気用小窓《フォルトチカ》のひとつを開けておくことが準備完了の合図だった。ソ連航空業界のエリートたちが長年住んできたウエディング・ケーキのような高層マンションの九階でかれは暮らしていた。[21] その一目でわかる特徴的建物はアメリカ大使館から通りを下ったところにあり、CIA関係者はその建物の脇を徒歩で通り過ぎながら、小窓の開閉状況をチェックした。

一九八五年六月五日、その小窓が開いていた。だが、建物の傍らを通りすぎたCIA関係者は、大規模捜索の気配を感じて、落ち着かない気分を味わった。常時監視下におかれている在モスクワの情報関係者にとって、この手の大捕物はしばしば悩みの種となるからだ。密会の次なる予定日は六月十三日だった。今回もまた、小窓は開いていた。当局の動きはなく、目についたのは一人の女が公衆電話で大声で話をしていることとぐらいだった。ＣＩＡのベテラン局員、ミルト・ベアデンによると、そのときの係官はビニール製の買い物袋をふたつ下げていた。一方の袋には、一二万五〇〇〇ルーブル（一五万ドル相当ですべて小額紙幣）の現金と、五個の超小型カメラ――ズボンやチョッキの切りポケットに潜ませることができるほど小さく、マイクロフィルムを装塡済み――が入っていた。もう一方の袋の中身は数冊の本で、トルカチョフ宛てのメモがページの間に挟まっていた。連絡を取るさいの手順とか、今回ＣＩＡが盗み出してほしいと考える秘密情報などがそこには並んでいた。[22]

約束の面会時間、午後九時四〇分になった瞬間に、ＣＩＡの現場要員は、軍の迷彩服に身をつつんだ一ダースほどのＫＧＢ職員に襲いかかられ、身柄を拘束された。かれらは付近の植え込みの陰に潜んでいたのだ。現場要員の名前はポール・Ｍ・〈スキップ〉・ストムボー・ジュニアといい、彼はそのまま「ルビャンカ」――巨大な刑務所兼ＫＧＢ本部――へと連行された。到着すると、トルカチョフに渡すはずだった買い物袋がかれの目の前に置かれ、すぐさま開封され、中身が一点一点、ビデオ・カメラに記録されていった。袋から取り出されたメモには、貴殿が以前提供してくれた手書きメモは「きわめて重要な情報」だったと、トルカチョフに感謝する言葉が並んでいた。ただ、照明が暗かったので、一部の写真は読解できなかったという追記もあった。メモはまた、「一九八〇年にわれわれがやったように」、トルカチョフのため新たな保安証明書を偽造することは可能であるとも述べられていた。万事休すである。

トルカチョフ本人もすでに逮捕されていた。かれはその後、処刑された。

モスクワのトルカチョフのアパート前で、ストムボーが身柄を拘束されたのと正に同じ日、ＣＩＡの対ソ工作はワシントンでも新たな壊滅的後退に見舞われていた。ジョージタウンのウォーターフロントにある小さなレストラン「チャドウィックス」にこの日、エイムズが到着した。かれはCIAの自分のオフィスから秘密電文の束、総重量にして二ないし三キログラム相当を、別段見咎められることもなく、ラングリーのCIA本部からまんまと持ち出したのである。

エイムズはそれらの文書をビニール袋に入れて、「チャドウィックス」に運んだ。そこでソ連大使館からやってきたチュヴァヒンと合流し、問題の袋を手渡した。たった一度の会合で、機密性の高い文書や重大情報がこれほど大量にKGB側に渡った例は、これまで一度もなかった。ソ連のさまざまな活動について、当時アメリカ側に報告していたトップクラスのCIA、FBIの情報源一〇人余りが、このエイムズ情報によって、正体を暴露された。ゴルディエフスキーとトルカチョフの名前もその中にあった。あるいは以前からこいつは怪しいと睨んでいたのかもしれない。だが、KGBはいまやエイムズのおかげで、動かぬ証拠を手に入れたのである。

エイムズが秘密満載の袋をソ連側に手渡して二日後のこと。ゴルディエフスキー（いまだ恐怖と不安でいっぱいだった）は、モスクワ郊外にあるKGBのサナトリウムへと送られた。本部がおまえの処分を決定するまで、そこにいろとゴルディエフスキーは言われた。ロンドンの家族は今ごろきっと、何事もなかったかのように、アゼルバイジャンの夏休みに出発していることだろう。それなりにリスクはあるけれど、ここはやはり逃げ出すべきだろうとゴルディエフスキーは決意した。まずはモスクワのアパートに戻り、本棚からとある英語の小説本を回収した。本の見返しの部分、セロハン紙の下に緊急脱出時の指示が書かれているのだ。

伝えたいメッセージがある場合は、見通しのよい場所でイギリス側要員と「偶然を装って」さりげなく面会せよとそこにはあった。ゴルディエフスキーは必死の思いで、メッセージありと合図を送った。そして観光客でごった返す「赤の広場」へと向かった。「レーニン廟」の男性トイレに入り、ドアを閉めたあと、イギリス側に伝えるメモを書いた。「強い疑惑を受け、深刻なトラブル。早急な脱出を乞う。放射性の粉塵と交通事故に要注意」と。最後の一文は、誰かを尾行したり、始末するさいのKGBの常套手段にかんする記述だった。だが、ゴルディエフスキーはそのメモを手渡せなかった。イギリス側の要員をとうとう発見できなかったのだ。

　仕方なく、第二プランに移ることにした。どう見てもイギリス人という人間をまずは見つけよ――とそこにはあった。何かを噛みながら、ゴルディエフスキーに視線を走らせたら、その人物が当該要員であると。指定されたとある通りの角で二四分待ったところで、ゴルディエフスキーはイギリス人風の外見をした男を見つけた。かれは「ハロッズ」百貨店のダークグリーンの袋を下げ、「マーズ」のチョコバーを囓っていた。「私はかれの目をじっと見つめ、声に出さずに叫んでいた。『はい、私がそうです！　すぐに助けが必要なんです！』と」

　ゴルディエフスキーはこのあと、レニングラード行きの列車に乗り、その後、フィンランド国境までの行程にはほぼバスを使った。ゴルディエフスキーをソ連から緊急脱出させるという大胆な計画には、サッチャー首相からゴーサインが出ていた。最終的に国境付近のとある森林地帯で、イギリス側の工作員に回収され、車のトランクに入ったまま、国外に出たとゴルディエフスキーは言う。検問所を抜けるとき、トランクのなかでじっと怯えていたが、ソ連の国境監視員はトランクを開けて調べることまではしなかった。無事フィンランドに入ると、カギが外され、トランクのドアが遂に開いた。「青い空、白い雲、マツの木々が上空に広がっていた」とゴルディエフスキーはふり返る。イギリスの担当官たちのおかげで、かれは見事脱出[23]することができた。「私はKGBを出し抜いた！　私は出国できたのだ！　私は安全だ！　私は自由だ！」。だがしばらくの間、イギリスはこの大勝利のニュースを秘匿しつづけた。

大柄のKGB職員、ヴィタリー・ユルチェンコは最近、アメリカとカナダを活動基盤とするソ連側スパイの管理部門で副部長に昇進した。だが八月一日、ローマで散歩に出たあと、かれは戻ってこなかった。アメリカ大使館に電話をかけ、合衆国への亡命を希望し、数日中にワシントンに隣接するメリーランド州郊外のアンドルーズ空軍基地へと運ばれたのだ。ユルチェンコは過去五年間、KGBで対敵防諜部門に所属していた。

ユルチェンコを飛行場で出迎えるため、CIAは数人の係官を現場に派遣した。その中には、CIAの対敵防諜部門でもトップクラスのソ連通、オールドリッチ・エイムズも含まれていた。エイムズはアンドルーズに遅れて到着し、しかもその振る舞いはいささか奇妙だった。CIA、FBI関係者からなる一団のなかにユルチェンコの姿を認めると、エイムズはすぐに寄って行き、大げさな口調であいさつをしたのだ。「おお、ユルチェンコ大佐どの。合衆国大統領になり代わり、あなたのアメリカ入りを歓迎しますぞ」と。エイムズがこうした態度に出たことについて、ベアデンは推測する。自分がKGBのために働いていることをユルチェンコがすでに知っているのでは――と恐れたためではないかと。その後、ユルチェンコは事情聴取のため、ヴァージニア州北郊のオークトンにある屋敷へと送られたが、エイムズはその際、かれと同じ車に乗り込んでいる。(24)

その〝事情聴取〟なるものは、あとでふり返ると、「冷戦」時代でも最も奇っ怪なものの一つだった。エイムズは最近、KGB相手にCIA史上最大級の情報リークをおこなったばかりである。そのエイムズがテーブルの向かいに腰かけ、KGBの秘密をアメリカ側に提供しようとする最大級の亡命者から聞き取り調査をおこなうのである。ユルチェンコがCIAに何を話したか、その詳細は後日エイムズの手でＫＧＢへと送られるのだが、そうした事情にＣＩＡ側はまったく気づいていなかった。

ユルチェンコはじつに驚くべき暴露を二つおこなった。一つ目は、ＣＩＡで訓練を受けた人間がソ連側に秘密を売り渡しているという話だった。ただその相手を、自分は「ロバート」というＫＧＢのコード・ネームでしか知らない。分かっているのは、モスクワに派遣される予定だったのが、急遽行けなくなったことぐらいであると。ＣＩＡはひどい衝撃を受けた。そうした特徴に合致する人間は一人しかいなかった。一九八三年に解雇され、大いにむくれていた訓練生、エドワード・リー・ハワードに間違いあるまい[25]。次いで二つ目の爆弾が炸裂した。ＫＧＢは一九八〇年にソ連大使館にふらりとやってきた男から潤沢な情報を得ることができた。かれは地球規模で電子情報を傍受している「ＮＳＡ（国家安全保障局）」の職員だという。ユルチェンコはこの人物を「ミスター・ロング」という符丁でしか知らず、これこれこういう特性の人間だったと尋問官たちに告げた。ミスター・ロングは、オホーツク海にあるソ連の海底ケーブルを、じつはアメリカ側が盗聴しているという話を事細かに説明したという。それは「アイヴィー・ベルズ」と呼ばれる秘密傍受作戦で、ソ連側はその盗聴装置を一九八一年に発見し、撤去した（なおバレンツ海で展開された、第二弾の傍受作戦は無事だった）。これを受けて、ＦＢＩはミスター・ロング探しに着手し、四カ月後、ＮＳＡの通信専門家、ロナルド・ペルトンが逮捕された。かれはこの秘密情報を三万五〇〇〇ドルでソ連側に売り渡したという。

ケイシーＣＩＡ長官は、ユルチェンコの亡命をひどく喜んでいた。「ケイシーは新しい玩具をもらった子供みたいにユルチェンコに接した」とゲイツは言う。「事情聴取の結果をほぼ毎日、しかも熱心に聞きたがっただけでなく、ＣＩＡのこの一大戦果をだれかれ無しに自慢したくて仕方がない様子だった。ユルチェンコ当人にも会い、かれとディナーを共にし、飽かずにいじくり回していた[26]」と。

一九八五年十月一日、FBIのソ連担当分析官、ロバート・ハンセンはワシントン郊外のプリンス・ジョージズ郡のとある郵便ポストに一通の手紙を投函した。ハンセンはニューヨーク支局を中心に活動していたが、その日は仕事のため首都ワシントンに来ていた。手紙に書かれた住所は、KGBの工作員、ヴィクトル・デグチャルの自宅で、かれはヴァージニア州アレグザンドリアに住んでいた。手紙は十月四日に届いた。封筒のなかに、もうひとつ封筒が入っていて、ハンセンはそこに「開封厳禁。こちらの封筒は未開封のままヴィクトル・I・チェルカシンに送られたし」と注記してあった。そこでそのKGBの男は、手紙をチェルカシンに届けた。かれは当時、ワシントン支局のナンバー・ツーで、すでにエイムズの担当に就いていた。

チェルカシンが開封すると、そこには以下のような第二の手紙が入っていた。

親愛なるチェルカシン殿

間もなく、ミスター・デグチャルの元に文書類の入った箱をひとつ送ります。アメリカ情報コミュニティーの最も機密性の高い、ごく少数の者しか知り得ないような計画にかんするものです。すべては原本のままで、情報の真偽を評価するさいの助けになるでしょう。こうした秘密情報にアクセスできる人間の数は限られていますので、われわれの長期的利益をどうかご勘案ください。この情報コレクションの内容を見れば、わたしが何者かすでにお分かりのことと思います。そちらの経験豊かな担当者なら、これらの情報を適切に取り扱って頂けると信頼しております。これらの情報は、私にたいする一〇万ドルという支払いを十分正当化しうる内容と信じております。

お気づきにならないかもしれませんが、わたしの身の安全にかんしある種のリスクがあることを警告しておかなければなりません。おたくの機関は最近、いくつかの後退に見舞われているからです。ミスター・ボリス・ユシン（ラインPR、サンフランシスコ）、ミスター・セルゲイ・モトリン（ラインPR、ワシントン）、そしてミスター・ヴァレリー・マルティノフ（ラインX、ワシントン）はすでにわが方の「特別部門」によってリクルート済みです。(27)

ハンセンはその後、アメリカが用いている情報収集の秘密テクニックについて述べ、さらに今後も連絡を保つつもりであるとソ連側に告げている。かれはこの手紙にサインを残さなかった。十月十五日、デグチャルはハンセンから郵送されてきた小包を自宅で受け取った。中身はかなりの数の秘密文書だった。翌朝、デグチャルは普段と違う黒のキャンバス地の大きな鞄をソ連大使館に運び込んだ。その姿はFBIによって確認されている。およそ十日後、デグチャルは、KGBが「B」と呼んでいる別の工作員から手紙を受け取った。封筒にはニューヨーク市の消印が押されていた。手紙は秘密の受け渡し場所として、ハンセンがかつて住んでいた場所の近く、ヴァージニア州北部のモットウェイ・パークにある木橋の下を提案していた。十一月二日土曜日、KGBはその木橋の下にハンセン宛ての五万ドルを置いた。(28)

CIAはユルチェンコを新たな、より大きな隠れ家へと移動させた。その屋敷はヴァージニア州フレデリックスバーグに近い、緑豊かな湖畔にあった。ところが、ユルチェンコ本人はしだいに幻滅を覚えるようになった。CIAには内密にしてくれと頼んだのに、かれが亡命した事実は、マスコミにリークされてしまった、さらに何年も前から関係のあった、とあるロシア人女性と一緒になりたいという願望も聞き届けられなかった。[29] 八月に亡命したとき、ユルチェンコは自分は胃癌だと思い込んでいたが、その後アメリカで検査を受けると、そうでないことが判明した。十一月二日、ジョージタウンのレストラン「オ・ピエ・ド・コション」にいたとき、ユルチェンコは経験不足のCIA担当官を置き去りにし、まんまと行方をくらませた。担当官がようやく事態に気づき、ジョージタウン全域でCIAとFBIが大規模な捜索をおこなったけれど、ユルチェンコはとうとう発見できなかった。十一月三日月曜日、かれはソ連大使館に姿を現わし、奇妙な記者会見を開き、じつは自分はローマで拉致され、意志に反して連れてこられたのだと主張した。「なんとも胡散臭い話だ」とレーガン大統領は十一月四日の日記にそんな感想を記している。

ユルチェンコは十一月六日、モスクワ行きの航空機に搭乗した。かれの亡命とその後の祖国復帰は長いあいだ「冷戦」における未だ解明されない謎の一つであった。かれはKGBの指令で意図的に亡命を装ったのだろうか。いったい何のために。それとも、亡命後のCIAの扱いに幻滅を覚えただけなのか。真実は依然としてよく分からない。かれのモスクワ復帰にはやや剣呑なおまけも付いていた。ユルチェンコを故国にはこぶ飛行機には、ヴァシリー・マルティノフも同乗していたのである。ソ連大使館にあって「ラインX」要員をつとめ、西側の技術を盗んでいた男だ。だがこの時期には、すでにエイムズとハンセンによって、マルティノフはアメリカ側のスパイであると特定されていた。モスクワに到着した日にマルティノフは逮捕され、その後処刑された。

アメリカのソ連国内における諸活動は、すでに崩壊の道を歩みつつあったが、CIAは自分たちが一九八五年に受けた途方もないダメージについて、まったく気づいていなかった。エイムズとハンセンはまだ活動を開始したばかりで、彼らの影響はその後何年も続くことになる。アメリカのモスクワにおける諜報作戦がどれほど深刻な危機に直面していたかは、のちの調査によってようやく明らかとなった。落ちこぼれ訓練生ハワードをめぐる一件は「CIAにとって、その時点までの対敵防諜戦における最も破壊的な後退」であり、これにより「われわれのソ連における活動の多くが危機にさらされ、やがてKGBによって一掃されるか、当方で閉鎖するかの二者択一的状況に追い込まれてしまった」とゲイツは言っている。CIAによるダメージ評価によると、六月十三日にはエイムズのせいで身元が割れた工作員九名が処刑されたという。米上院情報委員会ののちの調査によると、二〇件を超える作戦が危機に瀕し、「CIAの対ソ活動はほぼ壊滅」といってよい状況に陥った。ジョン・ドイッチCIA長官は議会に対し、エイムズはアメリカのために働いた工作員の処刑を招いただけでなく、「歴史上の重大な時期に、ソ連国内で何が進行しているのか、その理解をよりいっそう困難なものにした」と証言している。

「スパイの年」と呼ばれた一九八五年は、まさにゴルバチョフが権力の座につかんとする時期に当たっていたが、アメリカの対ソ情報活動はその目を奪われてしまった。クレムリンの城壁の背後でいま何が進行しているのか、その理解を助けてくれる情報資源をレーガンは失ったのである。ただ、最終的にモノを言ったのは、スパイ組織の工作員《エージェント》ではなく、変化の触媒《エージェント》のほうだった。軍拡競争の圧倒的負担のなか、わが国にいま必要なのは何かというゴルバチョフの確信と、核兵器を廃絶したいというレーガンの願望に起源をもつ諸々の力が相俟って、結果的にそれは、世界と歴史を転換させる大きなうねりをつくり出していくのである。

章末注

（1）Robert M. Gates, *From the Shadow: The Ultimate Insider's Story of Five Presidents and How They Won the Cold War*（New York: Simon & Schuster, 1996）, p. 329.

（2）レーガン日記（一九八五年四月十九日）。レーガンはその回想録のなかで認めている。「ミハイル・ゴルバチョフは他とは一線を画するソ連指導者になると初めから信じていたと主張することはできない」と。Reagan, *An American Life*（New York: Simon &Schuster, 1990）, p. 614.『わがアメリカンドリーム——レーガン回想録』ロナルド・レーガン、尾崎浩訳（読売新聞社）

（3）Reagan, *An American Life*, pp. 615–616.

（4）レーガン日記（一九八五年三月二十日）およびReagan, *An American Life*, p. 615. かれはその回想録のなかで「ソ連にはこれまでの交渉と同様、厳しく当たらねばならない」が、それと同時に、レーガン＝ゴルバチョフ間に「直接的チャンネルを築くべく懸命に努力する必要があろう」と側近たちには語ったと述べている。

（5）マトロックによると、ニコルソンは実際には制限区域に迷い込んだのだという。ところが、アメリカ側に「示されたのは、事実とフィクションがない交ぜになったような説明だった。要するに、発砲したソ連の歩哨ではなく、すべての責任はニコルソンにあるというのだ。ソ連側の公式説明によると、ニコルソンは立入禁止と明白に表記されていた場所に入り込み、ソ連の軍事施設の写真を違法に撮影し、見咎められると、歩哨の静止命令を無視して、そのまま逃走を図ったので撃たれた——というのである。かくも不正確な状況説明に、ワインバーガーとレーガンは、今回の射殺事件は始めから仕組まれたものだったと確信した」。Jack F. Matlock, *Reagan and Gorbachev: How the Cold War Ended*（New York: Random House, 2004）, pp. 112–113.

（6）George Shultz, *Turmoil and Triumph: My Years as Secretary of State*（New York: Charles Scribner's Sons, 1993）, p. 537.

（7）Reagan, *An American Life*, p. 617.

（8）一九八五年四月三十日付けのゴルバチョフ宛て書簡のなかで、レーガンは今回のニコルソン事件は、関係改善に影を落としつつあると述べている。Shultz, p. 537.

（9）ゲイツ講演（一九八四年十一月二十八日／ボストン外交問題委員会—米外交問題評議会の会員組織）

（10）Shultz, p. 507.

（11）"Gorbachev, the New Broom," Office of Soviet Analysis, Directorate of Intelligence, Central Intelligence Agency, 13 pp., June 1985.「ＦＯＩＡ（情報公開法）」に基づき、一部編集を加えたうえで著者に公表された文書に依る。

（12）Gates, pp. 331-332. ゲイツはその回想録のなかで、ケイシーの注意書きはいささかやりすぎだったとしている。なにしろ、情報分析の冒頭部分に「明白な主張」を追加するのだから。まあ、ケイシーは「バランスの取れた見方を示したり、客観性を装うことに重きを置いていなかったが」とゲイツは言う。ただ、ソ連の動機と戦略にかんするケイシーの評価については、当時「ＣＩＡにいたわれわれの多く」も同意していたとゲイツは言っている。

（13）Anatoly Chernyaev, *My Six Years with Gorbachev* (University Park, Pa: University of Pennsylvania Press, 2000), p. 25.『ゴルバチョフと運命をともにした２０００日』アナトーリー・チェルニャーエフ、中澤孝之訳（潮出版社）

（14）Alexander Yakovlev, "On Reagan," State Archive of the Russian Federation, Moscow. Yakovlev Collection. Fond 10063, Opis 1, Delo 379. Translated by Svetlana Savranskaya.

（15）Gorbachev, *Ponyat' Perestroiku* (Moscow: Alpina Bizness Books, 2006), p. 33.

（16）ゲイツ講演（一九九九年十一月十九日／テキサスＡ＆Ｍ大学）

（17）別途そのむね述べていない場合は、この章のエイムズ事件にかんする記述はすべて「米上院情報委員会」の調査報告書、"An Assessment of the Aldrich H. Ames Espionage Case and Its Implications for U.S. Intelligence"（一九九四年十一月一日／第一部および第二部）に依っている。

（18）当時、ＫＧＢの副支局長だったヴィクトル・チェルカシンによると、エイムズの手紙はＣＩＡの活動情報を提供するという内容で、文書類の「小さな束」も入っていた。中東におけるソ連海軍の動きを伝えるアメリカ側の情報に関するものがほとんどで、あまり興味は引かれなかったという。Victor Cherkashin with Gregory Feifer, *Spy Handler: Memoir of a KGB Officer* (New York: Basic Books, 2005), p. 16.

（19）別途そのむね述べていない場合、ゴルディエフスキーの行動にかんするこの部分の記述は、彼の自叙伝、*Next Stop* と、わたし（著者）自身がおこなったインタビューを元にしている。

（20）Barry G. Royden, "Tolkachev, a Worthy Successor to Penkovsky," Center for the Study of Intelligence, CIA, Studies in Intelligence, vol. 47, no. 3. またジェームズ・L・パヴィットCIA工作担当次官のFPA（外交政策協会）向け発言（二〇〇四年六月二十一日）も参考にした。

（21）Milt Bearden and James Risen, *The Main Enemy: The Inside Story of the CIA's Final Showdown with the KGB* (New York: Random House, 2003), p. 37.『ザ・メイン・エネミー――CIA対KGB最後の死闘』ミルト・ベアデン、ジェームズ・ライゼン、安原和見、花田知恵訳（ランダムハウス講談社）

（22）Bearden and Risen, p. 12.

（23）ゴルディエフスキーはその著、*Next Stop* でこの脱出行を描写している。ただ、David Wise, *Nightmover: How Aldrich Ames Sold the CIA to the KGB for $4. 6 Million*（New York: HarperCollins, 1995）はこれとはいささか異なる経緯を伝えている。ゴルディエフスキーは特別仕様の〈ランド・ローヴァー〉の内部に秘匿され、在モスクワ英国大使館からフィンランドまでの全行程を運ばれたと、複数のCIA関係者が語っているという。これに対しゴルディエフスキーは、それはKGBが西側報道陣向けにリークした話だと主張している。

（24）Wise, p. 135 は、ユルチェンコがエイムズのことを知らなかった可能性もありうることを指摘している。

（25）一九八一年、二八歳のときCIAに雇われたハワードは、ソ連国内で秘密任務に就くための訓練を受け、その間に数多くの最高機密を知った。だが、数カ月後にモスクワにむけて出発するという時期に、ハワードは嘘発見器による一連の検査をクリアできず、一九八三年五月、CIAによって解雇された。恨みと怒りから、かれはCIA中のソ連にかんする情報を本部から持ち出した。一九八四年末から八五年初めにかけて、明らかに復讐目的で、ハワードはウィーンでKGB側に接触し、数回にわたりかれの知識を売り始めた。イギリスのとある二重スパイにかんする情報を売った可能性もある。かれはそれ以外のスパイや、CIAのもつ最も洗練されたスパイ・テクニックの一部をソ連側に伝えたと信じられている。

（26）ケイシーにかんしては、Gates, p. 363 を参照。ハワードはFBIの手をかいくぐり、国外に逃亡した。David Wise, *The Spy Who Got Away*（New York: Random House, 1988）, chs. 24–26 も参照。

(27) KGBの海外支局において、「ラインX」とは科学技術情報をいい、「ラインPR」は政治、経済、軍事戦略にかんする情報収集および積極工作をいう。Christopher Andrew and Vasili Mitrokhin, *The Mitrokhin Archive: The KGB in Europe and the West*〔いわゆる「ミトロヒン文書」〕(London: Allan Lane/The Penguin Press, 1999), p. 743の付録E、"The Organization of a KGB Residency"を参照。

(28) アメリカ合衆国対ロバート・フィリップ・ハンセン事件における「刑事告訴、逮捕状、捜査令状のための宣誓供述書」(米地方裁判所ヴァージニア州東地区)二〇～二一頁。KGBの「ラインX」要員、マルティノフは一九八〇年十月から一九八五年十一月までワシントンのソ連大使館に勤務したが、エイムズのせいでその身が危うくなり、のちに処刑された。KGBの「ラインPR」要員、セルゲイ・モトリンは、一九八〇年六月から一九八五年一月までワシントンのソ連大使館に勤務していたが、やはりエイムズのせいで正体がバレてしまい、処刑された。KGBの「ラインPR」要員、ボリス・ユジン〔ママ/本文中のハンセンの手紙内ではユシン〕は、タス通信特派員という隠れ蓑のもと、サンフランシスコで活動していた。かれはエイムズとハンセンのせいで正体を暴かれた。一九八六年十二月、かれは逮捕され、その後、一五年の刑を言い渡された。一九九二年に恩赦で釈放され、最終的にアメリカに移住した。

(29) そのロシア人女性は、ソ連の外交官と結婚してモントリオールにいた。CIAはユルチェンコをそこまで連れていったが、玄関のドアをノックすると、ユルチェンコは彼女の拒否に遭った。私が愛したのはKGBの大佐であって、売国奴ではないと彼女はユルチェンコに通告、その面前でドアを閉じた――とベアデンはその時の様子をふり返っている。

第10章
剣と楯

一九八五年春、書記長就任の初期、ゴルバチョフは熱にうかされたように働いていた。ブレジネフ以来、その職務を担ってきたクレムリンの保安担当責任者、ウラジーミル・メドヴェージェフは驚きの目をもってその様子を見守った。「ブレジネフの多年にわたる病気と無気力のあとに」とかれはふり返る。「火山のようなエネルギーが身近に突如出現した」のだと。ゴルバチョフは夜中の一時、二時まで働き、翌朝は午前七時に起床した。九時十五分には、要人用のリムジン〈ジル〉でクレムリンに向かう。ゴルバチョフは後部座席に腰かけ、助手席のメドヴェージェフと運転手の背後にあるスライド・ガラスを閉め、メモを取ったり、二つある車載電話で誰かを呼び出したりしていた。「その短い通勤時間だけで、三、四人と話をした」とメドヴェージェフは言う。「車から執務室にむかう途中でも、いくつかの命令、助言、約束をおこない、息つく暇もなかった。歩みは止めず、軍人や文民たちに具体的指示を与えていた。だれと話をしろ、何と言え、あれには注意しろ、そこは強調すべきだ、あれは放っておけという風に。ゴルバチョフの言葉はきわめて簡潔だった」[1]。

ゴルバチョフはいわば、瀕死のソ連社会に興奮の衝撃波を放ったのである。格調こそ高いものの、まったく中身のない発表や報告に、人々もまたすっかり慣らされ、指導者の肖像画があらゆる壁に義務として掲げられ、公の場での議論を、社会の調和が圧殺しているような時代にあって、いきなり本質をつくゴルバチョフ流のやり方は、やはり清新な印象を与えた。(2) たしかに、ゴルバチョフとて、言うだけで終わったり、重要な決定にためらいを見せたり、ソ連の旧来の発想法からなかなか脱却できないこともままあった。それでも政権初期に見られた、一点突破的攻撃の中核にあったのは、ソ連の生活水準の低下をなんとしてでも押しとどめたい、社会の活気をなんとかして取りもどしたいという切なる願いであった。人々の見ている目の前で議論をおこなうことこそ、社会主義の生き残りにとって最も重要なことだとゴルバチョフは信じていた。人民が内に秘めた言うに言われぬ想いを、かれは臆せず汲み上げようとした。かれはレーニンの理想を信じていたが、レーニン後の指導者たちは道を踏み外してしまったと結論し、それを正しい道にふたたび戻したいと願っていた。旧来のやり方、使い古した道をたどるほうがはるかに楽だったけれど、ゴルバチョフはそうしなかった。

五月にレニングラードを訪問した時は、押し合いへし合いする大群衆を相手に、街頭で交歓をおこなった。ソ連の指導者が一般人と自由闊達に言葉を交わしあうなんて、常軌を逸した光景だった。「さあ、聞こう」とゴルバチョフは群衆に語りかけた。「きみらは何が言いたいのだ」

誰かが大声で応えた。「あんたが始めたことを続けてくれ！」

女の声が割って入った。「人民にもっと近づいて、そうすればわれわれはあんたを辞めさせないから」。群衆にびっしり取り囲まれていたゴルバチョフは、思わず笑みをうかべた。「これ以上、どうやって近づくんだい」。かれらはその返事が大いに気に入った。

この同じ訪問のさい、ゴルバチョフは「スモーリヌイ修道院」の集会で、レニングラードの共産党員たちにやや挑発的な演説をおこなっている。かれは用意したメモに視線を落とすこともなく、延々と話し続けた。ソ連経済は再活性化が必要であり、変化を受け入れることのできない者は、退場しなければならないと。「脇にどいてろ。邪魔をするな」[3]というわけだ。ゴルバチョフは政治局の年配の幹部連を操ることに長けていたが、長老たちにこの演説のことを事前に話すことはさすがにしなかった。三月から四月にかけて開かれた中央委員会総会の密室討議のなかで、その触りの部分が一部披露されただけだった。ただ、その現場の熱狂的反応にゾクゾクするような興奮を覚えたゴルバチョフは、演説の模様を映したビデオ・テープを自宅に持ちかえっていた。そして次の週末、かれは別荘《ダーチャ》で家族とともに、その反応を改めて確認し、このビデオを全国放送するよう命じたのである。[4]演説内容を記録した小冊子を手に入れようと、群衆が新聞の売店に列をつくった。中央委員会国際部の副部長で、ゴルバチョフのこの大芝居でカギとなる役割を果たしたアナトリー・チェルニャーエフは当時をふり返る。この手の小冊子は元々、その最高指導者が亡くなるまで、売店の床に放置されるようなものなのだ。ところが「ゴルバチョフを囲んだ市民集会や、レニングラード演説の模様がテレビで流されたものだから、みんなびっくり仰天さ」とチェルニャーエフは書いている。「この日、人々が口にしたのは、見たか、あれ――だった。ついにわが国に、自分がやっていること、自分がそれを楽しんでいることを承知している指導者が現れたのだ。人々と関係を結び、自分の言葉で語り、接触を回避したり、尊大に見えたりしないかと無用の心配をしない指導者が。ゴルバチョフは過去の轍《わだち》から車輪を外したい、人々を覚醒させたい、人々がありのままに生きられるようにしたい、人々がその常識を働かせ、みずから考え、行動するようになってほしいと望んだ。かれは心の底から、そう願ったのだ」[5]。

四月十一日の政治局会議で、ゴルバチョフはわきあがる怒りを必死に抑えていた。農業生産だけでなく、食糧供給全般を見舞う惨状に、腹が立って仕方がなかったのだ。せっかく収穫した農産物が、保管や輸送面の不備で質的劣化に見舞われるケースがあまりに多かった。いまある倉庫では果物、野菜、ジャガイモの二六パーセントしか保管することができず、結果、現場では腐るまま放置されていた。各種農作物の保管施設のうち、空調設備のあるところは三分の一しかなかった。農業関連の原材料の損失は、二五パーセントに達していた。チェルニャーエフがのちに嘆いたように、「この国は崩壊の瀬戸際に追い詰められていた」が、それに気づく指導者がこれまでいなかったのである。ゴルバチョフは大臣たちを脅しつけた。クレムリンの特権を剝奪するぞと。かれらは幹部専用のレストランや特別な食料品店を利用できるため、あまたの食料品店を席巻する悲惨な状況にいっさい曝されずに済んでいたのである。(6)

就任後、最初の蹉跌となってしまったが、かの「反アルコール・キャンペーン」にも、この国を自滅から救いたいというゴルバチョフの強い決意が表れていた。(7)この政治運動は各方面から揶揄され、最終的に引っ込めざるを得なかったが、アルコール中毒がこの国の宿痾となっているという現状認識は正しかった。一人当たりのアルコール消費量は、帝政時代のじつに二・五倍に達していたのだ。この状況の最も悲しい点は、消費財の物不足がまずはあって、その穴をウオトカが埋めているという現実である。いくらルーブル紙幣を持っていても、人々にはそれで買うに値するものが、ウオトカ以外、見当たらなかったのだ。ああ、このキャンペーンは失敗するなと、チェルニャーエフは直ちに悟った。ある日、かれは食品雑貨店に立ち寄った。「そこにいる全員、管理職から販売員まで、全員が酔っていた。アルコール撲滅キャンペーンなど、彼らにとってはあって無きがごとしだった。試しに解雇してみたらいい。その代わりになる労働者を、一体どこから見つけてくるのかねというわけだ」(8)

ゴルバチョフが政権の座について二週間もしないうちに、二人の軍人がかれの執務室にやってきた。いずれもソ連軍のトップを占める元帥たちだ。一人はウスチノフの死去により、順送り人事で後任の国防相になったセルゲイ・ソコロフ。もう一人は参謀総長のセルゲイ・アフロメーエフで、細身で筋肉質、背はあまり高くないが、スポーツ選手のように胸板が厚く、顔の肉は薄かった。アフロメーエフは直言居士で、苛酷な司令官として知られ、めったに笑わなかった。「第二次世界大戦」が勃発する直前、一七歳でソ連赤軍に加わり、レニングラードの包囲を解かせるために戦い、ウクライナで戦車大隊の指揮官をつとめた。戦争終結時の階級は少佐だった。かれの世代はいきなりの奇襲で戦争が始まり、兵器の面で優位にある敵と戦い、ナチの戦車に小銃と火炎瓶だけで対抗した。戦争が終わると、軍の学校をしかるべく卒業し、その信念のために生涯を捧げた。すなわち、「ヨーロッパと世界における戦後の再編のなかで、ソ連邦が獲得したものはすべて、しっかり守らなければならない」という信念である。[9] そうした決意は、核兵器の発達とともに、さらにいっそう強まった。

これに対し、ゴルバチョフはドイツ軍が攻めてきたとき、まだ子供だった。兵士として従軍した経験は一度もなく、軍産複合体や防衛関連の機関に所属したこともない。ミサイルや弾頭を開発し、ソ連を核の超大国にした偉大な設計者や科学者に、かれは憧れをいだいたことが一度もなかった。将軍たちがかくも大切に思い、情熱的に守ろうとしている世界観を、ゴルバチョフは一切共有していなかった。世界規模の勢力争いにおいて、軍事力が決定的だとは見ておらず、経済力のほうが影響が大きいと考えていた。「わが国の周辺に無敵の軍隊など存在しない」とゴルバチョフはのちに結論づける。「ただ優位な経済大国があるだけである」[10]と。

ソコロフ、アフロメーエフ両元帥と話し合ったことで、ゴルバチョフは初めて、ソ連の防衛関連分野の真の大きさ、及ぼす範囲の広がりを実感した。それは途方もない規模だった。説明が終わったとき、ゴルバチョフはアフロメーエフの顔を見た。「われわれはこの困難な時代に、ともに手を携えて取り組むことになる」とゴルバチョフは言った。「ひとりの共産主義者としてあなた方に言いたい。

わたしはこうした状況を改めるため、経済分野で自分が何をやらねばならないかを知っている。あなたがたの手助けを期待している」と。参謀総長就任からまだ六カ月しか経っていないが、アフロメーエフはそれ以前は参謀副長の座におり、軍の方針や計画については強い影響力を持っていた。ご助力いたしましょうと、かれはゴルバチョフに約束した。(11)

ゴルバチョフは、防衛関連機関の広がりがこの国に大いなる負担を与えていることを知っていた。陸海空の三軍、戦略ロケット軍、防空軍、そしてそれらを支える軍事関連の研究所、設計局、工場などなど。ただ、軍産複合体が具体的にどのように機能しているのか、その範囲はどこまで及んでいるのか、それらがどれほどの経費を使っているのかは秘中の秘であって、ゴルバチョフはそれを「立入禁止区域」と呼んでいた。(12) ただ、全国を視察して回ったことで、ゴルバチョフはその感触ぐらいは分かるようになった。「防衛支出は、経済の他分野から血を吸い、資金を奪っているのだ」とかれはふり返る。「軍需工場と農業生産コンビナートを視察したとき、つねに同じ図式が見られることに私は衝撃を覚えた。例えば、現代的戦車の製造にあたる防衛関連の作業場には、最新の設備が置かれていた。そして農業関連の作業場では、古びた生産ラインの上を、時代遅れとなった旧式トラクターが流れているのだ」

「前回の五カ年計画の期間中、軍の支出は、国民所得の二倍の勢いで成長した。この〝モロク（邪神）〟はあらゆるものを貪り喰らい、結果、重労働と緊張を生んでいる……状況をさらに悪化させているのは、問題の分析すらできないという事実である。軍産複合体にかんするあらゆる数字は、機密扱いなのだ。たとえ政治局のメンバーであろうと、その閲覧は叶わないのだ」(13)

じつは軍産複合体が秘密のベールの奥で、一体どのように機能しているのか具体的に知っている男がいた。中央委員会のスタッフで、その名をヴィタリー・カターエフといった。かれは一見すると、思慮深い科学者か教授のような風貌をしていた。顔のかたちは長方形で、癖のある髪の毛をオールバックにしていた。十代のころは飛行機や船の模型づくりが好きだった。オムスクとウクライナにある航空機・ミサイル設計製造局で二〇年間活動し、「冷戦」期における最大級のミサイル開発プロジェクトのいくつかに参画したあと、一九七四年にモスクワの中央委員会本部に異動となり、防衛問題を担当することになった。私生活においては、楽器を演奏しながら歌うことを無上の楽しみとし、愉快な性格で、独特の癖のある人物である。[14] ただ、本業の中央委員会における仕事ぶりは、きわめて几帳面にして手堅かった。「ソ連共産党中央委員会」の事務方は、権力の中心に位置し、言ってみれば、ホワイトハウスの「国家安全保障会議」とほぼ同等の機能を担っていた。カターエフは「防衛産業部」——のちに「防衛部」に改称——に所属し、軍産複合体を総攬していた。長年にわたり大判のノートに詳細な記録を付けており、数字を頻繁にメモしたり、兵器システムの概念図を描いたり、主な決定や論戦を記録したりしていた。本書で初めて公開されるカターエフのノートとその記述内容を見ると、ソ連の軍産複合体の内部がどのような仕組みで動いていたか、その有り様を垣間見ることができ、これはまさに類例のない資料と言えよう。[15] カターエフは軍の開発・生産現場を「ある種のソ連版テキサス——なんでもかんでもキングサイズ」と表現したことがある。ただ、その実態はしばしば描写されるような恐るべきものではないことを、カターエフは知っていた。ソ連の軍産複合体は、単なる思いつき、その場しのぎの構想、誰かの主観的な想いによって動かされることがあまりに多かったから。ソ連の中央統制という計画手法は、実際現場では機能しないことをカターエフは知っていた。兵器はそれが必要だから製造されるのではなく、むしろ既得権益集団や、著名な開発責任者、将軍、政治局員の力関係によって、この世に生まれてくるのである。進捗状況をしめす人為的な数値目標を達成するため、すべての数字は毎年伸び続けなければならず、結果、軍はしばしば、要りもしない兵器のせいで青息吐息になるのである。各工場はハイテク兵器を生産するのに必要な精度や信頼性を欠いていることが多かった。カターエフはふり返る。たしかにソ連には先進的な科学があったし、設計に必要な高度の専門知識もあった。だが、材料の品質の低さ、当てにならない生産工程、しかも誰ひとり解雇できないという条件までが加わって、多くのプロジェクトは結局、お蔵入りとなった。金属の純度や混じり具合といった、きわめて単純な生産条件までが、実際にやってみると、予想を裏切る劣悪ぶりを示すため、設計者たちは始めから、品質のブレは与件とし、かなりの幅を見込まなければならなかった。だが、設計側の工夫だけでは、電子機器とかハイテク部品にまつわる諸問題を補うことは不可能だった。とある回路基板は、サイズを二倍に拡大しても、信頼性が向上しなかった。これこそソ連軍製図板と工場現場のあいだには「永遠のギャップ」が存在したとカターエフは言う。これこそソ連軍の隠れた暗部であると。

カターエフのノートを見ると、ソ連の軍産複合体は実際、ゴルバチョフが恐れていたとおりの規模を備えていたことが分かる。一九八五年、防衛関連産業の全体的規模は、ソ連経済の二〇パーセントに相当したとカターエフは推計している[16]。ソ連の成人労働者一億三五〇〇万人のうち、カターエフによると、一〇四〇万人が軍産複合体に所属する一七七〇企業で、直接的に働いていた。七つの中央省庁が軍事にかかわっていた。その目的を隠すための努力はいまひとつで、たとえば核兵器関連をあつかう省庁は「中型機械工業省」と命名されており、他も推して知るべしである。ほぼ一〇〇パーセント軍事で成り立つ都市だけで五〇カ所を超えており、他の業種もあるものの、主要産業は軍事関連という都市まで含めると、その数は数百に及んだ。また軍需関連の工場は、高度な民生品の生産にも係わっていた。ソ連のすべてのテレビ、テープ・レコーダー、カメラ（映画用をふくむ）、ミシンなどの製造工場は、その一〇〇パーセントが軍事がらみだった。[17] 軍産複合体が担う社会的機能、それが消費するすべての原材料、および民間の暮らしにまで広がる影響力を考えると、ソ連の防衛関連予算の規模はカターエフの推計値をさらに大きく上回る可能性すらあった。

こんな〝巨獣〟を相手に戦いを挑むつもりなら、ゴルバチョフは余程の予備兵力を手に入れ、しかも奸計を駆使しなければならないはずである。とある政治局会議の席上、かれは嘆いている。「この国は、人民よりも多くの戦車を製造している」と。軍産複合体は、既得権益を基盤とする独自の〝部隊〟をかかえていた。各軍の将軍や将校、兵器関連の設計者や製造業者、閣僚や計画立案者、宣伝部門、国の津々浦々に跋扈する党のボスたち。その総体が、目に見えない「冷戦」の脅威に対抗するため、この装備は疑問の余地もないほど絶対的に必要なのだと言い立てて、力を合わせて変化に抵抗するのである。そうした〝脅威〟は数十年にわたって圧倒的根拠であり続け、結果、あらゆる資源は国防関係に優先的に配分され、ソ連国民は艱難辛苦を強いられるのである。[18]

肩書きから言えば、ゴルバチョフはこの体制のトップに君臨するはずである。ソ連共産党の書記長であり、最高司令官であり、国防会議の議長なのだから。だが、一九八五年に権力の座についたとき、かれは実際には支配的地位を確立していなかった。軍産複合体は、アフロメーエフの世代ががっちり握っていたからだ。

安全保障にかんするゴルバチョフの考え方は、進歩派グループ――軍産複合体からすればアウトサイダーである連中――の影響を受けていた。かれらは各種の研究機関を根城にする学者たちであり、ゴルバチョフと同様、フルシチョフの秘密演説に興奮を覚えた人間であり、ブレジネフ時代の停滞に徒労感を味わわされた世代でもあった。[19] かれらは軍を信用していなかったが、軍が持っている途方もない力については知っていた。かれらはいま、改革派のいっそうの奮起を期待しており、そしてゴルバチョフはそんなかれらの声に耳を傾けていた。

側近グループのなかでも最も重要な人物のひとりは、若者に理解があり、ものの見方が偏っていない物理学者、エフゲニー・ヴェリホフで、かれは当時、「クルチャトフ原子力研究所」の副所長をしていた。子供のころ、ヴェリホフは科学関係の本をむさぼるように読んだ。スターリンが一九五三年に亡くなった直後、「モスクワ国立大学」に入った。卒業後は、ソ連の原爆プロジェクトのリーダーをつとめた。イーゴリ・クルチャトフが所長をつとめる研究所に参加し、しかも幸運にも、制御された核融合とプラズマ物理の理論研究を統括していた高名な物理学者、ミハイル・レオントヴィチの下につくことができた。「職場の雰囲気はすばらしかった」とヴェリホフは往事をふり返る。「プラズマ物理はまだ生まれたばかりの学問分野だったし、世界中どこを探しても、われわれのライバルといえるような連中はほとんどいないと感じていた」と。ヴェリホフは旅行許可をもらい、一九六二年の夏、ニューヨーク、ボストン、シカゴの大学を訪問し、「ロスアラモス国立研究所」にも立ち寄った。かれはアメリカの科学者たちとも独自のネットワークを築いていった。[20]

ヴェリホフは一九七七年、「科学アカデミー」の副会長（最年少だった）に就任した。最初に与えられた仕事は、アメリカのサイバネティクスとコンピューター技術に関するもので、ソ連はこの分野で「ひどく立ち後れている」ことが明らかとなった。一九八〇年代初めのある日、ヴェリホフは、当時若き政治局員だったゴルバチョフを科学アカデミーの自分の仕事部屋に招いたことがある。そして机のうえに鎮座する、アップル社製の〝パーソナル・コンピューター〟について、ゴルバチョフにひとしきり講義をおこなった。それは海外からみずから持ち込んだ逸品だった。「かれに見せて、そして私は言った。『ほら、見てみて、こいつは革命だよ』と」。その後、権力の座についても、ゴルバチョフはヴェリホフにさまざまな意見を求めつづけた。

ゴルバチョフの側近グループにはヤコヴレフもいた。一九八三年にカナダの果樹園をゴルバチョフと二人で散策した改革派の思想家で、いまや「世界経済・国際関係研究所」にいた。「アメリカ・カナダ研究所」の所長、ゲオルギー・アルバトフもやはりそうだった。書記長就任の初期、かれはゴルバチョフにさまざまなアイデアや情報を提供するうえで不可欠な、専門家集団とのパイプ役をつとめてくれた。

ゴルバチョフは〝お化粧〟だらけの情報の山に分け入り、そこから必死になって実体のあるものを掘り起こそうとした。「特に必要なのは客観的なデータ、見たがっているものを見せるのではなく、何が本当なのかを示してくれる、そんなデータなのだ」とゴルバチョフは政治局に対し訴えた[21]。ゲオルギー・シャフナザーロフによると、軍は文民指導者たちを操ろうと試みたという。「軍は指導部にひとつのことを報告しながら、それとは全く異なる何かを考えたり、やったりしていた」とかれは言う。「まさにイタチごっこ[22]」だったと。

アフガニスタンにおいて、ソ連軍はその後の敗北につながる、深い泥沼へと嵌まりつつあった。ゴルバチョフの書記長就任後、最初の数ヵ月間は、この戦争を非難する怒りの手紙が中央委員会に殺到したほどである。一九八五年四月には、レーガンからもゴルバチョフ宛てに書簡が届いた。その中でレーガンは「この悲劇的事件は政治的解決を目指す時期がもうとっくに来ているのでは？」と言っている。この手紙をしたためるほんの数週間前、レーガンは秘密の大統領令「国家安全保障決定指示第一六六号」にサインしていた。それはアフガン駐留ソ連軍を相手に、新たな、より野心的な目標を設定し、ＣＩＡによる対ソ戦争の規模拡大に法的基礎を与えるものだった。赤軍に抵抗する勢力をただ単に支援するのではなく、ＣＩＡはいまや、ソ連軍そのものをアフガニスタンから放逐する決意でい

消」をふくむ、その先の国家戦略を見越した内容だった。一九八五年六月十九日、ゴルバチョフはアルバトフをクレムリンに呼び、自分にとってアフガン問題は「最優先の課題である」と告げた。[24] 八月、アフガニスタンに向かう列車内でソ連兵が叛乱を起こすという事件が起きた。毎日一〇人の兵士が殺されているような戦争に、かれらは行きたくなかったのだ。ゴルバチョフはここで初めて、撤退計画の作成に着手したが、その実現にはさらに何年もかかることになる。

当時をふり返って、ゴルバチョフは、わたしは「冷戦時代が残した『雪の吹きだまり』を取り除く」必要があったのだと言っている。アフガニスタンはその一つにすぎない。外交問題でかれの頭にあったのは「単に表面を取りつくろうことではなく、実質的なUターンだった」と。

だが、外部世界はゴルバチョフの打つ手に対し、期待通りの反応を示してくれなかった。かれがおこなった和解にむけた打診は、レーガンの拒否に遭った。西側を刺激し、結果的に〈パーシングⅡ〉と巡航ミサイルの配備を招いた〈ピオネール〉ミサイルの欧州配備について、ゴルバチョフが四月七日、凍結を呼びかけた。すると、レーガンとサッチャーは直ちにこれを拒否し、そんなのは宣伝のためのパフォーマンスにすぎないと決めつけた。西側の配備は始まったばかりであり、いまここで凍結すると、双方の戦力に不均衡が生じるというのだ。[25]「やらずもがなの動きである」とレーガンは四月三十日のゴルバチョフ宛ての書簡で書いている。「その本質において古証文と内容が同じであり、しかも真剣な交渉の基礎にもならないと分かっている提案をいまここで敢えて持ち出す理由について、わたしは首を傾げざるを得ない[26]」と。レーガンには知るよしもなかったけれど、クレムリンの内部では、〈ピオネール〉ミサイル――別名〈SS-20〉――の一件はすでにまずい一手だったと見なされていたのである。「どうしてSS-20なんぞが必要なのだ」と、レーガン書簡が届く二週間前の日記において、すでにチェルニャーエフが疑問の声をあげているほどだ。「あんな配備は愚の骨頂で、フルシチョフによる一九六二年のキューバ・ミサイル危機といい勝負だ」[27]と。

四月十七日、ゴルバチョフは核実験の一時凍結を提案した。アメリカ側の反応はまたしても「ノー！」だった。一九八五年初めに再開したジュネーヴ軍縮交渉もたちまち行き詰まってしまった。[28]この状況にイライラを募らせたシュルツ国務長官は静かな一手を打った。モスクワに対し、密かにその真意をただす案を提起したのである。レーガンの承認を得て、かれは六月にワシントンでドブルイニンと会談し、ある種の交換条件をもちかけた。もし仮に、米ソ双方が攻撃的な核兵器の大幅削減を実現できたら、レーガンの「SDI（戦略防衛構想）」はたぶんその進展が鈍化するだろうという内容だった。シュルツはまた、暗礁に乗りあげたジュネーヴ軍縮交渉はこのさい迂回し、秘密の裏ルートで交渉を始めたいと提案した。二週間後、モスクワからやってきた回答は疑問の余地のない「ニエット！」だった。「ソ連がSDIについて望むのは、進展の鈍化などではなく、開発の完全なる中止だった」とシュルツはふり返る。[29]それ以外にも理由があったのだとドブルイニンは後年語っている。この案を葬ったのはグロムイコだと。裏ルートの交渉が自分抜きで、進められることをかれは恐れたのだと。[30]

だがこれは、グロムイコが「ニエット！」と言えた最後の機会となった。六月二十九日、グロムイコはゴルバチョフにより、「外相」から「最高会議幹部会議長〔名目上の国家元首〕」へと〝昇格〟させられたからだ。グロムイコは過去二八年、外相のポストにあって、古い思考――つまり世界は相対立する二つの陣営が角逐を演じる場であるという世界観――をまさに体現する人物であったが、そうした旧世界そのものが、ほどなくゴルバチョフによって破壊されてしまうのである。ゴルバチョフはさらに、後任の外相にグルジア（現ジョージア）共和国の共産党指導者、エドゥアルド・シェワルナゼを指名し、関係者一同を驚かせた。「まさに青天の霹靂だ」とチェルニャーエフはふり返る。[31] それまでの全経歴をグルジアで過ごしてきたシェワルナゼは、ソ連の内陸部《ハートランド》のかかえる貧しさについて、ゴルバチョフと共通する認識を持っていた。それ以外の面でも、ゴルバチョフとシェワルナゼは他の指導者たちと毛色が違っていた。二人とも重工業もしくは軍産複合体で活動した経験がなかったのである。[32] シェワルナゼは外交分野に関しほとんど素人だったけれど、政治家としては一級品で、しかもゴルバチョフの信頼を得ており、即座に政治局のフル・メンバーに昇進した。これと同時期に、レニングラードの党幹部、レフ・ザイコフが軍産複合体を監督する任務につき、カターエフは中央委員会に籍を置いたまま、ザイコフの主要スタッフの一人となった。「われわれの活動分野には数多くの障碍があった」とゴルバチョフは言う。「まさにそこを手直しする必要がわれわれにはあったのだ」と。[33]

チェルニャーエフは言う。ソ連の宣伝工作はひどく古臭くなっており、だれも信じず、「ジュネーヴの行き詰まりのルーツもそこにあったのだ。交渉にむけた革命的アプローチが必要なのだ。まさにゴルバチョフがレニングラードで実演してみせたようなね」

「問題とすべきは、われわれはもう立ち泳ぎは止めなければならないという現実である[34]」とチェルニャーエフは言い切った。「なにせ軍拡気運が暴走し、制御不能に陥る寸前だったのだから」と。

ゴルバチョフの就任直後、一九八五年の春から初夏にかけて、それはやって来た。衛星やロケット・ブースター、レーダーやレーザー分野の管理官、設計者、製造責任者が、途方もない規模の新計画を立ち上げて、ゴルバチョフにその裁可を仰いできたのである。外部世界では知られていなかったけれど、じつはソ連の軍産複合体はかれら独自の「スター・ウォーズ」計画を構想し、ゴルバチョフにその推進を嘆願したのである。レーガンが「ＳＤＩ」を発表してから、二年が経過していた。ソ連邦はそれまで数十年にわたり、東西二つの世界の衝突と絶え間ない抗争という、「冷戦」という名の軌道を律儀にたどってきたため、レーガンの新構想に対しても、こうして新たな一歩を踏み出したわけである。

ソ連指導部は一九八四年以降、レーガンの夢の構想にしだいに落ち着きを失っていった。なにしろレーガンという大統領は、かれらに心配の種を山ほどくれたから。一九八五年の年初におこなわれた第二期就任演説のなかで、レーガンはかれの計画がいかに素晴らしいものであるかを高らかに宣言し、この地球規模の楯によって、核兵器はいずれ過去の遺物となるだろうと明言した。「わたしはすでに研究計画に承認を与えた。もし可能なら、核ミサイルがその目標に到達する前に破壊してしまえるような安全保障上の楯を見つけることが、この計画の眼目である」とかれは言った。「これは人を殺さない。兵器を破壊するだけだ。これによって宇宙が軍事化することは断じてありない。地上に蓄えられた各種兵器の非軍事化を促すだけだ。かくして核兵器は時代遅れとなるだろう」

これに対しモスクワは、「SDI」関連の情報収集に最大の優先順位を与えた。レーガンの演説から三週間半がたった頃、KGBは「宇宙軍拡にかんするアメリカの政策」というタイトルの一〇ページにのぼる指令書を作成した。そしてソ連のスパイたちは、核戦争と通常戦争の双方において、そのシステムが宇宙に配備される可能性のあるアメリカのあらゆる軍事計画について、情報をかき集めるよう命じられたのである。例えば、アメリカが〈スペース・シャトル〉を使って、兵器を宇宙に展開し、あるいはソ連側の衛星を勝手に回収しないか目を光らせろと、スパイたちは命じられた。「SDI」の進捗状況の動向監視も、これまで以上に範囲を広げるよう指示された。未知なる恐怖と疑念で頭がいっぱいなせいか、KGBがその指示書に盛り込んだ獲得すべき情報には、すでに新聞各紙が伝えているような予算規模とか全体構想といったものまで、事細かく指定されていた。あるいはレーガンの構想は、うまく機能しないかもしれない。あるいはこの構想には、隠された別の意図があるのかもしれない。指示書をみると、KGBは「SDI」の〝正体〟の把握を可及的速やかにおこなうことを求めている。レーガン政権が目指しているのは、正確にはいったい何なのか、その取り組みはどの程度の進展を実現しているのか、その「目標、日程、予想されうる財政支出」はどの程度の規模なのか――と、KGBはじつに多種多様な関心を持っていた。実験によって、すでにどのような技術的成果があがっているのか、「運動エネルギー兵器」――ミサイルに他のミサイルや固い物体をぶつけて撃墜する兵器――で果たして、ミサイルを撃ち落とすことは可能なのか。交渉でレーガンは何を狙っているのか。「スター・ウォーズ」というのは畢竟、ソ連の交渉担当者に譲歩を迫るために考案された、単なる「大規模な攪乱作戦」ではないのか……。[35]

やがて雪崩のような情報がモスクワに押しよせてきた。そしてそれらは、カターエフのデスクに山なしていった。子細に点検すると、スパイどもは怠惰で受け身であることが判明した。情報と称して、新聞の切り抜きみたいなものでお茶を濁している例も散見された。工作員やソ連軍の分析官が最も恐れているのは、脅威の深刻度を過小評価してしまうことだった。それゆえ、かれらは過大評価した報告ばかり送ってくるようになったとカターエフは言う。「スター・ウォーズ」はうまく行きっこないと正直に宣言するものは一人もおらず、結果、可能性は捨てきれないといった風な報告が多かった。スパイたちは脅威をただ煽るだけのその手の報告で、ソ連側の情報処理システムにいわば飽和攻撃を浴びせかけ、結果、軍産複合体はそうした脅威の対抗策を次々と打ち出していった。政治、軍事および技術問題をあつかう中央委員会のわたしのオフィスに一九八五年以降、一日およそ一〇本の報告電文が到着する状況が八〇年代いっぱい続いたと、カターエフはふり返る。このうち、三〇ないし四〇パーセントが「スター・ウォーズ」とミサイル防衛関連だったと。アメリカは洪水のような情報をわざとリークすることで、モスクワを恐怖によって窒息死させようとしているのではないかと、カターエフはそんな邪推までした。[36] レーガンの最初の宣言から二年が経過しても、「SDI」なるものはその青写真すら出てこず、単なる夢に毛が生えたレベルにいまだ留まっていたからだ。だがしかし、この〝構想〟なるものは、ソ連指導部の関心をすでに鷲づかみにしていたのである。

ソ連版「スター・ウォーズ」を構築する取り組みのおかげで、設計局や研究所、軍需工場に途方もない規模の、潤沢な資金が手当され、新たな仕事がもたらされた。この方面の開発や生産に携わる多くの関係者は、ソ連の一般国民よりはるかに快適な生活水準をすでに享受していたというのに。それはまるで猟犬が、新たな獲物の気配を察した時みたいだったと、カターエフは当時をふり返る。一九八五年の夏までに、兵器部門の責任者たちはお互いの工夫を持ち寄り、ソ連版ミサイル防衛システムの包括計画をまとめあげた。カターエフのノートや関連文書によると、国土の上空に防衛のため二種類の〝傘〟を広げる壮大な計画が立案された。どちらの〝傘〟もその内実はごった煮のようなもので、それらを構成する要素プロジェクトは、科学目的の基礎研究から、飛行実験を間近に控えた装備の本格製造までが同居し、文字どおりの玉石混淆だった。〝傘〟にはそれぞれコード・ネームが付けられ、一方は「D-20」と呼ばれていた。地上発射式のミサイル防衛分野を内包し、その傘下には従来から早期警戒、指揮・統制を担当する「無線工業省」と、首都モスクワ防衛のための対弾道ミサイル・システムが控えていた。もう一方は「SK-1000」と呼ばれ、こちらは「一般機械製造省」に所属する複数の設計局の寄り合い所帯で、ミサイルと宇宙関連の研究、開発、生産を統括していた。カターエフの計算によると、これらには設計および試験分野の一三七プロジェクトと、科学研究分野の三四プロジェクト、および基礎科学分野の一一五プロジェクトが絡んでいた。経費の総額は推計数百億ルーブルだった。これだけの資金があれば、関連設計局は一九八〇年代末まで仕事にあぶれることはないはずだ。「基礎4」、「統合3」、「オネガE」、「螺旋」、「土星」、「接触」、「梯団」、「スキフ」といった実態のよく分からないコード・ネームが付いた関連プロジェクトが、カターエフのノートに何ページも何ページも名を連ねていた。その夏、クレムリンに持ち込まれた案件の大半は、一九八七年から八八年にかけて、初期的結果を出すことが期待されていた。ただ、カターエフは一応一九九〇年まで、それら関連プロジェクトの目標達成状況を見守った。[37]

各プロジェクトの担当領域とその必要経費は、巨大などんぶり勘定のなかで一括処理され、ソヴィエト体制の人目につかぬ暗部に割り振られた。計画の一部には、結果も目的も判然としないままですに数年前から着手されているものもあれば、ヒト、モノ、カネの手当がつかず、開店休業状態だったものも含まれていた。ほぼ放棄され、すでに時代遅れとなっていた計画に、復活の機会が与えられた例もあったほどだ。「SK-1000」という傘には、この時期まで生き延びていたほとんどすべての宇宙発射機・衛星計画が組み入れられた観があった。

ソ連の宇宙兵器開発の宿痾ともいうべき大きな野心、拙速、やがて分かる能力不足というパターンをたどるプロジェクトも当然あった。例えば、「スキフ」と呼ばれる対衛星兵器の開発にかんするものがそれである。一九七六年にスタートした「スキフ」計画の目標は、敵の衛星を撃墜するため、レーザー照射器を搭載した宇宙機を軌道上にあげるというものだった。当初の構想では、「スキフ」は戦闘用宇宙ステーションみたいなもので、当時開発中だった巨大ブースター・ロケット〈エネルギア〉で打ち上げられ、そのメンテナンスには計画中のソ連版スペース・シャトル〈ブラン〉がおそらく使われるはずだった。だが、一九八四年になっても、「スキフ」計画はいまだいかなるハードウエアも生みだせずにいた。宇宙兵器に適したレーザー照射器がどこにもなかったためである。六月、アメリカが太平洋の上空でミサイル迎撃実験に成功したというニュースが飛び込んできて、ソ連側を震撼させた。正式名称は「追尾オーバーレイ実験」といい、すでに述べた〔第7章の「章末注」参照〕ように、じつは幸運なたった一度の成功例があるだけなのだが、これを受ける形で、ソ連政府は八月、載せるべき宇宙用レーザーがないというのに、〝デモ用〟宇宙機「スキフ-D」の製造を命じたのである。「スキフ-D」にはより小型の、代替照射器が搭載されることになった。当然ながら衛星の破壊は叶わないが、少なくとも当初構想を、目に見える形まで持っていくことはできた。ソ連版「スター・ウォーズ」はその後、一九八五年、計画自体が変更され、これを受けて「スキフ-D」にはさらなる改造が加えられた。翌年までに飛行を実現せよと、今度はスケジュールの前倒しまで課せられた。だがしかし、設計者たちの手元には肝心のレーザー照射器が未だにないのである。そこで設計者たちはとりあえず、レーザー機能のまったくない実物大模型《モックアップ》を載せることを決断し、この模型は「スキフ-DM」と呼ばれるようになった。それを搭載する宇宙機のほうは全長三六・九メートル、総重量は七七トンに達した。かくて一九八五年夏、このデモ用宇宙機は、ゴルバチョフ書記長にお披露目される優先プロジェクトの一つに出世したのである[38]。

ソヴィエト科学アカデミー「宇宙研究所」の所長であるロアルド・サグディーエフは、ソ連の深宇宙探査計画のリーダーをつとめたこともある物理学者である。ゴルバチョフの執務室で開かれた少人数の会合に出席した時のことを、かれはこう振り返っている。当時のゴルバチョフは依然、最高指導者としての学習過程にあって、軍備管理問題にからむ複雑な細部情報を吸収している真っ最中だった。サグディーエフによると、ソ連宇宙産業のとある主要幹部がその会合で、わが国も独自の「スター・ウォーズ」を構築すべきであると、ゴルバチョフに訴えだした。「信じてください」とその幹部は言った。「アメリカのＳＤＩ計画への対抗策を打ちださぬまま、貴重な時間を空費していると、いずれ手遅れになりますぞ」と。

「笑いを必死にこらえようとして、私はあやうく窒息しそうになった」とサグディーエフは言う。「わが国にはそんなことに費やす、ムダな数十億ルーブルの資金などどこにもなく、やろうにもカギとなる要素技術、特に高速コンピューターと精密光学装置にかんする技術がまるでなかったからだ」[39]と。

ゴルバチョフは書記長になったばかりで、全権掌握にはほど遠い状態だった。ゆえに、「D-20」、「SK-1000」絡みの膨大なリストは、かれの軍産複合体に対する恐怖心を強めただけで終わった可能性がある。一九八五年七月十五日、中央委員会はソ連版ミサイル防衛にかんする大部の提案リストを了承した。ここで重要なのは、承認済み案件のあまりの多さではない。それらの計画の大半が実現にむけ動くのは何年も先のことだから。むしろ問題は、それらの設計者や製造責任者のもつ、際限のない野心の方だった。かれらはレーガンの夢を奇貨として、大規模で、かつ途方もなく高価な対応策を今後実行しようと目論んでいた。こうした面々はこれまでもソ連の兵器システムの背後に身をひそめ、その旗振り役を演じていたものである。ゴルバチョフはそんな面々の裏をかかねばならなかったのだ。

ゴルバチョフの側近グループの一人、物理学者のエフゲニー・ヴェリホフは考えていた。ゴルバチョフは今後、質《たち》の悪い障害レースに挑まねばなるまい。その時、わたしは持てる経験と物事の先を読む能力を存分に活かして、かれがそうした障害をたくみに回避できるよう手を貸してやろうと。ヴェリホフは自由な発想と、起業家精神に富んだ人間だったため、まさにこの局面にふさわしい逸材だった。専門はいちおう、核・プラズマ物理だったが、ソ連の兵器設計者たちがゴルバチョフに新たな計画を提示するたびに、かれはその計画がかかえる問題点を目敏く見つけ、指摘した。ヴェリホフはミサイル防衛に関しては、一九六〇年代にまで遡る、ソ連側の極秘開発を熟知していた。なにしろ当時、彼自身がその取り組みに参加していたのだから。成功の見込みは低かったけれど、当時のヴェリホフたちは最終的に科学・技術上の飛躍的突破を見事なし遂げた。ただ、そうした次世代兵器を宇宙に配備するには、ソ連の力は十分でなかった[40]。

具体的成果のなかで最大のものは、首都モスクワの周辺に地上配備式のミサイル防衛システムを完成――「一九七二年のＡＢＭ（弾道弾迎撃ミサイル）条約」に許されている行動だ――させたことだろう。攻撃を受けた場合、モスクワ周辺の所定の位置から迎撃用のロケットが上昇し、進入してくる敵の弾頭を破壊する手筈になっていた。ソ連はまた、比較的初歩的な対衛星兵器を打ち上げたこともあった。一九六〇年代に初めて開発されたもので、標的となる衛星と同じ軌道に入り、核を使わずに仕留める方式だった。こちらのシステムの運用も、一九八三年までには、ほぼ停止となった[41]。

ただ、成果の一方で、多くの後退もあった。レーザーや宇宙兵器といった新奇な分野の取り組みは特にそうだった。この手の兵器は一九六〇年代と七〇年代に膨大な国家予算を飲み込んだ。カザフスタンのバルハシ湖東岸に近いサリー・シャガンには、そのための専用実験場まで設けられた。科学者も設計者も、金主をつとめる軍の高官たちも、戦闘用宇宙ステーションを拠点に、敵の衛星を攻撃したり、飛んでくるミサイルを阻止するような強力なビーム兵器を開発したいと夢見ていた。かれらは当時、宇宙や地上に配備するレーザー照射器の設計図を夢中になって引いたものである。「スター・ウォーズ」という形で、レーガンがその夢を公言するはるか以前のことである。だがしかし、かれらは飛来する物体を叩き落とすことが最後までできなかった。

ウラジーミル・チェロメイは、「冷戦」期を代表する伝説的設計者の一人である。〈ＳＳ-19〉大陸間弾道ミサイルや打ち上げ専用の大型ロケット〈プロトン〉、ソ連版の巡航ミサイル、そして初期の衛星破壊兵器を開発した人物である。一九七八年、開発者としてのキャリアが終わりに近づいたころ、かれは対衛星兵器を搭載した、小型スペース・シャトルの開発・建造を提案した。若い世代のなかでめきめき頭角を現わしつつあったヴェリホフは、チェロメイの「ベビー・シャトル」構想の審査を担当する委員会で働いていた。同委員会は結果的にこの案を却下するのだが、その検討過程のなかで、ミサイル防衛という取り組みがいかに困難な挑戦かを、ヴェリホフは嫌というほど思い知った。「チェロメイ構想は葬られた」とヴェリホフは言う。「だが、これのおかげでロシアは、レーガンの〝スター・ウォーズ〟提案を批判するうえで、理論武装の格好の機会を得ることができたのだ。なにしろその五年前、われわれはこの技術をめぐるすべての論点について内部で徹底議論を重ね、それに必要な技術上、工学上の水準について、きわめて詳細な分析をおこなっていたからだ」

飛んでくるミサイルを阻止するという挑戦的課題は、技術面で見た場合、悪夢としかいいようがなかった。ソ連の科学者と技術者は、衛星やミサイルを破壊できるような超強力レーザー照射器を開発しようとして、一九六二年から七八年まで奮闘努力した。最初の大型プロジェクトは「LE―1」と通称され、ルビー・レーザーを用いるもので、サリー・シャガンに建設された。最終的におよそ一〇キロメートル離れた航空機の動きを追尾できるまでになったが、宇宙空間では無理だったし、レーザー自体も物体を撃墜するほどの出力をとうとう実現できなかった[42]。より先進的なレーザー照射器も開発された。「テラ―3」というコード・ネームで、一〇年ほど製図板の上で寝かせたあと、こちらもまた、サリー・シャガンで実験する計画が浮上し、電源部と、レーザー・ビームの方向指示システムを格納する構造物も造られた。「テラ―3」のおかげで、ソ連の科学者はレーザーにかんする先進的技術を身につけたが、兵器として満足のいく性能を引き出すことはできなかった。この手のシステムが撃墜を目指すのは、宇宙から大気中に再突入してくる物体だったが、そんな標的を捕捉・破壊することは恐ろしく困難なのだ。結局、同プロジェクトは一九七八年に放棄された。[43] これの派生版である「テラー3K」も計画された。高出力レーザーを用いて、低軌道をまわる衛星を破壊することを目指したが、同システムが十分な性能を発揮したことは、ただの一度もなかった。[44]

数々の超人的努力にもかかわらず、設計者たちはいずれも壁にぶち当たった。ソ連のもつ技術力や革新性の限界、そしてミサイル防衛絡みで存在する不動の物理法則が足枷となった。レーザー兵器は途方もないエネルギー源、卓越した光学技術、精密照準技術を必要とした。宇宙に向けて放ったビームは散乱してしまう傾向があり、設計者も科学者もこの問題の解決に骨を折った。物理学者で科学アカデミーの副会長でもあるヴェリホフは、そうした困難に取り組む設計者たち、およびかれらの抱える諸問題について熟知していた。みずからの経験をもとに、パワー供給の潜在力がこの方面にあるのではと、膨大な電気エネルギーを一気に解放できる磁気流体力学発電装置の建設を支援したこともあった。ヴェリホフはまた、コンピューター技術がいまだ初期段階にあるという、ソ連設計者にとってほぼ克服不能な障碍についても気づいていた。宇宙空間を高速移動する弾丸のような物体に当てるには、膨大な量の高速計算をこなさなければならないのだ。ヴェリホフは科学アカデミーのコンピューター・サイエンス部門の責任者でもあるため、自国の技術が世界に一〇年以上遅れを取っている現実を十分理解していた。

兵器部門に所属する多くの科学者はそれぞれ秘密のたこつぼの中で活動していたが、ヴェリホフは役目柄、はるかに広い視野に立って、その全体像を見渡せる立場にあった。ローマ教皇、ヨハネ・パウロ二世が全世界の科学者にむけて核戦争の危機について検討するよう呼びかけたとき、ヴェリホフは当局に選ばれて、ソ連代表として同会議に出席することになった。一九八二年秋、「教皇庁立科学アカデミー」で、ヴェリホフは各国の科学者と濃密な接触を楽しみ、核戦争や宇宙兵器について議論を戦わせた。ヴァチカンは声明を発表し、世界の列強に対し、核兵器を戦争で決して使わぬよう呼びかけた。「核戦争による破滅は、阻止することが可能であり、かつ阻止されなければならないのである」と、その宣言文は訴えていた[45]。字面だけ見れば、それはソ連が宣伝工作につかう軍縮提案と大同小異であった。だが、ローマやその他の会合における実体験を通じて、ヴェリホフはそうした訴えに込められた西側社会の強い想いを理解できるようになっており、そしてそうした理解はこののち、彼がゴルバチョフに助言するさいの助けにもなった。レーガンのミサイル防衛にかんする演説からまだ二カ月しか経っていない一九八三年五月、ヴェリホフは今度は、ソ連人科学者二五人からなる代表団の団長に指名され、核戦争の危険について警鐘を鳴らす役割を担うことになった[46]。ソ連がこれに便乗して、軍縮にむけた強力な宣伝工作を展開したとしても少しもおかしくなかったが、ヴェリホフとソ連人科学者たちは、それとは別のコースを歩んだ。

ヴェリホフは一九八三年末、クレムリンの要請を受けて、レーガンのミサイル防衛提案を、純技術的側面から評価したことがある。レーガンの夢は実現しないだろう——というのが彼の結論だった。ソ連の科学者たちはみずからの奮闘努力と失敗によって、アメリカが目指す課題の困難さを思い知っていたからだ。二年後、ゴルバチョフが権力の座につくと、ヴェリホフは二年前の報告書の埃をまずは払い、その時に備えた。「ミサイル防衛」というコンセプトのもつ現実を、正直かつ冷徹な目で評価するのに必要なすべての知識と経験を、エフゲニー・ヴェリホフという男はその身に蓄積していたのである[47]。

一九八五年の夏から初秋にかけての時期、まさに時代の画期となるような分岐点において、ヴェリホフはそうした経験を存分に活かすことになる。ソ連版「スター・ウォーズ」を構築〝しない〟ようにと、ゴルバチョフに働きかけたのだ。真正面からぶつかり合う「冷戦」式アプローチを、うちは止めましょうとかれは提案した。するとゴルバチョフはこの主張にごく自然に乗ってきた。ゴルバチョフはまた、こうも言った。わたしは原則的に、〝ゼロ＝サム・ゲーム〟に乗りたくないのだと。それでも、ゴルバチョフがその後、余人によく為しえなかった成果を上げられたのは、ヴェリホフという得がたいガイド役が常にいたからであろう。

ソ連の一般的な兵器設計者たちは、レーガンがやるのと同じことをこっちもやる、真っ向勝負型の相互軍拡を好んだ。いわゆる「対称的」アプローチである。だが、ヴェリホフは「非対称的」アプローチを良しとした。別のやり方で、レーガンに対抗しようというのだ。アメリカの「ミサイル防衛」システムは、加速しながら宇宙空間を飛んでくる一〇〇〇個もの点のような標的を、ほぼ完璧かつ同時に照準・破壊しようとするものである。「非対称的」アプローチは、ならばもっと多くの加速点、しかも本物と偽物を織り交ぜた弾頭を、雨あられと浴びせかけ、アメリカ側の防衛システムを物量で圧倒しようとするものだった。これなら、一部のミサイルが敵防衛網をかいくぐり、本来の目標まで到達することも可能であろうと。

同じく「非対称的」アプローチだが、異なるアイデアを持っているソ連の専門家もいた。カターエフ・ファイルによると。ソ連には敵の迎撃システムに目くらましをかける技術的トリックを考案するものもいたという。弾頭と見まごうような囮《おとり》弾頭やチャフ〔レーダーの探知を妨害する金属片〕の類いを発射して、その防衛システムを攪乱するとか、弾頭にスピンをかけたり、方向転換をおこなわせて探知を免れたり、あるいは防衛システムの〝目〟を叩いて、監視衛星や指令センターを無力化したり。

もちろん最も剣呑な「非対称的」アプローチは、より多くのミサイルを製造し、怒濤の核弾頭を浴びせるやり方である。ソ連はミサイル造りが得意だった。ならば、敵のミサイル防衛に対抗しうる全く新しいシステムをゼロから開発するより、ミサイルの弾頭を二倍、もしくは三倍に増やすほうがはるかに容易だし、安上がりだった。このアプローチは仮定の話ではあるけれど、まんざらガセネタでもない。カターエフによると、〈SS-18〉大陸間弾道ミサイルの最新型には一基当たり、弾頭を一〇発積むことができたという。これはソ連が保有する兵器のなかでも最も大きく、最も恐るべき、複数核弾頭ミサイルだった。ただ、ミサイルの射程を若干短くし、弾頭をより小型化するなら、〈SS-18〉は改良により、実際には「核弾頭を四〇発まで積むことも可能だった。たった一基のミサイルでだ!」。さらにカターエフ・ファイルに収録されている、これとは別の、もっと正確な図表を見てみると、改良型〈SS-18〉ミサイルには三八発の弾頭が搭載可能と記されている。当時、ソ連にはこのタイプのミサイルが三〇八基配備されていた。これらすべてに改良を施したら、それらが抱える弾頭数は二四六四発から計一万二〇八四発へと跳ね上がるはずだった。ソ連がこうした手段に訴えたら、アメリカの防衛網にとって、その阻止ははるかに難しくなっていただろう。これは開発の初期段階でミサイル設計者たちが議論した仮定の話ではあるけれど、レーガンの「スター・ウォーズ」(48)を前にして、ソ連がどんな対抗策を打ってくるか、その可能性の一端を示していることは間違いない。

ただ、ゴルバチョフは、そんな剣呑なアプローチは、死んでも推進する気はなかった。かれの願いは兵器の削減であって、増大ではなかったから。かれの回想録によると、この手の選択肢は何度か示されたけれど、自分はその詳細について議論することさえ避けたという。わたし(著者)が二〇〇六年にゴルバチョフにインタビューした際も、この問題についてはロが重かった。「たしかにある種のプロジェクトはあった」とかれは言う。「ひとつだけだが、たしかに実在した。しかし、それは中止させた。そして放棄された。数百億(ルーブル)程度の話だったが、それは恐怖のプロジェクト、身の毛もよだつ対抗策だった」と。ゴルバチョフはさらに言った。「ミサイルとは何ぞや。例えば、SS-18とは。それは一〇〇基のチェルノブイリだ。しかも、たった一基でだ(49)」と。

兵器の数を増やすことだけが、問題の解決策ではない。「非対称的」アプローチには第三の道を目指すという選択肢も当然ありえるはずだ。政治家ゴルバチョフにとって畢竟、言葉こそが商売道具であり、最大の武器だということだ。かれはどれだけ長く話そうと、声の調子がまったく乱れぬ弁舌家だった。レーガンが夢を語りだしたら、ただ一言、「ニエット！」と言えないものだろうか。あなたがやろうとしていることはカネばかりかかる無理筋ですぞと、レーガンを説得できないものだろうか。あんな構想、忘却のかなたに放り投げてしまいませんか。この巨大兵器プロジェクトを中止する方向で、もしかしたらソ米両国は、合意に至れるかもしれませんぞと。それはアメリカがいまだ保有していない兵器、ソ連がそれに対抗しようと苦労している兵器だったが、それをソ米両国がともに求める何かと交換することは可能なのではないだろうか。例えば、いまある核兵器の大幅な削減合意とか。

それこそが、自分にとって最良の答えであることを、ゴルバチョフは知っていた。もしレーガンをなんとか説得し、夢のミサイル防衛から手をひかせることができたら、わがソ連邦は、年単位で後塵を拝しているような分野、つまりハイテク領域における熾烈な軍拡競争を回避できるにちがいない。また国内的にも、片付けておくべき重要課題があった。アメリカの脅威を言い立てて、資金や人材、各種の資源をもっとよこせと圧力をかけてくる軍産複合体の扱いだ。もし仮に、「スター・ウォーズ」を構築しないようレーガンを説得できれば、ソ連国内で介入の機会を窺っている将軍やミサイル設計者を抑えることがいっそう容易になる。そうやって軍拡競争のペースを鈍らせることができれば、あるいは貴重な時間と資源を手に入れ、この国の真の現代化に着手できるかもしれない。

だが、一九八五年夏の時点において、ソ連の軍部と軍需産業は途方もない力を持っていた。ゴルバチョフは現在、逆流に苦しんでいると、ヴェリホフは当時見ていた。かれは党の人間であり、中央委員会という官僚組織を基盤にしていた。それゆえかれは、将軍たちや閣僚たち、ＫＧＢの言うことに、それなりに耳を貸さざるを得なかった。そして軍部はヴェリホフやヤコヴレフ、その他新書記長の周囲にいる進歩的考えをもつ面々を端から信用していなかった。だがしかし、ゴルバチョフ自身がたとえ軍や軍需産業に含むところがあり、またその手の警戒心を共有する補佐官たちで周囲を固めていたとしても、ゴルバチョフは実際には軍産複合体に対抗するため公然と、もしくは素早く動くことはしなかったし、まあ、やろうと思ってもできなかったであろう[50]。

ただ、背後の〝非公然領域〟において、ゴルバチョフは新たな急進的方角にソ連を導きはじめていた。通常、指導者の勇気は、その人物が何をなし遂げたか、どんな積極策に打ってでたかで、推し量ることができる。だがこの場合、ゴルバチョフが果たした偉大な貢献は、やらないと決断した行為の中に表れていた。ゴルバチョフはソ連版「スター・ウォーズ」を構築しなかった。かれは新たな大規模軍拡競争を回避したのである。

とはいえ、手の内を安易にさらけだすことはしなかった。大きく舵を切り、国のすすむべき方向を変えはしたけれど、その変化の全容が明らかとなるのはかなりの時間が経ったあとだった。ともあれ、ゴルバチョフのやり方はなかなかに巧妙だったのである。

七月末、ゴルバチョフは発表した。ソ連は今後、単独でも核実験を停止すると。そのうえでかれは、アメリカもこの動きに追随するよう誘《いざな》った。だが、レーガンはこの話に乗ってこなかった。

「ＳＤＩ（戦略防衛構想）」はうまく行きっこないというヴェリホフの自信に満ちた断定に対して、ソ連の同僚たちはしばしば、別の観点から反論を加えた。もし仮にアメリカの最良のテクノロジーをもってしても、効果的な迎撃ミサイルの楯が構築できないというのなら、もし仮に大統領当人が核兵器を時代遅れにしてみせると言っているのに、そうした構想がレーガンの見果てぬ夢にすぎないというのなら、アメリカ合衆国はそれほどの大金を何にむけて投じているのだ、しかも何年も何年も。ソ連の分析官たちは、レーガンの公表されている意図にかんし「目的と手段のあいだに明らかな乖離が生じている」と見ていたと、カターエフは当時をふり返る。「では、何が本来の目的なのだろう」とソ連の分析官たちは自問自答するわけだ。「あのアメリカ人たち、プラグマティズムで有名な彼らなのに、想定されうるあらゆる限界を超えて、技術的・経済的な破綻リスクに見舞われているこの局面で、その彼らが合衆国史上最も壮大なプロジェクトのため、財布の紐を緩めようとしているのだぞ」と。

「あるいはカーテンの背後に何か別のものがまだ隠されているのだろうか」と。カターエフは書いている。戦略兵器を専門とするソ連の分析官たちは、みずからの夢にかけるレーガンの熱すぎる情熱を前に「そもそもの始まりから、この一連の騒動は張ったりとでっち上げなのではないか」といまや考えだしていた。つまりは「ハリウッド流の、ベニヤ板とボール紙でつくられた村」にすぎないのではないかと。しかしこれは、答えの出ない問いかけだった。

カターエフによると、ごく少数のソ連の専門家（それが誰か、カターエフは実名を挙げなかった）は、レーガンの目的について、さらにうがった見方をしていた。アメリカ人は、問題に対しシステムをもって解決する手腕において、常に並々ならぬ才能を発揮し、しかも彼らは「ムダなことはやらないのだ」とこの少数の専門家たちは結論づけたという。〝張ったりとでっち上げ〟というより、おそらく彼らは今回のSDIを巨額の出費の隠れ蓑にしているのだ。アメリカの防衛関連企業に秘密の補助金を提供し、かれらを「倒産」から救いつつ、他を凌駕するような新たなハイテク軍事技術を続々生みだそうとしているのだと。おそらくそれこそが「SDIという名の氷山の、水面下に隠れている実体」なのだというわけだ。カターエフは言う。この分析は痛ましいほど見当違いだった。なるほどレーガンは、一九八〇年代初めに、記録的な軍事予算によって防衛産業を実際に肥え太らせたけれど、防衛支出はアメリカ経済全体からみれば、比較的小さな割合に留まっていた。なるほどハイテク分野で次々と新たな発展が見られたけれど、その大半は民間部門、特に「シリコン・ヴァレー」の起業家精神がもたらした面が強かった。しかもアメリカの防衛産業は、ソ連における超弩級の規模をほこる軍産複合体のような役割を果たしていないのである。つまりこの分析は、アメリカ絡みの説明のつかない問題に、軍産複合体が決定権を握るという自国の経験を誤って投射した結果にすぎないのだ。冷戦中、米ソ両国はそれぞれ相手に対し、謎のブラック・ボックスをかかえたまま対峙していた。そのせいでアメリカにはゴルバチョフの急進的な意図が見えなかったし、ソ連にはレーガンの夢が理解できなかったのである。

一九八五年八月末、ゴルバチョフは米誌タイムのインタビューに応じた。かれが発する言葉は、「冷戦」という数十年におよぶ対立関係に新風を吹きこむものだった。「SDI」について質問されたゴルバチョフは言った。ソ連の専門家はあれは「まったくのファンタジー、非現実的な大風呂敷《パイプ・ドリーム》」(51)にすぎないと信じていると。かれの進歩的な側近グループが、こうした諸々の発言の準備にあたった。二週間後、レーガンは日記にこう書いている。「たとえソ連が核兵器削減にかんしいかなる約束をおこなおうと、われわれの研究計画――SDIは、断じて交換条件にすまいと決意した」(52)と。九月二十七日、ワシントンを初めて訪問したシェワルナゼ外相は、ゴルバチョフの書簡をレーガンに手渡した。「宇宙における攻撃的兵器の全面禁止」の見返りに、ソ米両国の長射程の核兵器を五〇パーセント削減するという提案がそこには盛り込まれていた。だが、この提案は受け入れられなかった。「スター・ウォーズ」に制限を加えることに、レーガンがうんと言わなかったからだ。ただ、かれは既存の核兵器の大幅削減には応じる用意があったのだが。(53)

ワシントンにおいて、ワインバーガー率いる国防総省と、ケイシー、ゲイツ率いるＣＩＡは、ゴルバチョフという指導者に対してひどく懐疑的だった。ペンタゴンは年一回、派手な体裁の「ソ連の軍事力」というパンフレットを発行していた。レーガンが求める軍事支出に対し連邦議会の強い支持を得るため考案された一種の宣伝用刊行物である。一九八五年四月にでた第四版は、ソ連はいまや「異なる軌道上にある衛星を攻撃する能力をもった地上配備型の二種類のレーザー」装置を保有していると主張していた。(54)随分と大げさな物言いである。なにしろ「ＬＥ-１」も「テラ-３」も、衛星を攻撃する能力を一切持っていないのだから。五八ページの上半分には、サリー・シャガンの実験場と思しき、鉛筆書きの白黒の模式図が配置されている。屋上のドーム状の構造物から天空にむけて一本の白いレーザー光線が照射されている図柄である。説明を読むと、「サリー・シャガン試験場の指向性エネルギーＲ＆Ｄ（研究開発）サイト。ここの地上配備型レーザーは、現在は対衛星任務に用いられ、将来的にはおそらくＢＭＤ（弾道ミサイル防衛）任務に用いられる公算が強い」とある。まあ、ここで注目すべき点は「おそらく《クッド》」と「公算が強い《ポッシブリー》」の二語であろう。可能性はともかくとして、では実態はどうなのだろう。宇宙空間の標的をねらうレーザー兵器を目指して、ソ連が長年にわたって多額の費用を投入しておこなった研究は実はこの時点までに、完全に行き詰っていたのである。なるほどソ連はまだ希望を捨てていなかったけれど、派手な体裁の国防総省のパンフレットは、ソ連の過去の失敗例を取り上げて、あたかもそれが新たな脅威であるかのように触れ回っているにすぎなかったのである。

十月、米国務省と国防総省は合同で新たな報告書を発表した。タイトルは「ソ連の戦略防衛計画」だった。「サリー・シャガン」の鉛筆書きのスケッチがここでもまた登場している。文章のほうを見ると、レーザー兵器分野におけるソ連の達成には「目を見張らされるものがある」とのこと。なるほど、ソ連の科学者がレーザー分野で数々の進展をかちとったことは事実である。だが、彼らはきちんと動く、画期的な新型兵器をこれまで造りだせずにいた。さらにこんな文章が続く。ソ連はいまや「目標の追尾・攻撃に用いるレーザー兵器に必須の光学システムを開発する能力をすでに備えている可能性がある」と。だが現実には、それらのシステムは目標の〝追尾〟はこなせるものの、〝破壊〟は全くできていないのである。

レーガンは十月十二日のラジオ演説でこのテーマを取り上げた。「ソ連は長いあいだ、ソ連版SDIにかんする高度研究を続けてきました」と大統領は言った。「彼らはきわめて順調で、わが国の専門家たちは、今世紀末までに、宇宙空間における先進的防衛システムを配備できる可能性があると言っています」と。毎度おなじみのレトリックだと思うかもしれない。ただ、レーガンの言葉遣いを検討すると、ソ連の経済的衰退とその指導体制の重苦しさが、軍事方面に与えるマイナス効果を十分把握できていないことが見てとれる。手持ちの札はどれもこれも悪いのに、ソ連邦は超人的な努力によって、それでもなんとか超大国の体面を保っていた。だがその内部には、大きなストレスが日夜溜まり、苦痛に満ちた裂け目が走っていた。宇宙空間にミサイル防衛システムを展開するなんて、レーガンが主張するような野心的事業をやれる状況に、いまのソ連はなかったのである。レーザー光線を使って衛星を撃墜する態勢にもなかったし、事実、その域にはとうとう到達できなかった。数学や物理学の分野で何人もの天才的科学者を生みだし、チェスの世界チャンピオンを輩出し、「スプートニク」の打ち上げを成功させた国が、一九八〇年代までにコンピューター革命に乗り遅れ、経済後進国に落ちぶれ、次世代のための準備がまったくできていない状況に陥るなんて、なんという悲劇であろう。だがレーガンは、そうした弱体ぶりは、ソ連の国内問題にかんしてのみだと考えていた。あの国はいまも、軍事だけは突出して優秀であるとレーガンは見ていたのである。

そうした判断ミスがより顕著に窺えるのは、十月に発表されたソ連の戦略部隊にかんする報告書である。そこではソ連の指導的科学者たち（ヴェリホフも含まれる）が偽善者呼ばわりされていた。彼らの多くが、ニューヨーク・タイムズ紙に掲載された、「レーガンによる一九八三年の戦略防衛構想」に反対する各国有志の書簡に、その名を連ねていたからだ。ヴェリホフは名前だけでなく、写真まで曝されていた。同報告書は、ヴェリホフが「クルチャトフ研究所」傘下の、モスクワ郊外のトロイツクにある「原子力エネルギー研究所」の所長であり、同研究所ではまさに、「レーザーの戦略・戦術的な応用分野にかんする各種の開発が進められているのである」と正確に指摘していた。要するに、ヴェリホフなる人物は、自分の考えを持たないソ連政権の宣伝人形、秘密兵器の開発者にすぎないというわけである。だが、アメリカ側は肝心な点を見落としていた。なるほどヴェリホフはレーザー兵器の開発に従事してきたが、それゆえにこそ、ミサイル防衛をめぐる正しい情報をゴルバチョフに忌憚なく話せたのである。

十一月の米ソ首脳会談が迫ってくると、レーガンはゴルバチョフという男に直接会って、自分のもつ対人説得力を存分に試してみたいと思うようになった。両国間の首脳会談は一九七九年以来、一度も開かれていなかった。大統領としての任期はあと三年しかないので、レーガンとて、その貴重な時間をムダにしたくはなかった。「ブレジネフに始まり、わたしはソ連の指導者と一対一で個人的に会うことを夢見てきた」とレーガンはのちにその回想録に書いている。国家指導者がいったん何かの問題で合意に達したら、あとのことはきちんと収まるものだと、わたしは信じている。そしてついに、そのチャンスが巡ってきたというわけだと。

ブリーフィングはペラ一枚に収まるよう簡潔に――というのがレーガンの好みだったが、さすがに今回の首脳会談では、情報の山にみずから埋もれるほど熱心な準備をおこなった。マクファーレンとマトロックが、CIAと国務省から二ダースほどのブリーフィング・ペーパーをかき集めてきた。大抵シングル・スペースで八から一〇ページもある中身の濃いものばかりだった。マクファーレンによると、レーガンは、そうそう、こういうのが欲しかったのだと言わんばかりに受け取ると、余白の部分に思ったことを手書きしながら読みすすめた。[55]もっともレーガンは内々の場では文句を言っていた。「これじゃまるで、ガリ勉の＊＊〔一部伏せ字〕ったれ小学生みたいじゃないか」と。[56]専門家たちも大統領へのご進講にせっせと励んだ。なるほどゴルバチョフはソ連指導者の新たなスタイルを代表する人物ですし、劇的な変化も実際進行中ではありますが、そのいずれもが、体制自体に脅威を与えるものではありませんと。[57]シュルツが当時をふりかえる。「情報コミュニティーや政権周辺のソ連専門家から上がってくる意見は、国内経済や社会問題がどれほど厳しかろうと、ソ連は変わらないし、より正確に言うなら、変わることは金輪際ありえないのです」の一点張りだった。[58]「ゴルバチョフとの十一月会談に向けた私的課題」と題する、CIAがレーガンのために作成したブリーフィング・ペーパーは言う。そもそもゴルバチョフは「軍備管理や地域問題の面で、大きな実質的飛躍が実現されることをほとんど期待していない」と。長年にわたりソ連問題の専門家をつとめたゲイツもまた、大統領のご進講を担当したが、ゴルバチョフは自ら積極的に動くことはないでしょうと予想した。「ゴルバチョフの狙いは、結局のところ、大統領閣下が任期切れでいなくなること」ですからと。[59]

そうした中、レーガンに感銘を与えたのは、ケイ・オリヴァーというソ連問題の専門家だった。オリヴァー女史は最近、「ソヴィエト体制の国内ストレス」と題する国家情報評価リポートの草稿を書きあげたばかりだった。彼女はまず、アルコール依存症や疎外、薬物汚染や経済力低下といったソ連の日常生活における衰退傾向の背景を概説する。「社会を指導すべきエリートたち」が一九七〇年代から八〇年代初めにかけて、いかに「活力をなくし、冷笑的になり、途方もなく腐敗し、まったく機能しなくなった」[60]かを縷々述べたあと、それらがこのような衰退傾向という形に顕れているのであると総括した。レーガンが生涯にわたって抱いてきたソ連観をまさに裏打ちするような内容だったため、レーガンは日記のなかで、彼女の説への賛意を示している。オリヴァー女史は「わたしが誰からともなく耳にしてきた様々な話に、きちんとした根拠を与えてくれた。ソヴィエトUは、やはり一種のエコ〔経済的〕不全&人々は急速に宗教に傾きつつあるのだ[61]」と。

レーガンは、ソ連文化の専門家で作家でもあるスザンヌ・マッシー女史の仕事にも着目していた。彼女の本「Land of the Firebird: The Beauty of Old Russia〔火の鳥の土地——旧ロシアの美〕」も読んでいた。マッシー女史はふり返る。レーガンに会うと、かれはブリーフィング・ペーパーから得た知識よりも、ロシア人の人間的側面についてもっと学びたがっているように思われたと。「かれは役者である。役者というのは感覚をつうじて体得するのが好きなのに、それが現在できていない……たとえそれを望んでも、公式の情報源からは、事の本質をとらえる助けとなるような〝生《ナマ》〟のみずみずしいものが得られないのだと」。マッシー女史はそれゆえ、ブリーフィングのさい、これぞロシア人というハリウッド流のステレオタイプとはまったく違う側面を提供しようと努めた。彼女はレーガンに言った。ミハイル・ゴルバチョフという指導者が〝汝、そこを統治すべし〟と召喚されたのは、本質的に荒々しく、順《まつろ》わぬ人々の国なのです。「一糸乱れぬステップで、広場で行進をやってのける共産主義者がすべてではなく、というか実態は、あれとは大きくかけ離れているのです」と。マッシー女史はまた、レーガンにこうも助言した。あなたと若いゴルバチョフは、様々な意味で対照的だけれど、それを心配することはありません。実際、あなたの立場のほうがはるかに磐石なのですからと[62]。

今回のご進講で伝授された様々な印象を、レーガンは黄色い法律用箋に手書きしていった。そのメモは四ページ半に及んだ。いったんタイプで清書させたあと、レーガンをそのメモにボールペンでさらなる推敲を加えた。このメモは首脳会談を前に、かれが何を考えていたかを示す貴重な記録となっている。ゴルバチョフは急進的変化をもたらすことはないだろう――という慎重な見方を、レーガンも最終的に受け入れたようだ。

レーガンは書いている。「ゴルバチョフはソ連の様々な伝統的目標にむけて一〇〇パーセント献身する知性に富んだ指導者であると、私は確信している」と。

レーガンはさらにこう付け加えた。「かれは手強い交渉相手となるだろうし、ソ連の外交・軍事政策をより効果あるものにしようと試みるだろう。かれは（ソ連のすべての書記長と同様に）ソ連共産党のヒエラルキーに依拠しており、ソ連の伝統的目標に全身全霊で取り組んでいることをかれらに証明しようとするだろう」。軍備管理にかんし、レーガンはこう書いている。ゴルバチョフは「ソ連経済に停滞をもたらしている防衛費の負担を減らし」たいと願っている。それは「SDIへの反対姿勢にも表れている」。かれは「われわれと対決する負担に直面したくないのだ[63]」と。

ソ連の国家体制にたいする圧力はその秋、よりいっそう強まった。サウジアラビアが市場シェアを拡大するため、政策を突如変更し、増産へと舵を切ったのだ。原油が市場に溢れでたため、世界の石油市場は動揺し、価格は暴落、ソ連の外貨収入もそれにつれて急減した。ある推計によると、モスクワは年間二〇〇億ドルを失ったという。ゴルバチョフの立ち後れた祖国は、かなりの貧困国にいきなり落ちぶれてしまったのだ[64]。

レーガンのメモにはまた、ソ連軍に対する興味深い言及も含まれていた。当初書いた草稿にはこう書かれている。ある内部研究は「ソ連が戦争を計画していることを明らかにしている」。ただ、「かれらの望みは戦わずして勝利をおさめることであり、それを実現するには、あらかじめ十全の準備を整え、降伏か死かと西側に二者択一を迫る必要があろう」と。この「降伏か死か」というのは、レーガンのかつての反共演説における常套句のひとつだった。それは彼がアメリカの「脆弱性の窓」についてしきりと警鐘を鳴していた、一九七〇年代末の紋切り型スローガンをそのまま持ってきたような物言いだった。

ただ、マトロックによると、レーガンが当時受けていたのは「ソ連は現在、戦争を計画中なのではなく、どうすれば戦争に勝てるかを計画中なのだ」という助言だったそうだ。

自分が書いた草稿を読み直したあと、何か違和感を覚えたのか、レーガンは結局、ソ連は戦争を計画中という部分を削除した。そして、「かれらは、はるかに十分な準備を整え、降伏か死かという最後通牒をわれわれに突きつけ、それにより戦争に勝ちたいと願っている」と書き直した。まあそれでも、ライバル国家への疑念、恐怖、不信感は依然払拭されてはいなかったけれど。

首脳会談にむけた準備作業のため、シュルツとマクファーレンはモスクワに赴き、十一月五日には、ゴルバチョフ本人とも面会している。会ってみると、ゴルバチョフは強い疑いをふくんだ、非妥協的空気を漂わせていた。ゴルバチョフの発言は「非対称的」アプローチに概ね沿った内容だったが、どこかぎこちなかった。かれは途中、レーガンの「ＳＤＩ（戦略防衛構想）」について言及し、これはアメリカの軍産複合体の救済を意図したものであり、そこでは一八〇〇万人のアメリカ人が雇用されていると非難した。本来が経済学者で、労働長官をつとめたこともあるシュルツは、ゴルバチョフのかかえる情報のひどさに驚いて、防衛産業がアメリカ経済に占める割合は、全体から見れば小さなものですよと応じた。そして、訪ソ前にちょっと仕込んでおいた〝ミニ・レクチャー〟をゴルバチョフに対しておこなった。世界経済はいまや新たな情報時代に向かいつつあるのですと。だが、ゴルバチョフは頑固で、自説を曲げようとはしなかった。「何が進行中かは、われわれも知っている」とかれは主張した。「なぜ君たちがこういうことをするのかも分かっている。君たちは幻想に突き動かされているのだ。自分たちは情報分野の先端にいるのだとね。自分たちは技術分野でわれわれよりも進んでおり、それらを使えば、ソ連に対して優越性を確保できると君らは考えているわけだ。だが、そんなものは幻想にすぎない」と。「もし仮に、レーガンがスター・ウォーズ計画を推進するならば」とゴルバチョフは警告した。「われわれは君たちを破産させてやる」と。そして、こう付け加えた。そのとき「われわれは兵力増強に取り組み、君らの楯を打ち破ってやる[65]」と。

面会後、シュルツはレーガンに電話をかけた。レーガンはその夜、日記にこう書いている。ゴルバチョフは「アメリカはSDIによって倒産するその一点張りだったそうだ。どうやら今回の交渉は、頑として動かざるものを、抗しえぬ魅力によって籠絡する典型例となりそうだ[66]」と。

帰国したシュルツからブリーフィングを受けたレーガンはさらにこう書き足した。「ミスターGは、アメリカにかんする山ほどのガセネタを吹き込まれ&それをすべて信じているようだ。例えば、アメリカ人はロシア人を憎んでいるとか。なぜなら、自分たちが造った兵器を政府に今後も売れるよう、アメリカの兵器メーカーが反ソ宣伝を煽っているからだそうだ[67]」。そこでレーガンはひとつの決意表明をおこなっている。「ジュネーヴでは、かれと同じ部屋に二人きりになり、真摯に向き合うことにしよう[68]」と。

首脳会談の数週間前、「宇宙研究所」の所長で、ソ連版「スター・ウォーズ」に懐疑的なロアルド・サグディーエフが中央委員会の会議に招かれた。学界や芸術界のエリートたちも一緒だった。その席上、かれらは告げられた。諸君は今後、特段の許可申請をおこなわなくても、一〇〇パーセント自由に外国人と会うことができると。いやはや、「身震いするような興奮を覚えた」とサグディーエフは当時をふり返る。「あらゆるものが厳格な管理と厳しい規則で縛られている社会では、自分の電話番号を外国人に教えることすらできなかったのに」と。彼はさらにこう命じられた。首脳会談の一週間前、ジュネーヴへ向かう飛行機に搭乗し、ヴェリホフその他、ゴルバチョフの主要補佐官たちと合流せよと。オープンな態度を取り、記者会見にも極力応じるようにとのお達しだった[69]。数百人の記者たちが声をかけてくるため、補佐官グループはつねに忙しかった。今回の米ソ首脳会談には、テレビ局の技術陣まで含めると、三六一四人の報道関係者が登録していた。この会議、一体どう転ぶか分からんぞと、全世界のジャーナリストが群がり集まっていた。超大国どうしの首脳会談が、あらかじめ準備された声明文や事前合意もなしに、ぶっつけ本番でおこなわれるなんてことは、歴史上めったになく、しかもレーガンは年季の入った反共主義者、対するゴルバチョフは、書記長就任当初の数カ月間に、好奇心をかき立てられることを色々やってくれた〝逸材〟とあって、会議の不確実性はいや増すばかりだった。現場にはCIAも出張っていた。「すべての段階で足止めを喰らわせ、ここジュネーヴでは、あんたらは歓迎されていないんだよと、ゴルバチョフに思い知らせる」ため、局員たちは奮闘努力していたと、ゲイツは当時をふり返る。CIAは反ソ的なデモや集会、展覧会にまで資金提供をおこなったと[70]。

十一月十六日、ジュネーヴに到着した当時七四歳のレーガンは、期待でいっぱいだった。「神よ、どうかわたしが準備万端で、しかもトレーニングのやり過ぎでないことを希望します」とかれは書いている。最初の会談はレマン湖の西岸に建つ、二〇室を備えた一九世紀の別荘、「メゾン・フルール・ドー」でおこなわれる予定だった。レーガン夫妻はこの別荘を事前に見てまわり、湖畔にあるこぢんまりしたプール・ハウスも併せてチェックした。レーガンはホワイトハウスの先発隊に言って、ゴルバチョフをここに誘導し、暖炉の燃える火を眺めながら、二人きりで対話したいという要望を伝えておいた。準備の一環として、レーガンは首脳会談のリハーサルもおこなった。[71] ゴルバチョフ役のマトロックは、ロシア語で話し、ゴルバチョフの身振り手振りもマネしてみせた。別件のブリーフィングのさい、レーガンは生気をなくしたような感じだった。長い沈黙のあと、「わたしはいま、一八三〇年にいる」と大統領が突如口走ったため、補佐官たちはギョッとした。「一八三〇年のサンクトペテルブルグ、あの商店主たちに一体何が起きたのか、ロシアのあのすべての商才に。一体どうすれば、あれらすべてが消え失せてしまうのか」。補佐官たちはそこでようやく、ああ、マッシー女史の本の世界に没入していたのかと、ほっと胸をなで下ろした。[72]

十一月十九日午前十時ちょうど、寒風がレマン湖を吹きわたるなか、レーガンが外套も羽織らずに、階段を跳ねるように下りてきて、ゴルバチョフに挨拶した。ゴルバチョフは当時五四歳で、書記長に就任して一年足らず、黒のリムジン〈ジル〉から下りてきたところだった。縞柄のブルーのスカーフを巻き、外套を着ていた。フェルトの中折れ帽を取ると、かれはレーガンに尋ねた。「外套はどうされましたか?」。「中だ」。レーガンはそう答えると、ゴルバチョフの肘に手を添えて、ガラス戸と屋敷の温もりのある方角へと、かれを誘《いざな》った。そこでカメラマンたちのために握手を交わした時に、とレーガンは後年ふり返っている。「やはり認めざるを得なかった……ゴルバチョフにはどこか人好きのするところがあった。かれの顔やその物腰には、わたしがこれまで出会った、ソ連の大半の長老たちにつきものの、あの憎しみと紙一重の冷たさではなく、人の温もりが感じられたのだ[73]」と。

室内に入ると、当初予定では一五分ほど、二人だけのちょっとした対話がおこなわれるはずだった。そのあと補佐官たちを交えて、本格的なやりとりに移行するというわけだ。ところが、レーガンとゴルバチョフは、二人の最初の出会いから、通訳だけを交えて、一時間も話しこんでしまったのである。いますぐにでも、われわれの間の誤解を解きたいとレーガンは明言した。われわれは世界の運命をこの手に握っているのだからとかれは言い、その演説人生のなかで溜め込んできた、やや月並みな喩えや警句の類いを次々とくり出した。国家は兵器《アームズ》によって互いを誤解するのではなく、互いの誤解によって武装《アーム》するのだとか、人は互いに話し合っているときは問題に嵌まらないが、互いのことを話し合っているときに問題に嵌まるのだとか。これに対してゴルバチョフは感情を抑えた、理性的な語り口で訴えた。ふたつの超大国が互いを無視することは不可能で、それは両国が相互関係のうちにあるからですと彼は言った。過去に意見の食い違いはあったけれど、それにもかかわらず、わたしは両国関係を改善するため、ここにやってきたのですとゴルバチョフは言った。両国はこの軍拡競争の終結について真剣であることを全世界に示すため、具体的な「きっかけ」をつくる必要があると彼は言った。とここで、ゴルバチョフは予め仕込んでおいたネタの一つを披露した。大統領、ソ連の科学者が最近計算したところでは、カリフォルニアで今後三年以内に大地震がおこる可能性がかなり高いそうですよと。ああ、地震か、前々から心配なんだよなとレーガンがすぐさま応じた。二人の指導者のあいだで、緊張の糸がほぐれた。

これに続いて公式会談が始まり、両首脳はそれぞれの補佐官で脇を固めつつ、軍備管理問題に向き直った。ソ米両国はいずれも、国家の「巨大なリソースを軍がむさぼり喰らっている」とゴルバチョフは言った。よって「問題の核心は、軍備競争をいかに抑え、武装解除へと持っていくかである」

と。レーガンはアイゼンハワー大統領の「平和のための原子力」演説を引用して、原子力の国際化はどうだと提案した。アメリカがこの問題を持ちかけるたびに、ソ連は拒否で応じてきたとレーガンは不満をもらした。両超大国は当初、兵器の〝増加〟ペースを遅らせることで合意に達したが、とレーガンは言った。だが今や、自分は「山なす兵器」を実際に〝削減〟することを望んでいるのだと。さらにレーガンは「ミサイルが目標に命中する前に、そのミサイルを破壊してしまうミサイル防衛の楯」という自分の夢について説明し始めた。自分はこれを兵器とは呼びたくない、これは防衛システムなのだとレーガンは言い、もしこれが機能するようなら、このシステムをソ連側にもシェアするつもりであると語った。最後の部分は、ゴルバチョフ向けに用意しておいた、レーガンのちょっとした隠し球だった。ソ連指導者がしかるべき応答をしないうちに、ランチの時間がきてしまい、会談はいったんお開きになったが、自分の宿舎にもどるゴルバチョフは割とまんざらでもない様子だった[74]。

「レーガンは単なる保守反動には見えなかったけれど、政治的にはあれは〝恐竜〟だなと思った」とゴルバチョフはその第一印象をふり返っている[75]。

一方、合衆国大統領のほうはしごくご満悦だった。「さっきはお見事でしたと、うちの連中も言っていたぞ[76]」と。

午後、ゴルバチョフはいきなり反転攻勢に出た。熱意と気迫をこめ、もっぱら「非対称的」アプローチで攻めてきた。火のような連続射撃を浴びせかけ、「ＳＤＩ」を連打した。あれは単なる防衛システムではなく、まさに攻撃システムであり、宇宙の軍拡競争を結果的に招くことになるでしょうと、ゴルバチョフは力説した。いかなる楯も、貫く方法はあると学者たちは言っています。なのにどうしてそんなものを構築するのです。ゴルバチョフはさらに報復の脅しに出た。もしレーガンがそれでもやるというのなら、既存の攻撃型兵器の削減はいっさいなしですと。ソ連側の対処法は、アメリカ流を「鏡に映したようなものにはなりません」とゴルバチョフは付け加えた。「もっと単純で、もっと効果的なシステム」で、それに対処することになるでしょう。

「われわれは軍備を増強し、貴国の楯を必ず砕いてみせます」と。

もし、宇宙の防衛網が「七層」あるとするならばと、ゴルバチョフは指摘した。そうしたシステムは自動対応が必要なはずです。つまりこれほど重要な決定をコンピューターに委ねるということです。政治家はただ防空壕に身を隠し、その間、コンピューターが次々と判断を下していく。「これは結果的に制御不能の状況をつくりだす恐れがあります。あなた方は徹底的に考えてやっているのですか。そんなものは資金の浪費であるばかりでなく、より多くの不信と兵器をつくりだすことにつながるでしょう」と彼はレーガンに言った。

これに対してレーガンは、かれが最善と考えるやり方、すなわち自らのヴィジョンと夢を、明確かつ具体的に語ることで応じた。共倒れの恐怖を基盤とする現行の「MAD（相互確証破壊）」という概念には「なにか非文明なものが感じられるのだよ」とレーガンは言った。そして、とあるエピソードをゴルバチョフに紹介した。かつてアメリカの国連大使が、中国外交団と会った。すると、中国人たちがアメリカ大使に質問した。あらゆるものを貫く「矛」を手にした男が、何をもってしても貫けない「盾」を持った男と出会ったとしたら、さて、何が起こりますかと。さあ、分かりませんなとアメリカ大使は答えた。でも、その「矛」を持った男と、「盾」も持たない丸腰の男が出会ったらどうなるかは、よーく分かりますよと。つまりだな、丸腰の立場には、誰だってなりたくないと言うことだよと、レーガンは話にオチをつけた。

そこでレーガンは、ちょっと空気を変えようと言って、プール・ハウスに向かって歩きだした。ゴルバチョフは「椅子から跳ぶように立ち上がる」と必死についてきたと、レーガンは記憶している。(77)

プール・ハウスの小部屋に二人が到着すると、暖炉の火はすでに赤々と燃えていた。二人はそれぞれ安楽椅子に腰かけ、その場に同席したのは通訳だけだった。

レーガンはすぐさまフォルダーから数枚の書類を取り出すと、ゴルバチョフに手渡した。そこには軍備管理交渉の目指すべき目標が列挙されていると、レーガンは言った。つまり将来の合意文書の「種子」となる可能性のあるものだと。ゴルバチョフは読みはじめ、小部屋は数分間、しーんとなった。そしてほどなく、両首脳は最も困難な相違点をめぐる議論を再開した。ミサイル防衛、すなわち宇宙に展開された兵器をどう扱うか――という問題である。この項目がどうして、レーガンのリストに入っていないのか、まずはその理由を訊きたいとゴルバチョフは要求した。わたしの夢は防衛的なもので、軍備競争を悪化させるものではないからだよとレーガンはくり返した。押したり引いたりの議論を続けながら、ゴルバチョフはレーガンを、その甘美な夢から目覚めさせようと努力した。一方、レーガンはこの夢の構想の手触りをかれにも実感させようと、ゴルバチョフに働きかけた。通訳たちのメモに残された両首脳のやりとりは、以下のようなものだった。

ゴルバチョフ　もし最終目標が核兵器からの脱却なら、どうしてさらなる領域《スフィア》で軍拡競争を始めるのです。

レーガン　これは人を殺し、都市を破壊する兵器ではなく、核ミサイルを破壊する兵器なのだ。

ゴルバチョフ　まずは宇宙兵器の研究、開発、実験、配備の禁止から始め、その後さらに攻撃型兵器の五〇パーセントを削減しようではありませんか。

レーガン　どうして君は、宇宙兵器のことばかり言い立てるのかな。われわれは、この地球の人々に脅威を与えるようなものを宇宙空間に上げる意図など微塵もないのだよ。

ゴルバチョフ　一定水準のミサイル防衛ならそうかもしれませんが、はるかに大きな数のミサイル防衛となると、まったく信頼が置けません。

レーガン　わが国の国民の圧倒的多数は、この防衛システムを求めているのだ。かれらは空を見上げ、もし突如としてミサイルが出現し、わが国のすべてを吹き飛ばしたら、どうしようと考えているのだ。

ゴルバチョフ　ミサイルはまだ飛んでいません。でももし、ＳＤＩが実際に整い、何層にもわたるソ米双方の攻撃型兵器が外宇宙に出現したら、それが何を意味するかは、まさに神のみぞ知るになるでしょう。そして神とは、情報をごく少数の、選ばれた者にのみ伝えるものです。われわれがあなたに発信しているシグナルをどうか理解してほしい。われわれは今、決して逸してはならない機会に直面しているのです。

二人は母屋に戻り、結局、何事も決まらなかった。ただ、二人の指導者自身には、何かが起こっていた。二人はようやく、相方の人となりに見極めがついたのだ。「かれは頑固だったが、それは私も同じだ」とレーガンはその夜、日記に書いている。「こうした〝人間的要素〟は行動にひっそりと反映するものだ」とゴルバチョフもふり返っている。「われわれは二人とも感じた。接触は今後も保つべきで、そして途切れさせてはならないと(78)」

歩いて戻る途中、ゴルバチョフは突如、冷気を感じ、ブルッと震えた。それでもレーガンに、これを最後の首脳会談にするつもりはないと明言した。今度やるときは第三国ではなく、互いの国を相互訪問するのはどうかなとレーガンが提案した。ちょうどゴルバチョフがその案に同意したところで、二人はドアに到着した(79)。

二日目は、さらに熱の籠もったやりとりが続いた。ゴルバチョフは言った。ソ連の科学者はすでに研究を終え、レーガン政権の説明どおりなら、「ＳＤＩ」には新たに六〇〇〇億ドルないし一兆ドルの軍事費の積み増しが必要だと算定していますと。すると、おたくの科学者は夢でも見ているのではないかとレーガンは言った。しかも、この防衛システムがいったん確立したら、誰もがみな、その恩恵を受けるのだ。これはアメリカ国民、ソ連国民、実際には「全人類」のため、核の悪夢を終結させるシステムなのだと。

　ゴルバチョフは、レーガンの〝演説〟に口を挟むようになった。どうしてあなたは、ソ連は決して攻撃しないと私が言ったとき、その言葉を信じようとしなかったのですか。レーガンが返事をしかけたとき、ゴルバチョフは同じ質問をもう一度くり返した。そしてもう一度、レーガンの発言を遮り、いまの質問に答えてもらいましょうと言った。ゴルバチョフはまた、アメリカの研究成果をシェアするというレーガンの提案は、逆にその誠実さを疑わせるものだと反論した。現にアメリカ合衆国は、その同盟国とすら、先進技術をシェアしていないではないですか。

　レーガンはこの口封じの企てを克服しようと努め、ある局面では腹立ちまぎれに、心の内奥にある希望のひとつ――核兵器の完全廃棄――について吐露したりもした。また別の局面では、ゴルバチョフに対し、君は生まれ変わりを信じるかねと尋ねた。そして、私、このロナルド・レーガンはたぶん、前世ですでにこの「楯」を発明しているのだよと言ったりもした。

　レーガンが「スター・ウォーズ」をめぐる米ソ〝協力〟などとやたらに吹くものだから、それを聞かされたゴルバチョフはつい冷静さを失った。われわれを、そこらの単細胞扱いするんじゃない！――と。これを聞いたレーガンはしれっと言った。いかなる意味でも他人を貶めるような意図は私にはない。ここは忌憚なく議論を戦わせる場じゃないかと。

　この日のハイライトを、レーガンはその夜、日記に書いている。「……この件でひどい大混乱に陥った。かれは実際けんか腰&ちき＊＊＊〔一部伏せ字〕、こっちだって、負けていられるか」

ディナーも済んで、夕方、レーガンとゴルバチョフは書斎でコーヒーを飲みつつ、今回の首脳会談を明朝、どうやって全世界に発信すべきかを検討した。すると、シュルツ国務長官が、怒りに満ちた口調でゴルバチョフに文句を言った。指を突きつけ、声は荒らげ、ソ連交渉団、特にゲオルギー・コルニエンコ外務次官が合意の取りまとめから逃げようとしている点を指摘し、必要ならば、交渉担当者は夜通しでも、作業を続けるべきだと力説した。

このとき、レーガンとゴルバチョフはシルクの赤いカウチに並んで腰かけていたが、ここは介入すべきだと判断した。まずレーガンが、この問題は私たちが掌握すべきなので、事務方は交渉のテーブルに戻り、双方の相違点を詰めるようにと主張した。ゴルバチョフもこれに同意した。翌日、十一月二十一日の朝、共同声明の準備がととのった。レーガンとゴルバチョフは国際プレス・センターにやってきて、声明文を読み上げた。そのあとレーガンがゴルバチョフに顔を向け、小声で言った。「賭けてもいいが、われわれが握手するところを見て、両国の強硬派は血の気がひいていると思うね」。ゴルバチョフは同意の印として、こくりと頷いてみせた。(80)

各国メディアは、レーガンとゴルバチョフが再度、首脳会談をおこなうことが決まったと、その部分に注目した。しかし、ふり返ってみると、いちばん重要なニュースはそこではなかった。はるかに重要な注目点は、共同声明にさらりと書かれた短い文言だった。両超大国は次の点で合意したと、同声明にはある。「核戦争に勝利者はなく、ゆえに決して戦ってはならない」と。

そんなのは口当たりのよいスローガンにすぎないと片付けることは無論可能だが、レーガンは以前にも同じ文言を口にしているのだ。(81) なるほどジュネーヴでは、核弾頭の数はただの一発も削減されなかった。だが、レーガンはミサイル防衛システムの構築という年来の目標にこだわらず、ゴルバチョフもそれの阻止について無理強いはしなかった。それでも、「核戦争に勝利者はなく、ゆえに決して戦ってはならない」と、かくも公然と表明することで、スタヴロポリ出身の急進的な改革者とハリウッド出身の夢想家は、途方もない緊張と恐怖の日々に終止符を打とうと共に呼びかけたのである。二人の指導者はその瞬間、「ＲＹＡＮ」作戦の背後にあった深刻な疑念、攻撃が間近に迫っているというアンドロポフの恐怖心を過去のものとし、ひとまず前に進んだのである。両指導者は、ソ連は核戦争を戦い、それに勝利しようとしているという見方をここに葬ったのである。二人は核兵器の数が減った世界をともに望み、手を携え、このジュネーヴ会談をそこにいたる道程の最初の中間点としたのである。言葉はパワーであり、そして彼らはそのためのしかるべき言葉を見出した。あと必要なのはそれを裏付ける行動のみである。

一九八六年の元日、レーガンとゴルバチョフはテレビを通じて、互いの相手国の人々にむけ、史上初の新年のあいさつを同時におこなった。レーガンの演説は、夕方の大型ニュース番組の冒頭に流され、ソ連の多くの人々がレーガンの姿を初めて直接目にした。「核戦争に勝利者はなく、ゆえに決して戦ってはならないのです」とレーガンは言っていた。(82)

章末注

（1）Vladimir Medvedev, *Chelovek za Spinoi* (Moscow: RUSSLIT, 1994), p. 208.

（2）こうした初期の変化をのぞき込む貴重な窓ともいうべき資料が「チェルニャーエフ日記」である。チェルニャーエフは一九八五年、中央委員会の国際部副部長をしていたが、翌八六年、ゴルバチョフの補佐官になった。日記の記述の一部は、一九八五―八八年を対象にした英語版の回想録 *My Six Years with Gorbachev*『ゴルバチョフと運命をともにした２０００日』アナトーリー・セルゲービッチ・チェルニャーエフ、中澤孝之訳（潮出版社）に編集を施したうえで引用されている。英語版はＴＳＮＡによって出版された。本書における日付の記述は、原本に依っているが、ページ・ナンバーは英語版の当該箇所を示している。なお、チェルニャーエフ日記にかんし、著者はスヴェトラーナ・サヴランスカヤ女史から多大の支援を受けた。

（3）レニングラード訪問は五月十五日に始まり、「スモーリヌイ修道院の演説」はその二日後におこなわれた。Serge Schmemann, "First 100 Days of Gorbachev: A New Start," *New York Times*, June 17, 1985, p. 1.

（4）Mikhail Gorbachev, *Memoirs*（Mowcow: Novosti, 1995）, p. 201『ゴルバチョフ回想録』ミハイル・ゴルバチョフ、工藤精一郎、鈴木康雄訳（新潮社）

（5）Chernyaev, p. 33 およびチェルニャーエフ日記（一九八五年五月二十二日）

（6）Chernyaev, p. 29 およびチェルニャーエフ日記（一九八五年四月十一日）

（7）このキャンペーンは、社会にこれまで以上の規律を強制するというアンドロポフが展開したより小規模の、結局挫折に終わった試みからヒントを得ていた。ゴルバチョフが手がけた初期の経済改革は比較的穏当で、かれがその後に試みた、より急進的な手法と比べると、既存システムの「増進」にはつながらなかった。

（8）チェルニャーエフ日記（一九八五年七月六日）

（9）Sergei Akhromeyev and Georgi M. Kornienko. *Glazami Marshala i Diplomata*（元帥と外交官の目で）（Moscow: International Relations, 1992）, in Russian, p. 64.

（10）Clifford Gaddy, *The Price of the Past*（Washington, D.C.: Brookings Institution, 1996）, p. 49.

（11）Akhromeyev, pp. 34–35. Thomas M. Nichols, *The Sacred Cause*（Ithaca: Cornell University Press, 1993）, p. 134 も参照。

（12）Gorbachev, pp. 203–205.

（13）Gorbachev, *Zhizn i Reformi*, vol. 1, p. 207（Moscow: Novosti, 1995）. 旧約聖書で異教神として言及される「モロク（モレクとも）」だが、ゴルバチョフはそれを、人間に犠牲を強いる、残酷かつ異常な力を備えたシンボルの文学的比喩として用いている。

（14）Ksenia Kostrova, interview, August 2007. 彼女はカターエフの孫娘である。

（15）この部分の記述は、Katayev, Hoover〔スタンフォード大学フーヴァー研究所「カターエフ・アーカイヴ」〕と、著者自身が保有する資料を基にしている。

（16）一九八六年におこなわれたＣＩＡの推計による

と、全体の一五～一七パーセントだった（この推計値は、それまでの一三～一四パーセントからの上方修正である。ソ連が一九八二年の物価動向を再計算したため、それを受けての改訂だった）。

（17）Katayev, "Chto Takoe VPK"［What Was the VPK］. このノートは著者の私物で、日付はないが、*The Anatomy of Russia Defense Conversion*, edited by Vlad E. Genin（Walnut Creek, Calif.: Vega Press, 2001）, p. 52でカターエフが執筆した一章に、内容的には似ている。

（18）Andrei Grachev, *Gorbachev*（Moscow: Vagrius, 2001）, p. 178 ゴルバチョフは減速をつづけるソ連経済になにがしかの推進力を与えるため、国防分野の力を用いたいと願っていたのだが。Gaddy, pp. 55–56.

（19）Robert D. English, *Russia and the Idea of the West: Gorbachev, Intellectuals and the End of the Cold War*（New York: Columbia University Press, 2000）, pp. 193–228.

（20）Stephen F. Cohen and Katrina vanden Heuvel, *Voices of Glasnost: Interviews with Gorbachev's Reformers*（New York: W. W. Norton & Co., 1989）, pp. 157–173 を参照。

（21）一九八五年十一月二十六日付の政治局に対する書簡「ソ連共産党中央委員会に対する報告書および情報における事実の歪曲について」。ロシア連邦国立公文書館 Fond 3, Opis 111, Delo 144, pp. 39–41, courtesy Svetlana Savranskaya.

（22）Georgi Shakhnazarov, *Tsena Svobody: Reformatsiya Gorbacheva Glazami yevo Pomoshnika*（Moscow: Rossika-Zevs, 1993）, p. 88.

（23）Steve Coll, *Ghost Wars*（New York: Penguin Books, 2004）, p. 127『アフガン諜報戦争――CIAの見えざる闘い／ソ連侵攻から9・11前夜まで』スティーブ・コール、木村一浩、伊藤力司、坂井定雄訳（白水社）

（24）チェルニャーエフ日記（一九八五年六月二十日）

（25）ソ連はこの時点で〈ピオネール〉ミサイル四一四基（各基に弾頭を三発搭載）を配備済みだったが、NATO側は〈パーシングⅡ〉六三基、地上発射式の巡航ミサイル八〇基、計一四三発の中距離ミサイルしか欧州に配備していなかった――とマトロックはふり返っている。Matlock, *Reagan and Gorbachev*, p. 116.

（26）レーガンのゴルバチョフ宛て書簡（一九八五年四月三十日／RRPL＝ロナルド・レーガン大統領図書館収蔵）。

（27）チェルニャーエフ日記（一九八五年四月十六日）

(28) この年、問題となったのは、レーガンが提案した「SDI（戦略防衛構想）」は果たして、ミサイル防衛にかんする一九七二年の条約における狭義の解釈内に依然収まっているのか、それともレーガン政権は研究をいっそう前進させるため、より広義の解釈に変えようとしているのか――という点であった。マクファーレンは十月六日、同条約は新型システムの研究、試験、開発は認めていると示唆し、それはつまりこの政権が、条約のより広義の解釈を採用していることを、記録に残るかたちで示したように見える。ソ連側はこれに対して警戒心を募らせ、アメリカの同盟国もこの点については同様だった。George Shultz, *Turmoil and Triumph: My Years as Secretary of State*（New York: Charles Scribner's Sons, 1993）, pp. 579–582. Frances Fitzgerald, *Way Out There in the Blue*（New York: Simon & Schuster, 2000）, pp. 290–300 も参照。同書にはシュルツ絡みの重大な記述が含まれている。

(29) Shultz, pp. 570–571.

(30) Anatoly Dobrynin, *In Confidence: Moscow's Ambassador to America's Six Cold War Presidents*（New York: Times Books, 1995）, p. 573.

(31) チェルニャーエフ日記（一九八五年七月一日）

(32) English, p. 202.

(33) ソ連政治局議事録（一九八五年六月二十九日）Volkogonov Collection, Library of Congress, Reel 18, TNSA.

(34) チェルニャーエフ日記（一九八五年六月十五日）

(35) Andrew and Gordievsky, *Comrade Kryuchkov's Instructions: Top Secret Files on KGB Foreign Operations, 1975–1985*（Stanford: Stanford University Press, 1991）, pp. 107–115.

(36) 特段の記載がない場合、ミサイル防衛にかんするカターエフの発言はすべて、作成日時のないかれの以下の論文に依っている。"Kakoi byla reaktzia v SSSR na zayavlenia R. Reagana o razvertyvanii rabot v CShA po SOI"〔合衆国におけるSDI関連活動をめぐるR・レーガンの発表に対するソ連側の反応〕（計一二ページ）Katayev, Hoover.

(37) Katayev. 著者はこの部分の解読と説明について、パーヴェル・ポドヴィグに非常に世話になった。

(38) Konstantin Lantratov, "The Star Wars Which Never Was," January 1995. *www.buran.ru/htm/str163.htm* も参照。

(39) Roald Z. Sagdeev, *The Making of a Soviet Scientist*（New York: John Wiley & Sons, 1994）, p. 273.

(40) 著者によるヴェリホフ・インタビュー。

（41）「ＩＳ」と呼ばれるこのシステムは一九六〇年代に開発された。七〇年代と八〇年代初めにテストがおこなわれたものの、アンドロポフによる一九八三年の凍結を受けて、実際運用は終わりになったと思われる。*www.russianspaceweb.com/is.html* も参考。

（42）ルビー・レーザーは可視領域（赤色）でエネルギーを放出する。

（43）P. V. Zarubin, "Academician Basov, high-powered lasers and the anti-missile defence problem," *Quantum Electronics*, No. 32, 2002, pp. 1048–1064.

（44）ヴェリホフによると、これとよく似た計画、通称「ガンマ」は結局、鳴かず飛ばずで終わったという。

（45）同宣言は一九八二年九月二十四日におこなわれた。ヴェリホフはまた、*The Night After... Climatic and Biological Consequences of a Nuclear War*（Moscow: Mir Publishers, 1985）の編集者もつとめている。

（46）この代表団の正式名称は「核の脅威に反対するソ連科学者平和擁護委員会」である。

（47）ヴェリホフによると、この一九八三年の報告書は依然、秘密措置が取られたままだという。ただ、報告書の一部は以下の文献で確認できる。Yevgeny Velikhov, Roald Sagdeev, Andrei Kokoshin, eds., *Weaponry in Space: The Dilemma of Security*（Moscow: Mir, 1986）.

（48）弾頭三八発が示された図表は、Katayev, Hoover からの引用。〈SS-18〉にかんするその他のデータの出典は、Podvig, *Russian Strategic Nuclear Forces*（Cambridge: MIT Press, 2001）, pp. 218–219 である。"Multiple（as in 'up top 38'）warheads," *http://russianforces.org.* も参照。アメリカ側が予想した「非対称的」アプローチについては以下を参照。"Possible Soviet Responses to the US Strategic Defense Initiative," NIC M 83-10017, Sept. 12, 1983, Director of Central Intelligence.

（49）ゴルバチョフ・インタビュー（二〇〇六年六月三十日）

（50）Nichols, p. 133.

（51）チェルニャーエフ日記（一九八五年九月一日）

（52）レーガン日記（一九八五年九月十日）

（53）レーガン日記（一九八五年十月二十二日）。シュルツ国務長官によると、ソ連の九月二十七日付け提案は、その構造自体が、アメリカにとって非常に不利なものだったという。Shultz, pp. 576–577.

（54）*Soviet Military Power*［「ソ連の軍事力」］, April 1985, p. 55.

(55) Robert C. McFarlane, with Zofia Smardz, *Special Trust* (New York: Cadell & Davis, 1994), pp. 307–308. Matlock, p. 133.

(56) レーガン日記（一九八五年九月二十六日／一部伏せ字）

(57) Robert M. Gates, *From the Shadows: The Ultimate Insider's Story of Five Presidents and How They Won the Cold War* (New York: Simon & Schuster, 1996), p. 342.

(58) シュルツはこうした見方に賛成しなかった。Shultz, p. 586.

(59) Gates, p. 343. ソ連側の見方もそう野心的ではなかった。モスクワは「この首脳会談に大きな期待をこめてはいなかった」とドブルイニンは言っている。Dobrynin, p. 586. チェルニャーエフもこうふり返っている。この会談は、軍備管理にかんする現在の立場から踏み込んだものではなく、地域紛争についても「具体的なものは用意せず」、「要するに、脅威をこれ以上高めたり、タカ派につけこまれるようなマネを回避し、レーガンを刺戟しない」ことに、その主眼が置かれていたと。チェルニャーエフ日記（一九八五年十一月十二日）。だが、ゴルバチョフ自身は、そうした周囲の〝指導〟の向こう側に、踏み込むべき余地が必ずあるはずだと見ており、そして実際、かれの思ったとおりだったのである。

(60) Gates, p. 343. NIE 11-18-85, Nov. 1, 1985.

(61) レーガン日記（一九八五年十一月十三日）

(62) 一九九七年九月二日に放映されたテレビ・ドキュメンタリー「The Cold War」におけるスザンヌ・マッシーへのインタビューから。Liddell Hart Center for Military Archives, Kings College, London.

(63) Matlock, pp. 150–154 および Jack F. Matlock, Jr., *Superpower Illusions* (New Haven: Yale University Press, 2010), p. 317, note 11.

(64) Yegor Gaidar, "The Soviet Collapse: Grain and Oil," American Enterprise Institute for Public Policy Research, April 2007. Gaidar's *Collapse of an Empire: Lessons for Modern Russia* (Washington, D.C.: Brookings Institution Press, 2007) も参照。

(65) Shultz, pp. 589–596. McFarlane, pp. 314–316 および Don Oberdorfer, *From the Cold Wars to a New Era* (Baltimore: Johns Hopkins University Press, 1998), p. 137を参照。このソ連訪問を取材するため、ワシントン・ポスト紙から派遣されたオーバードーファー記者によると、ゴルバチョフは、ソ米双方が「宇宙の軍事化」を中止するならば、それを条件に、自分は既存の核兵器をゼロに減らす意志を持っていると語ったという。

（66）レーガン日記（一九八五年十一月五日）

（67）レーガン日記（一九八五年十一月六日）

（68）Reagan, *An American Life*, p. 632.『わがアメリカンドリーム——レーガン回想録』ロナルド・レーガン、尾崎浩訳（読売新聞社）

（69）Sagdeev, pp. 268–269.

（70）Gates, p. 358.

（71）Matlock, pp. 134–135, 158.

（72）Oberdorfer, p. 143.

（73）Reagan, *An American Life*, p. 635.

（74）この部分における首脳会談の模様は、特段の言及がない場合、すべてアメリカ側の公式議事録に依っている。

（75）Gorbachev, p. 406.

（76）レーガン日記（一九八五年十一月十九日）

（77）Reagan, *An American Life*, p. 636.

（78）Gorbachev, p. 408.

（79）ドブルイニンは当時をふり返り、この相互訪問にかんする合意は、自分が密かに下ごしらえをしておいたものだと述べている。Dobrynin, p. 589. レーガンもまた、再度の首脳会談を考えていた。Matlock, p. 153.

（80）Lou Cannon, *Ronald Reagan: The Role of a Lifetime* (New York: Simon & Schuster, 1991), p. 754. 当時、ホワイトハウス付きの報道官だったラリー・スピークスはその回想録の中で、レーガンがおこなった小声の発言を若干違ったかたちで引用している。Larry Speakes, *Speaking Out: Inside the Reagan White House* (New York: Charles Scribner's Sons, 1988), p. 138 によると、レーガンはこう言ったという。「賭けてもいいが、両国の強硬派はいまごろ身もだえしていると思うね」

（81）「核戦争に勝利者はなく、ゆえに決して戦ってはならない」という言葉を、レーガンは一九八三年十一月十一日に日本の国会で、また一九八四年の国連総会における演説でも口にしている。ジュネーヴ首脳会談に先立つ手紙のやりとりの中でも、レーガンとゴルバチョフは首脳会談後の公式声明にこの文言を加えることを議論している。

（82）"Exchange of Televised Addresses by President Reagan and Soviet General Secretary Gorbachev," Public Papers of the Presidents, 1985 Pub.Papers 4, Jan. 1, 1986.

（下巻へつづく）

略語一覧

DNSA: Digital National Security Archive（デジタル国家安全保障アーカイヴ),
http://nsarchive.chadwyck.com

EBB: Electoronic Briefing Book of the National Security Archive

FOIA: Freedom of Information Act（情報公開法）

FBIS: Foreign Broadcast Information Service（国外ラジオ放送部）

Katayev: スタンフォード大学フーヴァー研究所の「図書・文書館」収蔵文書と、著者が個人的に所有する関連文書

NIE: National Intelligence Estimate（国家情報評価）

TNSA: The National Security Archive, *http://www.gwu.edu/~nsarchiv/index.html*

RRPL: Ronald Reagan President Library（ロナルド・レーガン大統領図書館）

訳者略歴

平賀秀明（ひらが・ひであき）
一九五六年生まれ。早稲田大学卒業。中国通信社、共同通信社勤務を経て翻訳家に。訳書にM・C・アロステギ『暗闇の戦士たち』、D・スタントン『巡洋艦インディアナポリス号の惨劇』（以上、朝日文庫）、B・ヘイグ『キング・メーカー』『反米同盟』『極秘制裁』、J・フィンダー『解雇通告』（以上、新潮文庫）、J・T・キャンベル『北朝鮮軍の賭け』（二見文庫）、E・トーマス『レイテ沖海戦1944』、L・ライト『倒壊する巨塔』、A・ビーヴァー『ノルマンディー上陸作戦1944』『第二次世界大戦1939－45』（以上、白水社）など多数。

死神の報復
レーガンとゴルバチョフの軍拡競争 上

二〇一六年 八 月一五日 印刷
二〇一六年 八 月三〇日 発行

著 者　デイヴィッド・E・ホフマン
訳 者 ©　平 賀 秀 明
装丁者　日 下 充 典
発行者　及 川 直 志
印刷所　株式会社 理 想 社
発行所　株式会社 白 水 社

東京都千代田区神田小川町三の二四
電話　営業部〇三（三二九一）七八一一
　　　編集部〇三（三二九一）七八二一
振替　〇〇一九〇‐五‐三三二二八
郵便番号　一〇一‐〇〇五二
http://www.hakusuisha.co.jp
乱丁・落丁本は、送料小社負担にてお取り替えいたします。

株式会社松岳社

ISBN978-4-560-09257-6

Printed in Japan